臺灣政經史系列第二輯06 陳天授主編

元華文創

宗教環境學
與臺灣大眾信仰變遷新視野

Religious Environmentalism and Religious Changes in Taiwan

| 第一卷 |

一本歷來有關臺灣大眾信仰變遷的著作中，

不但最具跨學科特色且又兼具「臺灣宗教環境學」新詮釋理念的，

兩卷版研究精華匯集。

張珣　江燦騰 —— 主編

前言與致謝

張珣、江燦騰

本書（共二卷，下同）是兩位主編從 2001 年起，首次合作編輯《當代臺灣本土宗教研究導論》一書問世以來，由於當時深受廣大讀者的熱烈歡迎或被廣為當作宗教學系的相關教材使用，連大陸都出版了此書的大陸版。基於如此的熱烈反應，所以兩位主編其後又有：

2003 年出版的《研究典範的追尋：臺灣本土宗教研究的新視野和新思維》、2006 年出版的《臺灣本土宗教研究：結構與變異》、2014 年出版的《當代臺灣宗教研究精粹論集：詮釋建構者群像》、2019 年出版的《臺灣民眾信仰中的兩性海神：海神媽祖與海神蘇王爺的當代變革與敘事》、2021 年出版的《臺灣民眾道教三百年史：現代詮釋與新型建構》的長期多次合作。

而最新版彙編與集大成的，就是本書的編輯與出版。

因此可以說，若無之前兩位編者的長期多次合作，並藉此積累寶貴編選經驗，就不可能有此次本書如此的煌煌問世。

再者，讀者須知：本書編選的特色之一，就是從已發表的大量各類精華論文中，嚴格挑選與本書主題及其體系建構有高度相關者，才慎重納入。而之所以如此編選的考慮因素，主要基於：

以此法編輯，最可方便讀者從本書無比新穎及豐富且多元內容中，一次性地立即閱讀到當代臺灣本土宗教研究菁英學者的優異學術精華，並深刻體會到其中各類型論述的彼此互相輝映或多音交響，使其承先啟後的寶貴薪傳功效，能如其所願順利達成。

當然，本書此次得以順利編輯與煌煌出版，首先要深深感謝很多學界朋友的襄助：包括蔡錦堂、黃智慧、劉璧榛、陳文德、黃宣衛、呂理哲、丁仁傑、林本炫、王見川、梁唯真、余安邦、宋錦秀、許麗玲、林永勝、賴錫三、丁敏、張崑將、劉宇光、趙東明等人；以及他們文章原出處的出版單位，包括：東大出版社、《師大臺灣史學報》、中央研究院民族學研究所、《臺灣人類學刊》、《中研院民族所集刊》、《宗教人類學》、《漢學研究通訊》、《考古人類學刊》、南天出版社、博揚出版社、《台北城市科技大學通識學報》、《世界宗教文化》、《宜蘭文獻雜誌》、《思與言》、《民族學研究所資料彙編》、聯經出版社、《當代》等。

更重要的是，元華文創出版社的叢書主編陳添壽教授能夠慧眼識英雄，主動邀約出版本書。其後，該出版社經驗豐富的李欣芳主編與作業程序精湛的陳欣欣編輯，都對本書的精美編排與仔細校對幫助極大，因而能讓本書得以完善而又精美地呈現在讀者面前，在此致上無比感謝之情。

張珣 江燦騰

推薦序

　　本書（共二卷，下同）是江燦騰、張珣兩位教授主編，收錄 21 位資深學者宗教信仰的研究精華，同時也提出了關於臺灣宗教信仰的新視野。這些論文從不同的視角，顯示宗教在一般大眾的日常生活中仍擁有藉以免災、免病、免於窮困的心靈慰藉，具有重大的意義，可以置於當代東亞宗教的脈絡中思考。

　　由於本書設定的讀者群是一般大眾，所以主編把各篇的標題一律改成淺顯易懂的標題，使讀者更容易掌握本書的精髓。雖然本書意圖以通俗化的標題吸引更多讀者，但它提出了「宗教環境學」的概念，則對學術研究有新的貢獻。所謂「宗教環境學」，係從張珣教授的媽祖研究發展出來，媽祖信仰受到不同時代的政策，以及不同區域、族群、社會階層、行業，乃至性別的影響，而產生一些變遷與變異；即宗教因生態和人文環境的不同而產生變遷，宗教與生態人文環境之間甚至有相互的影響。

　　本書共分為 6 個主題，收羅 30 篇論文，在量與質兩方面都很可觀。第一個主題「國家祭祀與政權鼎革」僅收錄蔡錦堂教授 2 篇論文，〈理解日治時代的國家祭祀概念〉一文相當有啟發性，探討日治時期知名法學、民俗學學者增田福太郎（1903-1982）的寺廟與神社觀，他雖然強調天皇中心或及國家神道，但並未主張去壓迫其他非神道信仰者，也不認為臺灣寺廟為推廣神社精神的障礙。因此質疑與批判寺廟整理運動，而這種開放的態度亦反映在他對原住民的看法上。

　　第二個主題「國家治理與原住民族的宗教變遷」，計有 5 篇論文，著重臺灣原住民宗教，因為以往臺灣宗教方面的論文集很少選原住民族宗教方面的著作，彰顯編者有更寬廣的研究視野。在此項目同時具有研究的寬度與深

度，有黃智慧、呂理哲、黃宣衛教授共撰關於臺灣原住民族宗教的研究回顧，也有陳文德、黃宣衛教授關於臺東縣阿美族接受天主教與基督教信仰的論文。劉璧榛教授〈噶瑪蘭人獵首祭／豐年祭的認同想像與展演〉一文，探討原住民噶瑪蘭人豐年祭，研究 2002 年復名成功的詳細經過，以及其背後的政治，社會意義，從當地人的觀點出發，尤其發人深思。

　　第三個主題「宗教環境學新視野下的宗教變遷」，收錄 6 篇張珣教授的著名論文，包括文化媽祖、宗教與性別等課題。其中，〈開始思索「打破圈圈研究」的相關理由〉一文，精確地批判學界過度套用祭祀圈理論，以及其後產生的負面效應，如忽視了民間信仰在臺灣現代社會不同轉型與變化，特別是城鄉差別，讓學術調查與研究停滯不前。此外，〈祭祀信仰與動物權〉分析了臺灣最近對於殺豬公祭祀、或「神豬大賽」的負面評價，期盼深入理解殺豬公信仰背後的原因，同時也能夠想出一套改善方式。

　　第四個主題「新興宗教與宗教轉型研究精萃」，7 篇論文係處理當代臺灣宗教的核心議題，所探討的宗教組織（如一貫道）相當有影響力，也經常出現在媒體報導。丁仁傑〈宗教社會學視野下的新興宗教〉，討論 1980 年代中期、解嚴前後出現幾個的代表性教團與人物，如真佛宗、宋七力、清海無上師等。王見川〈一貫道歷史新研：淵源、特點及其早期史初探〉一文，透過對一貫道早期材料的爬梳，加上其他學者的研究成果，提出了重要的結論：一貫道的義理三期末劫、九六原人部份，係承繼明末以來民間教派的傳統；而理天、三曹普渡的理念，則是第十五代祖師王覺一（1821-1886）所創造的。此外，本文也討論扶乩在一貫道發展史中所扮演的關鍵角色。

　　第五個主題「大眾信仰與身心靈醫療的復甦」，此一議題在今日全世界仍然在面臨 COVID-19 的威脅時，顯得格外重要。4 篇論文中，宋錦秀（1958-2018）〈大眾信仰中常見的藥籤、占卜與醫療行為〉一文特別有意義，她詳細說明寺廟藥籤在占卜問疾文化中的「療癒之力」，並且指出藥籤是一套臺灣宗教與醫療文化中的慣習與知識體系。此外，許麗玲的〈北部正一派

道士的補春運儀式〉一文，探討臺北市大稻埕媽祖廟駐廟道士所舉行的補春運儀式，包含其時序觀與陰陽觀念，驅邪除煞的象徵意義、以及跟身體有關的意象，如替身的使用就是明顯的例子。丁仁傑〈保安村社區信仰中的除災、改運與淨化環境儀式〉一文，透過 David K. Jordan（焦大衛）與作者分別於 1960 年代及 2010 年在臺灣南部保安村的民族誌書寫，探討村中連續性的異常死亡與請神尋求解答的經過，指出：神明出現背後會有各種社會力量的相互協調；因此，神明給予的答案需要經過一次又一次的修正，表面上是在解決宗教問題，實際上是在處理社會問題，和特納（Victor Turner; 1920-1983）所提出來的受難儀式（rites of affliction）概念頗為相近。

　　一個學門要有好的發展，必須充分瞭解它的過去。因此，第六個主題「研究典範學者介紹」的 6 篇論文，包括林永勝、賴錫三〈楊儒賓與新儒學宗教向度的多元詮釋與建構〉，張崑將〈社會禪的兩個新典範：荒木見悟與江燦騰〉，劉宇光、趙東明〈林鎮國與佛教多元哲學研究的詮釋建構〉，林本炫〈作為臺灣宗教社會學研究開創者的瞿海源〉等，都深入介紹臺灣宗教研究的開創者及其學術貢獻，具有高度的參考價值。

　　今日在臺灣所能觀察到的許多宗教現象，在清末民國時期的中國大都有前例，甚至可以溯源，如以下兩個例子：今日許多臺灣人或政府機構非常重視動物權，以及抗議民間信仰長期大量使用不符合現代環保標準的金紙、香枝、鞭炮等，更有推動所謂的「滅香」政策二事。其實，早在 1934 年上海佛教徒組成了「中國保護動物會」，提倡「護生」思想，並於當年 9 月的理事會通過議案，致函要求上海市政府於 10 月 4 日「世界動物節」當天下令全市「禁屠」一天。至於「滅香」政策，在民國時期的中國也出現過，因為部份措施影響到民眾的生計，引起相當大的反彈，如江浙箔業聯合會的代表於 1922 年到南京去請願，強調把紙錢列為「迷信物品」並加重徵稅，對於好幾萬員工及眷屬造成了衝擊。此外，臺灣的「新興宗教」其實沒有那麼新，有的（如一貫道）是在中國創立的，即使是在臺灣出現的新教團，其出現的

背後原因（快速工業化與都市化），以及強調的信仰與實踐（如重視普遍性救贖概念、肯定日常生活的重要性、強調個人此世修行的意義等）在民國時期的救世團體也出現過（包括同善社、道院、一貫道等），可參見王見川，范純武，黎志添，Vincent Goossaert（高萬桑），David Palmer（宗樹人），David Ownby（王大為）等學者都有相關的著作。

　　本書集結了研究臺灣宗教的 21 位學術菁英，各從其專業的角度切入，展現了臺灣宗教信仰中個人、社區、國家以及生態環境的互動關係，內容極為豐富、精彩，具有高度啟發性與參考價值。同時，它也是學者跟一般民眾意欲了解臺灣社會史，值得一讀的好書。

康豹 Paul 明

2022 年 5 月 16 日

本書內容簡介

　　本書是由張珣與江燦騰兩位編者，彼此長期共同合作所提出的，有關臺灣本土大眾宗教信仰變遷、並以大規模跨學科研究精華匯集方式呈現的，最新一次豐碩無比的學術成果。但，為何會有此書的書名《宗教環境學與臺灣大眾信仰變遷新視野》與全書相關內容的提出呢？

　　此因，本書兩位編者在本書之初，曾借鏡之前歷經多次長期合作的累積編書經驗，彼此都有一致共識，即認為我們此次新書內容，若要能夠與時俱進地，不衹可因應近年國際宗教環境論述的新發展概況，還可運用當代臺灣大眾信仰變遷作為相關詮釋主題，其間又要能夠藉以發展出具有實質創新意義的現代詮釋架構，則便須具備或能滿足以下的兩大學術要件才行：

　　其一，我們首先須能提出「宗教環境學」作為全書的新詮釋概念，並且還能特別聚焦於當代臺灣區域宗教環境下（包括各類大眾信仰變遷在內）從傳統到當代的歷史變遷軌跡，藉以凸顯當代臺灣大眾信仰變遷與其相關社會文化之間兩者的交互涉入與長期互動關係。

　　其二，本書既是基於上述的新詮釋概念而來，於是我們兩位編者便得想方設法和竭盡一切可能管道，以便最後能成功地網羅包括當代臺灣學界的（文學、歷史學、哲學、宗教學、心理學、人類學、社會學等）各個學科中，堪稱最精英學者群也是最多元的原創性論文在內。

　　如今，本書的全部內容已達 30 篇之多，已涵蓋臺灣各宗教（民間宗教、原住民宗教、一貫道、新興宗教、基督教、天主教、佛教）研究，為最系統性的精選論文集。所以，本書的確有別於其他臺灣宗教

研究論文集，或是專注於某一學科的調查成果，或是集中於某一宗教的研究論述。

　　亦即，本書已能據實針對臺灣宗教數百年前至今的歷時性變遷，同時也關注到國家政策的主導力量，並將諸如原漢族群的信仰差異、二次大戰後社會變遷帶來的新興宗教崛起、全球化導致的宗教資本化與商品化、大眾信仰與身心靈醫療的復甦等各類課題，都有機的相應納入。

　　此外，本書第二卷還特闢一大項，專門介紹當代臺灣各學科研究大眾信仰變遷的典範學者，讓讀者了解一個學術研究者，彼等對於相關問題的設立及其解決的來龍去脈。

　　因此本書堪稱是，一本歷來有關臺灣大眾信仰變遷的著作中，不但最具跨學科特色且又兼具「宗教環境學」新詮釋理念的，兩卷版研究精華匯集。由於本書30篇文章均從國內著名專業期刊與出版社嚴選出來，故此尊重作者用字與原出版體例，不做過多修改！

本書英文簡介
Religious Environmentalism and
Religious Changes in Taiwan

This collection contains thirty articles representing an extensive range of recent interdisciplinary studies of religion in Chinese Taiwan, and includes research on popular religion, newly developed religions, aboriginal religions, Christianity, Yi Guan Dao, Daoism, and Buddhism in Taiwan. With regard to religious environmentalism, this book examines the complicated interrelationship between religious changes and the ecological-social-cultural environment, including state policy under different regimes, different ethnic groups in various localities, social-economic impact, gender identity, revitalization of ritual healing, and globalization, etc. It is hoped that this collection will provide a useful textbook for scholars and students of Chinese literature, history, philosophy, religion, anthropology, psychology, and sociology.

編者與作者簡介

一、編者簡介

張　珣　人類學者，美國加州大學柏克萊分校人類學博士。曾任科技部人類學與族群研究學門召集人，臺灣人類學與民族學學會理事長，臺灣大學人類學學系兼任教授，政治大學宗教研究所兼任教授，現任中央研究院民族學研究所研究員兼所長。著有《海洋民俗與信仰：媽祖與王爺》、《媽祖信仰的追尋》、《文化媽祖：臺灣媽祖信仰研究論文集》、《疾病與文化：臺灣民間醫療人類學研究論集》等著作。與人合編有《當代台灣本土宗教研究導論》、《研究典範的追尋：台灣本土宗教研究的新視野和新思維》、《台灣本土宗教研究：結構與變異》、《人類學家的我們、你們、他們》、《宗教、法律與國家：新時代的文化復振》、*Religion in Taiwan and China: Locality and Transmission* 等專書。

江燦騰　桃園大溪人，1946 年生。臺大歷史研究所文學博士。經歷：曾教臺大、清大、佛光山叢林研究所教師、佛教弘誓學院教師、新文豐出版公司佛教文化叢書主編、商鼎文化出版公司佛教叢書主編、臺北城市科技大學創校首位榮譽教授，現已退休。主要著作：《臺灣佛教百年史之研究（1895-1995）》、《臺灣當代佛教》、《日據時期臺灣佛教文化發展史》、《認識臺灣本土佛教》、《臺灣佛教史》、《當代臺灣心靈的透視──從雙源匯流到逆中心互動傳播的開展歷程》、《風城佛影的歷史構造──三百年來新竹齋堂佛寺和代表性人物誌》、《東亞現代批判禪學思想四百年》、主編《跨世紀的新透視──臺灣新竹市 300 年佛教文化史導論》、合著《臺灣民眾信仰中的兩性海神──海神媽祖與海神蘇王爺的現

代當代變革與敘事〉、主編《當代臺灣本土大眾文化——雙源匯流與互動開展精選集》第一冊、合編《臺灣民眾道教史三百年》、主編《根本佛教解脫道論》等。學術榮譽：第一屆宗教學術金典獎得主。第二屆臺灣省文獻傑出貢獻獎得主。中央研究院歷史與語言研究所傅斯年紀念獎學金臺大學生唯一得八次者。

二、作者簡介（依篇目順序）

蔡錦堂　歷史學者，日本國立筑波大學歷史人類學研究科文學博士，曾任淡江大學歷史系副教授、國立臺灣師範大學臺灣史研究所所長、教授及臺灣歷史學會會長，現已退休，在國立臺灣師範大學臺灣史研究所擔任兼任教授。研究領域為臺灣史、臺灣宗教史、臺灣教育史、日本近代史，著有《帝国主義下台湾の宗教政策》、《戰爭體制下的臺灣》、《立法院長劉潤才傳記》、《從神社到忠烈祠：臺灣「國家宗祀」的轉換》、《臺灣人的日本時代》等。

黃智慧　人類學者，日本國立大阪大學人間科學研究科博士課程修了。中央研究院民族所助研究員。組成「行動人類學」研究群，倡議行動參與，期許在實踐過程中擴大並深化人類學的知識範疇。創設籌劃財團法人小米穗原住民文化基金會、台灣平埔原住民族文化學會、社團法人台灣故鄉文史協會。主編翻譯史料臺灣總督府《番族慣習調查報告書》第一卷泰雅族、第二卷阿美族卑南族、第三卷賽夏族，榮獲教育部原住民語言學術論著漢譯優等獎與甲等獎，國際學會論文榮獲「亞洲未來會議」最優秀論文獎。合編《台灣原住民族の現在》、《寬容的人類學精神：劉斌雄先生紀念論文集》、《馬淵東一著作集》，導讀史料《蕃匪討伐紀念寫真帖》、《臺灣蕃地寫真帖》等。

劉璧榛　人類學者，法國高等社會科學研究院（E.H.E.S.S.）社會人類學及民族學博士，長期思考男性支配與臺灣原住民族主體（再）建構的問題。以曾是母系的噶瑪蘭族與阿美族社會為主要田野，探討性別範疇化及概念化在社會繁衍（生物性、經濟性、政治、文化及宇宙觀）過程中，如何成為權力的效力與工具。著述有《認同、性別與聚落：噶瑪蘭人變遷中的儀式研究》，主編有《當代台灣原住民族的文化展演與主體建構：觀光、博物館、文化資產與影像媒體》。與胡台麗合編《台灣原住民巫師與儀式展演》與《當代巫文化的多元面貌》二本書。

陳文德　人類學者，英國倫敦大學亞非學院人類學博士。長期從事阿美族與卑南族社會文化的研究，同時結合學術研究與社會實踐，關注當代臺灣社會的發展，例如：社區營造、文化產業、族群分類與認同、新興宗教、傳統領域與都市原住民等議題。近年並從「空間」著手探討當代東部地區的「區域再結構、文化再創造」的面貌與性質。專著有《從社會到社群性的浮現──卑南族的家、部落、族群與地方社會》、合編《21世紀的地方社會：多重地方認同下的社群性與社會想像》與《「社群」研究的省思》等書。

黃宣衛　人類學者，英國聖安德魯斯大學人類學博士。田野工作以阿美族為主要研究對象外，更擴及東臺灣的撒奇萊雅族與漢人，甚至雲南的苗族，以進行比較。在面對原住民族文化的諸多好奇中，「為什麼那麼多原住民接受基督宗教」最為關鍵。於是，探討台灣原住民族 1950 年代後大規模接納基督教的過程、動力、意義與影響，便成為主要探究主題。近年研究以池上平原為主，試圖以區域研究的視野，跳脫原住民研究與漢人研究的分野，從人的創造性與侷限性出發，探討歷史過程中，個人、社會／文化與環境之間的關係。著述有《國家、村落領袖與

社會文化變遷：日治時期宜灣阿美族的例子》，《異族觀、地域性差別與歷史：阿美族研究論文集》，《共築蓬萊新樂園：一群池上人的故事》，《成為池上：地方的可能性》。主編有《國家、族群與基督宗教——西部苗族調查報告》，《秀姑巒溪流域的族群、產業與地方社會》等書。

呂理哲　臺灣大學人類所碩士。碩士時期於阿里山特富野進行田野調查研究，關注原住民社會文化在政治經濟變遷下的境況。

張　珣　（見「編者簡介」）。

丁仁傑　宗教社會學者，中央研究院民族學研究所研究員，美國威斯康辛大學麥迪遜校區社會學博士，出版專著《社會脈絡中的助人行為：臺灣佛教慈濟功德會個案研究》、《重訪保安村：漢人民間信仰的社會學研究》、《當代漢人民眾宗教研究：論述、認同與社會再生產》等。研究領域以宗教社會學、社會心理學、質性研究、社會運動、組織社會學為主，包括傳統與當代慈善活動、新興宗教、宗教組織與宗教運動、漢人民間信仰、農村社會變遷等。

林本炫　社會學者。臺中市石岡區（原台中縣石岡鄉）客家人。在臺灣大學社會學系從學士念到博士，碩士論文研究臺灣基督長老教會和一貫道，兩個宗教團體和政府的政教關係，其後出版為《台灣的政教衝突》（1990 年）一書，獲自立早報選為「年度十大好書」。博士論文《臺灣宗教變遷的社會政治分析》，運用中央研究院進行的「臺灣社會變遷基本調查」資料，分析當代臺灣民眾宗教信仰變遷的方向，輔以信仰變遷個案的深度訪談，探討改變宗教信仰的動力和過程。專長宗教社會學，尤其是政教關係和宗教立法、宗教行政。早年翻譯《宗教與社會變遷》（1992 年），與張茂桂合著〈宗教的社會意象——一個知識社會學的課

題〉。自 2000 年起擔任內政部宗教事務諮詢委員會委員達 20 年之久，並曾擔任內政部「宗教團體法草案」起草小組召集人。1998 年曾任職於真理大學宗教學系，2001 年轉任南華大學應用社會學系，2006 年聯合大學客家研究學院成立，開始從事客家研究，專注研究客家人的宗教信仰。目前為聯合大學客家研究學院文化觀光產業學系教授兼客家研究學院院長。

王見川 歷史學者。國立中正大學史學博士，現任南臺科技大學通識教育中心助理教授。著有〈從新史料看清代台灣佛教──兼談所謂的「開化堂」〉、〈關於清代佛教的另一面向──齋教與「民間佛教」〉、〈虛雲研究及其史料〉、〈還「虛雲」一個本來面目──他的年紀與事蹟新〉、〈從僧侶到神明──定光古佛、法主公、普庵之研究〉、〈從南安巖主到定光古佛──兼談其與何仙姑之關〉等著作。

梁唯真 臺大植病所、美國哲吾大學（Drew University, NJ）基督教史博士、臺灣基督教長老教會雙連教會牧師、前成功大學專案助理教授、前臺南市哲學會理事。著有〈臺灣基督教研究之內部研究──以基督教歷史與神學為主要探討範例〉、〈中部宣教師與文字傳道〉、走過青翠宣教路──梁秀德牧師與他的同伴、他的時代〉等。

江燦騰 （見「編者簡介」）。

余安邦 心理學者。國立臺灣大學心理學博士。中央研究院民族學研究所副研究員退休（2020 年 8 月）。現任國立臺灣師範大學教育心理與輔導學系兼任副教授。主要研究旨趣及領域為：文化／本土心理學、宗教經驗與療癒、人文臨床與文化療癒等等。曾出版相關學術性論文數十篇，近日出版有〈心理／文化療癒作為倫理技藝的社會實踐：人文臨床學觀

點〉（汪文聖主編：《華人倫理實踐：理論與實務的交會》，2021）。近幾年主編之專書文集有：《人文臨床與倫理療癒》，2017），《身體、主體性與文化療癒：跨域的搓揉與交纏》（2013），《本土心理與文化療癒：倫理化的可能探問》（2008）等等。

宋錦秀 1958-2018 人類學者，於 1982 年以魁儡戲除煞觀念為題，在國立臺灣大學人類學研究所取得碩士學位之後，進入中央研究院工作，並以傳統妊娠宇宙觀為題取得澳洲國立大學人類學博士。在中央研究院臺灣史研究所升任助研究員，多年來研究臺灣各地藥籤文化與臺灣農村婦女生活史。著述有〈寺廟藥籤療癒文化與「疾病」的建構〉、〈妊娠、安胎暨「妊娠宇宙觀」：性別與文化的觀點〉、〈臺灣寺廟藥籤彙編：宜蘭「醫藥神」的系統〉、〈婦人胎產厭勝縱論〉等多篇論文。

許麗玲 1960 年出生於雲林，法國高等研究實踐學院宗教人類學碩士、法國高等研究實踐學院宗教學博士。學術研究領域為巫術信仰與道教傳統中的治療儀式，感興趣的學科則跨越心理學、社會學、文化人類學及神秘主義。曾任教於輔仁大學，弘光技術學院，慈濟大學及花蓮師範學院。現專事於內在心靈的探索與寫作，著有《巫路之歌》、《老鷹的羽毛》。

林永勝 中文學者。國立清華大學中文所博士，現任國立臺灣大學中國文學系副教授。著有〈作為樂道者的孔子—論理學家對孔子形象的建構及其思想史意義〉、〈氣質之性說的成立及其意義——以漢語思維的展開為線索〉、〈佛道交融視域下的道教身體觀—以重玄學派為中心〉、〈反工夫的工夫論—以禪宗與陽明學為線索〉、〈二重的道論——以南朝重玄學派的道論為線索〉、〈功夫試探——以初期佛教譯經為中心〉等著作。

賴錫三 中文學者。國立清華大學文學博士，現任國立中山大學中國文

學系教授。著有《道家型的知識分子論：莊子的權力批判與文化更新》、
《道家型的知識分子論：莊子的權力批判與文化更新》、〈他者暴力與自
然無名——論道家的原始倫理學如何治療罪惡與卑污〉、〈《莊子》「天人
不相勝」的自然觀—神話與啟蒙之間的跨文化對話〉、〈當代新道家的鋪
橋造路：一條道家型知識分子的林中路〉、〈《莊子》的美學工夫、哲學
修養與倫理政治的轉化——與孟柯（Christoph Menke）的跨文化對話〉、
〈藏天下於天下的「安命」與「任化」：《莊子》「不解解之」的死生智
慧〉、〈《莊子》的養生哲學、倫理政治與主體轉化〉、〈《莊子》的自然美
學與氣氛倫理與原初倫理——與本雅明、伯梅的跨文化對話〉等著作。

丁　　敏　中文學者。國立政治大學中國文學博士，現為國立政治大學中
國文學系退休教授。研究領域以漢譯佛教經典文學、中國古典文學中的
佛教為主，亦研究當代臺灣佛教與文學。出版專著：《佛教神通：漢譯
佛典神通敘事研究》、《中國佛教文學的古典與現代：主題與敘事》、《佛
教譬喻文學研究》。以及若干單篇論文如：〈中國古典小說中佛教意識的
敘事方法〉、〈從漢譯佛典僧人「神通」到《高僧傳》僧人「神異」——
佛教中土化過程的考察面向〉、〈譯佛典四阿含中神通故事的敘事分析
——以敘述者、敘事視角、受敘者為主〉、〈當代中國佛教文學研究初步
評介—以臺灣地區為主〉、〈台灣當代僧侶自傳研究〉、〈當代台灣旅遊文
學中的僧侶記遊：以聖嚴法師《寰遊自傳系列》為探討〉、〈台灣社會變
遷中的新興尼僧團——香光尼僧團的崛起〉等等。

張崑將　歷史學者。國立臺灣大學歷史學博士，現任國立臺灣師範大學
東亞學系教授。著有《日本德川時代古學派之王道政治論：以伊藤仁
齋、荻生徂徠為中心》、《德川日本「忠」「孝」概念的形成與發展——
以兵學與陽明學為中心》、《德川日本儒學思想的特質：神道、徂徠學與

陽明學》、《陽明學在東亞：詮釋交流與行動》、《電光影裏斬春風：武士道分流與滲透的新詮釋》等專書，亦主編《東亞視域中的「中華」意識》、《東亞論語學：韓日篇》兩書。

劉宇光 香港科技大學博士，加拿大魁北克省麥基爾大學（McGill University）宗教學院沼田客座教授（2022）、復旦大學宗教學系副教授，專著有《僧侶與公僕：泰系上座部佛教僧團教育的現代曲折》（2022）《煩惱與表識：東亞唯識哲學論集》（2020）、《僧黌與僧兵：佛教、社會及政治的互塑》（2020）、《左翼佛教和公民社會：泰國和馬來西亞的佛教公共介入之研究》（2019），及譯作安妮‧克萊因（Anne Klein）著《知識與解脫：促成宗教轉化體驗的藏傳佛教知識論》（2012），另以中、英文撰有唯識佛學與現代佛教論文多篇刊臺、港及北美學報或論集。

趙東明 佛教學者。國立臺灣大學哲學研究所博士、中央研究院中國文哲研究所博士後，現任華東師範大學哲學系副教授、華東師範大學覺群佛教文化研究所所長。著有《天台智者「一念三千」說研究》、〈法相宗「轉依」之「依」義研究〉、〈唯識學「轉依」的二種「所依」（*Āśraya*）探析——以《成唯識論》及窺基《成唯識論述記》為中心〉、〈唯識學關於「心、心所」法的三種「所依」——以《成唯識論》及窺基《成唯識論述記》為中心的探討〉、〈陳那「自證」理論探析——兼論《成唯識論》及窺基《成唯識論述記》的觀點〉、〈從《瑜伽論記》析論〈真實義品〉「離言自性」的語言哲學及對「說一切有部」語言觀的批判〉等著作。

目　次

導　論

江燦騰、張珣

一、編輯構想與書名釋義

　　本書是兩位主編長期且多次密切合作，為當代臺灣本土大眾宗教信仰學術精華彙編，所呈現給當代臺灣各階層社會大眾的最新現代詮釋與新型建構出來的，所謂宗教環境學新視野下的各宗教信仰變遷的多元交織實態風貌。

　　因此，它是根據全書整體六大分項專輯所匯合而成的當代臺灣宗教學術巔峰之作，足以代表我們這一代眾多第一線學術精英群的豐碩成果與璀璨之花。

　　然而，我們兩位編者的最大榮幸與最大喜悅，其實是能夠有此珍貴機會，來替本書眾多作者所提供的，有關本書全體六大分項專輯的眾多精彩論述，進行堪稱鮮明具效且又合乎現代學術規範的新型體系建構。

　　換言之，我們兩位編者的最大心願，就是能夠提出不同於歷來臺灣民間信仰各類論集或專書的學術新視野，於是我們歷經長期且艱辛的努力之後，終於提煉出來的最新學理根據，就是所謂的宗教環境學新視野的出現，並且立刻據以提出編輯本書全體內容，共有六大分項專輯的新型結構，它們是：

　　第一部份、國家祭祀與政權鼎革。

　　第二部份、國家治理與原住民族的宗教變遷。

　　第三部份、宗教環境學新視野下的宗教變遷。

　　第四部份、新興宗教與宗教轉型研究精萃。

第五部份、大眾信仰與身心靈醫療的復甦。

第六部份、研究典範學者介紹。

因此，若說這是歷來首次出現的最多音交響新學術突破與嶄新貢獻，也應該不是自我過譽的學術虛詞才對？

不過，何謂「宗教環境學新視野」？應先對本書讀者略微說明。

二、何謂「宗教環境學新視野」？

（一）關於本書各文標題一律改通俗化問題

首先，本書原先設定的讀者群，就是我們本地社會的一般大眾，所以在說明上應該力求減少學院派常見的繁瑣理論賣弄與故作玄虛。

但，我們兩位編者實際上又面臨一種兩難的選擇困境，就是我們所挑選的原先論文寫法，都是發表在各學術專業期刊上。

因此納入本書後，我們最大挑戰就是，將全書的各篇標題都一律改成通俗化的簡潔標題。至於原標題與出處，則在註釋一，分別列出，以供參考。這是我們首先可以做的，而我們也的確如此做了。

（二）有關何謂「宗教環境學新視野」的說明之一

我們本土的社會大眾，縱使不是學術性的專業研究者，也可以從日常生活中所長期觀察到、甚至曾參與各類的臺灣民間信仰活動中，清楚的認識到：

所謂臺灣大眾宗教信仰，基本上就是源自是我們庶民大眾的當代集體信仰經驗，但也是承襲我們累代先民信仰智慧的歷史結晶。

這是由於透過相關臺灣史的著作論述，我們多數民眾都以能夠了解，現

有臺灣大眾形形色色宗教信仰習俗，其實主要是承繼三百多年前閩粵移民入臺後，在艱困的篳路藍縷的生活環境中，所逐漸開創出一片新故鄉的大眾宗教信仰精神。

讀者須知，彼等當時是在不同的生活環境下，必須嚴酷地面臨來自黑水溝海洋滔天巨浪的危險挑戰，以及陌生陸地的無數風險考驗，其中還包括原住民族之間的衝突，漳泉客之間的族群械鬥等種種困難，都須一一加以克服才能僥倖存活下來。

等到進入二十一世紀以來，則又要遭逢更多的環境變遷，極端的氣候變遷，乃至高速的社會複雜變遷，凡此種種變遷因素，無一不逼迫民眾做出抉擇，風雨中勇往直前。

而我們社會大眾，所能賴者，除了現代環境科技，醫療衛生技術，國家福利政策等，是必不可少之外，在日常生活中，仍須不時藉助信仰習俗中，所祈求的：免災、免窮、免病的信仰心靈慰藉。

（三）有關何謂「宗教環境學新視野」的說明之二

可是，在相關的現代性認知上，則歷經各時期的不同關涉視角。

我們試舉數種有代表性的例子：我們可以舉日治時期的戴炎輝先生，認為民間信仰與清代村庄組織有關，而丸井圭治郎在臺灣的總督府第一次宗教調查，指出民間信仰與中國帝國有密切關係。

至於柴田廉主張主神與地緣組織有關係，在其之後的增田福太郎則依據在臺灣的總督府第二次宗教調查成果，撰寫出民間信仰有五個發展階段是與部落（村落）的發展息息相關。

上述這些研究，都指出民間信仰是社會環境發展的一環。讓我們從宗教信仰看到社會的存在，也在社會發展中看到宗教力量的共作因素。

（四）有關何謂「宗教環境學新視野」的説明之三

二次世界大戰後，臺灣學術界關於民間信仰的調查，有至今仍被稱許的中央研究院策畫，跨領域多學科合作的濁水大肚溪計畫（簡稱濁大計畫），其計畫倡導者之一的王崧興，與年輕調查者，許嘉明與施振民等人企圖以環境史的角度來說明民間信仰的發展路線與成因。

至於當時國際學界，則有兩個模型可以參考，一個是美國施堅雅（William Skinner）提出的市場理論。一個是日本岡田謙提出的祭祀圈理論。二者都認為民間信仰的組織與地緣組織有密切關係。

差別在於前者看到民間信仰的發展與空間分布與市集市場有密切關係，後者看到民間信仰組織與（彰泉客）族群分布有密切關係。

前者的原始模型是從四川盆地發展出來，在彰化平原測試之後，不太理想。後者原始模型是在臺北士林地區發展出來，經過許嘉明與施振民兩人在彰化永靖地區測試，頗具成果。

許、施兩人也分別提出他們對祭祀圈理論的修正版本。之後，此一祭祀圈理論，在 1980 年代被林美容重新用在南投縣草屯土地公廟的調查，她發現土地公廟的分布與村落角頭組織的發展密切相關。

接著，林美容使用祭祀圈理論到彰化南瑤宮的調查，發現不盡吻合而提出信仰圈的補充。

此因祭祀圈的信徒居住範圍與主神所在的廟宇，是位置緊密結合的。反之信仰圈的信徒，其居住地與主神廟宇所在地，則容許脫鉤（不在同一地區）。亦即，信仰圈可以覆蓋更大範圍的地理面積。

然而，無論是祭祀圈或是信仰圈，都是重視宗教組織的地緣因素。於是在張珣首先對上述詮釋理論，詳細展開其回顧百年來的臺灣漢人宗教研究詮釋理論變革反思[1]，並且其中一篇，是針對祭祀圈的理論局限性，做出深刻的

---

[1]　〈百年來臺灣漢人宗教研究的人類學回顧〉，刊於黃富三主編《臺灣史研究一百年：回顧與研

系統反省[2]。

（五）有關何謂「宗教環境學新視野」的說明之四

再者，戰後臺灣民間大眾信仰研究的另外一股潮流，即是來自美國人類學家的影響，這時由於當時他們無法進入已被時人稱為鐵幕的中國境內，於是轉而紛紛來臺，以臺灣漢人社會的大眾宗教信仰，作為彼等研究中國宗教的另類實驗室，所展開學術性調查的不得已替代品。但何謂實驗室呢？

此即當時彼等認為：中國宗教在其本土中國大陸中原地區或是閩粵地區發展之後，又相繼渡海來臺已三百多年。而且，臺灣歷經西班牙荷蘭的治理、明末鄭經與清朝的治理和日本五十年的殖民地統治之後，又再次迎來戰後新一波大陸各省宗教的大舉傳入。

於是，彼等認為，可以從中據以觀察臺地漢人人眾信仰習俗，是否仍然維持與原鄉相同的宗教信仰嗎？亦或已有了同質異貌的發展？

由於這是當時很多來臺西方學者所好奇的相關疑問，於是自然也水到渠成地成為彼等開始展開臺灣民間大眾信仰研究的重要課題。亦即，彼等想進一步探明：究竟是大眾宗教信仰習俗的傳承力量大？或是由於社會巨大變遷所帶來大眾宗教信仰習俗變化的環境因素影響大？

（六）有關何謂「宗教環境學新視野」的說明之五

根據以上的各階段的不同發展，我們接著以臺灣人類學宗教研究視野為中心，進一步列舉實例來說明為何有本書的「宗教環境學新視野」的提出？

究》，頁 215-256。臺北：中央研究院臺史所籌備處，1997。收入張珣、江燦騰主編，《當代臺灣本土宗教研究導論》（臺北：南天書局，2001），頁 201-300。

2　〈祭祀圈研究的反省與後祭祀圈時代的來臨〉，《國立臺灣大學考古人類學刊》58：78-111，2002。收入張珣、江燦騰主編，《研究典範的追尋：本土宗教研究的新視野與新思維》（台北：南天書局，2003），頁 63-108。

A. 人類學家的宗教調查，前提上，是把宗教信仰當作社會文化組成成分的一個環節。亦即，宗教與文化其他成分都是相依相賴，舉凡經濟、政治、法律、親屬、族群、性別、教育等等都與宗教信仰環環相扣。

B. 1970-1990 來臺的英美人類學家在臺灣南北各地均有蹲點調查的民族誌報告出版。他們立下了很多足資後人學習的典範。例如葛伯納的彰化小龍村，武雅士的臺北縣三峽鎮，焦大衛的臺南保安村，桑高仁的桃園大溪，王斯福的臺北縣石碇鄉，甚至是後來的艾茉莉的臺南西港鄉，都是膾炙人口的調查。

C. 期間，日本也有一些戰後來臺調查的人類學家，例如渡邊欣雄以「術」的概念分析民間信仰，以及三尾裕子長期研究雲林馬鳴山五年王爺。這些著作的介紹或是其中幾位代表作，都分別被收入張珣與江燦騰主編的三本系列性的論文集[3]。

D. 戰後，臺灣社會另一個最大的社會變革來自 1987 年的解除戒嚴。解嚴以來，政治朝向民主自由，帶動了經濟貿易自由，民眾結社自由，與宗教自由發展。

內政部開放新宗教登記，從戰後的傳統五大宗教（佛教、道教、基督教、天主教、回教）到 2007 年全國共有 26 個合法宗教。

另外，宗教社團數百個，宗教財團法人也近百個，宗教呈現蓬勃發展。新興宗教的大量出現，曾經有一段時間擠壓到民間信仰，但是終究來看，民間信仰並未萎縮，而是信徒趨向多重認屬。

亦即，信徒同時擁有著多個宗教信仰，其中，民間信仰是最基本的一個信仰，也是民眾最多人擁有的信仰公約數。

此乃因民間信仰不排斥任何宗教，不需要任何形式的認屬。更是因為臺

---

[3]　張珣、江燦騰主編，《當代臺灣本土宗教研究導論》（臺北：南天書局，2001）。張珣、江燦騰主編，《研究典範的追尋：台灣本土宗教研究的新視野與新思維》（台北：南天書局，2003）。張珣、葉春榮主編，《臺灣本土宗教研究：結構與變異》（臺北：南天出版社，2006）。

灣民間的大眾信仰，其實是一種社會大眾的生活哲學，或一種社會大眾的生活方式，存在於庶民大眾的生活底層。

E. 而且，自臺灣 1987 年正式政治解嚴以來的大眾宗教變化，我們當代宗教學界，也已有了豐富的調查與分析。其中，例如丁仁傑研究新興宗教的趨勢，張珣研究女性信徒的地位提昇與大量參與宗教活動，林本炫研究社會網絡在個人宗教信仰變遷中的作用，王見川回顧鸞堂信仰的復甦，蔡錦堂反省國家對於宗教政策的制定，余安邦與許麗玲研究宗教經由乩示或是各種醫療儀式提供民眾在急速變動社會中，多種安定身心靈的方式。

更進一步，臺灣在人權方面的成就，也開始重視動物權，民間信仰每年在全台各地廟宇舉行的殺豬公儀式引起社會撻伐，其存廢問題引起討論，面臨宗教價值與社會發展之間的矛盾。

F. 事實上，解嚴之後的臺灣民間信仰與經濟發展之間的矛盾最早起於 1980 年代的社區環保運動，例如鹿港杜邦建廠抗議運動，貢寮核四廠抗議運動，高雄後勁五輕煉油廠抗議運動。民間信仰成為社區民眾反抗外來汙染性的工廠建設的最大支持力量來源，民間信仰的神農大帝與媽祖是愛鄉愛土以及保護海洋的價值基礎。

2017 年，臺灣社會更出現抗議民間信仰長期大量使用不符合現代環境保護的金紙、香枝、鞭炮等等物質，嚴重汙染空氣，環保署在輿論壓力之下，促使臺灣南部地方政府雷厲風行減香政策，引起民間宮廟集結信徒前往總統府前的凱達格蘭大道舉行「眾神上凱道」的示威活動。

G. 至此，我們理解到宗教信仰在現代社會的存續，牽涉到多元宇宙觀與價值觀的協調，是一個牽一髮動全身的問題。

民間信仰與現代社會價值必須有更新的結合與鑲嵌，民間信仰必須轉型，而現代社會也必須重新解讀民間信仰在臺灣面臨全球性與區域性危難時候，對社會帶來穩定與和諧的貢獻。

H. 不過，臺灣大眾信仰除了漢人的信仰之外，還有數十萬原住民族的

信仰。1950 年代之後，原住民族紛紛改宗，這是西方基督教與天主教在原住民族地區的傳播成果。

數十年來，經過學界的調查與研究，亦累積有相當豐富的論著。原住民族承受日本人與漢人的政治與經濟治理之下，不只是在傳統的山田燒墾，採集農業，部落政治，親屬婚姻各方面有了巨大變遷，在信仰與宇宙觀方面也都有了深刻轉變。

基督教與天主教的神職人員取代了部落以巫師為主的宗教權威，舊日的播種祭、收割祭、豐年祭等等歲時祭儀加入了基督教與天主教的年節儀式。

臺灣 16 個原住民族，某些部落接受天主教，某些部落接受基督長老教，甚至是真耶穌教派等等，其中的改宗原因與過程各有差異，而舊日的祖靈觀與西方宗教的聖靈觀的競合，在不同部落也有不同表現。

1980 年代以來，原住民族的正名運動與文化復振運動，讓許多舊日的信仰習俗，例如阿美族豐年祭或是排灣族五年祭等等傳統祭儀得以恢復，排灣族巫師的治病儀式或是卑南族巫師的境界驅邪儀式，也重新獲得重視。可以說目前原住民宗教信仰是新舊並陳，多元發展。

而在以往，臺灣本土宗教研究選集，比較少挑選原住民族宗教研究論著。然而，在討論宗教變遷，是否受到各種生態與人文環境改變的影響時？原住民族的個案，更能夠呈顯環境變遷與宗教變遷之間的因果關係。

例如黃應貴的布農族研究，即指出布農族從原有的小米耕作與採集狩獵方式，轉變成日本時代的水稻耕作，再轉變成戰後的經濟作物例如水果耕作，使得原有與布農族的山田燒墾有密切關聯的宗教信仰活動，難以發揮作用，加上無法處理生態變遷，帶來的新疾病與生活問題，才讓西方宗教可以趁虛而入[4]。

---

[4]　黃應貴〈東埔社的宗教變遷：一個布農族聚落的個案研究〉，《中研院民族所集刊》53：105-132，1982。陳志梧、鄧宗德〈東埔社布農族生活空間的變遷（1945-1990）〉，《台灣社會研究季刊》3（1）：51-94，1991。

　　為了增加讀者對於原住民族宗教變遷的關注，也為了可以呈顯「宗教環境學」架構，本書特別挑選數篇原住民族研究論文。

　　而為了可以涵括漢人民間信仰與原住民族信仰，本書因此以「大眾信仰」為書名，以期能更大範圍的描述多數民眾的宗教信仰。

　　I. 於是，基於上述解嚴以來的既有諸多各類大眾宗教信仰的豐碩研究成果，促使我們讓兩位主編一致體認到，有必要在以往我們多次出版的系列論文集之後，必須再有一個更新穎、更具整體性的大集結。這便是我們編輯本書的主要導因。

　　J. 其次，本書的編輯有了一個新的架構，亦即，「宗教環境學」架構的提出。在這個新的架構之下，以往我們解釋國家與宗教，或是新興宗教的崛起，或是宗教女性的湧現，或是宗教醫療的復甦，都因為這個「宗教環境學」新架構，而有了不同的觀看角度。

　　於是我們可以在此公開宣稱說：這是一次，有關當代臺灣本土大眾信仰，在以上所述的，由於必須不段地適應新自然環境變化、新社會複雜環境變化、以及時代各種新潮文化環境之下，才出現的不斷調整，不斷更新後，所成功結集的巨大心血結晶。

三、補充說明：有關本書詮釋理論「宗教環境學」架構的提出與主要奠基者張珣的學術概念形成略史

　　1. 2020 年初以來全球受到新冠肺炎的肆虐，不只限制人們的行動自由，導致經濟停滯，政治抗爭，族群衝突，貧富更加不均，更重要的是也讓長久以來蟄伏的環境議題與全球生態危機，更加迫切，成為全球共同需要反省並改善的問題。

　　2. 其實，環境危機早已被提出，並非新產生的危機。此因早在 1960 年

代，美國的一位基督教史學者懷特（Lynn White）就已指出，更多的科學與科技並無法解決我們的生態危機，除非我們重新思考如何擺放人類在大自然中的位置。

因為以基督宗教為主的西方思考方式，根據聖經創世記說，上帝授權給人類主宰大自然，人類開發大自然是天經地義的事情。以人類為中心的自然觀就此形成，一切萬事萬物得以服務人類的需求。

3. 事實上，世界上多數宗教也是主張萬物有靈，萬物共生的，人與其他萬物，都在共享一個宇宙靈體。因此諸如佛教的六道輪迴、道教的氣化宇宙論、各地原住民族的宗教、以及東亞薩滿教的泛靈論等等，都是倡導萬物相關的宇宙論概念。

而西方各國在 1970 年代以後，也紛紛出現新世紀宗教運動（New Age Movement），意在反省基督教的以人類中心主義，所衍生出來的，改由許多宗教紛紛推行出來的諸如：素食主義，簡食主義，節約運動，愛地球，愛環境，反科技等等信仰等。

4. 不用說，我們臺灣民間的大眾宗教信仰，本質上也是屬於一種泛靈信仰，同樣相信萬物均有靈性。例如在臺灣民間的大樹公崇拜，十八王公的義勇犬崇拜，石敢當崇拜，門神崇拜，灶神崇拜等等都是此類。

5. 如果我們專以媽祖信仰為例，來討論華人宗教信仰中，感應式的思考方式。亦即其中所具有的天人感應思考方式，甚至擴大而說，是人與非人之間的感應思考方式。本質上，這一種思考方式，其前提是以人類與其他萬物具有共同本質：氣。

而由於人與其他萬物，是具有氣的共通性，因此包括生物與非生物，動物、植物、礦物、山川、星辰、大地，也均由氣所生成。所以，我們作為人的一份子，自當珍惜並關注周圍的氣，無論其來自生物或是非生物。

據此，我們可以說，風水，流年，洞天福地，煞，等等的時間與空間的吉凶信仰，都讓華人關注其周圍的萬事萬物的存在與運行。

6. 若我們自此，轉為改用當代語詞來說，上述這些關聯性，其實都是一個靈性生態學（spiritual ecology）或說是靈性環境學（spiritual environmentalism）的思考方式。環境在此處，自然就必須包括社會文化環境、自然環境、超自然環境等。因而，這也是張珣對「宗教環境學」架構的提出的主要學理依據。

換言之，張珣在本書中，對「宗教環境學」架構的提出，其實是來自其本身具有長遠研究媽祖信仰的學術背景，才能據以解釋當中的宗教變遷各因素，尤其是媽祖信仰變遷的大環境因素。

而我們知道，大眾宗教是社會大眾文化的一個環節，大眾宗教變遷與社會文化變遷息息相關，因果相扣。

並且，由於我們對於以往對於單獨的宗教變遷因素比較可以掌握，或是族群接觸所造成，或是政權政策轉移所造成各類因素。

而隨著學術進展的日新月異，目前我們已有了更多的相關研究成果累積，於是可以清楚地知道：生態環境因素也可以影響大眾宗教信仰的變遷新貌。

7. 再者，雖然生態因素，對於宗教變遷影響力的層面與尺度廣大，難以明確釐清直接相關性，但是從原住民族的宗教與生態變遷研究，已經可以證明。

其實，漢人的社會與大眾宗教信仰之間的關係比較複雜，牽涉到歷史文獻與宗教的神學教義等等。但是，宗教環境學應該是最大範圍的提出，所有可能的人文與自然環境因素，也是未來研究宗教變遷的趨勢所在。所以，本書所選有關宗教環境學專輯的各篇文章中，本書讀者即可以清楚地看到：

A. 作者張珣在其 2016 年的〈同神異貌的天后〉文章中所指出的，關於媽祖天后信仰在香港與臺灣兩個不同地區，所發展出來的不同面貌與神格，以因應信徒需要的同神異貌天后樣態。

B. 其次，在《兩性海神》（2019）[5]一書中，由江燦騰與張珣兩位編者、所提出的：以「媽祖環境學」一詞，來解釋海神的不同性別，亦即海神有男有女，既有在金門的男神蘇王爺，也有在閩臺的女神媽祖；而彼等都先後各自經歷了從海神到陸上守護神的變遷；且其神祇的神格、功能、儀式與祭祀組織，也因應做出了多樣變遷新貌。

就此來說，此處所謂的「媽祖環境學」新詮釋視角，即異於當代臺灣宗教學界現有的研究模式。換言之，凸顯現代媽祖宗教信仰與其社會生活環境，是互相辯證存在的。

C. 其後，在江燦騰與張珣兩位主編的《臺灣民眾道教三百年史》（2021）[6]一書中，主編之一的張珣，又再次強調「媽祖環境學」的新視角的必要性，以解釋其在媽祖信仰上的有效性。

D. 最後且新發展則是，本書的兩位編者，都再次將「媽祖環境學」擴大提出成「宗教環境學」。亦即，彼等認為，不只是媽祖而已，其實也可涵蓋其他神祇的民間信仰的詮釋角度。

因此，本書特別收入張珣在 2021 年 9 月在政治大學「華人傳統類思維工作坊」發表的論文〈媽祖信仰中香火／靈力的感應思考方式〉作為媽祖環境學的哲學思考基礎，以饗讀者。

好讓學界與讀者都重視到，臺灣民間大眾信仰自身，其實具有強大的適應各種自然或人文環境的能力，因而臺灣民間大眾信仰也是：臺灣社會大眾文化在適應全球性變遷時的重要緩衝劑。

---

[5]　江燦騰、張珣、蔡淑慧合編，《台灣民眾信仰中的兩性海神》（台北：前衛出版社，2019）。

[6]　江燦騰、張珣合編，《台灣民眾道教三百年史》（台北：學生書局，2021）。

▪第一部份▪

國家祭祀與政權鼎革

第一章　理解日治時代的國家祭祀概念[*]

蔡錦堂

臺灣師範大學臺灣史研究所教授

本章大意

本章討論增田福太郎的寺廟與神社觀，從他早期以尊崇神道、天皇中心的國家主義者師承，以當時大環境影響下他無疑也是為尊崇天皇制，擁護國家神道的愛國主義者。他在戰爭時期，以國民精神文化研究所所員與教學鍊成所鍊成官身份，站在根植於愛國心的保守主義立場，對於當時臺灣甚至「大東亞」提出符合國家主義、國家神道立場的論述，是可以理解的。但是增田並沒有在強調天皇中心或國家神道的同時，主張去壓迫或統制外教或其他非神道信仰者。因此他鼓勵台籍青年諸士能探索自己文化根底，才能發現與日本文化及東方的汎神論鎖鏈之處。此外增田在為文中雖主張徹底普及神社精神，但也汲取日本歷史中「神佛習合」、「本地垂迹」概念，強調神社精神與寺廟精神同調，不認為臺灣寺廟為推廣神社精神的障礙，相對質疑批判寺廟整理運動。最後他對臺灣傳統寺廟、宗教信仰，一貫抱持試圖去「理解」的態度，雖然他強調天皇中心、國家神道、皇國精神，卻不排斥或蔑視臺灣傳統宗教信仰，這種態度亦反映在他對原住民的看法上。從增田福太郎作為研究個案來看，他呈現另外一種對日本戰時宗教體制不同的觀察面向。

---

[*] 本文原題為〈增田福太郎的寺廟與神社觀〉，收錄於江燦騰主編，《臺灣宗教信仰——臺灣宗教文化叢書》（臺北：東大出版社，2005），頁 64-84。

一、前言

　　增田福太郎（1903～1982）於 1929 年，東京帝國大學大學院學業修了後，以二十六歲之齡的法學者身份，應台灣總督府文教局之邀，赴台灣擔任宗教調查官，進行台灣宗教的調查，開始了他與台灣宗教、原住民族、以及法理學方面的調查、研究因緣，也展開了他日後的學究生涯。台灣，可以說是增田從東京帝大法學部學業完成後，提供給他實地研究調查、印證課堂上所學學理的第一個、也是最重要的一個實證場域；而他也對台灣此一實證場域，經過細心觀察比較，以文字著作留下許多相關的心血結晶。或許以今天的學術研究水平衡量，增田當年的著作研究，已不能算是極具深度、百年不易的學理，[1]但是以當時代的研究進展而言，增田福太郎對台灣的研究，特別是傳統宗教的研究，稱其為「台灣宗教研究先驅」當不為過；而他對台灣原住民方面的研究，尤其是有關從原住民的「自然法」（即增田所謂的「未開社會之法」)角度來理解原住民的家族與社會制度等，[2]也值得我們予以注意。

　　筆者曾於 2001 年 10 月國史館舉辦的「20 世紀台灣歷史與人物——第六屆中華民國史專題」學術研討會中，就增田福太郎發表〈台灣宗教研究先驅增田福太郎與台灣〉，對增田福太郎的生平、其與台灣宗教、原住民的調查研究，作綜論性的分析探討。此次本小文擬就增田對台灣傳統的寺廟以及日本的神社二者，到底抱持如何的觀點去看待，特別是在所謂皇民化運動時期，「台灣人家庭正廳改善運動」、「寺廟整理運動」於各地（雖非全台每一

---

[1]　增田有關台灣宗教的研究，頗重視台灣寺廟「主神」方面的部份，如其歷史與傳說；但在宗教儀禮或祭祀行事，以及信者關係方面的論述，相對上則較為簡要。此在當時即有如此之評論出現。參見日本社會學會編，《社会学（7）》，東京：岩波書店，頁 414，評論者為日本社會學會代表牧野巽。

[2]　增田日後於 1961 年向京都大學所提出的博士論文（法學）《未開社会における法の成立》，即是以台灣原住民社會的自然法分析等為內容。

地方）如火如荼展開之際。筆者會作如此的比較觀察，主要是因為增田的家庭教育、學校教育（特別是東京帝大時期的授業師門）以及其個人的宗教傾向，均是呈顯尊崇天皇制與國家神道的一面，1939 年結束前後十年的台灣研究生活回到日本後，亦是任職於「國民精神文化研究所」與「教學鍊成所」此二被認為與日本國家主義有關的機構（雖屬文部省直轄而非軍部轄下），擔任所員與鍊成官，[3] 理應會站在國家神道一邊，強調神社中心，以排斥寺廟或贊成整理台灣傳統寺廟，但是實況又如何？他在此戰爭的非常時期，站在國民精神文化研究所所員與教學鍊成所鍊成官之立場，如何著文對他曾在台灣研究十年的寺廟、宗教提出見解？本小文即想就此一角度切入，試探瞭解增田內心中對寺廟、神社此二台、日宗教的深層看法。

二、增田的神社觀

首先由增田的生平、學經歷以及著作文脈表現，來就增田對日本傳統的神道教（神社）以及日本天皇、國家之觀點作一省察。

晚年的增田，曾對其故鄉新潟縣的青少年，以其人生經驗提出座右銘「真實一路」四個字。他說人世當中存有很多的謊言與虛偽，但是教師必須對純真的學生傳達真理，父母親必須對兒女述說真實。他在一生中亦碰到了一些災厄、難關（如關東大地震），開始亦會懷疑什麼是真實，但漸漸的他也能感受到如何突破災厄，那就是從原本懷疑真實的心境，轉變為相信「神」的

---

[3] 「國民精神文化研究所」為戰前日本文部省直轄的研究所之一，於 1932 年 8 月設立，本作為建立能對抗馬克斯主義與學生左傾問題的國體、國民精神理論體系而設立的研究機構，分有歷史、國文、藝術、哲學、教育、法政、經濟、自然科學、思想等九科，置有所員、研究囑託、助手等。該研究所於 1943 年 11 月廢止，與國民鍊成所合併成為「教學鍊成所」，1945 年 10 月因日本戰敗而終結，戰後改成國立教育研究所。

信心，而後產生為「神」所相信的喜悅或信念，最後達到「神」相信你的現實。此處所謂的「神」並非一般漠然的神佛，而是「天照大神」及與其合為一體的「現人神」天皇。他認為這是其嚴父──僅小學畢業的新潟縣（蠟燭）商人增田新治郎──時常給予他的教誨「尊敬天皇陛下」此一真實之語所帶來的影響。[4]

從上述增田給予青少年的座右銘，我們大概也可以認為，「真實一路」──相信天照大神、尊敬天皇──就是增田一生最重要的座右銘，而此座右銘來自於其父親從小時常耳提面命的教誨。此教誨與座右銘，可以讓我們瞭解增田對天皇與神道教（神社）的觀感，是含有絕對崇敬的成分存在。

增田於 1927 年自東京帝國大學法學部法律學科畢業後，隨即進入東京帝大大學院（研究所）主修「法理學」。在此學習階段中，增田受教於日本法理學界的二大名教授穗積陳重與筧克彥，另外亦履修了於東大文學部講授「神道講座」的宗教學者加藤玄智的課程。穗積陳重的實證式「法的進化論」，對於後來增田從事台灣原住民自然法的研究有莫大的啟示作用，在增田的著作中，常可見到其引用穗積的觀點。[5]但從比較宗教學以實證談「惟神之道」「神人同格」的加藤玄智與行徑特異的東大名教授筧克彥，二人強烈的天皇中心・尊崇神道論點，更相當程度影響了增田。

加藤玄智（1873～1965）是著名的日本宗教學者，專注於神道研究，與天皇崇拜、神國思想的理論建立；除擔任東大文學部的「神道講座」外，於

4　參閱鶴岡正夫編《現代新潟の百人──青少年の座右銘》（東京：育英出版社，1976），頁 185。

5　穗積陳重（1856～1926），日本明治、大正時期法學者，屬英國法學之流派，強調法的進化論，著有《法律進化論》、《法窓夜話》等著作，增田的有關「台灣法律進化」論文，以及於《台法月報》連載的「南方法律夜話」，不無穗積陳重的影子存在。穗積陳重的弟弟即著名的留德法學者、東大憲法講座教授穗積八束。八束學到德國國法學者採行的君權絕對主義，於 1891 年以來所謂的「民法典論爭」中，發表「民法出，忠孝亡」的名論，批判自由主義的舊民法，主張施行家父長權強大的新「明治民法」；生涯中以國家論、國民道德論的立場，一貫主張天皇絕對主義，排斥美濃部達吉的「天皇機關說」。參照《コンサイス人名辞典（日本編）》（東京：三省堂，1977）。

1912（大正元）年並參與創立紀念「明治聖帝不朽聖德」的「明治聖德記念
學會」，擔任其研究所的所長。「明治聖德記念學會」成立的宗旨在於以人
文、史學方面的學問新研究，闡明日本思想的特色與建國精神，並彰顯日本
國體的精華與文明文物真相於海內外。增田於 1929 年至台灣後所發表的文
章，除在《南瀛佛教》、《台灣教育》、《台灣社會之友》、《台灣時報》、《台灣
警察時報》等等台灣出版的雜誌刊載外，也有一些即是在明治聖德記念學會
的雜誌《明治聖德記念學會紀要》登載，而其第一本有關台灣宗教的專書《台
湾本島人の宗教》，亦於 1935 年由明治聖德記念學會出版發行。[6]另外，於
1929 年協助增田進行宗教調查的助手之一的李添春，在 1933 年承增田之命
進行台灣「生祠」的調查，而在《南瀛佛教》發表有關清朝時期平定林爽文
亂事的福康安、以及施琅等生祠之文章，亦是受到當時加藤玄智剛在日本出
版《本邦生祠の研究》的提示與影響。[7]

　　主張天皇中心的國家主義者筧克彥（1872～1961）是在法理學與宗教理
論上影響增田頗多的另一位東大教授。筧克彥承繼了穗積陳重之弟、憲法學
者穗積八束的君權絕對主義源流，除了研究古神道與日本古典文學，亦主張
天皇即國家、憲法乃天皇代代遺訓的明徵。其在東大的研究室，據說舖設「榻
榻米」，並安置「神棚」，供奉「神宮大麻」，開講時則拍「柏手」（神道式祭
拜神時，以兩掌合拍，作出聲響）。[8]增田在其第一本有關有關台灣宗教的書
籍《台湾本島人の宗教》的自序中，即特別提到受到加藤玄智與筧克彥二者

---

[6]　參閱增田福太郎，《台灣本島人の宗教》（東京：財團法人明治聖德記念學會，1935），頁 98-99。

[7]　李添春，〈台湾に於ける二三生祠の実例〉，收於《南瀛佛教》4 卷 5 號、6 號，1933 年 5 月、6
　　月。所謂「生祠」即人尚存活當中即被當作神祭拜所建之祠。李添春調查出除福康安、施琅外，
　　尚有衛公祠（台灣知府衛台揆）、靳公祠（台灣知府靳治揚）、蔣公祠（台灣知府蔣毓英）、吳
　　公祠（台廈道員吳昌祚）、胡公祠（治理澎湖之胡建偉）。增田福太郎時為台北帝國大學理農學
　　部助教授，李添春為其農學教室的助手。另外，加藤玄智，《本邦生祠の研究》（東京：財團法
　　人明治聖德記念學會，1931 年）。

[8]　參閱《コンサイス人名辞典（日本編）》（東京：三省堂，1977）。

授業的影響，而使台灣宗教調查能順遂進行。在加藤玄智方面，增田是採行其比較宗教學的神人同格教之實證調查研究。關於筧克彥方面，增田強調筧克彥從宗教與法政本質上的關連著手，並站在汎神論的立場去論述國家本質的論說，增田到台灣居住之後，即具體感受到這樣的論證。增田日後論著中深含尊崇天皇、神道思想，以及 1939 年回日本擔任國民精神文化研究所員、教學鍊成所鍊成官，應不無加藤玄智與筧克彥影子存在。

對增田有關神道、神社觀點有所影響者，另有一人不能不提，那就是增田的岳父松崎貞吉（1884～1967）。增田於 1929 年 5 月 22 日起開始其台灣宗教調查的第一次「寺廟巡禮」，走了二十餘日。一行三人中，陪伴增田的除了擔任其翻譯、台灣傳統宗教入門導覽的得力助手、駒澤大學畢業的「文學士」李添春——增田「南島寺廟探訪記」內所載的瘦子 R 氏——之外，另外一位肥滿的「M 氏」就是增田後來的岳父松崎貞吉。[9]松崎自鹿兒島師範學校畢業後，赴台灣於總督府宗務課就職，後任台灣神社的「禰宜」。[10]松崎陪伴增田進行寺廟巡禮時已四十六歲，二年後松崎在台灣出生的女兒松崎ツヤ即與增田於台灣神社，在著名的第一代台灣神社宮司山口透的主持下，舉行神前結婚儀式。1935 年版的《台灣神社誌》，發行人即是松崎貞吉。

以上所述為從增田的生平、學經歷過程（親人‧師承等）來看他的神社觀之承繼由來。他為何於 1939 年以後進入國民精神文化研究所、教學鍊成所，原因並不清楚，不過應與此師承等有所關係。增田自 1938 年底起即開始有一連串與日本天皇制、國家主義有關的文章（及書籍）出現，其中部份與法、憲法有關，部份涉及東亞或大東亞共榮圈的宗教（神社、寺廟、或所

9　增田福太郎，《東亞法秩序序說──民族信仰を中心として》（東京：ダイヤモンド社，1942），附錄「南島寺廟探訪記」，頁 191、214。松崎貞吉自第一天台北起，至第十一天新竹獅頭山陪同調查，之後因總督府之歸府命令而北返，同書，頁 281。

10　禰宜為神社之神職名稱的一種，一般僅次於神主之重要職位，明治維新後僅於神宮、官國幣社才置有禰宜，在神主（或宮司）指揮監督下，執行祭禮儀式，以及處理神社經營的全般事務。戰後所有神社均可設禰宜。

謂南方宗教），[11]諸如：

- 〈天岩戸の精神と帝国憲法〉
- 〈所謂天皇機関説の内在的批判〉
- 〈皇学としての憲法学〉
- 〈東亜法秩序の建設原理〉
- 〈国体法の一考察〉
- 〈大陸法秩序の建設〉
- 〈冊子・東亜宗教の課題〉
- 〈神社精神と寺廟精神〉
- 〈台・満民族信仰の一考察〉
- 〈南方法秩序の建設のために〉
- 〈冊子・大東亜法秩序と民俗〉
- 〈南方民族の祭祀〉
- 〈南方秩序と皇政の本義〉
- 〈冊子・南方法秩序序説〉
- 《東亜法秩序序説──民族信仰を中心として》
- 〈南方建設と教育〉
- 〈皇道と南方宗教〉
- 〈皇民運動下の台湾宗教〉
- 〈東亜建設と情義〉
- 〈南方法秩序建設のために〉

---

11 東亞、大東亞、南方等名詞的定義非常紛歧。基本上 1938 年 11 月日本第一次近衛文麿內閣時聲明日滿華「東亞新秩序」，大致可將所謂的「東亞」定義為日、滿、華。而 1940 年 7 月第二次近衛內閣決定基本國策要綱，提出「大東亞共榮圈」，此「大東亞」即包含上述日滿華之「東亞」與「東南亞」；後來又加上「大洋洲」，形成大範圍的「大東亞共榮圈」。「而「南方」一詞有指即「東南亞」，或「南支」（中國華南一帶）加上「南洋」（東南亞加南洋群島），但也有其他不同論說。

- 〈東亜法秩序考〉
- 〈東亜建設と民族宗教の基調〉
- 「大東亜共栄圏の文化」（演講）
- 《大東亜法秩序の建設》
- 《皇道の理念と法制》[12]

　　在這些文章中，有關天皇、神道或神社的部份，欲一一加以分析探討，瞭解增田的觀點，委實不易。不過大致可以歸納出增田對《古事記》《日本書紀》裡有關日本的開國神話、天照大御神的出生、大國主命的讓國、天孫降臨、神武東征等等神話，是抱持國家主義式的宗教信仰「確信」的態度；他常提到服膺「國體精神」──亦即天照大神以降，自神武天皇以來日本皇統萬世一系的情形。文章中也常出現「天つ日嗣」（アマツヒツギ）、「寶祚之隆」（アマツヒツギノサカエマス）、「天業恢弘」（アマツヒツギヲヒロメノベ）等《古事記》《日本書紀》中，天照大神與神武天皇等神詔。[13]「天つ日嗣」意為天皇的皇統，即萬世一系的天皇、或天皇的大業，而「寶祚之隆」「天業恢弘」即指與天照大神共為一體的萬世一系天皇之統治天壤無窮。增田的東亞法秩序、或大東亞新秩序、南方秩序的建設，大多建基於此「國體精神」上，其神社觀、或所謂的「神社奉齋精神」均是立基於此。當然，從這裡我們也可看出，上述增田這些文章中所謂的「法秩序」或「新秩序」，並非指人世間近代社會的「法」或社會秩序，而是宗教信仰上、精神層次上的「法」與「秩序」。

　　那麼在增田如此的神社觀之下，他又如何看待台灣傳統的寺廟或宗教，特別是在所謂皇民化或戰爭白熱化時期？下面一節，即從此角度切入，來看

---

[12] 增田福太郎，《事物相関の諸論》（東京：佐野書店，1973），頁175～180，「附記　法學五十年」。

[13] 增田福太郎的〈南方秩序と皇政の本義〉、〈東亜法秩序の建設原理〉、〈南方建設と教育〉等等文章均可看到這些名詞與類似論點的出現。

增田此一時期的寺廟觀，特別以其〈皇民運動下の台湾宗教〉、〈神社精神と寺廟精神〉等論文，作為觀察分析的主要內容。

三、增田的寺廟觀

1929 年增田福太郎以宗教調查官的身份來台灣進行宗教調查。當年五月初版的《南瀛佛教》第 7 卷 3 號即以「第二回宗教調查 既於四月起逐々著手」為標題，對增田與李添春之調查工作多所期待。[14] 該雜誌刊出此次宗調查的順序如下：

第二回宗教調查綱目

一、第二回宗教調查預定從在來本島固有之寺廟而下手

一、次則調查內地傳來之宗教（如神道、佛教、基督教及其他）

一、又其次則調查外國傳來之宗教（即如基督教等）

一、而台灣在來寺廟欲分佛教方面、道教方面、儒教方面及一般民間信仰方面以科學的方法調查之

一、欲調查之內容則可分為三大綱領（一）歷史方面（二）教理方面（三）教團組織及其經濟關係

---

[14] 《南瀛佛教》第 7 卷第 3 號（1929 年 5 月）頁 57。該雜誌登載：「台灣之宗教調查。始自大正四年十月。專依台灣之舊慣宗教而行。至七年。始提出台帳竝調查書。其容量累積之。實達有十三間之高。此前後四個年間當局之所費精神多且大矣。然尚未達所期之目的以之遺憾。謂欲期完備。非再行第二回調查不可。於是年來於督府雖有提出預算。皆謂負負。故於本昭和四年度必期其勝。致最善努力結果。始得通過。調查期間。按五個年繼續之事業既於本年四月逐々下手。調查主任囑託增田福太郎氏。亦於去四月二十六日來台就任。外本島人囑託李添春（普現）氏。亦於四月就任。二氏皆官私立大學出身。對此調查。吾人對二氏之期待。多且大焉。」（標點悉照原文）

一、第二回宗教調查之特色將查出宗教現實所有之狀況而有缺陷弊
　　害之處將思方法以矯正之[15]

　　增田此次的宗教調查，被稱為「第二回宗教調查」（第一回宗教調查即
1915 年丸井圭治郎時的調查），按上述《南瀛佛教》所刊出的調查綱目，調
查對象含蓋台灣傳統寺廟、日本內地宗教、外國之基督教等，且以台灣寺廟
為優先，並且預計五年計畫。但是一年後增田即解除宗教調查囑託的職務，
轉任台北帝國大學理農學部的講師。增田調查完台灣寺廟之工作後，似乎並
無繼續進行內地宗教、外國基督教等的調查工作，而總督府的五年宗教調查
工作，亦並無史料留存證明有繼續推動的跡象。當然，前述調查綱目最後一
項「將查出宗教現實所有之狀況而有缺陷弊害之處將思方法以矯正之」的「第
二回宗教調查特色」，如果從後來增田所發表的相關文章或書籍來看，這項
「務實的算計」似乎也不見呈顯出來。不過，從增田在台十年中（1929～1939）
以及之後對台灣傳統宗教、寺廟所作的論述，包括《台湾本島人の宗教》、《台
湾の宗教──農村を中心とする宗教研究》、《東亜法秩序序説──民族信仰
を中心として》台灣宗教研究的三部曲來看，增田的宗教調查研究成果，確
實將台灣的宗教研究從「表面陳述」提昇到內部「學理論述」的層次。
　　但是增田於 1939 年離開台灣後，在戰爭期任職國民精神文化研究所員
與教學鍊成所鍊成官，又如何撰文評論皇民化運動下的台灣傳統寺廟、宗教
呢？
　　最清楚能夠呈顯於皇民化運動下、或寺廟整理運動下，增田對台灣寺廟
等的看法，即是其於 1939 年 1、2 月在《台灣地方行政》第 5 卷 1、2 號所
發表的〈皇民運動下の台湾宗教〉一文。
　　在此文中，他之所以不用當時喧囂的「皇民化運動」一詞，而用「皇民

---

[15] 同上註，頁 58。

運動」，主要是增田認為用「化」字不適當，因「化」字有甲將與自己性質全然相異的乙，變質成為與甲相同的語感存在，以台灣寺廟而言，即帶有欲將其「全部撲滅」的意氣用事的味道存在。[16]因此增田認為應該使用「皇民」運動而非「皇民化」運動。而何謂「皇民」呢？增田認為「皇民」之語比人民、公民、國民乃至日本人等語更為優質，沒有任何語詞可與之相比。而所謂「皇民」之本質即「臣民」，亦即「天皇永遠的輔翼者」，皇民運動即台灣全島人民每一個人均能振起自覺自己是天皇永遠的輔翼者，此「天皇永遠的輔翼者」即是皇民的本質，亦是皇國的第一事實。此「天皇永遠的輔翼者」之道──即所謂「皇道」──就是宗教信仰的對象，也被稱為「神ながらの道」（惟神之道）。他認為就宗教信仰層面而言，信仰「惟神之道」成為「天皇永遠的輔翼者」，乃皇國的第一事實，身為皇民均必須有如此直接而深刻的認識。因此所謂神社神道是宗教抑或道德云云，均是學說上的詮釋，是第二層次以下的問題，如僅不斷作這些議論，相對上只會造成與其他宗教摩擦的效果。[17]

增田於此文章中，接著闡釋 1889（明治 22）年 2 月 11 日發布的「大日本帝国憲法」第二十八條，「日本臣民ハ安寧秩序ヲ妨ケス及臣民タルノ義務ニ背カサル限ニ於テ信教ノ自由ヲ有ス」（日本臣民在不妨礙安寧秩序與違背臣民義務之下有信教之自由）。他說，帝國憲法乃明治天皇所欽定，是日本皇國的根本法，此第二十八條「信教自由」的條款即呈顯出日本皇道對信仰外教的寬容性乃至歡迎性的宣言，不認為信仰外教是不對的，但是「信教的自由」在明文上也不是絕對的，它也載有信教自由的前提：「不妨礙安寧秩序與不違背臣民義務」。而所謂「妨礙安寧秩序與違背臣民義務」最顯著的事例，對增田來說就是：「忘記了國體要義本末之分、污蔑了神、輕視

---

[16] 增田福太郎，〈皇民運動下の台湾宗教〉，《台灣地方行政》5 卷 1、2 號，1939 年 1、2 月。
[17] 同上註。

天皇、違反輔翼天皇的本義」。[18]只要能謹守住臣民的本份，則諸外教如信佛教之釋迦牟尼、信基督教之耶穌基督，則與日本宗派以建國諸神為祭神並無二致，亦即問題不在於信仰對象的神佛是否外來者，而在於信仰者所持心態為何。

增田福太郎緊接著就當時（1939 年）台灣寺廟整理運動[19]的所謂內台融合說、寺廟整理說、寺廟漸廢說等等論策加以評論。他認為台灣本島人的在來信仰反映著中國的商業主義，極富靈驗中心的色彩，但是與朝鮮民間信仰不同的是，並不摻雜國家革命等思想，也幾乎不曾聞及有峻拒神社參拜之例，即其信仰具有商業交易的中立性，很清楚的並無憲法所謂妨礙安寧秩序、違背臣民義務之反國家性質存在。因此他不知道台灣所謂性急式的寺廟全廢論主張到底有何根據。[20]

增田也對當時掌管全島社寺宗教業務的總督府文教局社會課社寺係主任加村政治所提出的「支那之神回歸支那」的主張提出質疑。所謂「支那之神回歸支那」的主張是說清帝國已將台灣讓渡予日本，因此國土主宰之神靈之間也應有一大更迭，即中國的國土神既已完成其任務，在台灣讓予日本後，台灣的寺廟與神像已失去其作為正當祭神的地位，故不能不將其整理、撤除。但是增田認為人類的神並非物品，是同一的而無二樣，他以禊教開山祖井上正鐵所言「日本之神與天竺的佛是同樣之事」為例，並衍生出「內台一如の精神」（內台如一精神）。他說，台灣神社祭神之一的「大国魂命」可謂與台灣本島人大眾所敬畏的「城隍神」同為幽冥界之神、土地鎮守之神，城隍神

18　同上註。

19　寺廟整理運動大致於 1937～1941 年間於台灣各地進行，全盛期為 1938～1940 年間，因為並非由總督府出面推動，而是各地方之郡守、市尹等地方官主導，故呈顯出全島相當不一致的整理結果。有關寺廟整理，參閱蔡錦堂，《日本帝国主義下台灣の宗教政策》（東京：同成社，1994 年），第七章「寺廟整理問題」，頁 230～309。另外原始資料，宮本延人，《日本統治時代台湾における寺廟整理問題》（奈良：天理教道友社，1988）。

20　同註 16。

可說是日本大国魂命的延長，為守護台灣的國土而來，此二神於信仰上可謂一體不二。他接著指出台灣的媽祖信仰其實與觀音信仰是表裡一體的，正如同日本鎌倉時期的日蓮宗開山祖日蓮所主張的「神佛如一」的想法一般。增田另外又提到，在台灣街庄林野到處可以看到的台灣人親愛之神「土地公」（福德正神），其實與日本的農業、商業守護神「稻荷神」也是合而一致的。除了土地公、媽祖、觀音、城隍爺，台灣寺廟所祭祀的關帝、保生大帝、神農大帝、開漳聖王、鄭成功、元帥爺、義民爺、孔子、將軍爺、節婦孝子、吳鳳、寧靖王等，與日本內地神社所奉祀的功臣、英雄、賢哲等，其精神並無二致。又如同三山國王、文昌帝君、玉皇大帝、大樹公、七星娘娘、太陽公、太陰娘娘、風神爺、山神爺等因自然崇拜而起的信仰，與日本內地的日月風雨山水草木等的自然神信仰，可說屬於同樣的宗教思想潮流。

　　增田上述內台宗教信仰精神同流的認知，其實源自於日本歷史上自九世紀、十世紀以來的「神佛習合」、「本地垂迹」的說法。九世紀的「神佛習合」思想即主張神（日本神道的神）喜佛法、佛（佛教的佛）擁護神，而十世紀以來的「本地垂迹」是說佛為神的本地（本尊）、神為佛的垂迹（化身），外來宗教佛教的佛，為了救濟日本的眾生，因此以另外的姿態、亦即日本的「神」的形貌在日本出現，例如：大日如來佛即化身為天照大御神、大黑天化身為大国主命等，此為日本民族在歷史上以其獨特的方法，將他民族的宗教消化，形成自己文化的著例。增田所沿引的城隍爺＝大国魂命、媽祖信仰＝觀音信仰、土地公＝稻荷神，或台灣、日本的功臣、英雄崇拜、自然神信仰，可謂皆立論於類似「神佛習合」「本地垂迹」的想法，或以其話語而言，即是「內台一如の精神」。因此他在文章的最後主張，台灣本島宗教政策的理想，乃建立在「皇道」──惟神之道、或作為天皇永遠的輔翼者的宗教信仰之道──之大理想、大信仰上，島民只要能體會自覺此本末，皆可安心立命信仰其儒道佛或基督之教，而達融合之境地。他呼籲：內地人不能沒有自信，而

本島人也須有自覺。[21]

　　接著〈皇民運動下の台湾宗教〉後，增田有關台灣寺廟的論述，發表於 1941 年 1 月台灣總督府情報部編輯的《台灣時報》第 23 卷 1 號（總號 253 號）之「皇民化の指導精神」特輯中，題目為〈神社精神と寺廟精神〉。在此特輯中，針對皇民化運動期的文化、經濟、言語、人種、家屋、宗教、服裝、改姓名、娛樂等諸問題，由台北帝國大學的教授、學者、總督府官吏等提出研究、提案、意見等。[22]增田的〈神社精神と寺廟精神〉的文章，基本上承繼二年前他所發表的〈皇民運動下の台湾宗教〉之觀點，再度提出台灣寺廟主神神格大致為自然神與人間神，功臣、英雄、賢哲的崇祀，以及自然崇拜的信仰，與日本內地的神社奉祀精神是同樣的，認為「喚起內台思想同調的理解」，清掃本島人與內地人部份人士間排他式的性癖、一掃其言行，乃確立台灣宗教新體制上須首先著手的。[23]

　　當然，增田在強調寺廟與神社精神思想同調的同時，也不免以其天皇中心的國家主義立場，認為日本神社的神，是以天照大御神及與其合為一體的皇祖皇宗的神所形成的全民族的「祖神信仰」，此祖神信仰為「家」的神、「皇」的神、「國」的神與「宇宙」的神合而為一的具體的神，但是台灣或者中國系民族則缺乏全民族的祖神，而只有各家族私的「祖靈崇拜」。雖然與日本全民族的「祖神信仰」可比擬的是中國所謂的「天」，即蒼天、昊天、旻天、上天、皇天、上帝等，但這些均屬抽象之神觀，且對天帝諸神，與其說是「敬神」倒不如說是「敬遠」「恐怖畏懼」。因此從台灣抽象的「敬天」神觀，昇

---

[21] 同上註。

[22] 《台灣時報》第 23 卷 1 號，1941 年 1 月。有關當時已跨越最盛期而因諸多阻礙與質疑而漸呈衰退傾向的「寺廟整理運動」，除增田發表的文章外，另有時任台北帝國大學文政學部助教授的中村哲發表意見，認為廢除台灣寺廟，勢必要考量給予台灣人所追求的宗教心理喪失時的代價，他並舉德川幕府時期隱藏的切支丹（基督徒）之例，警告強制性的寺廟整理，建議在日本支配下宜採文化包容的意見。

[23] 同前註，頁 53～54。

華為日本「祖神崇拜」之具體神觀，或者說為了顯現台灣人在來神觀之原本
信仰價值，應由精神同調但更加具體的神觀（指日本神道之神觀）所包容超
越。就增田來說，以日本的神社奉齋精神明徵普及，來包容台灣的寺廟信仰，
這就是台灣宗教新體制的根本原理，也是台灣宗教政策的使命，這是使台灣
寺廟信仰甦生的方式。不過增田也附帶說明，他贊成與寺廟性質相異的各家
祖廟、正廳中，尚存留刻有「皇清」之名的祖靈祭祀牌位的漸廢，但上述所
謂神社奉齋精神的徹底明徵普及，也不是意味著在來寺廟的全廢，甚或地方
神祠、社祠的急增，最主要的還是在於台灣人民須有臣民的自覺，以此發揚
國體精神。[24]

四、結論

綜合上述，增田福太郎在其父親「尊敬天皇陛下」之教誨，以及筧克彥、
加藤玄智等尊崇神道、以天皇為中心的國家主義者的東京帝國大學教授的師
承，以及當時大環境的影響之下，無庸置疑的他也是位尊崇天皇制、擁護國
家神道的愛國（日本國）主義者。他在戰爭時期，以國民精神文化研究所所
員與教學鍊成所鍊成官身份，站在植根於愛國心的保守主義立場，對於當時
台灣甚或「大東亞」地區的宗教政策等，提出全然符合國家主義、國家神道
立場的論述，是絕對可以理解的。不過我們必須注意到，增田並沒有在強調
天皇中心或國家神道的同時，主張去壓迫或統制外教或其他非神道信仰者，
相對的如同他在《台湾本島人の宗教》一書的自序中，闡明他寫這本書的理
由之一為：「本島人青年諸士認為其固有文化只是迷信陋習、時代殘留的文
化，因而不屑一顧。只有知己才能知彼。宗教為文明的母胎、文化的根

---

[24]　同前註，頁 54～56。

柢。」[25]因此他鼓勵台灣青年諸士能探索自己文化的根柢，才能發現與日本文化及東方的汎神論連鎖之處。

在〈皇民運動下の台湾宗教〉與〈神社精神と寺廟精神〉的文章中，我們雖然見到增田宣揚以天照大神、天皇等為中心的「惟神之道」，主張徹底普及神社精神，但也汲取日本歷史上之「神佛習合」、「本地垂迹」概念，強調神社精神與寺廟精神同調，不認為台灣寺廟為推廣神社精神的障礙，相對的質疑、批判寺廟整理運動。

血型 A、字跡細小、個性溫和略帶木訥、攝影時多躲在角落的增田福太郎，不是一位極端或霸道的國家主義者，他對台灣傳統的寺廟、宗教信仰，如同他在台十年的調查研究，一貫抱持著試圖去「理解」的態度，雖然他強調天皇中心、國家神道、皇國精神，卻不排斥或蔑視台灣傳統宗教信仰，這種態度亦反映在他對原住民的看法上。

1976 年增田福太郎對他的故鄉日本新潟縣的青少年，所提示的座右銘「真實一路」，這是他在 1940 年即有的體會，[26]三十六年後的增田，仍然堅持他相信「神」——天照大神及與其為一體的「現人神」天皇。他一生中遭遇過關東大震災與戰後的「公職追放」兩次大災厄，但始終抱持相信他的「神」的信仰，同時，也尊重他人信仰異教之「神」，不管祂是天公、上帝、釋迦牟尼、耶穌、或是阿拉。

---

[25] 增田福太郎，《台湾本島人の宗教》（東京：財團法人明治聖德記念學會，1935 年），自序，頁 3〜4。

[26] 增田於 1940 年即在《明朗魂》第 4 卷 9 號，（1940 年 9 月），發表了〈真實一路〉一文，其內容要旨與 1976 年對新潟縣青少年所發表之座右銘大致相同，但文章較長且更詳細。

第二章 戰後國家祭祀及其與日本殖民時期的差異所在[*]

蔡錦堂

臺灣師範大學臺灣史研究所教授

本章大意

本文透過史料爬梳，論述作為「國殤聖域」的忠烈祠，在中國大陸與臺灣建立的歷史軌跡，文脈較著重於忠烈祠（特別是建築物硬體本身）之建立，與相關法規的制定及內容陳述，建構一個歷史的沿革脈絡，方便日後相關問題的探討。首先，從忠烈祠建立的沿革中，我們可察覺一項問題，亦即忠烈祠的出現是戰爭的產物。其次，忠烈祠入祀的「烈士」擇定，乃是忠烈祠研究中重要的一環，從忠烈祠入祀的對象，這些人的身份來看，也使得中華民國「國殤聖域」的性質更加模糊，因為它納入非「中華民國」國籍者、納入定位尚不明朗者、納入有抗日不見得「復國」者、也納入雖然抗日但並無殉難、殉職者。接著，忠烈祠的創建過程在在見到蔣中正與軍方扮演的主導角色，中國史上的昭忠祠、關岳廟的存在大部份都是由下而上，民間感念歷史上忠烈人物因而建祠祭拜，但忠烈祠屬性較類於近代日本由上而下、官方建立的「創建神社」，含有濃厚的國家價值觀。隨著1980年代後期兩蔣時代結束，

---

[*] 本文原題為〈臺灣的忠烈祠與日本的護國神社・靖國神社之比較研究〉，《師大臺灣史學報》3期（2010年3月）：3-22。

原基於「戰爭」與「敵對概念」的忠烈祠也出現鬆動現象。忠烈祠的儀式化、形式化，加上其原生具有由「戰爭」、「敵對」所帶來的特質，在非戰爭的承平時代、交流取代敵對的時空下，全部成為包袱，使忠烈祠真正回到「國家宗祀」與「國殤聖域」的地位，勢必對忠烈祠的定位，包含其入祀的「英烈」重新做一番檢討。

一、前言

　　忠烈祠，中華民國的「國殤聖域」，它是祭祀中華民國建立前後以來，為「國家」殉難殉職的忠勇義烈官兵、人民的場所，是中華民國「國家宗祀」或國殤致祭的神聖場域，它的建造設立以及烈士入祀基準的選定，應是莊嚴謹慎而且極富「國家」（或政權）的價值觀在內。但是，目前有關忠烈祠研究的論文可謂僅少，筆者曾於去年（2000 年）發表過〈從神社到忠烈祠——戰前與戰後台灣「國家宗祀」的轉換〉一文[1]，是從日本統治台灣時期在台灣所廣建的神社，二次戰後有相當多數為接續的中華民國政府所接收而改建為忠烈祠，來看戰前與戰後「國家宗祀」在同一場域的轉換、比較。論文當中亦略微談及忠烈祠在戰前與戰後建立的緣起，但礙於篇幅與主題，無法充分探討。因此，此次本篇論文乃著重於忠烈祠建立的歷史沿革論述，從 1931 年（民國 20 年）國民政府於大陸時期的「褒揚條例」法令頒布，經過 1940 年（民國 29 年）「抗敵殉難忠烈官民祠祀及建立紀念坊碑辦法大綱」制定，以迄 1998 年（民國 87 年）入祀忠烈增加警察、義警、消防隊員、義消、以及其他公務人員等法令修改止，追溯戰前在中國大陸以及戰後於台灣各縣市設立忠烈祠的歷史沿革與軌跡，並從其相關法令的制定與修改、重慶時期

---

[1]　參閱《第一屆日本研究、台日關係、日語教育國際學術研討會論文集》，中國文化大學日本語文學系、2000 年 7 月，207-218 頁。

「陪都忠烈祠」、「首都忠烈祠」設立的一波三折、戰後於台北設立「國民革命忠烈祠」的經緯、以及入祀英烈的選定等問題，進行探究。在參考文獻方面，國史館所藏戰前國民政府、行政院、內政部檔案，戰後行政院、內政部、國防部史政編譯局、中國國民黨黨史會、各縣市地方政府、以及大直「國民革命忠烈祠」等所藏忠烈祠相關資料，均為不可或缺的史料。

二、戰前忠烈祠建立緣起與相關法規

1931 年（民國 20 年）九一八事件發生前的 7 月 11 日，當時的國民政府曾以國民政府字第 362 號訓令公布「褒揚條例」，依據此「褒揚條例」及其施行細則，有所謂「奮勇抗敵忠心衛國確有功績者」予以褒揚，此乃最早與忠烈祠「較」有關係之法令，但「忠烈祠」此一詞句則尚未出現，且其褒揚方法亦僅止於給予匾額、褒章、褒狀，且限制亡故逾十年則不得接受褒揚[2]。

與忠烈祠有真正關係的法令開始出自於 1933 年（民國 22 年）9 月 13 日內政部所公布的「烈士附祠辦法」。此辦法條文共六條如下[3]：

第一條　凡為國民革命而犧牲之烈士除專設紀念祠供祀者外得依本辦法於其事蹟表著地死難地或原籍之烈士祠內附祠供祀。

第二條　凡是請附祠者須將該烈士之身前事蹟造冊呈由事蹟表著地死難地或原籍之縣市政府調查屬實後轉呈省政府咨請內政部核准

---

[2]　「褒揚條例」，民國 20 年 7 月 11 日國民政府字第 362 號訓令。

[3]　「烈士附祠辦法」、附於「忠烈祠設立及保管辦法草案」卷，國史館藏內政部檔案（目錄統一編號 129、案卷編號 469）。原資料為手稿本，無標點，另「附祠」一詞部份地方亦寫成「坿祠」，此處統一作「附祠」。

縣市政府查訪有合於本辦法第一條之情形者亦得詳徵事實依照前項規定辦理。

前項之市政府如係直隸行政院者得逕咨內政部核准。

第三條　既經核准附祠之烈士應由所在地主管官署製定牌位送祠享祀但原呈請人自願製定者聽（註：原資料底下缺）。

第四條　烈士牌位之式樣及尺度如左：

一、牌位中直書烈士姓名邊縷花紋上加額下設座如几形。

二、牌位一律藍底金字上刊某某烈士之位有銜者具銜死難年月日亦可加以註記。

三、牌位尺度以國定市用尺為標準長二尺橫寬五寸兩邊各寬一寸五分額高二寸座高三寸。

四、如殉難人數過多時其牌位中得免書烈士姓名以事由代之如淞滬抗日陣亡將士之靈位之類。

第五條　凡不依照本辦法辦理者不得附祠享祀。

第六條　本辦法自公布之日施行。

此「烈士附祠辦法」中，首先定出名為「國民革命」犧牲之烈士，得於「烈士祠」內附祠供祀，開始對為國殉難者有設祠供祀之表示，但卻尚未使用「忠烈祠」之字眼，而以「紀念祠」或「烈士祠內附祠」取代。

正式開始使用「忠烈祠」一詞的法令，則起自於 1936 年（民國 25 年）5 月，由行政院轉發、軍事委員會制定之「歷次陣亡殘廢受傷革命軍人特別優卹辦法全案」內所附之「各縣設立忠烈祠辦法」。本辦法是中華民國有關「忠烈祠」最初之法規，全文共 11 條如下[4]：

一、援古昭忠忠義等祠之例，于各縣文廟鄉賢祠之旁設立之。

---

[4]　「各縣設立忠烈祠辦法」，史料出處同前註。

二、就各縣文廟鄉賢祠之旁，原有之昭忠忠義等祠或公共廟宇改建之。如無上項地址者，由縣政府設法另行建築之。各縣設立忠烈祠，如須就公共廟宇改建時，應事先商得該廟宇負責人或當地佛教會之同意。

三、修改或建築經費由地方政府設法籌措之，但不准有勒捐攤派情事。

四、凡抵禦外侮、北伐、剿赤、各戰役死亡官兵之原籍屬於某縣者，即於某縣忠烈祠專祀之。

五、祠中供奉牌位，書明死亡官兵級職姓名。

六、牌位入祠，應由地方黨政軍商各界以及學校團體用軍樂（無軍樂地方即鼓樂亦可）送入祠內，其儀式須極隆重。

七、各部隊應將某某戰役官兵姓名造具清冊，寄由各原籍縣政府彙集辦理，一面由各該縣政府按照清冊自行調查。

八、每年於七月九日（國民革命軍北伐誓師紀念日）舉行公祭，該縣黨政軍學商各界，均須參加，其禮儀須極隆重。

九、各縣忠烈祠應由該縣政府隨時修葺，負責保護，以免損壞。

十、各縣政府設立忠烈祠，務於本年六月底以前建築齊全，以備七月九日公祭，並於落成公祭後十日以內，報由該省最高軍事長官及該省政府在二十日內會呈本會備案。

十一、各縣目前如無死難將士，應專案呈報，先供關岳等古代名將神主。

此「各縣設立忠烈祠辦法」正式使用「忠烈祠」一語，並且清楚定義出「凡抵禦外侮、北伐、剿赤、各戰役死亡官兵」為入祀供奉的對象，並定每年七月九日國民革命軍北伐誓師紀念日為舉行公祭日，比起前引「烈士附祠辦法」只模糊定出「為國民革命而犧牲之烈士」以及並無定出每年公祭日等，

來得更為進步，可謂是日後所有忠烈祠相關法規的原型。由於此辦法是由軍事委員會所制定，故再經由行政院轉發至各省與各縣市遵照辦理。

1937 年（民國 26 年）七七事變爆發，對日抗戰軍興，隔年（1938 年）中國國民黨中央第 83 次常會議決，定「七月七日」為「抗戰建國紀念日」，並於該年七月間透過行政院通令各省縣市限期回報，此後是項忠烈祠督促籌設與調查工作，即為內政部列入戰時例行行政計劃，每年均飭令各省縣市回報，亦即督促各省縣市籌設忠烈祠已成內政部戰時重要工作之一。[5]但是，前述有關忠烈祠籌設之兩種相關法規「烈士附祠辦法」以及「各縣設立忠烈祠辦法」，名稱不一，內容互異，適用上往往發生疑義，加以條文簡單，設立及保管方法缺乏明確規定，相關經費及祭祀等亦欠周密，因此如湖南省即因而於 1939 年（民國 28 年）8 月 23 日透過湖南省政府委員會議自行擬定「湖南省各縣設立忠烈祠補充辦法」，詳加規定改建祠廟成為忠烈祠之經費來源、籌款方法，以及經理人員、公祭儀式等，[6]內政部隨之亦考慮對上述二種忠烈祠相關法規進行修法。

1940 年（民國 29 年），正值中華民國對日抗戰緊張時期，設立忠烈祠、崇祀抗戰殉難烈士已成為戰時重要工作之一，中國國民黨總裁蔣中正亦手令：「令各省縣黨政機關從速調製在抗戰期內死難軍民姓名尤其對於被敵慘酷殘殺之忠烈事跡更應注重記敘并籌備建坊立祠使地方官歲祠之」[7]。同年 8 月 29 日行政院召集國民黨中央執行委員會秘書處、內政部、教育部等單位進行新擬忠烈祠祀相關法規草案審查會，並於同年（民國 29 年）9 月 20 日由國民政府以渝文字第 865 號訓令，頒布「抗敵殉難忠烈官民祠祀及建立紀

5　例如 1938 年（民國 27 年）12 月 23 日內政部以渝禮字 264 號函各省調查，得已設立忠烈祠縣分共有 173 縣，餘尚未填報，或因淪陷、或因戰爭瘡痍滿目、百廢待舉，情形殊異。

6　「湖南省各縣設立忠烈祠補充辦法」，國史館館藏內政部檔案（目錄統一編號 129、案卷編號 344）。

7　國史館館藏內政部檔案（目錄統一編號 129、案卷編號 452）。

念坊碑辦法大綱」（共 11 條），以及「忠烈祠設立及保管辦法」（共 13 條）[8]，並將原內政府所頒「烈士附祠辦法」與軍事委員會所制定「各縣設立忠烈祠辦法」同時廢止。此新頒二項「大綱」與「辦法」，乃至今之忠烈祠相關法規之原始法令，有其意義與重要性，雖字數頗多，仍照列如下。

抗敵殉難忠烈官民祠祀及建立紀念坊碑辦法大綱

第一條　抗敵殉難忠烈官民之祠祀及建立紀念坊碑依本大綱行之。

第二條　抗敵殉難忠烈官兵有左列情事之一者得入祀忠烈祠並得建立紀念碑或紀念坊。

一、身先士卒衝鋒陷陣者。

二、殺敵致果建立殊勳者。

三、守土盡力忠勇特著者。

四、臨難不屈或臨陣負傷不治者。

五、其他抗敵行為足資矜式者。

第三條　抗敵殉難忠烈人民有左列情事之一者得入祀忠烈祠並得建立紀念碑。

一、偵獲敵人重要情報者。

二、組織民眾協助軍隊工作或執行軍隊命令者。

三、刺殺敵人或漢奸者。

四、破壞敵人重要交通路線者。

五、焚毀敵人倉庫者。

六、破獲敵偽間諜組織者。

七、被擄不屈者。

八、救護抗敵官民者。

8　同上註。

九、組織民眾宣行國民公約者。

十、其他忠勇抗敵者。

第四條　凡合於前二條規定各款情事之一者得由其事蹟表著地殉難地或原籍地之公正人民或鄉鄰親屬填具詳細事蹟表呈由各該縣（市）政府調查屬宣後呈請省政府轉咨內政部份別核准入祀或建立紀念坊碑抗敵殉難忠烈官兵應由其原屬部隊填具事蹟表並造具清冊報由軍政部轉咨內政部核准

事蹟表及清冊格式由內政部定之。

第五條　各級地方政府應隨時查訪遇有合於第二條第三條規定各款情事之一者應詳具事宣比照前條規定程序辦理。

第六條　忠烈祠設於省市（包括院轄市及省轄市）縣政府所在地鄉（鎮）亦得設立之

紀念坊碑建立於事蹟表著地殉難地或原籍地

忠烈祠及紀念坊碑之建立經費由地方政府支出之。

第七條　國民政府於首都所在地建立忠烈祠并得特准建立專祠專坊或專碑首都忠烈祠及專祠專坊專碑之建立經費由國庫支出之。

第八條　忠烈祠之入祀及紀念坊碑之建立由內政部核准特定之

忠烈事蹟特著及建有特殊勛績者入祀首都忠烈祠並得同時入祀各省市縣忠烈祠入祀首都忠烈祠者應經國民政府明令行之

保衛地方建有功績者入祀省忠烈祠並得同時入祀原籍市縣忠烈祠

其他忠烈行為入祀原籍縣市（院轄市或省轄市）忠烈祠。

第九條　忠烈祠應並祀古代名將及革命先烈。

第十條　忠烈祠設立及保管辦法另定之。

第十一條　本大綱自公布日施行。

忠烈祠設立及保管辦法

第一條　本辦法依抗敵殉難忠烈官民祠祀及建立紀念坊碑辦法大綱
　　　　第十條之規定之。

第二條　國民政府所在地各省（市）政府及縣（市）政府所在地，均
　　　　應設立忠烈祠一所、鄉（鎮）公所所在地如有公共寺廟，亦
　　　　得設立之。

第三條　設立忠烈祠得就公共祠廟改建，但應事先商得各該祠廟負責
　　　　人之同意，並報內政部核准行之。

第四條　各地忠烈祠成立後，當地原有類似忠烈祠之祠廟，得由各該
　　　　官署酌予歸併，呈報內政部備案。

第五條　烈士牌位之式樣及尺度如左：

　　一、牌位一律藍底金字，編繡花紋，上加額，下設座。

　　二、牌位中直書烈士姓名，有銜者具銜，左書年齡、籍貫、
　　　　右書殉難事由。

　　三、牌位尺度以國定市用尺為標準，長二尺，橫寬五寸，兩
　　　　邊各寬一寸五分，額高二寸，座高三寸。

　　四、如烈士人數過多時，得分排書寫，每牌十排，每排十名。

第六條　忠烈祠應徵集下列物品闢室陳列，以供瞻仰。

　　一、烈士遺像。

　　二、烈士遺物。

　　三、有關烈士之文獻。

　　四、有關烈士之攝影。

第七條　忠烈祠內或附近得斟酌情形，闢設花圃或公園。

第八條　各地忠烈祠應於每年七月七日依公祭禮節舉行公祭，首都忠
　　　　烈祠由內政部部長主祭，省（市）忠烈祠由省政府主席或市
　　　　長主祭，縣（市）忠烈祠由縣（市）長主祭，鄉（鎮）設忠

烈祠者由鄉（鎮）長主祭，當地各機關法團均須參加。

第九條　各地忠烈祠保管機關規定如左：

一、首都忠烈祠由內政部保管之。

二、省（市）忠烈祠由省政府民政廳或市民政局保管之。

三、縣（市）忠烈由縣（市）政府保管之。

四、特殊行政區（如威海衛管理公署及設治局等）忠烈祠，由各該官署保管之。

五、鄉鎮設有忠烈祠者，由鄉鎮公所保管之。

第十條　忠烈祠之保管經費應列入預算。

第十一條　各地忠烈祠保管機關，應於每年終將保管實況呈報上級政府，轉咨內政部備查，如有特殊情形，並應專案具報，首都忠烈祠保管實況，由內政部報由行政院轉報國民政府備案。

第十二條　忠烈祠不得佔用或處分。

第十三條　本辦法自公布日施行。

　　上述二項「大綱」、「辦法」，擬訂之初於內政部、禮俗司之間對於細節亦有一些不同意見，諸如：烈士牌位是否維持前「烈士附祠辦法」中使用「藍底金字」，或改成「紅底金字」（藍色象徵和平、紅色象徵尊嚴與犧牲）？忠烈祠之公祭日定於「國民革命軍北伐誓師紀念日」之七月九日，或「抗戰建國紀念日」之七月七日？忠烈祠僅限於市縣治以上設置，或應推廣至鄉鎮行政層級公所所在地？最後的決定是維持牌位「藍底金字」、公祭日「七月七日」、鄉鎮公所所在地「如有公共寺廟，亦得設立之」[9]。

9　烈士牌位方面，雖紅色具尊嚴與犧牲之精神，或較適合忠烈身分，但因前「烈士附祠辦法」公布後，依內政部於 1938 年（民國 27 年）底之「忠烈祠實況調查」，已設立縣分有 173 縣，如牌位顏色一律重新更改將耗鉅款，且法令前後紛歧易引起下級政府不良印象。而公祭日改為「七七」，乃民國 27 年「七七」定為「抗戰建國紀念日」後，軍事委員會亦制定紀念辦法，於是日追悼陣

三、戰前地方忠烈祠的籌建情形

「抗敵殉難忠烈官民祠祀及建立紀念坊碑辦法大綱」與「忠烈祠設立及保管辦法」頒布後，行政院即轉商軍事委員會將之前的「各縣設立忠烈祠辦法」與內政部的「烈士附祠辦法」一併廢止，並繼續要求各省市縣回報忠烈祠實況調查，積極督促籌設忠烈祠。如於民國 29 年 12 月 7 日以渝禮字第 1394 號、民國 30 年 4 月 5 日以渝禮字第 703 號、民國 31 年 5 月 28 日以渝禮字第 1393 號等發函督促，自此中華民國有效轄區內的各級政府，開始積極展開忠烈祠的調查與籌設工作。

然而，忠烈祠的現況調查與籌設，並不如中央政府所期待般的順利展開，此乃受制於戰事的影響。例如，山西省曾於 1939 年（民國 28）三月回覆內政部：「查本省各縣，多數淪陷，其已收復者，瘡痍滿目，百廢待舉，仍不時受敵人之威脅，對於設立忠烈祠，限於事實，並未舉辦。」[10]很清楚而直截了當的對於內政部「囑飭屬縣限期查報」的指令予以回答。再如察哈爾省，內政部在歷經數年要求查報沒有成果後，於 1944 年（民國 33 年）11 月 7 日以渝禮字第 1101 號函：「前函請貴省政府轉飭所屬籌建忠烈祠並填具忠烈祠實況調查表報部一案歷經數載查貴省各縣市尚未籌建有礙事功務希嚴飭所屬限於本年底一律建修具報以資結束倘有因淪入戰區或其他特殊故障無法飭辦者亦希分別示復俾便考核」，而察哈爾省政府之回覆為：「查本省全區淪陷各縣市行政機構均未恢復關於各縣市籌建忠烈祠一節現尚不克辦理」[11]。

亡將士及死難同胞，並令全省市縣舉行公祭，此「具有鼓舞人心之重大意義」。且如廣東省已於該省戰時施政綱要實施計劃中，將忠烈祠公祭日期自動改於「七七」舉行。參見國史館館藏內政部檔案（目錄統一編號 129，案卷編號 452）。

[10]　國史館館藏內政部檔案（目錄統一編號 129 號、案卷編號 276 號）。

[11]　國史館館藏內政部檔案（目錄統一編號 129 號、案卷編號 262 號）。

　　以山西、察哈爾二省之例而言，全省縣市因戰事而全區或多數淪陷，即使部份縣市已收復，但「百廢待舉」。亦即比較起來，中央或內政部官僚所「重視」而一再催促的籌設忠烈祠，在這些飽受戰火摧殘的省分眼中而言，其份量比不上「百廢待舉」的諸事業，因而只能暫予擱置，「不克辦理」。

　　限於資料，目前僅知 1942 年（民國 31 年）9 月底止，內政部統計處根據當時各省縣政府報部之「忠烈祠實況調查表」，得出已具報之省分為：江蘇、浙江、安徽、江西、湖北、湖南、四川、西康、河南、陝西、甘肅、青海、福建、廣東、廣西、雲南、貴州、綏遠等 18 省，所轄縣市局（含設治局、管理局等）數共 1,414，其中已造報籌設已否縣市局數為 925，已設忠烈祠者有 624 縣市局，未設者 301，供奉死難將士牌位數 33,881，供奉其他神位數 217。[12]如以此已具報 18 省之縣市局數而言，已設忠烈祠數約佔 44%，「成果」雖未及一半，但在戰火波及下已可謂差強人意。

　　不過這些忠烈祠有相當多數是依據「忠烈祠設立及保管辦法」的第三條：「設立忠烈祠得就公共祠廟改建」，將原有寺廟如昭忠祠、關岳廟、節孝祠、文昌閣、東嶽廟等改建而成。如根據 1941 年（民國 30 年）4 月陝西省政府所具報之臨潼等 35 縣已設立忠烈祠實況觀之，可謂大多數為利用舊有屋舍或寺廟等改建，其所利用之建物名稱有：大公館舊址、渭城公園花廳、文廟、財神廟、接官亭、蕩寇祠、關帝廟、后稷廟、文昌宮、大神廟、劉猛將軍祠、彭公祠、菩薩泉佛殿、孔廟、蝗蟲廟、循良祠、二忠祠等等，所供奉牌位數除西鄉縣有男 2,834 位、1,361 位，及安康縣 190 位外，其餘縣分均在百人以內[13]。另如貴州省於 1943 年 12 月具報之紫雲縣等四十八縣市忠烈祠設置情

---

[12] 國史館館藏內政部檔案（目錄統一編號 129 號、案卷編號 460 號）。十八省之外，另晉、魯、冀、察、遼、吉、黑、熱八省因環境特殊暫緩催設。

[13] 國史館館藏內政部檔案（目錄統一編號 129 號、案卷編號 287 號）。其中郿縣忠烈祠由縣籌款於民國 28 年 5 月，計搭連房三間、門樓一間，而省會之忠烈祠位於革命公園，共十一間，佔地約六畝五分，於民國十六年建。此二者或有可能乃新建之忠烈祠，唯自資料中難以判斷。陝西省於民國 30 年公祭仍維持於七月九日舉行，尚未更改為七月七日。

形，亦大部份以舊昭忠祠、武廟、關岳廟、忠烈官、節孝祠等等改建，財產經費狀況除少數縣分有田產收益外，多由地方款臨時支付，供奉陣亡將士牌位數，除貴陽市 126 位與鎮寧縣 107 位，其餘均不超過百位，甚多縣分為個位數[14]。於此在在可看出，由於對日抗戰期間，各省縣市設立忠烈祠之場地、物資、經費等均取得不易，礙於中央命令須設立忠烈祠並調查呈報，因此只能因陋就簡。

　　但是時序進入戰爭最後一年的 1945 年（民國 34 年）後，由於勝利漸露曙光，忠烈祠的設立以及抗戰陣亡將士與人民入祀忠烈祠的問題，再度浮現。該年 1 月 28 日中國國民黨蔣中正總裁以侍秘字第 26080 號手令云：「抗戰以來，各地陣亡有功將士與人民，均應准其入祀各該地之忠烈祠，應通令各省市政府及黨部儘先發動舉辦，希會商擬訂辦法呈核！」[15]由於蔣總裁的重申重視，中國國民黨中央執行委員會與行政院即令飭各省縣市黨部與地方政府，分別指定人員負責查訪該地忠烈殉難陣亡軍民姓名事蹟，彙交所在地黨部與政府依規定程序呈報，並令於每月黨務工作報告表冊、政府每次工作季報中，特別立一欄專報實際查訪情形及處理經過，使各黨部與地方政府不致忽視，同時為使 1940 年（民國 29 年）所頒布之「抗敵殉難忠烈官民祠祀及建立紀念坊碑辦法大綱」及「忠烈祠設立及保管辦法」，不致因歷時已久或因政府遷徙而致法令公文散失，擬由中央黨部與行政院翻印小冊分發各級黨部、政府，並依「忠烈祠實況調查表」確實調查查報，使不致原法令流為具文。緊接著蔣總裁復以侍秘字第 26859 號手令：「即令飭各省市黨政機關，限於本年八月以前將忠烈祠建立完成為要」[16]。由此二件蔣中正總裁手令，不難察覺其對於各地籌設忠烈祠，並儘速奉祀抗戰陣亡將士與人民的焦慮感。但是，臨屆戰爭末期，各地方政府面臨行政與財政困頓，並不見得能

---

[14] 國史館館藏內政部檔案（目錄統一編號 129 號、案卷編號 457 號）。

[15] 國史館館藏行政院檔案（檔號內 8，案號 68，0172）。

[16] 國史館館藏行政院檔案（檔號內 8，案號 68，0180）。

如其所願。6 月中旬國民黨綏遠省執行委員會電覆：「……妥經會商綏遠省政府依照中央規定設計繪圖最低估計每座需用建築費參百萬元今當本省糧食歉收人民負擔特重之時此項鉅款殊感無法籌撥若草率將事復以綏西渠道縱橫地氣潮濕坍塌堪慮現擬暫在陝垻建築抗敵殉難忠烈官民紀念坊碑一座正積極籌劃中准電前由除飭令各縣黨部政府先行查訪忠烈殉難陣亡軍民姓名事蹟外相應電請鑒核轉呈為荷……」[17]。而河南省政府主席劉茂恩亦電：「……飭限於本年八月以前將忠烈祠建立完成等因自應遵辦惟查本省於此次敵人進犯宛屬各縣後豫西完整縣份僅有三縣至第九區所屬各縣現因郵路被阻情形特殊擬俟戰局好轉再行遵辦……」[18]。由綏遠與河南省之電文大致可瞭解，在戰爭最後的階段，忠烈祠的籌設與抗戰殉難官兵人民的入祀，即使蔣總裁的焦慮與手令督促，亦不能突破大環境無法配合的困境，使得此二項問題均暫時無從解決，而移越至戰後。

四、首都忠烈祠的籌建

在 1940 年（民國 29 年）所頒布的「抗敵殉難忠烈官民祠祀及建立紀念坊碑辦法大綱」第七條，與「忠烈祠設立及保管辦法」第二條中，均有於國民政府所在地設立「首都忠烈祠」的規定，因此 1941 年（民國 30 年）3 月內政部禮俗司即針對首都忠烈祠的設立提出計劃。其實，早在上述二法令尚未制定之前，亦即有關設立首都忠烈祠的法令尚未出現之前，於行政院第四六七次會議中，曾決議於重慶建立「行都忠烈祠」，並飭由內政部夥同教育、軍政二部與重慶市政府協同計劃辦理[19]。此計劃尚未執行，而重慶已更名為

---

[17] 國史館館藏行政院檔案（檔號內 8，案號 68，0224）。

[18] 國史館館藏行政院檔案（檔號內 8，案號 68，0226）。

[19] 國史館館藏內政部檔案（目錄統一編號 129 號、案卷編號 411 號）。

「陪都」，加上關於設立首都忠烈祠的法令制定，因此內政部即開始轉朝向首都忠烈祠的設立進行。

1941 年（民國 30 年）3 月 24 日內政部禮俗司草擬「建設首都忠烈祠計劃」共八項，在地點選擇方面，為適應戰時環境暫於重慶市近郊或區內擇地設置，而建築選以「暫就公共祠廟改建」，建設費暫定 6 萬 5 千元，由國庫支出，擬於當年 5 月 1 日開始籌建，同年 6 月 30 日前完成，以期 7 月 7 日進行公祭，但此項計劃卻於 5 月時為當時的行政院長蔣中正指令「暫從緩議」[20]。其原因不明，或許地點的選擇與改築修建等均須審慎從事且甚耗時日，於當年時間緊迫已不可能於 6 月 30 日前完工吧。

翌年，1942 年（民國 31 年）內政部即於其三十一年度普通政務計劃中，列有「建設首都忠烈祠」一項，且編列預算 6 萬 4 千元，並行文重慶市政府代為選定首都忠烈祠祠址。重慶市政府飭警察、社會兩局查訪後，提報三峰山、雲頂寺、寶輪寺、真武廟四處，連同禮俗司會同勘選的市中心關岳廟與重慶市原有忠烈祠祠址共六處。但或因一方面理想祠址難擇定，另一方面戰時物價騰漲不下 10 倍，原編預算已不合實際須重訂，因此內政部只好行文行政院，呈請展期修建，而蔣中正院長亦指令「准予暫緩辦理」[21]。

但是，設立首都忠烈祠的腳步並沒因此而停頓。同年 7 月，行政院方面擇定上述六處地點中的重慶市區「關岳廟」作為首都忠烈祠祠址，並且因應物價騰漲而於原預算 6 萬 4 千元上再追加 10 萬元。可是，關岳廟雖然規模雄偉，改建頗稱適宜，但已有國軍第二三、二八兩集團軍留守處、以及中國鑄魂學社、大同學會、桂花鎮消費合作社、甜食業公會天然橘汁廠、廉快照相館、竹林茶社等六家社團商家佔用，為此，內政部函請軍政部與重慶市政府協調上述機關商家限期遷出。唯，關岳廟所屬重慶市道教會對於改關岳廟

20　同上註。

21　同上註。

為首都忠烈祠，持強烈的反對意見，在以「重慶市道教會會長張圓江」具名，上書行政院以及國民政府軍事委員會的書函中云：「（前略）查關廟奉祀關公，已有千餘年之久，故歷代相沿，尊稱之曰武聖廟，民國初年，配以岳公，始改稱為關岳廟，并於每年春秋二祭，列入應祀典禮，其所以如此尊崇者，以其忠義可風也；今一旦廢關岳廟，改建為忠烈祠，使後代無從景仰；而今日抗戰殉國之忠烈，又何從而來耶？……今以關岳廟改建為忠烈祠，并以關岳聖像，移居殿後！是以現代之忠烈居正，而以前代之忠烈退後，豈不是新鬼大，故鬼小乎？不啻追崇現代之忠烈，而反褻瀆前代之忠烈也。（後略）」[22]由於關岳廟道眾的強烈反對，加上在「忠烈祠設立及保管辦法」中第三條有所謂「設立忠烈祠得就公共祠廟改建，但應事先商得各該祠廟負責人之同意」，因此以關岳廟作為首都忠烈祠祠址之案，即此胎死腹中。

在經歷過關岳廟改建風波後，隔年 1943 年（民國 32 年）1 月 5 日，軍事委員會蔣委員長再以機秘（甲）字第 7375 號手令：「中央擬建之忠烈祠其地址已否覓定中意復興關西南之空地似較相宜其所需之建築費約為若干統希會商決定呈報為要」[23]。由於此次復興關西南空地之祠址乃蔣委員長所親自擇定，因此內政部即由部長親自及派員數度前往履勘，最後認為「基地寬廣，形勢雄偉，堪作建築首都忠烈祠之用」，而蔣委員長亦指示：「此項忠烈祠不必規模太大即在復興關勘定地點用五十萬元之經費先建築正殿其餘緩建可也」[24]，內政部乃開始請建築公司進行實地測量，繪製忠烈祠正殿建築設計草圖等，並進行估價。結果由於復興關祠址地居曠場，並無如同關岳廟可資利用之原有殿宇、柱石木材，「必須完全新建」，且地勢高聳，建材運輸困難，因此估價結果共需二百二十五萬二千六百一十四元。而此乃以當年四月份物價為依據，由於當時物價隨時激漲，因此至正式動工時，前項數目將

---

[22] 同上註。

[23] 同上註。

[24] 國史館館藏內政部檔案（目錄統一編號 129 號、案卷編號 414 號）。

不敷使用，故再照原估價單酌加百分之三十，亦即全部需二百九十二萬元方為足夠。此價格比起三十一年度選定關岳廟由行政院核定之五十二萬四千元，或者蔣委員長所期望之五十萬元，有極大的差距，因而使得蔣委員長親自中意之復興關祠址建築計劃，再度受挫。

　　首都忠烈祠籌建的計劃雖然再度因經費預算的差距過大而中挫，但中央政府並未因而停止進行。1943 年（民國 32 年）第 623 次行政院院會決議首都忠烈祠的祠址改在中央訓練團範圍內的國民大會大禮堂原址附近，而建築費暫定為二百萬元，並由內政部於 8 月左右會同軍政部與中央訓練團開始組設「首都忠烈祠籌建委員會」[25]，同時進行建築圖樣繪製。但由於祠址之國民大會大禮堂原址附近地形係斜坡，且基地凹凸不平，整地工程頗為艱鉅且耗費甚多，加上正殿建築模式被建議採取中國宮殿式，因此依當時承接建築設計之大中公司按該年十一月份物價估計，共約需五百三十九萬八千三百三十四元，亦即大為超出原奉核定二百萬元之預算。此雖上呈行政院追加預算，但行政院的答覆卻是「撙節修建，毋庸另請追加，除分令外，仰即遵照另擬建築圖樣暨估單呈核。」[26]翌年（1944 年）3 月，行政院再度指令內政部：「查該項建築費超過核定數目過鉅，目前無此必要，應即停止進行，未領餘款毋庸照撥，除分令外，仰即遵照。」[27]祠址選擇國民大會大禮堂原址之案，再度因經費浩繁緣故而遭諭緩建。

　　1945 年（民國 34 年）3 月，內政部由於「抗戰接近勝利階段」，加以軍政部於 1 月底亦來函再催籌建首都忠烈祠，且「各省市縣忠烈祠之建築，固已分別限期完成，首都為中外觀瞻所繫，更不容偏廢」，故再請行政院核示預算範圍，以期修改圖樣，撙節修建，繼續籌建首都忠烈祠[28]。但是根據戰

---

[25]　國史館館藏內政部檔案（目錄統一編號 129 號、案卷編號 411 號）。

[26]　國史館館藏內政部檔案（目錄統一編號 129 號、案卷編號 414 號）。

[27]　同上註。

[28]　同上註。

後 1946 年（民國 35 年）6 月行政院（院長宋子文）行文內政部的指令：「首都忠烈祠准從緩議」[29]看來，自 1941 年（民國 30 年）開始籌建首都忠烈祠以來，因尋找祠址、三易祠址（關岳廟、復興關、國民大會大禮堂附近）、幾度估價、修改圖樣，在陪都重慶市建立首都忠烈祠的計劃，終究未能實現。

　　戰後國民政府還都南京後，就筆者至目前所掌握史料，並無在首都南京籌建首都忠烈祠的記載。1948 年（民國 37 年）6 月 10 日南京市市長沈怡曾呈文予行政院，擬就南京市鼓樓原址改建為忠烈祠與無名英雄墓，估計需建築費五百億元（依當時物價），認為「事關首都忠烈祠祀典且抗戰勝利已屆三稔籌建不容再緩」，而向行政院申請特賜補助[30]。雖內政部核以「該項建設自屬需要，所選鼓樓亦屬可行」，但主事國庫撥款補助的財政部（部長王雲五）則核以「各省市忠烈祠及無名英雄墓之建設費向例列入各該省市預算內或由地方自行籌措京市自不能例外原呈所請補助五百億元似未便照准」，而主計部亦核以「此項工程並不急要由地方自籌款項亦屬不易似可從緩辦理」，最後行政院則回覆以際此戡亂期間，中央地方財政均感拮据，此項「不急之務」應暫緩辦理[31]。就上述資料觀之，戰後首都南京市擬建忠烈祠亦因經費關係而被以戡亂期間的「不急之務」打回票，唯此忠烈祠應是南京「市」屬的忠烈祠，而非「國民政府」之「首都忠烈祠」，雖然是位於國民政府所在地首都南京市。1949 年（民國 38 年）國民政府在大陸時期最後一年的首都春季祭祀革命先烈與陣亡將士的大典，即於南京市的靈谷寺正氣堂舉行[32]，

---

[29] 國史館館藏內政部檔案（目錄統一編號 129 號、案卷編號 411 號）。緩議的原因不明，或許與戰爭已結束，將從陪都重慶還都南京，已失去在陪都建首都忠烈祠的必要因素有關。

[30] 國史館館藏行政院檔案（檔號內 8，案號 68，0264）。

[31] 國史館館藏行政院檔案（檔號內 8，案號 68，0274～0282）。行政院秘書處原擬文稿中有「際此戡亂期間，中央地方財政均感拮据，此項不急之務，」之詞句，但被劃掉，似乎最後的正式指令並未出現上述文字。

[32] 參閱民國 38 年 3 月 30 日《中央日報》報導。當時之 3 月 29 日首都春祭大典，因蔣中正已下野，

因為即使戰後還都首都南京，首都忠烈祠卻因國共內戰、財政困難的關係，一直無法籌建完成。

五、戰後大陸地區忠烈祠的建立

對日抗戰結束後，中國陸軍總司令何應欽將軍即呈請「通飭光復省市政府仿照後方各省市政府辦法，積極籌設忠烈祠，將抗戰陣亡將士，及民間忠烈之士，入祀該祠」[33]，而國民參政會第四屆第一次大會亦建議中央明令地方政府「普建忠烈祠調查地方殉國忠烈分設木主永誌紀念」[34]，甚至亦有中國國民黨山東省黨部建議「於各地忠烈祠旁建立漢奸碑，以昭忠奸，而維民族正氣」[35]。一時之間，忠烈祠的籌設再度成為話題。根據內政部從各省縣市的彙報統計，至 1945 年（民國 34 年）10 月，除以往淪陷區域或因情形特殊未能設立者外，已建置者有：浙、皖、贛、鄂、湘、桂、川、康、閩、粵、滇、黔、陝、豫、甘、寧、青等 17 省所屬 752 縣，共有忠烈祠 766 所[36]，而因抗戰已勝利，失地收復，前此不能設立之原因已不存在，故應積極飭令設立忠烈祠。於是行政院於該年 11 月 16 日以平壹字第 24542 號訓令，飭光復各省市政府（包括台灣省行政長官公署）要求籌設忠烈祠，並趕緊調查抗戰

而由李宗仁代總統主持。祭祀陣亡將士的公祭日期，國民政府於 1947 年（民國 36 年）6 月 21 日以處字第 663 號訓令頒布「春秋二季致祭陣亡將士辦法」，將春祭日期定為每年 3 月 29 日（黃花崗之役，民國 32 年定為青年節），秋祭定為 9 月 3 日（民國 35 年定為抗戰勝利日），取代了自 1940 年（民國 29 年）以來的 7 月 7 日（抗戰建國紀念日）。參閱民國 36 年 3 月 23 日國民政府公報。

[33] 國史館館藏行政院檔案（檔號內 8，案號 68，0184～0185）。

[34] 國史館館藏行政院檔案（檔號？）。

[35] 國史館館藏行政院檔案（檔號？）。

[36] 同註 34。

殉難忠烈軍民姓名事蹟，限期完成[37]。隔年 3 月 12 日國民政府亦頒布「褒揚忠烈條例」，對「凡抗禦外侮忠勇義列之官兵、人民」，給予明令褒揚、提頒匾額、獎卹、或殉死者國、公葬、入祀忠烈祠、建坊碑等[38]。1947 年（民國 36 年）6 月 21 日國民政府又頒布處字第 663 號訓令「春秋二季致祭陣亡將士辦法」，明定春祭日期為黃花崗之役、青年節之 3 月 29 日，秋祭為抗戰勝利紀念日 9 月 3 日。這一連串動作，加緊了對於戰爭期間為國殉難者的慰靈及其家屬的撫恤，亦有向民眾強調褒揚忠烈英靈之意。

　　相對於上述中央要求緊速籌設忠烈祠與調查抗戰殉難忠烈軍民姓名事蹟，各地方則因各自情形而呈現不同之反應。如江西省政府清楚呈報前因戰事影響未能設立之蓮花、餘干、都昌、安義、靖安等五縣，統限民國 35 年 3 月底以前一律完成，餘 78 縣已先後設立完成並表報內政部。福建省則回覆無法於中央之限期內完成，但將於該年 12 月底前令省內各縣市修竣完成。但是亦有如河南省，除督促省內各縣市完成外，並打算利用開封龍亭舊址改建成「省忠烈祠」，但需經費壹億元，省之預算金僅核定三千萬元，擬請中央補助，唯遭行政院以「財政業已改制該省修建省忠烈祠經費應行自籌」[39]作為回應。另如湖北省為遵照中央指令籌建忠烈祠，幾經集議認為「非五萬萬元經費不能完成現代之建築以配合大武漢之計劃」，但在戰後不及一年百業蕭條凋敝之際，實難募集此鉅款，故擬自「密報日偽物資」項下撥款參萬萬元，餘由各界募集。此項請求亦遭中央以「各省市縣建立忠烈祠，仍應就公共祠廟改建為原則，以節經費」，且密報敵偽物資價款「應悉繳國庫」「未便撥給」[40]。再如山西省，於戰前曾為修建忠烈祠二度請中央予以撥款補助[41]，

---

[37] 國史館館藏行政院檔案（檔號內 8，案號 68，0187）。

[38] 國民政府「褒揚忠烈條例」。

[39] 國史館館藏行政院檔案（檔號內 8，案號 68，0227～0238）。

[40] 國史館館藏行政院檔案（檔號內 8，案號 68，0251～0253）。

[41] 山西省政府戰前於 1944 年（民國 33 年）9 月 19 日擬籌建省忠烈祠，因地方缺經費，請中央撥專款補助，但為行政院回覆以「應毋庸議」（原行政院會計處核以：「值此抗戰最困難之時期在在

戰後省會所在地太原光復後，擬於太原利用舊有建築物改建成省忠烈祠，卻因太原市內遍覓無適宜寺廟可資改建，需重新建築，整體所需建築經費為 12 萬萬餘元，擬請中央再予以撥發專款興建。此項請求行政院本擬以「財政改制」「應自行籌支」回應，最後以「建築太原市忠烈祠應從緩辦」作為回覆[42]。

　　以上幾項地方籌建忠烈祠之例，雖未能全貌瞭解戰後各省市縣的籌措情形，但戰後中央與各省縣市仍然處於財源不足，且百業待興的情況下，即使重要如首都忠烈祠的籌建，都在行政院以「中央地方財政均感拮据，此項不急之務，爰暫緩辦」而予以中止，「經費不足」成為各地籌建忠烈祠的最大致命傷；即使能修建完成，多亦只能利用舊有祠廟改建，因陋就簡一番。1949 年底國民政府撤退到台灣以前，在中國大陸到底有多少數目之忠烈祠籌建完成，由於資料不足緣故，無法確實知悉。以 1945 年（民國 34 年）10 月時共有 17 省 752 縣建立 766 所忠烈祠之數字，加上上述各地方籌建因經費缺乏而有所侷限之例，且之後國共內戰更形加劇之時代背景觀之，至 1949 年底為止，忠烈祠的成立數字或許不足一千所吧。

六、戰後初期忠烈祠在台灣的建立

　　1945 年（民國 34 年）10 月 25 日，台灣正式由日本人手中交予中華民國政府統治。前述於該年 11 月 16 日行政院明令光復各省市縣政府趕緊調查抗戰殉難忠烈軍民姓名事蹟，並籌設忠烈祠時，亦包含行文台灣省行政長官

需款此項建築非直接與抗戰有關似應緩辦」，但被刪除）。第二次則於戰爭結束前夕之 1945 年（民國 34 年）5 月 25 日，為回應蔣中正總裁要求速建忠烈祠，故於臨時省府所在地之克難坡籌建忠烈祠需款五百萬元，且「因期限迫促先已籌整開工」，最後中央不得不於國家總預算省市支出待分配數內動支，撥款一百萬元補助，但「不得再請追加」。國史館館藏行政院檔案（檔號內8，案號 68，0199～0209）。

[42] 國史館館藏行政院檔案（檔號內 8，案號 68，0210～0221）。

公署，要求比照辦理。行政長官公署如何督飭剛接收的台灣各縣市進行調查或籌建忠烈祠，並不清楚，但從部份史料知悉，至少新竹縣大湖區卓蘭鄉於隔年 1946 年（民國 35 年）5 月 29 日，即已初步填具該鄉「革命先烈」10名與「愛國志士」2 名名冊，向行政長官公署呈報[43]。同年 7 月 29 日彰化市亦呈文長官公署民政處：「查本市修建忠烈祠業已積極籌備預定八月中竣工謹電請將全國抗戰陣亡將士入祀全國忠烈祠名單抄示以資奉祀」[44]。另外，同年年底花蓮、高雄、台中、澎湖、嘉義、基隆等縣市亦分別開始進行填具「台灣先哲先烈祠宇調查表」與「寺廟教堂調查表」等[45]，呈送行政長官公署民政處。其目的雖不明瞭，但與為籌建忠烈祠而預先調查先哲先烈祠宇、寺廟或有關係。

同年之 6 月 3 日，一個以當時之新竹縣長劉啟光為主任委員所組成的「台灣革命先烈遺族救援委員會」，亦行文長官公署民政處，謂「本省各地忠烈祠已次第成立」，於此之際能「明令規定本省忠烈祠祭典日期及先烈合祀辦法」，並且建議：

一、請明令規定各地忠烈祠每年舉行春秋二祭，而以四月十七日馬關條約紀念日為春祭，十月廿五日本省受降紀念日為秋祭日期，由當地最高行政首長主祭。

二、請規定各地忠烈祠概以鄭成功先生為主神，並合祀本省因從事反日革命運動而壯烈犧牲之先烈，或畢生奮鬥始終不屈之先賢，其

---

[43] 新竹縣政府己（35）府總人字第 4857 號。此處之「革命先烈」根據調查名冊，並非指官方一般定義之「為推翻滿清政府建立中華民國而陣亡之烈士」，而是「本國革命成功後，為革命台灣還屬中國事件」，為台灣總督府逮捕拘禁，於 1916 年「病死」於台中刑務所者，含詹阿位、廖妹、詹阿旺等 10 名。

[44] 彰化市政府（35）民社字第 2671 號。

[45] 花蓮縣（35）民社字第 5544 號、高雄縣（35）民社字第 11889 號、台中市（35）致亥文府民字 8003 號。

合祀典禮於祭典時合併舉行之，但各地自行推選之合祀者，必須
先將姓名年代革命事蹟及辭世經過，呈送　鈞處核准，以昭慎
重[46]。

　　此建議項目之內容，如春秋祭以 4 月 17 日馬關條約紀念日及 10 月 25
日本省受降紀念日為日期，並建議本省各地忠烈祠以鄭成功為主神，顯然欲
於忠烈祠之烈士入祀，呈顯出本省特別之歷史淵源[47]。同年（1946 年）之 6
月 17 日，新竹縣政府舉行「新竹縣忠烈祠奉安典禮」，根據現所留存《新竹
縣忠烈祠奉安典禮紀念留影》之小冊子，新竹縣當天以縣長劉啟光為主祭
官，典禮之後有規模盛大的整隊街頭遊行，並招待遺族聚餐與舉行茶話會。
而其入祀先烈共 73 位，其中鄭成功、丘逢甲、劉永福三位為主神，以遺像
（繪像）之形式奉祀於忠烈祠正殿，而其他則以牌位入祀於左右兩廂房之先
烈祀堂，其中包括：日治時期北埔事件的蔡清淋，林圯埔事件的劉乾，苗栗
事件的羅福星，西來庵事件的余清芳、羅俊、江定、蘇有志，霧社事件的花
岡一郎、花岡二郎，還有 1920 年代台灣文化協會的蔣渭水、林幼春、王敏
川、賴和，農民組合的趙港、郭常、黃信國，上海台灣青年團的翁澤生，曾
任中國國民黨台灣黨部主委的翁俊明[48]。這些入祀者全與台灣有所關連（但
是有許多與新竹縣無任何地緣關係），除了鄭成功外全屬日本統治時期從事
抗日運動者，但有部份並未「壯烈犧牲」（如蔣渭水、林幼春）。此入祀者名
單的擇定，或許與當時的主祭者新竹縣長劉啟光及上述所謂「台灣革命先烈
遺族救援委員會」之認知有關，但不可否認的，日後台灣各地的忠烈祠入祀

---

[46] 台灣革命先烈遺族救援委員會（35）總字第 0268 號。

[47] 對於「台灣革命先烈遺族救援委員會」的建議，行政長官公署民政處之回覆為：中央以七月七日
為忠烈祠公祭日，而近日亦定九月三日為國定紀念日並致祭忠烈，究於何日公祭已電內政部，核
示後再行告知；同時回覆依法規鄭成功可入祀忠烈祠，藉此迴避是否本省忠烈祠以鄭成功為主神
之問題。

[48] 《新竹縣忠烈祠奉安典禮紀念留影》，新竹縣政府，出版日期不詳。

者名單，有許多亦採擇了類似的抗日英雄譜，或許是受到新竹縣忠烈祠的影響。

　　在此須指出的是，1946 年時的新竹縣忠烈祠即是現今之桃園縣忠烈祠（此乃因後來 1950 年 10 月行政區域變更，桃園縣從新竹縣分離出來單獨設縣），而其前身即日治時期的桃園神社。桃園神社建於 1938 年，亦即第二次中日戰爭爆發後的隔年，正是屬於皇民化運動的高昂期。其位於桃園市郊虎頭山麓，原祀祭神為開拓三神、北白川宮能久親王、豐受大神、明治天皇等四座，原為無格社，戰爭之最後一年升格為縣社。戰後桃園社被用來充當新竹縣忠烈祠使用，原本殿（神殿）中的開拓三神等四座日本祭神被換成鄭成功、丘逢甲、劉永福三位抗清拒日「民族英雄」的神主（繪像），而拜殿兩旁的神樂殿、祭器庫則被用來供奉其他 70 位入祀「抗日英雄」的牌位。

　　如同桃園神社原建築物被用來當做忠烈祠使用，祭神從日本神明轉變成台灣「抗日英雄」，後來甚至加祀中華民國烈士[49]的情形，在台灣全島陸續出現。譬如：

基隆神社（縣社）成為基隆市忠烈祠

淡水神社（無格社）成為台北縣忠烈祠

宜蘭神社（縣社）成為宜蘭縣忠烈祠

苗栗神社（縣社）成為苗栗縣忠烈祠

台中神社（國幣小社）成為台中市忠烈祠

員林神社（鄉社）成為彰化縣忠烈祠

斗六神社（無格社）成為雲林縣忠烈祠

嘉義神社（國幣小社）成為嘉義縣忠烈祠

台南神社（官幣中社）成為台南市忠烈祠

---

[49] 1946 年（民國 35 年）8 月 15 日，台灣行政長官公署因應台灣各縣市之要求，致電在中國大陸之內政部，要求「請賜全國忠烈祠入祀名單以資奉祀」。國史館館藏行政長官公署檔案（編號 449）。

新營神社（鄉社）成為台南縣忠烈祠

高雄神社（縣社）成為高雄市忠烈祠

阿緱神社（縣社）成為屏東縣忠烈祠

花蓮港神社（縣社）成為花蓮縣忠烈祠

台東神社（縣社）成為台東縣忠烈祠

澎湖神社（縣社）成為澎湖縣忠烈祠

另外，台灣護國神社成為台灣省級之「圓山忠烈祠」[50]。

日式神社改築成忠烈祠，一方面有因應中央政府對各省各地方廣建忠烈祠，以表揚為國殉難英烈的需求，一方面亦正好解決了在大陸時期，忠烈祠祠址難覓之困擾，同時更可順手去除日本留在台灣的國家神道色彩。自此在台灣，日本帝國與中華民國進行政權交接的同時，於原神社此一場域，兩個政權的「國家宗祀」亦次第進行轉換的儀式。

七、「國民革命忠烈祠」與忠烈祠建立的高峰期

戰後台灣各地方忠烈祠當中，位階最高的是「省」級的台北圓山忠烈祠。圓山忠烈祠原為有台灣靖國神社之稱的「台灣護國神社」，建立於戰爭緊迫時期之 1942 年（昭和 17 年）。1939 年當日本內地招魂社陸續改名為「護國神社」時，同年的 7 月 15 日「台灣護國神社造營奉贊會」亦隨著「台灣神社造營奉贊會」的成立而展開。其時正值日本對中國侵略戰爭趨於白熱化，且物質缺乏並加以管制時期，總督府由國庫支出二十萬，相對另從全台灣島民眾募集寄附金二十萬大金，來建造有「台灣靖國神社」之稱的台灣護國神

---

[50] 官幣中社、國幣小社、縣社、鄉社、無格社等為近代日本神社之「社格」，參閱拙著《日本帝国主義下台湾の宗教政策》（日文），同成社，1994 年；或拙著〈從神社到忠烈祠──戰前與戰後台灣「國家宗祀」的轉換〉，同註一。

社，其目的除有對「護國的英靈」、特別是 1937 年第二次中日戰爭以來殉難
戰死者表示崇敬感謝及慰靈之意外，也有以「護國的英靈」為楷模，向台灣
民眾強調為天皇、日本國家「奉公」犧牲的用意存在。在台灣護國神社造營
奉贊會的趣意書中，即說明招魂社之制度乃為祭祀因盡臣節而忠死者之魂，
因此日本國內各地均建祠以祭祀與其地方有緣故之忠魂，以為國家之宗祀。
此生死一貫，翼贊恢弘天業者，乃皇民天賦之使命，皇國精神的發現[51]。1940
年 7 月 18 日，總督府以告示 284 號公告總督府指定之台灣護國神社創立，
其祭神決定為「屬靖國神社之祭神而與台灣有緣故者」，而其詳細條件是：

一、必須為靖國神社合祀者。
二、戰歿之際屬在台灣之陸海軍部隊、艦船或官衙者。
三、戰歿之際於台灣有本籍或住所者。
四、在台灣之事變等殉職者。[52]

依據此條件，1942 年 5 月 23 日台灣護國神社鎮座時，祭神總數共 9226
座，其中陸軍關係、警察等 9159 座，海軍關係者 67 座；裡面亦包括明治初
期日本出兵台灣事件（牡丹社事件）殉難者 12 座、乙未征台時病死於彰化
的陸軍少將山根信成、芝山巖事件殉職的 6 名教師、以及霧社事件中死亡的
警察等。當然其中以 1937 年中日戰爭爆發後之戰歿者佔絕大多數，且幾乎
是日本人，而高砂族（台灣原住民）與朝鮮人各 1 座外，鎮座當時漢族系台
灣人 1 座也沒有[53]。惟戰爭結束當年，台灣人（含漢族系台灣人與原住民）
約 20 萬出征者中，已有 3 萬多名死亡者被合祀於靖國神社。這些台灣人出
征死難者，於終戰前或許應有部份已被祭祀於台灣護國神社。

---

[51] 《南瀛佛教》17 卷 8 號，1939 年 8 月，38 頁。

[52] 同前註，37-38 頁。

[53] 同前註。「高砂族」祭神為花蓮港鳳林庄之花蓮廳巡查田島三郎（取日本姓名），而朝鮮人祭神
　　為朝鮮京畿道仁川府花町之翻譯金天皇，二者事蹟均不詳。

　　台灣護國神社於戰後被改利用作為省忠烈祠後，成為全台崇祀國殤位階最高的場所，特別在 1949 年國民政府全面撤退到台灣後，在欠缺首都忠烈祠之下，圓山忠烈祠即成為國際人士來台訪問時向殉難英烈致敬的代表場所，也是中央（同時也是省府）致祭國殤的地方。但此建物係日式神社建築模樣，每為往祭之國際人士，諸如美國總統艾森豪、菲律賓總統馬嘉柏皋等深感詫異，對此有所詢問[54]。且部份建物因係木造，年久失修[55]，因此 1963 年（民國 52 年）曾由何應欽將軍於中國國民黨中央評議委員會集會時，建議改建，但逢籌建「國父紀念館」，需費浩大，政府財力一時難以兼顧，於 1965 年（民國 54 年）5 月 4 日為蔣中正總統批示「此案暫存，可緩修築」。

　　1967 年（民國 56 年），由於原為神社「鳥居」的忠烈祠正面牌樓，在接收後暫用木板包裝改造，今已被白蟻蛀空，時有倒塌之虞，必須立即拆除，因此於國民黨第九屆第二次中央評議委員會中，何應欽將軍乃再度提議改建，後經國民黨中央常務委員會通過決議「即行研究」，復經行政院內政部會同財政部與主計處研商，認為「台北圓山忠烈祠，雖屬地方忠烈祠，惟事實上已代替中央忠烈祠，實有改建必要」[56]，之後於國民黨中常會第 312 次會議中，總裁蔣中正指示：「國家各項建設，自以民生建設為最首要，但類似國家宗廟之興建，以其旨在激發軍民精神，自亦不可忽視，余前主張興建中山樓，以紀念　國父手創民國，用意蓋即在此，此次何敬之同志建議改建台北市忠烈祠，以清除日人神社遺跡，表彰國民革命精神，確有必要，……（後略）。」[57]，改建省忠烈祠之議乃告定案。

---

[54] 中國國民黨第九屆中央委員會常務委員第 198 會議記錄。圓山忠烈祠雖是省忠烈祠，但亦是中央致祭烈士場所，故常於春秋兩季國殤致祭時，先由總統於九時代表中央致祭，十時再換由省府主席代表省行祭，可謂一祠二用。

[55] 1948 年（民國 37 年）10 月，台灣省政府民政廳即曾因圓山省忠烈祠為颱風襲擊，損壞多處，而以參柒酉巧秘 11944 號公函，行文台灣公礦公司工程分公司派員承修。

[56] 忠烈祠改建委員會編印《忠烈祠改建經過述要》，民國 58 年元月。

[57] 同前註。

忠烈祠改建之議既經國民黨總裁蔣中正確定，行政院即遵照國民黨之指示，於 1967 年（民國 56 年）9 月 14 日第 1036 次會議決議通過「忠烈祠改建委員會組織規程」，並由何應欽上將為主任委員，臺北市政府工務局局長王章清為執行秘書，經費原列三千六百萬元，由中央、台灣省政府、台北市政府各分擔三分之一；之後因增加部份設施而增為四千七百十萬元，由石城建築師事務所設計監造。該年 12 月 11 日開工，1969 年（民國 58 年）3 月 24 日竣工。建築模式仿北京太和殿式樣，整體佔地約一萬五千坪，主要建物有「國民革命忠烈祠」正殿一棟、兩側為「烈士祠」（文、武烈士祠）各一棟，另有大門樓、山門、迴廊、鐘鼓樓等；大門樓、山門與「國民革命忠烈祠」正殿成一直線，工程全部為鋼筋混凝土結構，朱紅色圓柱、黃色琉璃瓦重簷屋面、彩畫樑枋。此中國宮殿式模樣的設計，後來也成為全台灣各個地方忠烈祠絕大部份改建或新建時模仿的對象。

台北圓山忠烈祠改建中，即更改名稱為「國民革命忠烈祠」，以專祠之性質暫時取代首都忠烈祠。至此，自 1941 年以來「首都忠烈祠」的籌建困擾，暫時獲得疏解，專祠「國民革命忠烈祠」正式成為中華民國中央致祭國殤的場所，也成為所有忠烈祠中「位階」最高的忠烈祠。

在國民革命忠烈祠完成之前，1968 年（民國 57 年）以何應欽將軍為主任委員的忠烈祠改建委員會，即邀集國史館、內政部、國防部、中國國民黨黨史會、台北市政府等有關單位研擬「國民革命忠烈祠入祀辦法」草案，欲為專祠國民革命忠烈祠訂立法案。同年 12 月 12 日簽呈蔣中正總統批示，而由國防部於翌年 1969 年（民國 58 年）2 月 5 日頒布實施[58]。此祀辦法於隔年 6 月再由國防部修正後，與台灣省政府再行正式公布實施，此修正後之辦法全文如下[59]。

---

[58] 國防部（58）符譯字第 378 號令，民國 58 年 2 月 5 日，時之部長為蔣經國。

[59] 「國民革命忠烈祠入祀辦法」，國防部 67 年 6 月 7 日金銓字第 1806 號函，台灣省政府 67 年 6 月 20 日府民一字第 52846 號函。

國民革命忠烈祠入祀辦法

第一條 國民革命陣亡殉難官民祠祀，依本辦法行之。

第二條 國民革命忠烈祠為中央政府所在地之專祠。

第三條 國民革命忠烈祠主管機關為國防部（史政編譯局）。

第四條 國民革命忠烈祠入祀之革命烈士，始自國民革命第一次起義。

第五條 國民革命陣亡殉難之忠烈官民有左列事蹟之一者得入祀國民革命忠烈祠：

一、領導國民革命創建民國有特殊之勳績而殉國殉戰者。

二、國民革命在民元以前各次起義陣亡殉職或入獄致死者。

三、民國元年以後討袁、護法等役殉戰被害陣亡者。

四、東征、北伐、剿匪、討逆、抗戰、戡亂復國等役陣亡或被俘不屈而殉職者，勳績特著，經命令褒揚者。

第六條 國民革命先烈入祀牌位規定如左：

一、國民革命烈士有特殊功勳者，及國軍將官每烈士建立牌位。

二、國民革命建有優異功績之烈士及校尉級軍官，得分批書寫，每牌四排每排二十五人。

三、國民革命建有優異功績之烈士及國軍士官士兵，得印制名冊祠祀。

四、國軍士官士兵勳績特著，經命令表揚者或追贈者，均得建立牌位。

第七條 入祀國民革命忠烈祠之烈士，由國防部報請行政院轉呈 總統核定之。

第八條　入祀國民革命忠烈祠之烈士，得按革命階段分別編列奉祀。

第九條　凡經核定入祠首都忠烈祠，省（市）、縣（市）忠烈祠之烈士，由內政部轉知國防部依本辦法第六條、第七條之規定辦理。

第十條　本辦法未規定事項而合於忠烈祠辦法之規定者，得依該辦法之規定辦理。

第十一條　本辦法作業程序由國防部（史政編譯局）另定之。

第十二條　本辦法自發布之日起實施。

在此辦法第二條中，清楚的對國民革命忠烈祠予以「中央政府所在地之專祠」之定位；且其入祀之革命烈士，根據入祀辦法第四、第五條，則「始自國民革命第一次起義」，亦即自民國前為推翻滿清政府建立民國之各次起義，並含括民國建立後之討袁、復法、東征、北伐、剿匪、討逆、抗戰、勘亂復國等各戰役中陣亡或殉職而功勳特著者[60]。亦即比起 1940 年之「抗敵殉難忠烈官民祠祀及建立紀念坊碑辦法」中之所謂「抗敵殉難忠烈」（定義較模糊，且似較著重對日抗戰之戰役），更明確定出入祀戰役之準則。此處更須特別指出的是，在所謂「抗戰」時期烈士，蔣中正曾於 1969 年（民國 58 年）特別批示，「台灣省在光復以前自甲午年起被日佔領時期為抗日復國革命而殉國的先烈亦應列在抗日戰爭陣亡將士之列奉祀」[61]。由於蔣中正總統的這項特別指示，因此日治時期台灣之「抗日英雄」諸如：羅福星、莫那魯道、花岡一郎、余清芳、羅俊，甚至中華民國建國前十餘年即已抗日而亡的簡大獅、柯鐵等等，均獲入祀國民革命忠烈祠，此亦留下值得再行討論的空間。

---

[60] 其實在 1968 年（民國 58 年）何應欽簽呈此入祀辦法予蔣中正總統時，蔣中正之批示除上述諸役外，尚包括「復辟」之役，後來公布之辦法中，未知何以刪除「復辟」一詞。

[61] 民國 58 年 1 月 23 日，國防部（58）永謙字第 1884 號文。

　　國民革命忠烈祠竣工當年（1969 年）的 7 月 25 日，行政院亦對戰前國民政府所頒布之「抗敵殉難忠烈官民祠祀及建立紀念坊碑辦法大綱」與「忠烈祠設立及保管辦法」加以研討修正後，以「行政院台五十八內字第 6066 號」重新頒布「忠烈祠祀辦法」，全辦法共分成 7 章 25 條文，是戰後有關忠烈祠首次所頒且為最主要的法令，舉凡殉職殉難官兵、人民入祀事蹟、入祀程序、忠烈祠的設立及保管、烈士牌位式樣與尺寸大小、入祀儀式及公祭等均詳細列之 [62]。此辦法直至 1998 年（民國 87 年）4 月以及 1999 年（民國 88 年）12 月始因應整體大環境的改變而加以修正 [63]。

　　至此，中華民國政府戰後於台灣建立忠烈祠以作為「國家宗祀」或國殤致祭的場所，於法規、制度、行政執行及實體建設等，均已大致底定。1969 年（民國 58 年）或許可稱為忠烈祠的黃金時期。位於台北大直的「國民革命忠烈祠」以忠烈祠專祠的法定地位，暫時取代首都忠烈祠，成為在台所有忠烈祠的龍頭。中華民國國民革命第一次起義以來，至創建民國後各次戰役殉國殉職有特著勳績者，均得入祀；而戰前日本統治下的台灣抗日先烈（如前述余清芳、羅俊、羅福星、花岡一郎、莫那魯道等）均亦以「抗日戰爭陣亡」之名義入祀國民革命忠烈祠。各縣市地方亦廣設忠烈祠，或繼續利用日本統治時期的神社修建改築，或另擇新址重建，入祀英烈大多仿國民革命忠烈祠的模式，而忠烈祠的設立與保管、入祀與祭祀程序，均按「忠烈祠祀辦

---

[62] 「忠烈祠祀辦法」，民國 58 年 7 月 25 日行政院台（58）內字第 6066 號。

[63] 1998 年（民國 87 年）4 月 8 日，行政院以臺（87）內字第 14661 號令修正「忠烈祠祀辦法」。最主要之修正部份為：第二章「入祀事蹟」中，入祀忠烈祠資格除殉職官兵、殉難人民外，增列「第二條之一　殉職警察、義勇警察、民防人員、消防人員、義勇消防人員或其他依法令從事於公務人員，有冒險犯難執行職務或其他忠烈事蹟，足資矜式者，得入祀忠烈祠，並得建立紀念碑或紀念坊。」因此於 1999 年（民國 88 年）即有 1992 年台北市健康幼稚園火燒車事件時營救幼童殉職的林靖娟老師，1997 年圍捕白曉燕案兇嫌陳進興殉職的警員曹立民，以及 1998 年因搶救同學而遭滅頂的國中生陳昱宏（忠烈祠最年輕的入祀者）等人的入祀。此一修正亦使得忠烈祠的原具性質有了很大的轉變。而 1999 年 12 月 29 日臺（88）內字第 46841 號令修正，乃因應「凍省」而將辦法中有關「省」的部份予以刪除或修正。

法」之法規處理；自中央以迄地方之忠烈祠祭祀網於是架構完成。目前全台灣共有忠烈祠 20 所，即：專祠「國民革命忠烈祠」一所，另外，台北市、高雄市、台北縣、宜蘭縣、桃園縣、苗栗縣、台中縣、彰化縣、南投縣、雲林縣、台南縣、屏東縣、台東縣、花蓮縣、澎湖縣、基隆市、台中市、嘉義市、台南市等地方忠烈祠 19 所，共 20 所。目前尚無設立忠祠的縣市有高雄縣、新竹縣、新竹市、嘉義縣，以及外島之金門縣與馬祖連江縣[64]。而國民革命忠烈祠之入祀烈士數目，至 1997 年 3 月底止約有 34 萬 6 千餘人[65]。

八、「國殤聖域」建立的一些問題──代結論

　　以上所述為戰前與戰後忠烈祠於中國大陸與台灣建立的歷史軌跡，文脈較著重於忠烈祠（特別是建築物硬體本身）之建立，與相關法規的制訂及內容陳述。這是由於有關忠烈祠的研究可說闕如，因此本文只得先就其整體的歷史產生緣由，從史料中去爬梳，建構出一個歷史的沿革脈絡，以方便日後相關問題的探討。以下謹提出一些本文所留下未解決的問題，供作討論議題，並作為筆者日後繼續探究的課題。

　　（一）在忠烈祠建立的歷史沿革中，吾人可察覺到一項問題，亦即忠烈祠的出現乃是戰爭的產物。1940 年（民國 29 年）忠烈祠籌建以及相關法規與制度的頒布，同時以「設立忠烈祠崇祀抗戰殉難烈士為戰時重要工作之一」的目標設定，均是屬於對日抗戰白熱化時期。有趣的是，如果對照當時敵對國日本，與忠烈祠性質類同的護國神社，亦在 1939 年從祭拜明治維新以來

---

[64] 金門縣建立於民國 42 年 3 月 29 日之「國民革命軍金門太武山公墓」雖正式名稱非為忠烈祠，但整體結構、內部擺設實與一般地方之忠烈祠相去不遠。而馬祖離島連江縣之軍人公墓，1999 年新修之「祭堂」建築，雖未稱為忠烈祠，但亦可謂屬「準」忠烈祠之形態。

[65] 國防部史政編譯局忠管組資料。此人數持續增加中，據 2000 年報紙報導已增至 39 萬人左右。

因國事及各戰役中為日本新政府殉難忠死的「英靈」而建的招魂社轉變而來，國民革命忠烈祠祠址的前身「台灣護國神社」即為此類神社的一所。於戰爭緊迫期，中日兩方政府不約而同的為了崇祀為「殺敵」而殉國的「烈士」或「英靈」，而建立宗祠。如此「忠烈祠」與「護國神社」的比較研究，甚至兩者中「位階」最高的「國民革命忠烈祠」與位於日本東京九段的「靖國神社」之比較，應是饒富興味的一大研究課題。

　　（二）忠烈祠入祀的「烈士」擇定，乃是忠烈祠研究中相當重要的一環。本文由於篇幅關係先行簡單陳述，餘待日後再行撰文詳細探討。戰前當首都忠烈祠籌建時，即有由國民政府指令張自忠將軍等 38 名「抗敵殉難將領」，以及劉湘、宋哲元等 11 名「非抗敵殉難但積勞病故」者，入祀首都忠烈祠 [66]。但是亦有如陸軍第 42 帥師長王克敬已核定奉准入祀首都忠烈祠，之後卻又發現「現尚生存」之烏龍事件 [67]。戰後，1946 年（民國 35 年）6 月新竹縣忠烈祠奉安入祀時，入祀先烈含鄭成功、丘逢甲、劉永福、蔡清琳、余清芳、羅俊、花岡一郎、花岡二郎、蔣渭水、賴和、王敏川、翁澤生、翁俊明、林幼春等等人士。這裡面鄭成功屬十七世紀的人物；蔡清琳（北埔事件首腦）被殺時中華民國尚未建立；花岡一郎、二郎忠奸（或親日、反日）定位仍是一個謎；蔣渭水、林幼春雖抗日但一病死、一未壯烈犧牲；賴和由於文化協會、治警事件之抗日而入祀忠烈祠，但亦因「台共」關係而牌位被請出忠烈祠，後又因「洗清蒙冤」再度入祀；王敏川、翁澤生則帶有異色色彩。這些以日治時期台灣「抗日志士」為主的入祀忠烈祠，開始為忠烈祠烈士入

---

[66] 國史館館藏行政院檔案（檔號內 8、案號 29、1395）。國民政府（31）渝文字第 1709 號。

[67] 國史館館藏行政院檔案（檔號內 8、案號 29、1401）。內政部（32）渝禮字第 2658 號。王克敬於民國 30 年中條山戰役時曾負重傷並被俘，脅往太原。傷癒後又被送南京，後乘間歸來，任第一戰區司令長官司令部高級參謀。類似之「死而復活」之烈士有少將師長郭岐、羅烈上將等人。郭岐因於民國 34 年 9 月「戰死」於準噶爾大戈壁灘上，被供進重慶忠烈祠內，但因「被敵方救活」，由死將成活將，忠烈祠名牌木主旋又移出焚燒。參閱郭岐〈黃沙碧血戰新疆（一）──天留硬骨報國恨、忠烈祠裡再世人〉，《中外雜誌》31 卷 3 期，民國 71 年 3 月，29-34 頁。另，王成聖〈羅烈上將的傳奇〉，《時代文摘》，民國 70 年 9 月號。

祀問題造成一些波瀾。

　　1969 年（民國 58 年）國民革命忠烈祠修建時，蔣中正總統的批示：「台灣省在光復以前自甲午年起被日佔領時期為抗日復國革命而殉國的先烈亦應列在抗日戰爭陣亡將士之列奉祀」，為上述台灣「抗日志士」入祀忠烈祠、甚至國民革命忠烈祠提供了許可證。但是這也使得中華民國的「國殤聖域」的性質更形模糊，因為它納入了非「中華民國」國籍者[68]、納入了定位尚不明朗者、納入了有抗日而不見得「復國」（中華民國）者、也納入了雖抗日但並無殉難、殉職者。

　　（三）忠烈祠的創建過程，在在見到蔣中正與軍方扮演的主導角色。中國歷史上有昭忠祠、關岳廟等等祠廟的存在，但大部份是由下而上，亦即由民間主動因感念歷史上的忠烈人物，起而建廟予以祭拜。但忠烈祠的屬性則較類似近代日本由上而下、由官方介入建立的「創建神社」[69]，含有濃厚的國家價值觀。1940 年代地方忠烈祠、首都忠烈祠的籌建、以及相關法規的制訂，均由時任軍事委員會委員長、也曾任國民政府主席、行政院長的蔣中正，透過軍事委員會，指示軍政部與內政部協同辦理。而戰後忠烈祠的籌建等，亦見蔣中正與軍方透過中國國民黨指示行政院內政部執行。在戰前雖由最高當局自上而下指令籌建忠烈祠，但礙於時局與中央、地方財政的困窘，而呈顯其侷限性。但戰後於台灣，一則有舊日本神社遺址建物可資利用，二則逢經濟成長期，因此得於 1969 年（民國 58 年）之後邁向忠烈祠修建的高峰期。

　　但是，進入 1980 年代後期，兩蔣時代結束，因解嚴、海峽兩岸交流，台灣本土化興起等等因素，台灣對內，兩蔣、軍方與國民黨的威權趨於和緩

---

[68] 非中華民國國籍者指如簡大獅、蔡清琳等皆為前清國民，在中華民國建立前已過世者。其實國民革命忠烈祠內確實尚奉祀一位具日本國籍者——即參加推翻滿清革命，以 32 歲之齡死於惠州之役的山田良政。此如同日本之靖國神社亦供奉有台籍日本兵（如李登輝之兄，李登欽）與高砂義勇隊之戰死者。

[69] 有關「創建神社」，參閱拙著《日本帝国主義下台湾の宗教政策》（日文），同成社（東京），1994 年，頁 4。

或消失，對外因兩岸交流來往，「戰爭」亦趨緩和，「敵人」的觀念開始模糊，因此原建基於「戰爭」與「敵對概念」的忠烈祠亦出現嚴重鬆動現象。作為忠烈祠之首的專祠「國民革命忠烈祠」，雖面積廣闊，建物氣勢宏偉，且由國防部直接管理，每三個月由陸海空三軍與陸戰隊的儀隊進行衛兵交接，儼然成為台北的「觀光」名所，但是其原始目的——國殤慰靈的聖域，卻相對的不為外籍觀光客、甚或自己國人青睞。每年的春秋國殤大祭只落成一種國家「儀式」而已，廣電報紙媒體對它的報導篇幅愈來愈小，甚或虛應，國人也愈來愈忘記、或甚至不知道它的存在與重要性。

　　作為專祠的國民革命忠烈祠已然如此，其他地方的忠烈祠則更等而下之。維持管理經費不足，以及政府與社會不重視的結果，擁有廣大場域的地方忠烈祠，一年除春、秋二次大祭與入祀典禮外，平時難得有政府官員或群眾光臨，於是深鎖大門者有之，或者偶而成為鄰近居民散策休憩場所。1994年嘉義市忠烈祠的祝融肆虐事件[70]，或許正說明了忠烈祠距離所謂的「國家宗祀」或「國殤聖域」愈來愈遠。它的儀式化、形式化，加上其原生具有由「戰爭」、「敵對」所帶來的特質，在非戰爭的承平時代、交流取代敵對的時空下，全部都成為包袱。要化解這些包袱，使忠烈祠真正回歸到「國家宗祀」「國殤聖域」的地位，達到國殤慰靈的目的，勢必須要再對忠烈祠的定位，包括其入祀「英烈」，重新作一番思考與檢討。

---

[70] 1994 年（民國 83 年）4 月 24 日深夜，嘉義市忠烈祠為一場無名大火燒成灰燼。據報紙報導：「由於忠烈祠年久失修，且最近又淪為一些流浪漢及吸食安非他命、吸食強力膠的不良分子的集中地，在火警發生前曾有民眾目擊一醉漢手持酒瓶進入，不久即發生火警，另有民眾報稱有不良分子在該地吸食強力膠，是否因意識恍惚縱火不得而知……。」《臺灣時報》，1994 年 2 月 26 日五版。嘉義市忠烈祠本殿焚燬後，於 1999 年（民國 88 年）春（市長張博雅時）改建成上為「射日塔」，下為忠烈祠的新式建築，完全擺脫向來中國北方宮殿式的傳統建築模樣。所謂「射日塔」係根據嘉義地區原住民的「射日神話」之概念而設計，塔之造型取諸於阿里山神木。忠烈祠內大廳亦不採舊式神案設計，而改以明亮的石雕獻花台替代，上並懸掛一片象徵嘉義市的彩色艷紫荊花瓣。忠烈祠前鎮邪靈獸，亦不採傳統中國之石獅子，而以台灣稀有動物「台灣雲豹」之青銅雕刻立於兩側。此「大膽」設計，可謂完全顛覆原有忠烈祠的建築意象。

▪第二部份▪

國家治理與原住民族的宗教變遷

第三章 日本對臺灣原住民族宗教的研究取向：殖民地時期官學並行傳統的形成與糾葛[*]

黃智慧

中央研究院民族學研究所助研究員

本章大意

本文針對日本殖民統治時期對臺灣原住民宗教研究累積的成果進行分析，嘗試勾勒出幾條知識軌跡路線，不僅對學術成果給予評價並深入解析知識論述的形成機制，以及其與政策間的互動關係。依循陳奇祿對臺灣人類學史分期時段，從三個時期的人物及其研究團體的重要著作分析其學術史的脈絡。作者認為，就研究史脈絡而言，殖民地時期研究應分為官方與學術兩個傳統。這兩個傳統對於台灣原住民的宗教性質，在觀點與定位上呈現出微妙卻具有深刻意涵的差異。令人注目的是，所有官方的調查報告中或多或少將原住民的信仰習俗，尤其獵首、紋身、禁忌、占卜、巫醫等方面界定為「迷信」，其界定因素並非單純只受殖民主義的影響，有的是研究者個人的主觀因素作用，有的為了既定的因素，不得加以延伸詮釋，有的基於醫療、衛生等近代科學發展因素，也有在於治理之便，目的在於抑制反抗心理。等到論述形成

---

[*] 本文原始出處及後續修改、增補、日文譯本詳見本章後記。

後，宗教之外領域的專家加以再生產。最後日本民族的宗教觀念面對台灣原住民時，原住民不被殖民者理解的宗教概念很容易就被歸為「迷信」，是異民族互相接觸時產生認識危機之課題。

綜觀日本殖民時期的官、學這兩個脈絡傳統，可以看出其在第一期（1895-1909）已經隱然各自形成，分別以伊能嘉矩、鳥居龍藏為首，立下敘事與認識的典型。就數量而言仍偏向以官方為主導，而以《東京人類學會雜誌》為主要發表場所的研究活動。第二期（1910-1927）幾乎只有官方主導並完成的原住民研究，其份量加重，調查也更深入完整，雖然期間所得到的結果並不與官方立場一致，研究者的內心糾葛已然顯見。第三期（1928-1945），學院派學者研究的活動蓬勃展開，其所研究所得甚至與官方立場互相對立。除了學術史的檢討，這些研究成果在殖民政府實際的理蕃政策上亦發生作用。初期的論述典範「迷信」形式，官方與研究者觀點都反映或助長這類論述的形成，但是官僚體系自有一套論述邏輯，基於實務體驗中形成。前兩期不易看到明顯呼應關係的痕跡，到第三期不論官與學的傳統，反而都能看到批判殖民政策的言論，論述再生機制開始作用，形成日後更加複雜的糾葛關係。

> 要治理蕃人者、要教育蕃人者、甚至要研究蕃人者，都必須先拿掉自己的有色眼鏡。若能沈潛在他們的生活中來深入看他們的信仰，就絕對不會產生這樣的暴舉。……小泉鐵（1933：305）

對於一個晚近接觸臺灣原住民研究的學徒而言[1]，進入百年前開始累積的龐大文獻材料時的心情，正如同一艘失去星雲座標圖而迷航在浩瀚宇宙間的星艦一樣困頓。更何況前五十年的時空條件是在文字民族／無文字民族、殖

---

[1] 筆者於 1994 年初受宋文薰先生之命翻譯以來，開始接觸到鳥居龍藏的作品及其世界（參見宋文薰 1994；黃智慧 1994），並和一群有志組成「鳥居龍藏研究會」進行二年的作品研讀，其間宋文薰、劉斌雄二位每會必到指導閱讀，1995 年以來主編《番族慣習調查報告書》的中文翻譯及原語復原工作（參見中央研究院民族學研究所編譯，1996、1998、2000），拙文是其過程中的產物。

民者／被殖民者、日本／南島語族的銀河系架構內推進，使得其航道路線益加錯綜複雜。當務之急，首要確認人物、作品、事件、政體、政策以及其施行結果的座標位置，才能準確計算出其間的遠近距離與力學關係，爾後才可能測出基本的航向導圖。而這些初期的作業，幾乎都必須依賴殖民地時期研究成果的逐一解讀，方能有所進展。

　　日本於殖民時期對原住民宗教的研究以累積為數相當龐大成果，在許多點的座標位置還不十分明朗的情形下，本文嘗試勾勒出幾條知識的軌跡路線，不僅針對學術成果評價，更欲深入解析知識論述的行程機制，及其與政策間的互動關係。如前所述，當時空條件處於文字民族／無文字民族的架構底下時，文字民族所留下的文獻，為後日消失不可見的許多宗教觀念與行為留下了記錄，使得戰後關於於原住民的宗教研究相當程度引用了殖民時期成果。然而，處於後殖民時代的今日，應如何省思前一時期的知識根基？此外，從被殖民者的立場出發，殖民者的眼光與角度如何捕捉，以及就世界的研究史的角度而言，應該如何評價日本殖民時期的研究成果等等議題，都將在以下回顧研究的背景與開展過程時，一一浮現。

一、研究史的背景與展開

　　日本近代社會科學的發端，可以說是受到歐、美新興學科的刺激而展開。從江戶時代引進蘭學之後，其本身已相當具備了接受外來知識的基礎，爾後更隨著西方近代學術的分化，以及國內外的帝國主義興起之催生，使得日本在學術體制上也加以仿效。十八、十九世紀在啟蒙主義、演化主義的思潮下，博物學、人類學（人種學）、考古學、民族學、民族誌學、民俗學等當時尚未具體分化，這些學問因受到新的世界體系架構連動而蓬勃開展。法國巴黎（1839）率先成立了民族學會後，美國（1842）、英國（1863）、馬德里、莫

斯科（同 1865）、柏林（1869）、維也納（1870）等地亦相繼成立學會團體。坪井正五郎[2]（1863-1913）等人吸收到這股新知風潮，於 1884 年發起成立「人類學之友」會（1886 年改稱為「東京人類學會」），這應該是亞洲最早成立的民間學會組織。學會成立後，1893 年東京帝國大學理學部內也正式成立人類學講座，由坪井擔任教授。這時正好遇上臺灣成為日本的第一個海外殖民地（1895），於是除了國內各地之外，海外異民族所居之殖民地立即成為這些學科發揮之地；為了在新獲得的領土上進行統治，殖民政府也殷切需求上述諸學科的知識內容。

殖民地期間日本對於臺灣原住民族宗教的研究，以下筆者將依循陳奇祿（1974）對臺灣人類學史的分期時段，從三個時期的人物及其研究團體與重要著作裡，分析其學術史的脈絡。以下所論及之殖民地時期文獻著作，為了使讀者瞭解其發展方向，依其年代先後排列，放入文後《附錄一》，而非參考文獻中，尚祈讀者參閱。

（一）第一期（1895-1909）

這個時期的研究者與研究團體皆處於草創與摸索階段，以機動性的個人研究發揮較多。其中最重要的研究者同時也是研究的奠基開創者，無論就質與量來說都非伊能嘉矩[3]（1867-1925）與鳥居龍藏[4]（1870-1953）二人莫屬。

伊能於 1895 年 11 月 29 日渡臺時，年方二十八歲，旋即受僱於臺灣總督府，臺灣停留時間前後長達十年。從一名毛遂自薦的約僱人員開始，他在總督府內歷經國語學校書記、民政局課員、蕃務調查官等各項官職[5]，也曾陪

---

[2] 坪井正五郎發起人類學會時只是一個二十一歲的青年，1891 年在倫敦舉行的萬國東洋學會上以英文發表考古發掘論文，得到金牌獎，翌年他擔任帝國大學人類學講座教授時年二十九，其學問生涯參見寺田 1975；山口 1988。

[3] 參見森口雄稔 1992；板澤武雄 1939；遠野市立博物館編 1995；楊南郡 1996b。

[4] 關於鳥居與臺灣研究的關係及其研究生涯，參見遠流臺灣館編 1994；楊南郡 1996b。

[5] 他所擔任過的官職總共不下十七、八種，參見後藤，1995。

伴後藤新平訪查阿里山鄒族地區，1906 年返回日本後，他仍繼續擔任編纂事務委員等工作，直到 1922 年為止。由於在任內表現優越，1912 年他再次返臺參加蕃務會議、收集史料，當時的蕃務本署總長大津麟平還特別向他請益蕃政方針[6]，可見他在總督府內所受到的倚重。

　　而鳥居當時僅是東京帝國大學理學部人類學教室的雇員，在該教室所有人都推辭的情況下，他不得已接受教授會議的派遣，於 1896 年 7 月首度來。當時年方二十八歲，直到 1990 年為止，其間總共進行了四次深入當時所謂「生蕃」區域徒步田野調查工作[7]。伊能與鳥居兩人都是「東京人類學會」的成員，也都是從自己的興趣出發，跟隨該會創立者，此即有「日本人類學之父」之稱的坪井正五郎學習人類學[8]。這三個人相識的時候，年紀相當，都是處在熱血奔騰的青年時代，日後也各自刻畫出迥然相異的學術軌跡。

　　鳥居與伊能兩人在東京因發起「人類學講習會」（1894）原就相識，鳥居第一次來臺時，坪井正五郎曾修書致伊能加以關照。而真正在山地進行調查的時期，嚴格說來，鳥居稍微居前；因為伊能在 1896 年主要時間花在學習臺灣話與泰雅語，對於北部泰雅族有較深入的接觸。伊能從 1897 年 5 月 23 日起，才受到總督府民政局之委派，以 192 日的時間調查全島。而鳥居龍從東部花蓮調查開始，在臺四次調查期間，足跡遍佈中央山脈以及東部、南部的原住民地區，正好和伊能的調查區域巧妙錯開。

　　這個時期的全面性調查所涵蓋的範圍極廣，他們最大目的是確認其分布之地理區域，並從各種人類學特徵確認這些民族的差異，也就是分類的工

---

[6]　參見森口 1992：263-267。

[7]　據近年的研究，鳥居受到總督府之邀，曾於 1910 年第五次來臺調查，但卻無任何研究成果發表，見許進發、魏德文 1996；楊南郡 1996a；楊視此為一樁學術懸案，但是鳥居本人並非沒有提過，他在 1936 年題為「學界生活五十年回顧」中，就說他來臺調查五、六次，見鳥居 1977〔12〕；413。

[8]　參見伊能 1995。這是一份伊能當年從坪井正五郎學習人類學的手抄筆記，反映出伊能當時所吸收到的十九世紀末人類學的概念。

作。做為其中一個認識的手段，宗教方面的調查也是重要的主題之一。這個時期的代表性著作有伊能嘉矩與粟野傳之丞合著的《臺灣蕃人事情》（1990），以及伊能獨自撰寫的《臺灣蕃政志》（1904）。前者是田野調查的成果。確認出臺灣原住民中的泰雅、賽夏、鄒族、澤利先、排灣、卑南、阿美以及平埔族來。這本書也立下了一種民族誌的書寫模式，從「蕃俗誌」、「蕃語誌」、「地方誌」、「沿革誌」那四個面向來觀察這些族群。換成今日的學術語彙來說。相當於社會文化、語言、歷史、以及政策（教育）研究的面向。其中社會文化部門，又可分為：族群與其地理分布、人口、統制現狀（社會、政治、親屬、家族組織）、土俗、慣習、生業，內容上已經具有全貌掌握的觀念。

有關宗教信仰的記述是放在「慣習」的部份裡[9]，該書首先確認了原住民普遍擁有祖靈信仰觀念，同時也論述這些會帶來福與禍的祖靈觀念與儀式的關係，以及魂魄觀念的具體形貌。此外，重要的是，該篇另一半的篇幅在描述原住民信仰層面中，有關身心、起居動作、生理作用以及動物植物這四方面的「迷信」，譬如說：夢占、打噴嚏、鳥、蛇占、食物（雞、豬頭、米）之禁忌等行為。並且認為蕃人的生活中尚有三分之一部份受到「迷信」所支配，最後得出各部族依其宗教思想的發達程度，可分為三級的演化論式的結論，其進化程度由北到南，南方的部族由於儀式較為繁複，在進化屬於較高級。這樣的推論也等同於其在家族制度中已經區分的三段式進步程度，依序由北到南。刺青、鑿齒等則於身上的毀飾，而衣飾上的實用度也和知識發達程度有關。

至於伊能在 1904 年的著書則是針對歷史上，從荷蘭、西班牙、明鄭時代及清代，有關蕃族記載的文獻資料總整理，宗教並未成為一個主題，只有在「生蕃化育」的主題下，可以看出漢人在信仰觀念上與原住民的差異。這

---

[9]　見附錄一，伊能、粟野 1900b：126-130。

　　兩本書皆為臺灣總督府出版，可以說是官方最早的調查結果。

　　鳥居龍藏的調查結果最初散見在當時的人類學與地理學雜誌中的數篇調查報告裡，1902 年由東京帝國大學出版了《紅頭嶼土俗調查報告》，在日本人類學史上是第一本針對單一民族調查後的民族誌，也樹立了另一種民族誌的書寫典範，和總督府所出版的兩本專書大異其趣。在民族分類上，鳥居的另一個大貢獻即是確認了臺灣原住民的族群屬性在世界人種群上屬於馬來人種，這一點也是學界首度經由由人類學實地調查所得出的成果，伊能則始終使用「蕃族」[10]。除了口碑、神話之外，他很忠實的紀錄下他所看到的有關宗教信仰的儀式與現象（1897、1899、1901a、1901b）。1902 年的專書中，鳥居關心的角度是從體貌與物質文化出發，其中有一章談到雅美族的宗教信仰，具體描述了雅美人靈魂信仰以及埋葬儀式。

　　雖然鳥居此期的著作中，宗教的部份所佔篇幅不多，但是鳥居始終保持著中性的紀錄與描述。在他的描述裡，不論是東埔布農人所舉行的十二個月份的儀式（《全集》，11：448），或是有黥番的獵首、鑿齒、刺青，以致於卑南蕃婦女刺青於手臂，知本蕃剃體毛，以及加禮苑蕃的巫師制度（《全集》，11：485），他從未曾使用過「迷信」的概念，而是用「土俗」、「風俗」、「信仰習慣」的概念詞彙加以稱之。

　　在研究者之外，這個時期另有二個研究組織。其一是由伊能嘉矩及田代安定 1895 年所發起的「臺灣人類學會」，第二年會員人數增加到二十餘人，對於目前僅知其第一次例會活動（1898），由伊能報告該學會的歷史與將來希望，鳥居則報告他所發現的臺北圓山貝塚的考古遺址。除此之外，對該學會其他活動今日所知甚為有限，或說該會並未有顯著發展，當時有關臺灣調查成果，仍集中在東京人類學會的會刊雜誌上。而從當時伊能與鳥居在東京人類學會雜誌上的投稿情形來看，顯然相當受到日本學界的重視。

---

[10]　見鳥居 1976〔11〕：408-415。

　　就在同一年，以官方為主體，由立見尚文男爵為會長所成立的「蕃情研究會」，也發行了會刊《蕃情研究會誌》，這應該是最早在臺灣發行的原住民研究刊物。該會規模不小，成立時會員就有六十人左右，其中調查委員佔三十四人，以官員居絕大部份，伊能嘉矩、粟野傳之丞等皆是其中的調查委員。會內又分項設定十三部門，宗教屬其第五部門，似乎原本有大規模的調查規劃，是為後其官方主導的調查事業之先聲。

　　該會在其發刊詞中，開宗明義說明其目的在於有秩序的統治新領之地：「為了施行第十九世紀的文明政治，……唯有以摯實的研究作為講求秩序之行政的先鋒，方能顯揚帝國或此新領土之名譽。」而會刊第一篇論文，就是伊能所寫有關臺灣蕃人的分類及其智能、道德的「開化發生」度的問題，可見其所受到的重視。該會到 1900 年為止，出版了四期，關於宗教的專題訊息也不在少數（伊能，1898、1900；吉田，1899），尚待進一步研究。

　　這兩研究會同時產生於此時期，其代表性意義頗為重大。一個是以民間研究者主體所形構，一個則是靠官方的動力支持了三年。但是比較之下，「臺灣人類學會」消逝較之更快，顯示此時期民間學界研究的限制。而《蕃情研究會誌》除了探險調查成果的報告之外，許多文章亦反映出日本領臺初期對於蕃人統治的種種構想芻議，值得進一步研究，其中並無強烈詆毀其對象或是主張武力征討的文章，教常見如何「教化」、「化育」等受十九世紀演化論思想影響下的啟蒙論述。

（二）第二期（1910-1927）

　　在初期的調查之後，第二個時期的重要研究為臺灣總督府所主導推動。為了順利進行日本的法律，作為統治上的進一步需要，當時的民政長官後藤新平，先在 1902 年組織了「臨時臺灣舊慣調查會」，展開對臺灣有關法制、土地、農工商經濟等固有慣習方面的大規模調查。該會組織在總督府的行政機關內層級極高，人事經費規模龐大；會長由民政長官擔任，委員需要內閣

加以任命，調查事務必須接受總督的監督，最後調查結果則提供給政府部會進行在殖民地立法起草的參考依據。調查事務上，後藤延攬當年享有碩望的京都大學法學教授岡松參太郎主持。原本「臨時臺灣舊慣調查會」的調查主力是放在對清國行政法，習慣法以及土地、農工商經濟現況的調查研究上，到了 1909 年，該會對西部平原的調查大致結束，作為另一個階段的調查事業的開展，岡松也受到昔日留學德國時的法學教授 Josef Kohler 的鼓勵，故又成立「蕃族科」，開始進行對臺灣原住民族諸項生活慣習之另一階段的調查。

「蕃族科」比起其他科別來說，規模最小，科內的補助委員共有四人，分別是小島由道、平井又八、河野喜六、佐山融吉，負責調查與編撰事務。當時的蕃務總長大津麟平是屬於跨部會的委員，也參與協助工作。補助委員之中，以小島由道與河野喜六為最資深，小島從 1903 年起即進入法制科內，主要負責調查中、南部的客家與平埔村落之親屬與繼承制度，河野亦曾於1902 年起在第二部調查過臺灣的農工商經濟，後來也轉入「蕃族科」之下。其他兩人應是新聘，背景不詳。本科地下雇用的約聘調查人員各有其來歷，包括伊能嘉矩、森丑之助、淺岡誠、渡邊榮次郎、安原信三、小林保祥等三十二人，其中有總督府蕃務本署的職員，也有通譯或是當地警察與學校教師等[11]。

在短短的數年中，以這些人力配備，要對臺灣島上山區及東部的原住民族進行調查，實質上仍然困難重重。原住民族的調查無法如同漢族的調查一般，可以藉助於長久以來日本所累積的漢學基礎知識，或可借重前清遺老碩儒口述資料；而是必須深入部落才能獲得前人所未知的廣大「生蕃」世界的知識。但事實地的訪談調查在當時，又因為仍有許多地區尚未被日本政權所掌控，所以深入部落社會的調查工作隨時伴有生命危險。補助委員之一的平

---

[11] 以上參見臨時臺灣慣習調查會 1917，《舊慣調查會事業報告》，臺北：臨時臺灣舊慣調查會。

井又八就是在調查途中被阿美族人馘首而亡。縱然在這種情況之下，「蕃族科」的調查工作仍然獲得令人驚異的成果。1913 年以後到 1922 年間，該會陸續出版《蕃族調查報告書》、《番族慣習調查報告書》以及《臺灣蕃族慣習研究》三套各 8 冊的調查成果，另外加上森丑之助《臺灣蕃族圖譜》2 卷、《臺灣蕃族誌》第一卷，合計 27 巨冊的研究資料問世，在這當時全世界對於少數民族所做的基礎調查事業中可謂創舉。

在這些集體調查成果中，只有森丑之助這位調查員是獨立作業業完成。森丑之助（1877-1926）員在軍隊中擔任翻譯官，後來跟隨鳥居龍藏進入山地，被臺灣原住民的是界所強烈吸引，以臺灣原住民研究為其畢生事業。從他對於原住民宗教信仰觀察的廣受與精緻度來看，就個人研究者的能力而言，較之於前期的調查要深入許多。

森對宗教的調查也投注了相當的心血，在其專書中，花了許多篇幅細膩地討論泰雅族的信仰及其心性世界，內容包括祭祀、傳說、巫覡、迷信、獵首、音樂共六章。森很獨特的要把「迷信」解釋為「一種根深蒂固的信念」，或是「特殊的民族心理」。例如：常被視為暴虐殘忍的獵首行為，雖然歸入「迷信」的項下，森解釋為應當視為「一種道德」[12]。從他的論證過程中，可以看到當時官方敘事體中，對原住民的宗教行為，已經形成了「迷信」的特殊論述，而森在此論述之下，必須加以特殊詮釋（後敘）。

在《番族慣習調查報告書》這一套著作裡，調查項目包含種族的起源傳承、體質心性、衣食住行、生業、祭祀、婚姻、親屬、繼承等社會組織、以及土地制度、對外的敵友聯盟關係等，和民族誌的內涵相當。其中，宗教也佔有相當程度的份量。有關宗教的部份，主要從神靈、靈魂、祭祀談起，但是其中的一部份，也就是有關巫醫、占卜、禁忌的部份，則被歸入「迷信」內項下；其種類又可分為關於自然現象、動植物、人事等方面的禁忌。例如

---

[12] 森 1917：275-276，283。

賽夏、泰雅族在祭祀、祈禱、出草、狩獵中，家人禁止接觸生麻，或忌諱放屁等。而有關刺青、穿耳、鑿齒等，則放入「身體的毀飾」之項下，獵首則放入「社會慣習及裁判」之項下，而神話傳說在「總說」內和「種族沿革」在一起，生命儀式在「人格」項下，並不包括在「宗教」項下。

另一套《蕃族調查報告書》中，除了在《阿眉族》的「宗教」部份中，列入「迷信」項之外，其他各書都看不到此分類，無論禁忌、乞雨、夢占、厭勝、魔法的內容都在「宗教」項中佔重要部份，馘首則另成一章。而《阿眉族》篇內就其所謂「迷信」也類同於禁忌，例如打噴嚏、鳥占等，或是夢占、妖怪傳說。

由以上各書對於「迷信」的處埋方式，可見到該調查會的調查項目設計者，對宗教信仰的看法不見得一致，委由各書處理。雖然如此，仍足以反映出當時官員對於各族群之宗教信仰的看法，沿用了第一期伊能與粟野的《臺灣蕃人事情》中已經出現的關於「迷信」的部份。

該會在二十世紀初期所獲致的調查成果，對於後來所有調查與研究具有深遠的影響。實際上「臨時臺灣舊慣調查會」的工作在 1917 年即先行宣告結束，其調查出版業務遂在總督府內另行成立「蕃族調查會」，以撰寫、出版、完成未竟之業。「蕃族調查會」持續至 1922 年才將出版事業結束，由於大部份的成果報告書的出版時間在「臨時臺灣舊慣調查會」結束之後，因此該會的調查成果並沒有如同漢人的調查研究一樣，在殖民政府制定法律時成為第三部門的立法的依據。也可以說，該會後來的調查研究似乎並沒有受到行政部門的約束與掌控[13]，反而任由調查者的求知與記錄的興趣所趨而成。其調查成果，並未如原先主事者規劃在政策制定上扮演一定的角色。

另外，臺灣總督府民政部蕃務本署曾針對「理蕃政策」所需，向當時的

---

[13]　山路的研究也同樣指出，該會調查報告中確認了土地所有權觀念存在，與統治者政策所行相違背，見山路 1991。

漢人宗教調查專家，也是總督府囑託官員（後來成為編修官兼翻譯官）丸井圭治郎徵詢其意見。所以，丸井在 1914 年撰寫的《撫蕃二關スル意見書》中，也深入討論到原住民的宗教性質。最後他建議可以巧妙利用蕃人對神的「迷信」的畏懼，亦即因果報應說、畏懼祖靈等心態，可達到抑制其惡、懲其凶之目的。這樣的建議也反映了殖民政府對蕃人的宗教觀念，並希望從中加以導引利用，以利施行統治。

除了舊慣調查會之外，1912 年在臺灣總督府蕃務本署內新成立了「生蕃研究會」，由當時的民政長官內田嘉吉親自擔任會長，蕃務本署長大津麟平任副會長，組織包括總督府各部局長、法院長、鐵道部長、研究所長、醫院、學校校長等等，官員層級頗高，但是其會員數雖多，活動期間卻不長久。該會的目的原本計劃從事許多事業，除了介紹、交換有關蕃人蕃地的知識之外，並要進行編纂「鎮壓撫育及風俗習慣地理等」資料，刊行有關蕃人蕃地的圖書、舉辦有關蕃人蕃地的討論會、比較各國的理蕃設施及風俗，最後邊要回答理蕃事務的疑問等，雖然理想很高，原訂第一年要出六期的會刊《蕃界》，因為成立當時已經處於五年理蕃計畫期間，戰事已經開打，同年編輯群與官員們忙碌於戰爭。《蕃界》只出到三期就結束。屬於總督府僱員的森丑之助在該會刊中發表了數篇有關宗教的文章，可說是此期最活躍的田野調查者。

在同一時期的尾聲，總督府還出版了二本有關「蕃人」習俗的書，分別是《蕃俗一斑》（臺灣總督府民政部警察署，1926）以及《臺灣原住民族の向化》（臺灣總督府警務局理蕃課，1928），這二本由行政單位出版的書，內容並未做深入研究調查，而已運用前人的資料居多，嚴謹度也不若前述著作。但是，其以實務經驗者的立場，所述及關於宗教事務的體驗卻頗值得參考。例如，在後者書中有關祭祀的部份就提到所謂的「迷信」給當局造成很大的困擾。當部落內發生流行性感冒，族人大量死亡時，被認為是異族侵入其領域，大舉開拓道路，違背舊慣而觸犯的祖靈，以致招來祖靈憤怒的結果。旱災發生時，被認為是日本人建築駐在所砍伐大量樹材而引起；或是獵不到動

物則是日本人指導水田耕作所引起等等，而為了平息祖靈之怒，部落內就頻發出草馘首等等，帶給當局種種困擾。從這裡的記載，所謂「迷信」的觀念，不僅在演化論思想作用影響對原住民的認知，在實際統治過程中，對統治者而言也帶來很大的障礙。

（三）第三期（1928-1945）

1928 年「臺北帝國大學」成立後，在文政學部內成立了日本第一個以民族學為主的科系—「土俗人種學」講座，使得臺灣原住民研究邁進成為學院殿堂中的主角。該研究室的主要成員是移川子之藏（1884-1947）、宮本延人（1901-1988）、馬淵東一（1909-1988）三人。他們在教學之外，也發起成立「南方土俗研究會」（1929-1943），並發行會刊《南方土俗》（1931-1943，第 6 卷起改稱《南方民族》），發表許多高品質的論文。有關這個時期的詳細背景情形，宮本延人曾留下口述記錄，筆者在此不擬贅述[14]。

移川子之藏於 1917 年獲得美國哈佛大學的人類學博士，受到他的老師 R. B. Dixon 的影響，傾向文化史學派的研究法。他視宗教為可以探討族群關係的一個文化項目，想要從宗教素質中去推敲臺灣原住民與其南方諸族的關聯性（移川 1931、1938）。雖然他對宗教的著墨不多，但是他個人學術傾向影響該系學風至鉅。他的學生馬淵東一受其薰陶，細膩地考察阿美族的神祇系譜，並進一步從社會組織、時間觀念的觀點來討論布農族、鄒族的宗教與祭祀（馬淵 1934、1936、1937、1939）。同時，他還從鞦韆這個文化項目推論其與農耕儀式的關係，在此他廣泛運用前期「臨時舊慣調查會」的調查成果，並溯及東南亞民族誌材料，進行比較研究。另外，同屬帝國大學文政學部的國分直一（1908-2005），則在此時對迅速消失的西南平原的平埔族展開研究，1944 年出版了《壺を祀る村》一書，探討西拉雅族的信仰型態，但是

---

[14] 請參閱宮本延人，1998，尤其是序文部份。

因運送途中遭海難而沉沒海底，所以該書事實上於 1981 年復刻後才問世。

「土俗人種學」講座在學史上最重大的成就是和「語言研究室」的小川尚義與淺井惠倫，共同接受第十一代總督上山滿之進所贈送的研究經費補助，得以進行長期而細緻的田野調查工作。這些調查成果於 1935 年同時出版。前者的《臺灣高砂族系統所屬の研究》，是依據各部落的口碑傳說而建立起的部落史；後者的《原語による高砂族傳說集》除了各族的語法分析之外，對各部族的神話傳說做了詳實的原語翻譯與記錄。

1933 年，在《南方土俗》這個雜誌上，岡田謙發表了當時有關「高砂族」的四十三種日文雜誌論文目錄，二十個分類項目底下，總數竟高達 1,149 篇。反映出殖民三十餘年來，日本對臺灣原住民的研究累積。其中，「宗教」項下只有 30 筆，而「土俗慣習」項下最多，達 297 筆，有關迷信、埋葬法、獵首、禁忌等論文皆屬於此項底下。由此亦反映出當時學界的分類法則，並不把「迷信」置入「宗教」類別內，而籠統的視為慣習之一部份。

此外，這個時由總督府警務局理蕃課發行了《理蕃の友》月刊（1932-1943），這一份刊物發行於 1930 年發生的「霧社事件」之後，因為該事使得總督府的理蕃政策大為動搖；為了謀求改善，務使中央的政策宣達到地方，因而開辦此刊物。《理蕃の友》發行期間長達十二年共 144 號，撰寫者也是第一線接觸蕃人的理蕃警察，有關宗教事務的實際執行層面也不在少數，在研究當時的宗教政策上有很高的價值。1935 年，臺灣總督府圖書館長中山樵，在《理蕃の友》卷 4 期 3 上論到蕃族蕃政之相關文獻時，所舉一般單行本共有五本書，分別是：藤崎濟之助《臺灣の蕃族》，鈴木作太郎《臺灣の蕃族研究》，鈴木質《臺灣蕃人風俗誌》，以及小泉鐵《臺灣土俗誌》、《蕃鄉風物記》。可見這五本書，是當時容易入手，而且頗為適於理蕃官員閱讀的書籍。另外，初期的《臺灣蕃人事情》（伊能、粟野，《臺灣蕃政誌》（伊能），以及蕃務本署出版的《理蕃概要》，警務局編纂的《理蕃誌稿》皆被列為重要史料，然而卻不見引舉鳥居龍藏以及臨時臺灣舊慣調查會的成果。

　　上述五本書的作者，筆者至今對其來歷所知有限，只能推測並非來自學界，卻與官方關係密切。以鈴木作太郎與小泉鐵為例，其研究也具相當的特色與水準。鈴木作太郎 1932 年的這本書基本上是彙整前人的研究資料而成，在書中所列的參考文獻分為三部份：第一部份日文書籍囊括了所有總督府出版的相關調查資料，例如水野遵所撰《征蕃私記》4 冊；第二部份包含自《後漢書》以來，宋、元史以及明、清所有相關漢籍古典，諸如：元朝汪大淵《島夷志略》以及清明郁永河《蕃境補遺》等，也沒有遺漏 1930 年林惠祥著《臺灣蕃族之原始文化》；至於第三部份的歐文書，則從十七世紀起含括荷文與英文談到臺灣以吃太平洋、東南亞的書籍，顯示當時官方的一種研究態度，其勤於收尋文獻的功夫，應該是繼伊能之後的傳統。然而令人不解的是，在第一部份的日文書籍，完全沒有引用鳥居龍藏的著述。

　　鈴木作太郎這本書把宗教的主題放在二部份來談，首先在概說的部份中，延續前述官方書籍的看法，把宗教又分為「信仰」與「迷信」二類。其中「迷信」所指，為禁忌、兆象、占卜、咒法這四個項目，基本上繼承了前二期的官方傳統。而最後提到巫師以咒、迷信鼓動群眾為造成騷擾之因，雖然他也說近來這樣的習俗已漸減少。另一部份在理蕃事業中談到宗教的感化作用，將在下節中另敘。

　　小泉之書（1933）和鈴木相反，乃基於 1925 年起到 1928 年止，在阿美族與泰雅族地域進行實地田野調查所得資料而成。所以他對社會組織以及宗教、土地、性差都有其獨到的看法。其中有關宗教的論述部份，他把「信仰與禁忌」同時處理，尤其是關於婚約、婚禮的禁忌，以及妊娠、出生、粟的收成等禁忌，在他的分析中完全沒有「迷信」的概念，甚且在最後有關統治問題的文章內，還對當時所謂「打破迷信」的政策方針大加批判（後敘）。

　　此外，這二本書的另一個共通點，就是出版在霧社事件之後。受到該事件的刺激，書中也都處理到有關該事件的問題。雖然他們與官方關係密切，但是鈴木與小泉二位作者皆以具體的研究成果批判總督府的理蕃政策以及

事件的處理經過。至於中山樵所舉的另二本書作者：藤崎濟之助曾任理蕃課長、蘇澳郡守等要職，鈴木質則來自教育界，專司蕃童教育事務。他們在著書中都闢篇幅介紹原住民的宗教信仰，可是都在「宗教」或「信仰」之外，另立「迷信」一章，這部份產生的效應將在以下第四節中詳述。

　　另一方面也在這個時期，總督府的「理蕃」政策受到 1930 年爆發的「霧社事件」的影響，政策面臨考驗，於是自 1931 年至 1936 年間，總督府理蕃課開始另一個大規模的調查工作，即「蕃人調查」及「蕃人所要地調查」計畫。前者是以調查原住民的戶口、生活狀態、進化的狀態（包含習俗、迷信等項目）、衛生狀態（包含醫療法等）等為目的。後者以經濟產業與土地利用的調查為目的。這時期所得的統計資料，後來彙編成《高砂族調查書》（1936-1939，臺灣總督府警務局）六編，其中有關宗教的部份只有第五編的第二部（迷信）篇，內容包括各部族的禁忌、占卜、兆象、咒法四項，與前述鈴木作太郎著述中的分類互相呼應。

　　在這一期裡，也可以看到前期的慣習法的研究取向的延伸影響。1929 年從東京的大法理學部研究所畢業後來臺就任臺灣總督府宗教調查主任一職的增田福太郎，後來轉任臺北帝國大學法學部助教授，1939 年其他成為國民精神文化研究所所員，持續對臺灣和民族與原住民進行宗教與習俗的調查。增田在這個期間內，對原住民研究的著作量較之於漢人宗教研究要少得多，不過戰後依據此時期的調查資料，他把原住民的宗教與法思想的關係繼續推展，進行整個東亞的比較法學思想的研究（增田，1942a、1942b）。

　　此外，這個時期裡，另有二篇相當精闢的原住民宗教研究的論文，此即鈴木讓〈高砂族に於ける靈魂觀について〉與及川真學〈高砂族の醫巫〉，這二篇發表於日本國內《民族學研究》的論文。前者試圖將日本上古史中的《古事記》、《日本書記》神話中的心魂觀念，和臺灣原住民各族的生靈種類相對照，而得出具完整關照的原住民靈魂觀之見解。及川的論文則是基於實地調查的結果，把阿美族、泰雅族的巫醫治病過程、咒法視為「迷信」而言，

及川在此時期的這篇論文無疑是從學術觀點的一個回應。（從後記看來，及川應該是當時臺北帝大心理及土俗教室的學生）。

事實上在學界裡，這個時期對宗教的研究獲得最大成就的應是日本國內「帝國學士院」所聘任，從 1931 年到 1940 年陸續在臺灣山地進行五次宗教田野調查的古野清人（1899-1979）。古野清人於 1928 年完成東京帝大宗教學碩士課程學業，在學期間醉心法國涂爾幹學派的宗教社會學的研究取向。1942 年出版的《原始文化探求》中，他援用法國社會學家 R. Hertz「右手的優越」的理論，將臺灣「高砂族」信仰中的象徵二元論加以分析等等，把臺灣的材料與歐美的宗教學，民族學的研究成果對話。他對臺灣的研究成果加以集結，並出版於《高砂族的祭儀生活》（1945）一書中，可以說是殖民地時期這個學術傳統的集大成之作。除了充分應用前二期對各部族的調查資料之外，加上他本人對阿美族語賽夏族的深入調查，使得他對臺灣原住民的信仰型態，不論在觀念的掌握上，或是祭祀組織、儀式的記錄與分析上都有其深度與精確度。不僅如此，他也是日本學界當時很少數精通歐陸宗教研究理論的研究者，尤其是英國社會結構功能主義人類學，以及法國宗教心理學、宗教社會學的研究取向在書中都可看到。這二本書都是在戰爭期間於東京出版，在當時臺灣的實際影響有限，不過就戰後日本的宗教人類學發展來說，仍受到很高的評價[15]。

在戰爭時期，古野也不能避免被波及。當時他受到一個戰時機構「司法保護研究所」之託，擔任其為司法官員所辦的「南方問題講習會」講師，之後編纂《南方問題十講》論文集。他所講的主題是：「大東亞共榮圈の文化總論」，內容主要談東南亞與南亞社會，略微提到臺灣內部族群的馘首習俗，視為宇宙觀的表現。雖然論文名稱冠上帝國主義的架構，可是細讀之下，縱貫全篇都是堅實的研究成果，毫無對異民族蔑視之意。戰後在他的著作集內，

---

[15] 參見馬淵 1971；佐佐木 1988。

本篇並未被收入。

　　受到戰爭影響最大的學者應是鹿野忠雄，從 1928 年就讀臺北高校時即前往蘭嶼調查，前後十次，留下可貴的民族誌，其中包含對蘭嶼小米祭儀、葬喪儀式等研究。他在東京帝國大學地理學科畢業後，因為找不到工作，為了能前往蘭嶼調查，也曾擔任總督府僱員。可惜他最後在 1944 年受陸軍所僱到婆羅洲調查時失蹤於當地。他的著作一直到戰後才集結出版。

二、官、學傳統的分袂點：對「迷信」的解釋與認定

　　當大致巡弋完日本殖民期五十年的研究史中有關宗教主題的研究成果後，筆者發現，研究者之間對宗教的理解與態度有一個很大的歧異點。這個歧異點在實際政策層面上，和研究產生一種奇特的連動作用。亦即是，有一個系統的著作中都採用「迷信」這個觀點來加以理解原住民族的宗教行為，而另有一系統的著作則全無此概念，甚至反對此概念，要追溯這個歧異點，筆者必須回到最早期的的伊能、鳥居之宗教研究的探討中，發現這個差異點，從一開始就已經存在。

　　如前節所述，鳥居龍藏的文中從來不採用「迷信」或是任何演化論思考來探討原住民的宗教。例如：在對雅美人宗教的描述中，他說明：「他們雖然製作土偶、木偶，但是並無宗教上的意義，他們絕非偶像崇拜者。」並且論道：「天道是使他們遵守德義，鞏固社會組織的最大力量，當地人之所以心情如此溫和，大概是因為有此天道的信仰存在之故。」[16]反觀伊能、粟野得著作裡，在「宗教」的看法中特別設了一個「迷信」的項目，而從這個觀念又推出原住民各族在宗教上的「高」與「低」，以區分其演化的程度。不

---

[16]　見鳥居龍藏 1902，刊於 1976【2】：322-323。

僅在《蕃人事情》書中，伊能在許多研究漢人宗教的小文中，也都使用「迷信」這個概念闡述其研究理念，筆者將此類論文收集如《附錄二》，請讀者參照。

雖然單線演化論的思想的確支配的十九世紀中以後的學術思潮，但是伊能受此影響較深，卻不見的鳥居受其影響，顯然必須考慮其他的因素。如果從個人因素來考量，二人各自的成長、家庭背景頗有差異。伊能出生於書香世家，士族之後，父母雙方皆是地方望族，由於家學緣故，他從小飽讀漢學，在外祖父、母的呵護中長大。他的外祖父是鄉中的漢學教育重鎮，並創辦小學，伊能在這個小學畢業後，繼續投身在漢學碩儒的私塾中學習漢學。除了這個深厚的儒學（儒教）背景之外，188 七年他的外祖父接任神宮教岩手縣遠野分教會所長，翌年伊能嘉矩補任為神宮教權少教正[17]。其中詳細情形雖無足夠史料可以得知，但是，毫無疑問的是，伊能較為接近當時明治政府所極力高倡的國家神道的想法。

明治政府早在 1873、1874 年就通令全國各地方官禁止民間以儀式作法、替人祈禱、附身來治病，政府雖以妨害醫療為名加以取締，實際上也是為了獨尊國家神道，打擊日本國內的其他宗教[18]。而神宮教原為伊勢神宮的教化機關之一，1882 年獨立成為一支教派神道，教徒人數並不多。1943 年解散，加入神社本廳，也就是等於匯入日本戰後的神道組織系統內。伊勢神宮系統所發展的一套神學體系，其本身攙雜相當多的佛教與儒教的因素，並與天皇國家體系之間密切關聯[19]，由此或可推測伊能對宗教之基本態度，和當時主流之國家宗教之間較為一致。

此外，從日記中所留下的一些證據，也顯示伊能對神道信仰之虔誠，當1912 年最後一次渡臺前，當天早上他先到湊河神社參拜後，才從神戶坐船出

---

[17] 參見森口稔雄編著 1992。

[18] 參見井上順孝等著 1986：185。

[19] 參見村上 1985：371-372；貝拉 1994：59-63。

海，在臺期間也專程參拜臺灣神社，而伊能本人人生最後的行程——葬禮，也是尊重本人的遺言指示，以神道儀式舉行[20]。

　　反觀鳥居龍藏出生於商賈之家，在江戶時期「士農工商」的社會階級制度下，毋寧是屬於低下的商人階級背景。他天生叛逆，不喜上學，小學二年級被退學之後，就再也沒有經過學校。他的學問都是獨學而來，只相信自己所看到的，不受既有學說的拘束。最後，他投身坪井五郎門下，在學問上與老師打起對臺，而後來證明他的觀點無誤[21]。終其一生，雖然不是無神論者，鳥居從未提及他的宗教信仰，這樣的背景是否也會影響他在看待其他民族的宗教時的態度呢？事實上，鳥居一直到 1908 年第二次蒙古調查旅行之後，因為愛妻得病祈禱獲救的緣故，回到東京才入天主教受洗，受洗名為奧古斯汀，從此之後一家都接受天主教信仰。但是在當年臺灣調查的時期並沒有明顯的宗教傾向[22]。

　　除此之外，鳥居和伊能二人還有一些有趣的對照點：當中日甲午戰爭發生時，激起日本全國青年的愛國情操，伊能因為友人戰死。尤其感到熱血澎湃，他寫下一封陳述其「赤志」志願渡臺的情文並茂之書信，寄給渡臺當局，因而說到賞識而被任用。反觀鳥居在回憶錄中寫到：當談判破裂，戰爭發生時「國內群情騷然，大本營的設置、出兵、募集從軍記者、人夫等，國民之間非常緊張，我雖知道這些戰局，仍然心情平靜，不敢怠忽自己的研究工作。」在這個時期，鳥居忙著學習俄語以及阿伊努語，他想繼續朝鮮半島的考古調查。他被派遣到臺灣並非出於志願，因為帝大的理學教室的教官都不願意去，這個苦差事只好落到他這個臨時雇員的身上。而在臺灣調查的空檔中，他熱切的吸收人體解剖學、古生物學、地質學、動物學等自然科學新知，這和儒

---

[20] 見森口 1992：262、265、377。

[21] 見黃智慧 1994。

[22] 參見中薗 1995：312，筆者在 1996 年到德島拜訪鳥居龍次郎時，也得到龍次郎如是告知，可印證中薗的記述無誤。

學涵養深厚的伊能嘉矩恰成對比。對臺灣這個研究領域而言，伊能終其一生，除了故鄉原野的鄉土研究之外，大部份時間與精力都投入在這個領域中，其著作等身；然而相對的，臺灣研究卻只佔鳥居一生學術產量中的一小部份。

　　事實上，在渡臺之前，伊能嘉矩就曾經為文寫下「研究的要領」[23]，做為他自己獨特的學問分類方式。其中在「宗教」項下，可分為「信仰」與「迷信」二大類。伊能所認定的「迷信」內容是：

1. **客觀的迷信**
   （1）實在。含天象（對日月星雷電虹霓蝕暈風雨等的迷信）地（對山川土石地震地動鬼火等的迷信），生物（對所有動植物的迷信）
   （2）構成。含實在的（如相信有龍宮夜見國存在），與實物的生物（相信有妖鳥怪獸蛇精等存在），妖怪（相信怪物幽靈天狗及仙人類存在）

2. **主觀的迷信**
   （1）妄信。含夢覺（以夢斷其吉凶），疾病（對疾病受傷橫死等迷信），讖兆（前兆預言或是我國所謂的幣誓之類）
   （2）信仰。含鬼神及淫詞（如疫神及祭祀淫具等），神異及憑魅（如生靈死靈的降災神喻，或動物憑魅之類），修法及詛咒（斷食禁慾或其他身體毀傷苦行，或詛咒以神符神水驅魔類），驅邪及神判（如相信藉由某種儀式就可以除罪秡污，去兇惡等，或藉由探湯的方法可判斷是非善惡之類），占卜及觀相（流年擇時觀宅卜術及各種觀相類）

---

[23] 見後藤 1995：11。

　　這些在渡臺之前既有的概念，相當程度地反映在他日後的著作中。自從渡臺後，尤其面對所謂「蕃族」，事實上他修正的不少觀念。在 1898 年的文章中，他就曾道：

　　大致上，未開化人類生產思想之所以遲遲未能進步的原因不外有二。其一乃因襲古來的迷信；其二則是基於不利的自然地勢。世界古文明發源地的埃及、希臘認為農耕是鬼神之事，不應加以干預。北方的阿伊努族認為對土地施肥會觸怒土地神。……但是幸好蕃族沒有上述的迷信，反而在信仰上認為米粟收成是祖靈冥護的。雖然他們並不喜好施肥於耕地，但也沒有上述的迷信，只是依循慣習而已。（頁 7-8）……關於宗教思想的發生，臺灣各蕃族都共同具有：

　　1. 分辨睡眠與死亡；

　　2. 人死是肉體死亡而靈魂不滅；

　　3. 夢中可與死魂溝通；

　　4. 魂魄安然存在於特定的境界中；

　　5. 由死魂轉而為惡魔的想法；

　　6. 人的吉凶禍福皆由死魂或惡魔所為；

　　7. 為邀福避禍，而有禮拜祖先魂魄的風俗。

　　也就是說，臺灣各蕃族在宗教上形成了祖先崇拜的信仰。

　　大體上，祖先崇拜是宗教思想的源頭，從這個開端可以推知將來會形成支配其思想的完全宗教。這麼說來，他們並不像安達曼土人或是澳大利亞土人一般，完全缺乏死後的觀念。因此，在宗教思想的發生上，較之極為幼稚的種族，他們應算是思想上較為進步的。（頁 11）

　　從上文可得知，他對臺灣原住民的宗教觀念中，尤其確認了祖先崇拜，以及靈魂的觀念，這些也都是日本神道觀念中的重要成分。而經由接觸到原

住民之後，他修正了渡臺前要教育、授產給原住民的想法：

> 關於蕃人的撫育教化之道：1. 絕對不能藉由威力的手段；2. 不應該
> 把適用於文明人的政治、法律乃至於宗教、教育移植給他們。特別是
> 像他們的殺人馘首行為，從文明人的眼中看來，難免會認為是罪惡非
> 道的行為，可是對他們而言，如同先天的唯一的道德標準。（頁 23）

後來，承繼了「迷信」這個語彙的使用，但是卻最感痛苦的莫過於森丑
之助了。他在 1913C 文章中，因為「還想不出更好的語詞」，而把「迷信」
這個概念演申到極致，近乎「民族的心性」：

> 所謂「迷信」不僅只是野蠻人或未開化的人類才有，可以說是不論東、
> 西洋或時代古今，什麼地方或什麼種族的人類都有的普通性之事物，
> 然而似乎還可以想出更好的語彙來形容它，可是我卻是孤陋寡聞，到
> 目前還想不出更好的語詞來，所以在這裡仍沿用「迷信」為題。……
> 此處所稱的「迷信」，我認為不能以野蠻人的迷信而產生輕侮之念來
> 等閒視之。茲演繹其迷信之意，一半是含有種種趣味，也帶有濃厚的
> 教訓意味，如同晦澀的詩般令人回味，同時又含有甘蜜般的美味。對
> 於沒有文字的蕃人而言，這些迷信或是神話傳說，好像是發現了很重
> 要的事實一般。對他們來說是唯一的文字，也是一種經典，更是律法
> 中絕對的守則。從迷信中可以輕易發現他們的思想與性格，進而推測
> 其民族性之一斑。在蕃人研究上，不僅是形上的資料而已，對其他諸
> 方面都有益處。我相信從這裡可以進而理解他們的心性，研究其民族
> 心理；這個問題如同研究他們的體質、語言、土俗及慣習一般重
> 要。……高尚的文明人與原始的蕃人之間……有許多的類似與共通
> 性……。但是吾人往往以為蕃人多迷信，不具有現代知識，把他們對

超自然事物的態度視為迷信之源，……。（頁 30-31）

在森丑之助的泰雅族研究專書（1917）中，其中「迷信」部份所指的是散見於天象、宗旨（祖靈）、祭祀、獵首、占卜、不淨（不吉）、風紀、分娩、疾病、死亡、誓約、狩獵、飲食以及農業等生活中的種種慣習，這些歸類或多或少繼承了前期的伊能以及當時的想法。雖然他盡力要掙脫伊能嘉矩所立下的論述典範的桎梏，欲把「迷信」提昇視為「民族的心理」狀態。惜其英年早逝，未及將他所體會到的「對超自然事物的態度」加以抽象理論化。

在同期的「臨時臺灣舊慣調查會」的出版物中，皆可看到「迷信」這個詞彙的使用。但並無特別加以演申或解釋，反而是「附記」中調查者以其親身所見所聞，平鋪直述加以證實巫醫所言正確。例如在《番族慣習調查報告書》第 1 卷〈泰雅族篇中〉[24]，記錄下述事件：

'tayal 族雖尚無可視為宗教之物，但一般來說他們相信靈魂不滅，並且對此有祭祀祈禱之儀式，可見宗教以開始萌芽。
明治四十三年……汶水番 shebu'社社民 piku maja 因病重招巫，巫以為該病是通姦之處罰，果然那位社民供認曾與近親之婦相通之事，因而殺豬謝罪。
遭人侮辱和虐待，或財產被霸佔，或自己的親屬被殺傷時，就對神靈詛咒那個人……我實際上聽說 mrqwang 番 mthjakan 社 tahus 之姪因殺死 klapai 番人，遭其遺族之詛咒，以致 tahus 兩腳麻痺不能行動，於大正二年冬天住進臺北醫院。

到了研究史上的第三期，臺北帝國大學的學者系統，或是後來的古野等

---

[24] 見中央研究院民族學研究所編譯 1996：39、52、55。

人的著作中從未提及「迷信」二字，但是官方的「高砂族調查報告書」等文獻就很清楚的記錄了「迷信」的事項。

　　從這樣的發展來看，從第一期開始的二名研究者間微妙的差異點，儼然成為劃分貫穿整個殖民時期原住民宗教研究史的官、學二個傳統之分袂點。官方系統所出版的研究成果中，往往使用「迷信」這個概念，雖然其間的解釋也有很大的差異性，但是仍可看出最早期伊能所立下的夢占、禁忌、動植物等觀念，持續地影響了後二期的研究。

三、政策與研究成果的互動與背反

　　自從日本殖民政府在 1895 年進駐臺灣以後，早在 1896 年臺灣總督府民生局內即設立「撫墾署」，專司統治及同化業務，後來該機構又經數次改名，但縱觀日本在臺灣的殖民統治史中，對於原住民的統治和同化，皆通稱之為「理蕃」政策。1896 年乃木希典就任總督府第三任總督時，就提出他對蕃人的統治政策[25]：

> 1. 矯正蕃人鎖國的感情
> 2. 嚴禁蕃人殺人
> 3. 攪破蕃人迷信
> 4. 改良蕃人之生產、衣食住，並啟發其智能
> 5. 踏查蕃地及其交通
> 6. 開墾蕃地以及其森林物產之利用

---

[25] 見《理蕃誌稿》1：29。

　　其中第三條很清楚立下「打破迷信」的方針，應該是作為後來所有「理蕃」實務者所切記在心的教條。這裡的「迷信」觀念是從何處得來，所指的目標為何？筆者尚未找到直接證據，是伊能嘉矩沿用了總督的訓示，抑或是殖民政策的擬訂者受到伊能嘉矩的影響？仰或兩者皆反映了同一種來自日本當時國家神道宗教文化背景的思考？另一方面，鳥居龍藏在著作中雖然未曾以「迷信」看待原住民的宗教觀念，但是，在他 1900 年寫給朋友的信中，曾歸納他的觀感，認為較之於佛教、基督教，日本固有的神道還比較適於對原住民傳教。這是因為臺灣原住民同樣尊崇祖先，其靈魂觀念與儀式都與神道相似的緣故。收到他的信的朋友磯部武者五郎，是一名神道學者，也正好是《祖國》這份刊物的編輯長，遂把這封鳥居在濁水溪畔寫的信刊登出來。這一份刊物在日本國內會引起多少人注意並不可知，也無法得知在臺灣的政策擬定者是否會受到影響。但是，當時殖民官員接觸到原住民的宗教事務時，確實有必要思索如何才能有效推行宗教政策。

　　而見諸實際的「理蕃政策」的記錄中，有關於宗教的政策部份，以《理蕃誌稿》為例，在其中有兩篇相當重要史料：

　　一篇是 1902 年〈持地參事官の蕃政問題二關スル意見〉（頁 179-275），這是在總督府民生部具有影響力的參事官持地六三郎所提出的洋洋九萬字的政策設計，他強調理蕃政策必須是「先威後撫」，所謂「威」是要使他們真正震攝畏縮，所謂「撫」是要他們真正心服歡悟。而後者的法門不外乎二，為宗教與教育這二種辦法。雖然這篇文獻顯示出早期的政策設計者已體認到宗教對於「撫育」之重要性，並揭為文，但是具體作法，只說要保護宗教家便與其傳道，其他則未言明。

　　另一篇則是 1909 年〈蕃人ノ宗教的感化二關スル意見ノ發顯〉（頁858-869）。這原本為 1898 年在「蕃情研究會」中所決定進行的研究，因後來該會終止，故附錄在此。其內容彙整了早期理蕃官員檢討導入佛教或是基督教的可能性之意見。最初是在 1897 年林杞埔撫墾署長齋藤音作對民政局長

所提出的意見。他說：

> 蕃人對於撫墾署所顯示的好感，其實是假的感情，由於慾心而生，薄
> 弱如皮相，容易反覆變化。若要繩之以堅固之綱，使其逸脫，必須傳
> 以基督教，給予宗教上的連鎖。……然而神、佛、耶教三者間應選何
> 者？神道之無能為力固不在言，佛教已被消化為我國國教，當下僧侶
> 腐敗產生宗教亂象，也不適合。今日最有利者為耶穌教，何況耶穌教
> 之特長在於感化奸惡殘忍之野蠻人，世界上已經有許多先例奏效。

同一年，新竹縣苗栗辦務署署長鳥居邦彥向其縣知事提出意見書，力主
要導入佛教僧侶以感化蕃人。之後陸續有民政局殖產課長木村匡（1899）、
臺南縣恆春辦務署長丹野英清（1900）建議採用佛教布教師教化蕃人，嘉義
廳長岡田信興則自行在蕃社內放入伊勢神宮的祭祀象徵物（1902）。由這一
份史料顯示，殖民初期所謂「宗教感化」的想法已經在地方實際接觸蕃人事
務者之間，產生的種種的議論。

一直到 1903 年，民政部內真正討論了這個議題，其結論是：

> 已今日狀況，若以宗教撫化蕃人，不免有利害參半之顧慮。宗教家若
> 主動進行布道傳，姑且不論。但是若做為政府的執政方針，則應該予
> 以除外為宜。

所以決議在做慎重的調查之後再行解決這個問題。雖然這時的中央政府
採取慎重步調。不過因為情勢的變化，蕃人逐漸不服統治，使得 1910 年起，
蕃務本署開始採用十二名佛教真宗的僧侶，略加以訓練之後，便派入蕃地傳
教。但是到了 1912 年，至少在南北蕃務會議上，完全不見佛教教化事業之

成效，所以當年就立即廢止了這個制度[26]。

在此之後，實際上可以從《理蕃誌稿》之後續史料中見到官方開始介入蕃人的生活慣習中，尤其 1920 年代之後，或加以干涉，或禁止舊有習俗，並建立神社。

其中從 1920 年「研海支廳下蕃人ノ宗教的指導」（頁 169）史料顯示，東部泰雅族部落內建立地藏尊、不動尊、欲以神佛之力，求取福利幸運。1924 年在臺中州新高郡下布農族區域，以及屈尺泰雅族區域內舉行盆祭（頁 765）；1925 年、1926 年過坑 Kato 社人舉行番社祭（頁 918、1109），分別自埔里本願寺、能高寺招請僧侶主持等，這些都是佛教導入後所留下的影響。

而國家神道的影響亦在此時期萌芽，各地開始興建神社。1922 年首在東澳地區建立社祠，遙拜臺灣神社（頁 379），翌年羅東郡下 Sqiqun 社也跟進設立（頁 586）。同 1923 年更在太魯閣當的建立奉祀佐久間總督的佐久間神社，此社作為征服者的象徵意義甚濃，官方的主導性格強烈，當 1926 年舉行第三回大祭時，其規模之大，動員了官民 250 人，原住民 1863 人參加（頁 586、1100）。此外，1925 年於現在的玉山山頂也建立神社，遙奉臺灣神社、大山津見神等日本神道神祉，其落成時雖只有原住民 45 人參加（頁 912），但是象徵性的代表的國家宗教之勢力，延伸到臺灣最高山峰，也是布農族的生活領域裡。

在信仰習俗方面，許多史料顯示 1920 年代官方大力推行共同墓地，改變原住民既有室內葬習俗（頁 761、765），並且干涉儀式進行方式（頁 920），或廢止祈禱（頁 1111）等，同時也新導入許多日本式的儀式，如上述盆祭、過新年（頁 1107）等皆是。後者史料記錄花蓮研海支廳轄下部落的原住民，在除夕沐浴，搗製麻薯，元旦清晨升國旗，著和服，集合互相問候，向東三唱陛下萬歲等，顯見國家儀式的導入。

---

[26] 參見鈴木作太郎 1932：367-374。

　　上述這些史料記錄反映了二〇年代起殖民政府在對原住民宗教事務上的干預逐漸抬頭，並前有國家神道主導的趨勢。而在介入的同時廢止「因迷信所引起的祈禱」（頁 111）之論述結構已隱然形成[27]。在此應該進一步檢討第一、二期的研究成果是否直接反映在上述的理蕃政策上？筆者發現，不見得就能得到直接的證據，反而有許多證據顯示，殖民的政策執行者，在官、學二傳統之外，事實上自成另一系統，他們的關心與想法完全基於實務統治的需求，和研究成果間頗有差距。

　　例如：刺墨在第一期伊能、粟野以及第二期舊慣調查會中都視為「身體的毀飾」之一，不見得是「迷信」。但是有於和出草的風俗相關，所以被政府嚴加禁止。至於共同墓地和宰內買埋葬習俗相關，則牽涉到近代的衛生觀念。以及土地使用的效用問題，其禁止不純然是因為「迷信」之故。其餘在宗教儀式上的變更，似乎為各地方自行權衡，並沒有一致的政策；尤其是增加的盆祭，也不能單純理解為佛教，因為這是日本民俗之一，有共同娛樂、舞蹈的成份在內。

　　細考之下，這些都是和宗教的研究成果之間的差距。而前述總督府的調查成果《蕃族慣習調查報告書》第 1 卷〈泰雅族篇〉中甚且指出：「然而他們絕非頑愚無智之民族，他們有衡量利害、決定去就之智能。」（頁 265），也和上述理蕃事務者的態度不同。就算是總督府宗教專家官員丸井圭治郎，他也在向政府建言利用「迷信」治理蕃人之餘，還闡述道：

　　　　蕃人的迷信種類甚多，且信念極強，世人或漫然以迷信一語稱之，語
　　　　中帶有排斥甚至輕蔑之意。從來，歐美人士之間頗為盛行以己身為文
　　　　明，而向迷信者誇示。……我國人之稻荷神帶來福利，從主觀上說來，
　　　　是使自己安心歸依之處。同此道理，多神的自然原始宗教之信仰和一

---

[27] 亦請參閱上杉允彥 1992。

時的現世實利密不可分，和佛教、基督教等一神的、統一的、不變的
宗教信仰相比，就被稱為是迷信。畢竟這樣的迷信聽起來雖然野蠻，
也絕不可一概予以排斥。

　　縱然總督府內的宗教官員對「迷信」提出了專家的見解，然而各地之政
策執行者仍要加以介入這些習俗信仰。從當時在霧社山地進行醫療工作的醫
師井上伊之助在《理蕃の友》（1935）上的一篇短文，或許可以反映官方態
度的另一面向。

　　井上伊之助從醫師的觀點來看，1933 年蕃人的總死亡人數 3,405 人，其
中竟然有 1,006 人是未接受醫療而死亡者。然而，當時的醫療機構已經相當
普及，因此這近乎三分之一的數字，讓他感慨道：

> 這麼多人沒有接受治療令人不可思議，其原因都是他們的迷信，加上
> 對疾病的無知、以及對病人的冷漠態度所造成。……老人們的疾病，
> 本人與其家人都認為痊癒不了而放棄，吃了二、三天的藥還沒好，就
> 轉向獨特的祈禱療法。任何民族在生病的時候都會向神佛祈求保佑，
> 這是人之常情，不能說是迷信而加以取笑，可是連以醫藥之力可以痊
> 癒的疾病，也因為迷信之故而不幸死亡者卻不在少數。

　　從這篇文章亦顯示，實際上祈禱的行為頗為盛行，近代醫學及衛生的觀
念在 1930 年代仍遭到抵抗。

　　而另一方面，前述調查員小泉鐵對於這種「理蕃政策」有深刻的反省，
他說[28]：

---

[28]　見小泉 1933：325-326。

信仰是他們社會生活的唯一條件。他們在共同的信仰下才可能維繫共同的生活。……他們的信仰不是採借來的也不是被賜予的，而是從他們生活與體驗中產生的。對他們而言，信仰是生命，信仰是力量。然而，今日在蕃地內推行所謂「打破迷信」的政策，到底這些「迷信」是指什麼？我實在搞不清楚也無法回答。到底為什麼要打破所謂的「迷信」呢？把他們的信仰奪走後，等於是把他們的什麼奪走一樣，有否想過這樣的問題？要治理蕃人者、要教育蕃人者、甚至要研究蕃人者，都必須先拿掉自己的有色眼鏡。若能沈潛在他們的生活中來深入看他們的信仰，就絕對不會產生這樣的暴舉。……把他們的信仰奪走之後，要用什麼加以取代呢？大家都說打破迷信，興起敬神之風，涵養國民的思想等等。然而，我認為這在今日的蕃地未免太過抽象的議論。信仰不是那麼容易就成為血肉，必須要打從心裡追求。更何況由外部的強制而來，更不可能成為他們道德、感情的根源（頁 325-326）。

這些觀點反映出雖然是官方的調查者，其內部意見不一致，研究者的真知灼見不一定就受到其身分影響。小泉鐵對於所謂打破迷信之「理蕃政策」的嚴厲批判就是一個明顯的例子。

在開發政策上，到了第三期，學、官界的對立更加顯見。1933 年，臺北帝國大學教授移川子之藏曾在《臺灣日日新報》上為文反對「蕃地移居開發計畫」，認為應該保護當地的水源、畜產、礦產，建設山地村落，不應該為了開發山地而把高砂族遷移往平地。這個短文遭到總督府的調查官岩城龜彥極力批判[29]，他說：

---

[29] 見岩城龜彥 1936：327。從這一點看邱延亮 1997：167 文中對移川子之藏的評價與事實頗有差距。

　　然而要建設擁有馘首惡習、信奉祖先遺訓等迷信的原始內山蕃，要給
他們安住之地，實為至難之業。……教授的意見未免理想過高，到底
無法實行。正如同烏托邦式的想法投射在臺灣的蕃人蕃地上。我從理
蕃實務者的立場看來，恰如海市蜃樓論調一般。（頁 327）

　　從第三期以後的官方出版物，幾乎也不參考引用學界的著作，上述鈴木
作太郎是一例。而且到了第三期，學者所投稿之刊物為《南方之俗》，理蕃
官員所投稿閱讀之刊物為《理蕃の友》，兩者的風格形式截然不同。一些重
量級之研究成果如古野清人、國分直一等人之著作都在戰爭末期才發表，也
不可能對實務產生影響；而移川、宮本、馬淵等人之系統所屬調查，對理蕃
實務者所關心的主題毫不相干，其艱深程度，連學者本身閱讀起來都頗為吃
力，一般的理蕃警察或官員更沒有能力閱讀。本文檢討至此，發現「理蕃政
策」和研究成果之間的互動關係，呈現一種相當微妙複雜的糾葛狀況。需要
更多資料來加以推敲驗證，不能任憑猜想一語道斷。

四、國家宗教的入侵與「迷信」範疇的再生產

　　如前節已述，殖民政府早期的慎重論，使其宗教政策舉棋不定，而實驗
性地導入佛教的結果，復遭失敗。一直要到 1920 年代後，從前述《理蕃誌
稿》的史料中可以看到，殖民政府才開始在「蕃地」中建立日本神道的社，
並且導入祭盆、迎新年等儀式。在政策上，1923 年總督府發布「縣社以下神
社ノ創立移轉廢止、合併ニ關スル規則」（大正十二年府令第五十六號）及
「社及ビ遙拜所ニ關スル規定」（府令第五十七號），是其政策的法令依據，
自此之後，山地部落內即開始設立社祠，與平地的神社一樣納入管理，其中
佔大部份的小型社、祠、禮拜所之管理，則委託上揭的神社之神職人員兼司

其職。

這些小社、祠依據統計，在 1930 年共有 60 所，到了 1941 年底則增至 92 所，可見 1935 年後，國家宗教整編的腳步加快。其中的祭神對象，從日本神道的神祇到臺灣特有的祭神，如此白川宮能久親王、佐久間左馬太總督等。這些在山地部落的神社，其設立的目的除了為了當地駐警的精神所需，然而為了深入人心，必須要與原住民本身的信仰相結合，才能長久經營，對於此，近藤正己（1995）曾精闢的指出二個是國家宗教巧妙地與原住民信仰結合的方法。其一即是岩城龜彥所提倡，積極地利用原住民傳統的農業祭儀，使其與神社之祭典活動結合之例，以鼓勵農業，提高農業生產力。其二則是臺北州蘇澳郡泰雅族的例子，不僅把傳統的迎祖靈儀式加入神社祭祀儀式中，並且讓附近幾個部落的頭目都加入成為自治會成員，共同管理神社。

然而，各地真正的實行狀況之間仍有頗大的差異，有些地方就強制地廢止或干涉原有的傳統祭典，這些讓日本的國家宗教進入的過程發展大約是從二〇年代逐漸開始。進入三〇年代後可能受到了「霧社事件」影響，精神教化之作用益形受到重視，尤其是 1935 年後，在為了備戰而發動的精神總動員令下，神社做為涵養「皇國精神」之地，也呼應「皇民化運動」，許多部落若無例建築社祠，則在教育所或駐在所中，放置簡單的祭壇進行遙拜。

1939 年蕃地警務局橫尾廣輔曾在《理蕃の友》社論中及「高砂族と宗教的指導」，他指出以高砂族的發展程度，仍不適合複雜社會的大宗教導入，而應回歸宗教之原始形態，加以啟迪善循，其中以古樸之神道信仰（大和之道、皇朝之道）最為合適，為國家神道的導入加以正當化解釋。

綜言之，進入了前述和第三期之後，日本的國家政策逐漸採強勢的姿態進入部落社會，另一方面，由於在日本國內九十世紀中葉時期制訂國家神道的過程中，把國家神道定為「非宗教」，亦即超越了所有的佛教、基督教等諸宗教。這一波十九世紀中葉把國家神道「非宗教化」的爭論，在日本國內引起諸多反彈與抗議（村上 1982：阪本 1994）；但是其後接續施行在臺灣的

殖民統治體制下，總督府跳脫了這項爭議。因此事實上，在總督府對臺灣的宗教政策擬定過程中，並沒有出現類似「宗教改宗」或「替代」等的爭議，這些意識形態的替換工程，就在「國民教化」、「社會教化」、「敬神崇祖」，「涵養皇國精神」等籠統模糊的概念中推移著。

　　然而，要把國家宗教導入之前置作業中，將原住民族本身固有的信仰質素下降至「迷信」的位階，乃是先決之必要條件。藉此不僅得以模糊信仰之間彼此的對立與衝突，也彰顯殖民政府所欲導入的宗教形態之優越性。因此，在第三期的官方系統的研究著作中，「打破迷信」已經是既定政策之一，而其論述形態更泛及其他領域對原住民文化的理解或介紹。以下，筆者要舉二本書為例，其一是教育界出身，曾任視察的鈴木質所著《蕃人風俗誌》，其二為在新聞傳播界度過二十數年記者生涯的田上忠之所著《蕃人の奇習と傳說》一書為例，說明在第三期有關原住民的著作中，「迷信」之範疇已經重複被加工再生產。

　　此二書著作皆非宗教問題專家，亦非經過實地調查之程序，就其所見所聞及揮墨成書。並且此二書也若不前述鈴木作太郎、藤崎濟之助之著作重視文獻史料，未曾著名參考文獻，應是一般人閱讀之概略介紹書籍。然而二人身為教育界與新聞界重擎，其影響力亦不能小視。前者一書概分為十二章，其中第六章名為〈宗教と性情〉。鈴木質（1932：189）在此章節中頗為讚揚原住民之祖先崇拜信仰，他提議稱之為「祖靈教」：「他們的祖先崇拜之深厚，完全支配了習俗與道義。他們的特殊品行也因此而受到涵養與保護，可說是相當偉大的宗教。雖然沒有如同文明人所用的宗教名稱，可是事實上做為一個宗教毫無疑問；由於其以祖靈為信仰的中心，所以我認為應該可稱之為祖靈教。」但是，在題為〈迷信〉的第七章中，鈴木質卻另立一說，將信仰區分為「迷信」與「正信」。雖然他辨明於外人而言為「迷信」者，對原住民而言是「正信」，但是為何要特別闢出與宗教分量相當的一張來另述「迷信」，委實令人不解。足見當時對原住民信仰文化的論述中，「迷信」範疇已然形

成，既無法融入「宗教」之內，或具互斥原理，故爾必須另起一章加以說明。而就其內容來難，不外乎前期所學者所指諸多禁忌、祈禱、詛咒、占卜以及天象等對超自然事物的觀念與行為。而田上之書中（1935）也依樣在〈蕃人の宗教〉之章外，又另立一章〈占と迷信〉，洋洋灑灑羅列出七十項迷信的種類，也大多是前人所提及。

為什麼這二書都需在「宗教」之外，另闢一章敘述「迷信」呢？而其內容並未超出前二期的研究者所立下的所謂「迷信」的種類。可見在此時期，要對一般社會大眾介紹原住民的宗教文化時，「迷信」之觀念已經形成一特定範疇，其被加工再生產的機制成形，同時也呼應了正在開展的國家宗教政策。亦即，壓抑原住民信仰之位階，甚或干預、取締，為國家神道進入之途鋪路。也使得日後進入戰爭動員時期，忠君愛國思想毫無阻礙地，配合社祠的建立、國家儀式的導入，迅速地擴散到原住民社會裡。

五、人類學與殖民主義的離合關係

當戰後舊型的帝國主義逐漸褪去光彩，新型的殖民主義方興未艾之際，歐美人類學者們進行了一波又一波具有全球性關照底下，對人類學與殖民主義的批判性探討（Leclerc 1972; Asad 1973; Marflcet 1973; Stocking 1991; Thomas 1994; Stoler & Cooper 1997; Pels 1997）；相較之下，日本殖民主義下的學術史脈絡的討論顯然起步較晚，從中國大陸區域內開始（淺田 1985；中生 1993、1994）也逐漸擴及東亞（川村 1996；國分 1997）。

就臺灣區內的討論而言，有關分類、親屬研究的學史回顧（馬淵，1974a；山路、笠原 1977）以及做為基礎的文獻編目（及原 1967）、全體性的研究內容引介工作（陳奇祿 1974；劉斌雄 1975；許木柱 1992）已大致完成，晚近也開始進一步對殖民主義的內涵做批判性探討（山路 1991、1994；

邱延亮 1997）[30]。

　　對臺灣原住民本身而言，在尚未受到日本殖民主義波及之前，清國的統治就不曾及於他們的領域。在長期處於與漢人劍拔弩張的對立情況之下，第三者日本介入，甚至被理解（或誤解）為對己方有利，此即最初期的調查者進入山區或東海岸平原及島嶼時，所深切感受到的狀況。

　　鳥居龍藏在日後的回憶中說：

> 當時生蕃非常厭惡支那人，現在日本人來了，替我們討伐支那人，日本人站在我們的友方，這種感覺居多，所以調查生蕃居住的山地恰好合適。……當時的臺灣，在山上比在平地行走還要安全多了，……，尤其總督府對生蕃特別設立撫蕃所，頗為親切地照顧它們，他們對於新政府相當有好感。在山上的生蕃地旅行沒有任何危險。我在旅行時攜帶種種贈品，尤其是當時中國政府所使用的墨西哥銀幣，大概留宿一晚，我就支付他們一個銀幣，他們不做貨幣使用，卻將其開孔做耳飾或項鍊[31]。

　　另外，前第三節所述林杞埔撫墾署長在 1897 年的一番話，也印證了上述初期的狀況。

　　這個時期也正是平地上的漢人對於日本人的入侵，展開激烈的武裝抵抗行動的時候，所以日本人隨意在平地上行走，反而是很不安全的。一直到平地被征服之後，山地逐漸開始動搖，並發生了許多戰鬥抵抗事件。鳥居自承，他正好在「生蕃反抗之前調查山地，所以非常安全。」從他的回憶文裡，顯示十九世紀末來自日本初期的調查研究，其調查過程不見得需要殖民主義

---

[30] 雖然筆者在本文撰寫之後才讀到丘文，本人相當程度認同丘文之主體性思考，唯不論是任何角度的批判，都不應該偏離事實，希望與有志者共勉。

[31] 見鳥居，1977〔12〕：200，413。

的暴力護送。不但有許多是屬於相互的「第一次接觸」性質，對於文字民族而言，亦夾帶著向未知世界探險的意味，其中過程和所有的異文化田野工作一樣，個人和研究對象間的互信關係，才是最重要的因素。

　　此外，鳥居龍藏雖然是東京帝國大學所派遣的調查員，但是他抵達臺灣之後，也受到總督府民政局殖產部的委託。希望他在有「餘暇」的時候，協助調查殖產事項。鳥居本人對「殖產事項」的解釋為指農業、農具這些事項；

> 這些本來就是人類學者應該研究的領域。在臺灣，可以說是都還沒有
> 人從事過生蕃、熟蕃的研究。各個民政廳的報告也沒有一個是可用的。
> 支那政府對於生蕃撫育的方法可說是盡心盡力。我和世人的看法不同，
> 我認為就這一點而言，支那政府遠比日本政府要做得好了[32]。

　　以上是鳥居在 1896 年底台時刊登在「德鳥日日新聞」的書信，可以看出學界和政府之間仍有些許關聯，但是鳥居並不諱言批評政府所為。

　　而自從 1900 年以後到第二期中為止，以個人的力量在「蕃界」進行調查，其實是頗為危險的事（前述在阿美族部落調查的舊慣調查會委員遭到馘首的命運），所以必須要警察協助，這也是第二期的調查成果都以官方為主的緣故。一直到山地都被征服之後，第三期的一些個人研究才又能進入山地調查。這個時期政府的力量已經深入山區內地，無論是否出於意願，也無論是否為大學學者或學員，只要不是鼓動反抗，所有在山地行走的日本人大概都會受到保護。所以三期以後，許多單獨的個人研究者，無論來自官方或學界，都可以進入部落，得到較為深入的田野資料。但是另一面，這一期開始，也出現了不少非專業人員，或是新聞記者、內地來的觀光客等，他們帶著異

---

[32] 見鳥居，1976〔11〕：460。

族獵奇的眼光，寫下帶有種優越論的著書[33]。

　　戰後西方在檢討人類學與殖民主義研究中，其實也得到相類似的結論。例如：初期討論這個主題最見系統的為 G. Leclerc 所著（1972），他指出英、法二國的人類學家雖然同樣都在其殖民地上做研究，可是英國的人類學家非常支持政府，願意將所研究的成果貢獻給政府做統治政策。當時尤其英國在非洲非常有名「間接統治」的政策之下，功能主義的人類學機自外於統治體制，較能享受較大的獨立性與行動的自由，而這也影響其往後政治經濟人類學以及結構人類學理論的建立。在這一波的討論裡，H. Lackner（1973）一方面雖然批評 Leclerc 的意識形態不夠馬克思，但是從其對於戰前 JRAI（Journal of Royal Anthropology Institute）與 Man 雜誌的綿密的分析研究中，她也同意，英國人類學者在非洲殖民地上的研究心態，相當傾向支持殖民政府的統治。但是，另一個個案研究卻得相反的結果。此即 R. Brown（1973）對英國在北羅德西亞所設置的 Rhodes-Livingstone Institute 的研究指出，縱使在這個中心的財政是由殖民政府所資助，尤其受到銅礦公司這種十足的殖民經濟剝削者的支持，但是因為主持人 G. Wilson 堅守學術崗位的個人影響，使得這個單位所生產的學術作品不但站在被殖民者的立場，甚至和政府唱反調，甚至其後繼者 M. Gluckman 更發展出批判殖民主義的人類學理論。

　　另一位在七〇年代初，即開始檢討有關人類學與殖民主義關係的重鎮 T. Asad[34]，在九〇年初，得到以下的結論：

　　　　人類學家在維繫帝國支配結構上所扮演的腳色，事實上，正好和那些叫嚷的口號相反，是相當微不足道的，他們所生產的知識對於那些政府所需來說，都太過難以理解，就算稍微有用的，也敵不過在日常由

---

[33] 這類書籍限於本文篇幅，亦期於日後另文處理。

[34] 見 Asad 1991; 315。

　　　　商人、傳教士、官員所累積的大量資訊。……

　　　　大部份人類學家的動機，正如同在任何集體的機構企業體工作的個人

　　　　動機一樣，都太過於複雜、變異性大，並且難以片面論斷為只是政治

　　　　性的工具。

　　但是，這並不表示說，當得到人類學對殖民主義不太有用的結論時，那麼殖民主義的盛行對人類學就沒有影響。因為人類學理論的形成過程，畢竟是在歐美日殖民主義權力的全球化過程的背景中進行，而後者也是其所嘗試瞭解的對象。這樣的看法，同樣也適用於日本在臺灣的殖民主義和人類學的關係上；雖然，是否能把本文中所提及的原住民宗教研究的知識成果，一概界定為人類學作品本身，也造成另一個問題。

六、結論：官、學傳統的形成與糾葛

　　以上筆者檢討的結果，認為就研究史的脈絡而言，殖民地時期的研究應予分辨官方與學術兩個傳統。這兩個研究傳統對於臺灣原住民宗教的性質，在觀點與定位上呈現出微妙的、然而具有深刻意涵的差異。最令人注目的是，所有官方傳統所做的調查報告中，都或多或少把原住民的信仰習俗，尤其是獵首、刺青、各種禁忌、占卜、祈禱（巫醫）等方面界定為「迷信」。其界定的背景因素並非單純只受殖民主義的影響，（1）有的是研究者個人的主觀因素作用。（2）有的為了既定的論述，而不得加以演申；詮釋。（3）有的是基於醫療、衛生等近代科學發展的因素。（4）更有基於治理之需，目的在於抑止反抗心理。（5）或是論述形成之後，宗教之外領域的專家加以再生產。最後，還應當加入（6）當日本民族的宗教觀念面對臺灣原住民時，其本身所不具有的宗教觀念，很容易就被列入「迷信」項下之文化衝突因素。日本

民族所具有的靈魂觀念，或是祖靈崇拜觀念，因其共通性而容易被發揮，這些觀念並不被斥為「迷信」，而被認定宗教信仰觀念。基本上，原住民生活中極為重要的各種禁忌、刺青、獵首、占卜、巫醫等要素，對日本民族的宗教觀念來說，都極為陌生，無法被理解。這一點對於漢民族也是同樣的情形；是異民族互相接觸時所產生的認識危機之課題。

當這些因素在殖民者／被殖民者的架構下平行地推展時，殖民者一廂情願地把這個觀點加諸於被殖民者身上，到後來，連被殖民者的知識系統也都接受。筆者曾將此發現徵詢臺灣南島語專家土田滋，他回憶戰後在臺灣山地進行語言學田野調查時，詢問到這一類型宗教與會如何稱呼時，受訪者往往直接以日語這是 meishin（迷信）加以回答，讓他深感困惑不已。本文從戰前五十年來宗教研究的這一層面檢討著手，發現這一點應該是日本型的「東方主義」論述之一環，其他層面，例如：兒童、可愛等論述的研究，已有學者先行提出[35]。而本文所討論加諸在原住民宗教上的「迷信」污名，也可能對殖民之後，原住民全面改革信仰基督有所影響。

本文所進行的檢討方法，除了閱讀他們作品內容之外，從研究者的所屬機構是學界抑是官方，亦可大略看出其研究傾向的差異。易言之，總督府所雇請的調查者，如：伊能、岡松、小島、佐山、森、丸井、鈴木質、鈴木作太郎、小泉、增田、岩城等所做的調查研究。前後三期有其一脈相連的傳承，其中也出現不少異議分子，對既有的官方政策加以批判。參見下頁示意圖。

而屬於學術機構的研究者，則有帝國大學系統的鳥居、移川、馬淵、宮本、國分、古野、及川、鹿野等人，他們的領域以人類學、民族學、宗教學為主，也各自與當時學術思想有所互動。例如：鳥居自承受到英、法、俄等歐洲博物學、人類學的影響[36]，而岡松參太郎所設計以「臨時舊慣調查會」

---

[35]　參見山路，991，1994。

[36]　見鳥居龍藏《ある老學徒の日記》，刊於 1977〔12〕：137-343。

日本對臺灣原住民宗教的研究取向示意圖（1895-1945）

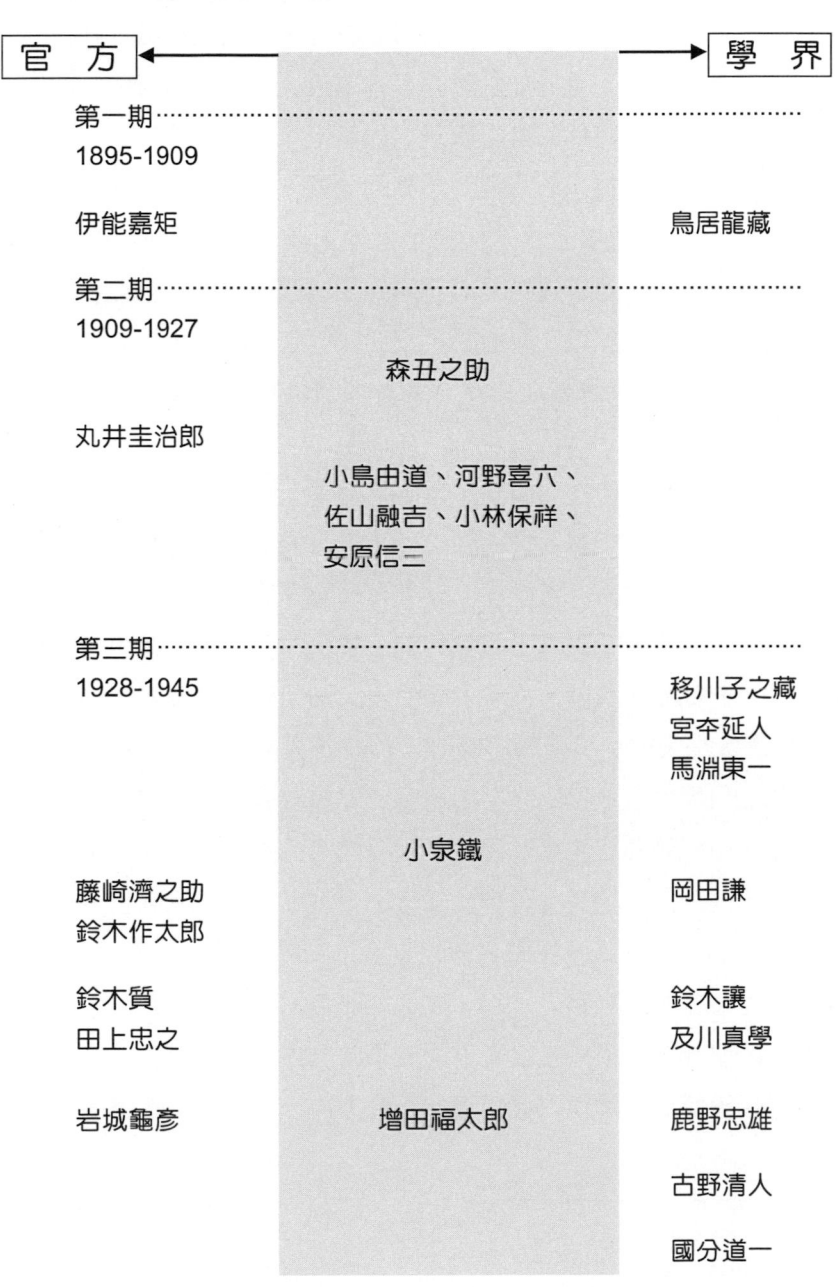

為首的官方調查，則是深受德國慣習法的法學影響，移川受到美國民族史學派影響，古野受到法國社會、心理學派影響，馬淵則自承受到當時新興的英國功能學派的影響，可見來臺灣的日本學者，絕非資訊封閉、閉門造車的學究，他們在吸收同時代的國際新研究思潮上，不落人後。

尤其古野日後在宗教上達到頗高的成就，獲得了日本學界最高榮譽的學士院賞（1975）。事實上，當他於殖民地末期，在臺灣實際進行原住民各族田野調查的同時，也不遺餘力地著述介紹、翻譯法國宗教社會（涂爾幹、牟斯）與歐美宗教心理學（詹姆斯、皮亞傑等）的著作，他的一句名言恰可為此作註腳：「如果沒有理論的話，就看不到現場；如果沒有現場的話，理論則不能成立。」[37]

但是官、學二傳統的傾向，也不能僅就人物的所屬就加以截然劃分。如前述鹿野忠雄因為戰爭，找不到工作，只好擔任總督府及軍方雇員。尤其是官方這一脈傳統的研究者中，也頗具有學術界的背景和身分。例如：1904年在「東京人類學會」滿二十周年的紀念會上，伊能嘉矩獲得了一份殊榮，會長坪井正五郎頒發獎牌，特別彰顯他對人類學研究以及對該刊多數投稿的貢獻[38]，這份殊榮顯示了臺灣初期的人類學研究成果，確實受到當時日本人類學界的注目與肯定。另一位早期總督府雇員森丑之助則在臺灣停留時間長達二十年，由跟隨鳥居龍藏學習的業餘者的身分進入了研究的世界，據說他精通數種原住民語言，長久留滯於部落田野地區，不願回到官廳。他可說是從臺灣山地出發，受到原住民孕育的土生土長的田野工作者，可惜壯志未酬，後人只能窺其知識累積之一端。其他如小島、佐山、丸井、小泉、鈴木作太郎等人的研究，其學術成就毫不遜於學院內所為，然而至今對他們的背景仍無法得以瞭解。雖然他們這一脈的研究方向，和前段學院出身的學者很不一

---

[37]　佐佐木 1988：301。
[38]　見板澤 1939；36。

樣，它們沒有受到任何特定學派的思想洗禮。如果要理出他們的知識建構背景的話，則：（1）日本民族自身的宗教風土與近世的學術涵養，（2）文獻史料徹底耙梳的功夫，（3）重視當地調查所得的第一手資料，應該可以得知其風貌。

另一方面，如果從戰後日本學界對於這些活躍於一世紀或半世紀前之日本人類學的評價來看，在八〇年代為這些最有貢獻的人類學家立傳的一本書《文化人類學群像》（綾部，1988）中，伊能嘉矩或上述諸氏並沒有被選入其中[39]。另一點恨重要的是，被選入立傳共二十二名日本人類學家中，以臺灣研究出發的類學家就達了六位，分別是鳥居、移川、金關丈夫、古野、鹿野以及馬淵。由此也可見臺灣這塊最早獲得異民族領地，對日後日本人類學界的貢獻。這也印證上節所述，雖然這些人類學者不見得受到殖民主義的影響，其知識成果也不見得受到殖民者所用，但是，殖民地的獲得仍然決定性助長了日本人類學的發展。

其次，上述雖然官方傳統一脈下的研究成果，其學術價值也頗受肯定。尤其在第二期以官方為主導所做的舊慣調查事業的成果。往後第三期的學者都受其準確的調查資料嘉惠，而在為文中加以援用。馬淵更曾為文稱許「臨時台灣舊慣調查會」的調查規模與水準，在當時各國政府的調查是中，只有荷蘭殖民政府在印尼所做的《慣習法集成》可以相比[40]。而後者乃是文獻的集成。不如臺灣所做的現地調查精確[41]。

綜觀上述日本殖民地時期官、學這二個脈絡傳統，可以看出其在第一期已經隱然各自形成，分別以伊能、鳥居為首，立下敘事與認識的類典。就數量而言，仍偏重以官方為主導，而以《東京人類學會雜誌》為主要發表場所

---

[39] 筆者在此之一，並不是說伊能與森不重要，而是這二人的研究貢獻可能尚未為世人所理解。

[40] 見馬淵東一 1974。

[41] 本人也曾在編輯該系列研究成果之後，得出這一套書在民族誌、語言學、法學史料上四方面的貢獻（參見中央研究民族學研究所編譯 1996 之編序）。

的研究活動。第二期幾乎只有官方主導並完成的原住民研究。其份量加重，調查也更深入完整，雖然其間所得到的成果，並不與官方立場一致，研究者的內心糾葛已然顯現。到了第三期，學院派學者的研究活動至此蓬勃展開，其研究所得甚至與官方立場互相對立，而其發表刊物更是涇渭分明。

如果比較歐陸當時的研究水準，會另外發現一些有趣的現象，道出日本對異民族研究的特色，Mircea Eliade 曾為文提到 1912 年是二十世紀宗教研究上很重要的一年[42]，同年，有法國 E. Durkheim（1858-1917）出版《宗教生活的基本形式》，德國 W. Schmidt（1868-1954）的大著《神觀念的起源》的第 1 卷亦告完成（1926-1955，共 12 卷），而瑞士 C. G. Jung（1873-1961）出版 *Wandlungen und Symbole der Libido*，奧地利 S. Freud（1858-1917）正在校對他的《圖騰與禁忌》這本書（翌年出版）。從這時開始，以四個學科為方法──社會學、民族學、心理學、歷史學的宗教研究新紀元遂告展開。也就是說，歐陸的宗教研究在方法論上有了突破。就此而言，日本的研究者在 1912 年以前，仍汲汲於面對新的研究對象以及認定事實的工作。雖然歐陸學者在方法論上獲致了突破，然而在異族資料獲取上，仍舊大半依賴外地間接入手的資料以進行綜合推理。

在這一點上或許就可以得到出另一個比較的觀點。殖民期的日本學者不論官或學的傳統，都非常重視地調查的精神，這在田野調查工作上發揮了極大的優點[43]。1922 年，首度倡導實地調查、學習當地與、理解當地人觀點的田野工作方法的學者 B. Malinowski 出版了《南海舡人》，同樣旅行實地調查精神的 Radcliff-Brown 也出版了《安曼達島民》，伊能、鳥居、小島、安源、佐山、森等人，都在同時代或更早在臺灣實踐了追求第一手材料的實地調查

---

[42] 見 M. Eliade 1969: 12-13。

[43] 筆者在本稿完成後，讀到同樣在日本戰後人類學家鈴木滿男稱此實地調查的精神，為「帝國之知識」，見鈴木 1999：111-112。而笠原政治則列出了日本早期與歐美人類學展開實地調查的時間對照表，見笠原 1998：92。

精神，但是他們的田野工作模式，和二前者所倡導、後來成為人類學方法主流的田野工作模式之間，有一個差異點。此即，他們都對複數以上的臺灣原住民族群進行調查，與其說帶有比較研究的意圖與視野，不如說他們視臺灣島內這些民族為一個整體，其彼此之間頻繁地互動與抗拒結果，不斷地推出重層的文化累積，因此必須重視整體區域的觀點。其後無論學界、官方的研究調查也無不遵循這樣的傳統，二者間並無歧異。

　　除了學術史上的檢討之外，本文也進一步追問，這些研究成果在實際的理蕃政策上所發生的作用。筆者所獲致的結論是，初期的論述典範「迷信」的形式過程中，官方的研究者的觀點多少都反映了（或助長了）這類論述的行程，但是，官僚體系本身自有一套論述邏輯，在其實務體驗中形成。至少在前二期，不易看到明顯的呼應關係的痕跡，到了第三期，不論官與學的傳統，反而都可看到批判殖民政策的言論，而論述的再生機制開始作用，形成了更加複雜的糾葛關係。

　　日本在臺灣的殖民期間，其實就全世界的帝國主義擴張的角度來看，是其中壽命最短的一位。正由於其壽命之短，很多帝國的野心與知識攫取的策略，都在尚未完全開花結果時，突然宣告枯萎，使得後人難以想像「如果」其開花結果、生老病死的自然樣態。

　　本文所測得的星艦航向導圖，繪製至此才赫然發現，原來這竟是一條只有航道，而沒有終點的不歸路。然而在航行過程中，夜空絢爛無比，謎樣的星海高深莫測，仍值得有志之士投入探索新境域。

　　後記：本文最初以英日語發表於 1996 年 3 月新加坡大學主辦第 4 屆日本研究學會，1997 年 4 月中文版發表於中央研究院民族學院研究所主辦「人類學在臺灣的發展」研討會，感謝上述二次與會者提出的批評指教。本文初次出版於 1999 年中央研究院民族學研究所發行，徐正光、黃應貴主編《人類學在臺灣的發展：回顧與展望篇》，pp.

143-195。惟該版多處校誤，2003 年再度收錄於張珣、江燦騰主編《台灣本土宗教研究的新視野和新思維》時，已勘誤增補並多加一張示意圖。又，本文 2006 年由木村自教授翻譯成日文〈植民地期における台湾原住民族宗教研究のながれ——「官」「学」両伝統の形成と軋轢——〉，登載於期刊《台湾原住民研究》，10：137-188，東京：風響社出版。

參考書目

上杉允彥
    1992   〈日本の「高砂族」教化政策〉，《高千穗論叢》27（2）：1-80。

小川正恭
    1988   〈馬淵東一〉，《文化人類學群像 3》，綾部恒雄編著，頁 373-390。

小笠原省三
    1953   《海外神社史》。東京：海外神社史編纂會。

川村　湊
    1996   《「大東亞民俗學」の虛實》。東京：講談社。

山口　敏
    1988   〈坪井正五郎〉，刊於《文化人類學群像 3》，綾部恒雄編著，頁 9-23。

山崎柄根
    1988   〈鹿野忠雄〉，刊於《文化人類學群像 3》，綾部恒雄編著，頁 353-372。

山路勝彥、笠原政治
    1977   〈研究史・臺灣高砂族と社會人類學〉，《日本民族と黑潮文化》，頁 172-186。東京：角川書店。

山路勝彥

1991　〈無主の野蠻人と人類學〉，《關西學院大學社會學部紀要》64：39-71。

1994　〈植民地臺灣「子ども」のレトリック「無主の野蠻人」と人類學 2〉，《社會人類學年報》20：63-87。東京：弘文堂。

1999　〈國語演習會という響宴──皇民化政策下の臺灣と教育所の子どもたち〉，《人文學報》82：19-44。

2000　〈「文明化」への使命と「內地化」──臺灣植民地官吏の實踐〉，《關西學院大學社會學部紀要》84：119-135。

井上順孝等

1986　《新宗教研究調查ハンドブック》。東京：雄山閣出版社。

中央研究院民族學研究所編譯

1996　《番族慣習調查報告書　第一卷泰雅族》，臺灣總督府臨時舊慣調查會原著。臺北：中央研究院民族學研究所。

1998　《番族慣習調查報告書　第三卷賽夏族》，臺灣總督府臨時舊慣調查會原著。臺北：中央研究院民族學研究所。

2000　《番族慣習調查報告書　第二卷阿美族・卑南族》，臺灣總督府臨時舊慣調查會原著。臺北：中央研究院民族學研究所。

中生勝美

1993　〈殖民地の民族學──滿州民族學會的活動〉，《ヘルメス》52：135-143。東京：岩波書店。

1994　〈殖民地主義の日本民族學〉，《中國──社會と文化》，No.8。

中薗英助

1995　《鳥居龍藏傳》。東京：岩波書店。

丘延亮

1997　〈日本殖民地人類學「臺灣研究」的重讀與再評價〉，《臺灣社會研究季刊》28：145-174。

末成道男

　　1988　〈鳥居龍藏〉,《文化人類學群像 3》,綾部恒雄編著,頁 67-64。

吉原彌生編

　　1967　〈日文書刊所載有關臺灣土論文目錄〉《考古人類學刊》29/30 合刊：71-206。

寺田和夫

　　1975　《日本の人類學》。東京：思索社。

伊能嘉矩

　　1995　《人類學發達史要——理學博士 坪井正五郎先生講述》。遠野市立常民大學。

宋文薰原著,黃智慧譯

　　1994　〈鳥居龍藏博士與臺灣〉,《跨越世紀的影像》,頁 17-20。

村上重良

　　1982　《國家神道と民眾宗教》。東京：吉川弘文館。

　　1985[1978]　《日本宗教事典》。東京：講談社。

阪本是丸

　　1994《國家神道形成過程の研究》。東京：岩波書店。

佐佐木宏幹

　　1988　〈古野清人〉,刊於《文化人類學群像 3》,綾部洹雄編著,頁 293-309。

貝拉（Bella, Rebort）

　　1994　《德川宗教—現代日本文化淵源》,王曉山、戴茸譯。香港：牛津大學出版社。

板澤武雄

　　1939　《伊能嘉矩先生小傳》,板澤武雄發行。

近藤正己

　　1995　《總力戰と臺灣──日本植民地崩壞の研究》。東京：刀水書房。

馬淵東一

　　1971〔1954〕　〈古野清人「宗教生活の基本構造」の刊行によせて〉，
　　　　　　刊於《馬淵東一著作集》冊 3，頁 555-599。東京：社會思想社。

　　1974a〔1954〕　〈高砂族の分類〉，《馬淵東一著作集》冊 2，頁 249-
　　　　　　2723。東京：社會思想社。

　　1974b　〈高砂族に關する社會人類學，刊於《馬淵東一著作集》卷 1，
　　　　　　頁 443-483。東京：社會思想社。

後藤總一郎

　　1995　〈伊能嘉矩の人と學問〉，《伊能嘉矩──鄉土と臺灣研究の生
　　　　　　涯》，遠野市立博物館編，頁 1-13。遠野：遠野市立博物館。

宮本延人

　　1998　《我的臺灣紀行》，宋文薰、連照美編譯。臺北：南天書局。

鹿野忠雄

　　1996　《東南亞細亞民族學先史學研究》，第 1、2 卷。東京：大空社。

鳥居龍藏

　　1975-77　《鳥居龍藏全集》，共 12 卷，別卷 1 卷。東京：朝日新聞社。

國分直一

　　1988　〈移川子之藏〉，《文化人類學群像 3》，綾部洹雄編著，頁 167-
　　　　　　190。

　　1988　〈金關丈夫〉，《文化人類學群像 3》，綾部恒雄編著，頁 243-
　　　　　　272。

　　1997　〈『民俗臺灣』の運動はなんであったか──川村湊氏の所見をめ
　　　　　　ぐって〉，《しにか》，2 月號。東京：大修館。

許木柱

　　1992　〈臺灣高山族史料介紹〉，《臺灣史田野研究通訊》24：20-26。

許進發、魏德文

　　1996　〈日治時代臺灣原住民影像紀錄概述〉，《臺灣史料研究》7：19-
　　　　　14。臺北：吳三連基金會。

淺田喬二

　　1985　《日本知識人の植民地認識》。東京：校倉書房。

陳奇祿

　　1974　〈「臨時臺灣舊慣調查會」與臺灣土著研究〉，《臺灣風物》卷 24
　　　　　期 4。

　　1980　〈臺灣的人類學研究〉，《中華文化復興月刊》13（4）：5-10。

笠原政治

　　1998　〈伊能嘉矩の時代〉，《臺灣原住民研究》3：54-78。東京：風響
　　　　　社。

黃智慧

　　1994　〈鳥居龍藏的生涯〉，刊於《跨越世紀的影像》，頁 21-32。臺北：
　　　　　遠流出版公司。

森口稔雄

　　1992　《伊能嘉矩の臺灣踏查日記》。臺北：臺灣風物雜誌社。

鈴木滿男

　　1999　《帝國の知の喪失》。東京：展轉社。

楊南郡譯

　　1996a　〈學術探險家鳥居龍藏〉，《探險臺灣》，鳥居龍藏著。臺北：遠
　　　　　流出版公司。

　　1996b　〈學術探險家伊能嘉矩〉，《臺灣踏查日記》，伊能臺矩著。臺北：
　　　　　遠流出版公司。

遠流臺灣館編

　　1994　《跨越世紀的影像》。臺北：順益臺灣原住民博物館。

遠野市立博物館編

　　1995　《伊能嘉矩──鄉土と臺灣研究の生涯》。遠野：遠野市立博物館。

綾部恆雄編著

　　1988　《文化人類學群像 3「日本編」》。東京：アカデミア出版會。

蔡錦堂

　　1994　《日本帝國主義下臺灣の宗教政策》。東京：同成社。

劉斌雄

　　1975　〈日本學人之高山族研究〉，《中央研究院民族學研究所集刊》40：5-17。

Asad, Talal, ed.

　　1973　*Anthropology and the Colonial Encounter*. N. J. : Humanities Press.

　　1991　"From the history of colonial anthropology to the anthropology of western hegemony," in *Colonial Situations*, Stocking, George W. Jr., ed., pp. 314-324, Madison: The University of Wisconsin Press.

Banaji, Jairus

　　1970　"Anthropology in crisis", *New Left Review*, 64: 71-85.

Brown, Richard

　　1973　"Anthropology and colonial rule: Godfrey Wilson and the Rhodes—Livingstone Institute", Northern Rhodesia, in *Anthropology & the Colonial Encounter*, Talal Asad, ed., pp. 173-197. N. J. : Humanities Press.

Cohn, Bernard S.

　　1996　*Colonialism and Its Forms of Knowledge*, Princeton: Princeton University Press.

Comaroff, Jean and John

　　1991　*Of Revelation and Revolution*, Vol. 1 & 2, Chicago: The University of Chicago Press.

Eliade, M.

　　1969　*The Quest: History and Meaning in Religion*, Chicago and London: The University of Chicago Press.

　　1969　"Limits of British Anthropology", *New Left Review* 58: 79-89.

Lackner, Helen

　　1973　"Colonial administration and social anthropology: Eastern Nigeria 1920-1940," in *Anthropology and the Colonial Encounter*, Talal Asad, ed., pp. 123-151. N. J. : Humanities Press.

Leclerc, Gerard

　　1972　*Anthropologie et Colonialisme*, Librairie Artheme Fayard. 〈日語版由宮治一雄、宮治美江子譯《人類學の植民地主義》，東京：平凡社，1976〉

Marfleet, Philip

　　1973　"Bibliographical notes on the debate," in *Anthropology & the Colonial Encounte*r, Talal Asad, ed., pp. 273-281, N. J. : Humanities Press.

Pels, Peter

　　1997　"The anthropology of colonialism: culture, history, and the emergence of western govemmentality," *Annual Review of Anthropology*, 26: 163-183.

Stocking, George W. Jr., ed.

　　1991　*Colonial Situations*, Madison: The University of Wisconsin Press.

Stoler, A. L. & F. Cooper

    1997　"Between metropole and colony: rethinking a research agenda", in *Tensions of Empire*, F. Cooper & A. L., Stoler eds., pp. 1-56. Berkeley and Los Angeles: University of California Press.

Thomas, Nicholass

    1994　*Colonialism's Culture: Anthropology, Travel and Government*, Princeton: Princeton University Press.

附錄一　日本對臺灣原住民宗教的研究目錄與相關史料（1895-1945）

1897　鳥居龍藏，〈東部臺灣諸蕃族ニツイテ〉，《地學雜誌》9：104-105。

1898-1990　佐藤法潤編，《蕃情研究會誌》1-3。臺北：蕃情研究會。

1898a　伊能嘉矩，〈臺灣に於ける土著の分類及び其の現在有する開發發生の度〉，《蕃情研究會誌》1：2-15。

1898b　伊能嘉矩，〈アタイヤル族の魂魄といへる意義を表す語に就き〉，《蕃情研究會誌》1：8-59。

1899　鳥居龍藏，〈南部臺灣蕃社探檢談〉，《地學雜誌》11：125-126。

1899-1900　吉田森次郎，〈五指山方面の蕃情〉（上、下），《蕃情研究會誌》2：55-62：34-42。

1900　鳥居龍藏，〈磯部武者五郎宛書翰〉，《祖國》，9月15日。

1900a　伊能嘉矩，〈アタイヤル語に行はるる頭顱狩の風習及其由來〉，3：14-33。

1900b　伊能嘉矩，《臺灣蕃人事情》（與栗野傳之丞合著），臺灣總督府官房文書課。

1901a　鳥居龍藏，〈臺灣埔里社（霧社）蕃東部有鯨面蕃の神話〉，《東京人類學會雜誌》180號。

1901b　鳥居龍藏，〈臺灣中央山脈の橫斷〉，《太陽》卷7號9，10，12，13。

1902　伊能嘉矩，〈臺灣の平埔蕃に於ける祭祖の儀式〉，《東京人類學會雜誌》17：129-135。

1902　鳥居龍藏，《紅頭嶼土俗調查報告書》。東京帝國大學。

1904a　伊能嘉矩，《臺灣蕃政志》。臺灣總督府民政部殖產局。

1904b　伊能嘉矩，〈平埔蕃の雨乞〉，《東京人類學會雜誌》23：311。

1909a　伊能嘉矩，〈臺灣のツッオ（Tso'o）族の顯はれたる神靈と惡魔〉，《東京人類學會雜誌》277。

1909b　伊能嘉矩，〈臺灣のプユマ族に行はるる祭祖の儀式〉，《東京人類學會雜誌》279。

1909c　伊能嘉矩，〈臺灣のプァリセン蕃族に行はるる頭顱狩り（Headhunting）の習慣〉，《東京人類學會雜誌》281。

1910a　伊能嘉矩，〈臺灣パイワン蕃族の宗教思想の一端〉，《東京人類學會雜誌》287。

1910b　伊能嘉矩，〈臺灣のツォオ蕃族に行はるる疾病の祈禱及び死者の埋葬〉，《東京人類學會雜誌》290。

1910c　伊能嘉矩，〈臺灣のツォオ蕃族に行はるる祭祖の儀式の一斑〉，《東京人類學會雜誌》293。

1913　豬口安喜編，《蕃界》1-3。臺北：生蕃研究會。

1913a　森丑之助，〈ブヌン族の祭祀〉，《蕃界》1：36-46。

1913b　森丑之助，〈タイヤル族の祭祀〉，《蕃界》2：13-19。

1913c　森丑之助，〈北蕃の迷信〉，《蕃界》3：29-38。

1913-20　佐山融吉編著，《蕃族調查報告書》。臺灣總督府蕃族調查會。

1914　丸井圭治郎，《撫蕃ニ關スル意見書、蕃童教育意見書》。臺灣總督府民政部蕃務本署。

1915　森丑之助，《臺灣蕃族圖譜》第 1-2 卷。臨時臺灣舊慣調查會。

1915-18　臨時臺灣舊慣調查會編，《蕃族慣習調查報告書》第 1-4 卷。臨時臺灣舊慣調查會。

1916　伊能嘉矩，〈臺灣岸裡熟蕃の宗教觀念〉，《東洋時報》236-237。

1917　臨時臺灣舊慣調查會，《舊慣調查會事業報告》。臨時臺灣舊慣調查會。

1917　森丑之助，《臺灣蕃族誌》。臨時臺灣舊慣調查會。

1918　臺灣總督府警察本署編，《理蕃誌稿》第 1-2 編。臺灣總督府警察本署。

1920-22　臺灣總督府蕃族調查會編，《蕃族慣習調查報告書》第 5 卷 1-5冊。臺灣總督府蕃族調查會。

1921　岡松參太郎，《臺灣蕃族慣習研究》第 1-8 卷，紹成書院。

1921-38　臺灣總督府警務局編，《理蕃誌稿》第 3-5 編，臺灣總督府警務局。

1924　鳥居龍藏，《日本周圍民族の原始宗教—神話宗教の人種學的研究—》。岡書院。

1926　佐山融吉、大西吉壽編著，《蕃俗一斑》，臺灣總督府民政部警察署。

1928　臺灣總督府警務局理蕃課編，《臺灣原住民族の向化》。臺灣總督府警務局理蕃課。

1930　藤崎濟之助，《臺灣の蕃族》。國史刊行會。

1931　移川子之藏，〈紅頭嶼ヤミ族と南方になる比律賓の島口碑傳承と事實〉，《南方土俗》1：1。

1931-1941　南方土俗學會編，《南方土俗》1：1-6：2，臺北：南方土俗學會。

1932　鈴木作太郎，《臺灣の蕃族研究》。臺灣史籍刊行會。

1932　鈴木質，《蕃人風俗誌》。理蕃の友發行所。

1932　鈴木讓，〈我古代人と南方民族とのカの觀念に關於一考案〉，《南方土俗》1（4）：31-48。臺北：南方土俗學會。

1932　小泉鐵，《蕃鄉風物記》。東京：建設社。

1932-43　臺灣總督府警務局理蕃課編，《理蕃之友》1-144。臺灣總督府警務局理蕃課。

1933　小泉鐵，《臺灣土俗誌》。東京：建設社。

1933　佐山融吉、大西吉壽編著，《生蕃傳說集》。杉田重藏書店。

1933　岡田謙編，〈高砂族に關する邦文雜誌論文目錄〉，《南方土俗》2（4）：1-73。臺北：南方土俗學會。

1934　馬淵東一，〈パングッァハ族の神〉，《宗教研究》新 11：4、12：1，收於《馬淵東一著作集》3：283-317。東京：社會思想社。

1935　井上伊之助，〈無治療死亡者と其の原因〉，《理蕃の友》4：2，臺灣總督府警務局理蕃課。

1935　山中樵，〈蕃族蕃政に關する文獻〉，《理蕃の友》4：3，臺灣總督府警務局理蕃課。

1935　臺北帝國大學言語學研究室編，《原語による臺灣高砂族傳說集》，臺北帝國大學言語學研究室，東京：刀江書院。

1935　移川子之藏、馬淵東一、宮本延人，《臺灣高砂族系統所屬の研究》，臺北帝國大學土俗人種學研究室，東京：刀江書院。

1935　田上忠之，《蕃人の奇習と傳說》，臺灣蕃族研究所。

1935　及川真學，〈高砂族の醫巫〉，《民族學研究》1（2）：87-101。

1936　岩城龜彥，《臺灣の蕃地開發と蕃人》，理蕃の友發行所。

1936　鈴木讓，〈高砂族に於ける靈魂觀について〉，《民族學研究》2（4）：85-103。

1936　馬淵東一，〈ブヌン族の祭と曆〉，《民族學研究》卷 2 號 3。收於《馬淵東一著作集》3：361-381。東京：社會思想社。

1936-39　臺灣總督府民政部警務局理蕃課編，《高砂族調查書》，臺灣總督府民政部警務局理蕃課。

1937　馬淵東一，〈中部高砂族の祭團〉，《民族學研究》3：1，收於《馬淵東一著作集》1：285-310。東京：社會思想社。

1938　移川子之藏，〈インドネシア方面と密接な關係示す高砂族の占巫ミハラオ〉，《南方土俗》5：1、2。

1939　馬淵東一，〈高砂族に於ける鞦韆〉，《東京人類學會雜誌》54：7，收於《馬淵東一著作集》3：383-396。東京：社會思想社。

1939　橫尾廣輔，〈高砂族と宗教的指導〉，《理蕃の友》8：9。臺灣總督府警務局理蕃課。

1941-43　南方土俗學會編，《南方民族》6：3-7：2。臺北：南方土俗學會。

1942a　增田福太郎，《東亞法秩序說》。ダイヤモンド社。

1942b　增田福太郎，《南方民族の婚姻》。ダイヤモンド社。

1942a　古野清人，《原始文化の探求》，白水社。收於 1990《古野清人著作集》4。東京：南斗書房。

1942b　古野清人，〈大東亞共榮圈の文化論〉，收於古野清人編《南方問題十講》，頁 37-63。東京：第一書房。

1944〔1981〕　國分直一，《壺を祀る村：臺灣民俗誌》。東都書籍株式會社，法政大學出版局。

1945　古野清人，《高砂族の祭儀生活》，三省堂，收於 1990《古野清人著作集》1。東京：南斗書房。

附錄二　伊能嘉矩有關迷信之論著
（以下 M＝明治，T＝大正）

《東京人類學會雜誌》

1897（M30.4）〈臺灣土人の家畜に對する迷信〉9（133）：291。

1906（M39.7）〈臺灣に於する漢人の地變に關する迷信的傳說の一班〉21（244）：405-407。

1906（M39.8）〈臺灣の漢人に見らるゝ數の迷信〉21（245）：428-431。

1907（M40.7）〈臺灣に於ける漢人の迷信（1）〉22（256）：428-433。

1907（M40.8）〈臺灣に於る 5 月 5 日の迷信〉23（257）477-478。

1907（M40.11）〈彗星に關する漢人の迷信〉23（260）：74-77。

1908（M41.1）〈臺灣に於ける漢人の迷信（2）〉23（262）：147-150

1908（M41.4）〈臺灣に於ける漢人の迷信（3）〉23（265）：252-255

1908（M41.5）〈破相と臺灣漢人の迷信〉23（266）：311-312。

1908（M41.7）〈臺灣に於ける漢人の迷信（4）〉23（268）：373-380。

1908（M41.9）〈臺灣土蕃の噴嚏の迷信〉23（270）：465-466。

1908（M41.10）〈髑髏水の迷信〉24（271）：35。

1909（M42.2）〈臺灣に於ける漢人の迷信（5）〉24（275）：173-176。

1909（M42.7）〈臺灣に於ける漢人の迷信（6）〉24（280）：386-389。

1910（M43.3）〈臺灣に於ける漢人の迷信（7）〉25（288）：234-235。

1910（M43.7）〈臺灣に於ける漢人の迷信（8）〉25（292）：373-375。

1910（M43.10）〈臺灣の漢人に見らるゝ生子關係の慣習及び迷信（1）〉26（295）：9-14。

1910（M43.12）〈臺灣の漢人に見らるゝ生子關係の慣習及び迷信（2）〉26（297）：90-94。

1911（M44.1）〈臺灣の漢人に見らるゝ生子關係の慣習及び迷信（3）〉26（298）：143-148。

1911（M44.3）〈臺灣の漢人に見らるゝ生子關係の慣習及び迷信（4）〉26（300）：231-235。

1911（M44.5）〈數の迷信より來たれる日の吉凶〉27（3）：122。

1911（M44.8）〈臺灣漢人の迷信俗傳〉27（5）：289-291。

1911（M44.10）〈臺灣漢人の迷信俗傳（2）〉27（7）：428-431。

1912（M45.2）〈臺灣漢人の迷信俗傳（3）〉28（2）：103-107。

1912（M45.4）〈臺灣漢人の迷信俗傳〉28（4）：217-220。

1914（T3.3）〈關東州地方支那人の迷信〉29（3）：130

1914（T3.7）〈麒麟兒出現の未觀（臺灣漢人迷信資料）〉29（7）：291。

1915（T4.6）〈臺灣蕃迷信〉30（6）：239-240。

1917（T6.2）〈臺灣漢人の迷信〉32（2）：60-61。

1918（T7.9）〈漢民の匪亂の迷信〉33（9）：274-275。

《臺灣慣習記事》

1901（M34.4）〈迷信の勢力及び影響〉伊能嘉矩1（4）：34-39。

1902（M35.4）〈迷信の臺灣：癩病患者の・送草蜢・鎮火の呪ひ・雨乞ひ・邪法〉急急如律令2（4）：57-61。

1903（M36.7）〈迷信を利用せられたる戴萬生の亂〉伊能嘉矩3（7）：59-65。

1904（M36.10）〈迷信に利用せられし清國の亂〉伊能生（10）：58-64。

1904（M36.11）〈迷信の動植物〉ばいゝん3（11）：67-68。

《東洋（臺灣協會報‧東洋時報）》

1903（M36.4）〈水に關する臺灣の迷信〉55：20-21。

1903（M36.12）〈迷信に基ける清國の變亂〉63：19-21。

1870（M3.1）〈牛語の迷信〉184：9-11。

1921（T10.3）〈臺灣漢民の迷信に顯はれたる癩病の忌避〉270：50-51。

1921（T10.4）〈臺灣に於ける漢民の冤鬼の迷信に顯われはるゝ變態心
　　理〉271：42-44。

1924（T13.11）〈支那の迷信に顯はるゝ討替身〉313：65-67。

第四章　噶瑪蘭人獵首祭／豐年祭的認同想像與展演[*]

劉璧榛

中央研究院民族學研究所副研究員

本章大意

本文從當地人的觀點出發，探討「傳統祭儀」如何曾是一種反思、組織與管理日常生活的模式。人們透過儀式與自然界和超自然界建立想像的聯結，形構具有主權且資源共享的部落社會。隨著外來的衝擊，「傳統祭儀」逐漸轉變成為了當代政治目的而被創新、想像的建構，過程中涉及人群分類與新的社會關係之整合。文中以2002年復名成功的噶瑪蘭族為例，分析在1987年臺灣解嚴前後，國家面臨政治轉型與認同重構的情境中，花蓮新社部落的族人，如何透過多元新創的 qataban 豐年節活動，作為其族群復名運動的反思屈轉策略，以避免與國家族群融合政治正面衝突。他們藉由 qataban 的當代展演中，所具有的戲劇效果及象徵符號，來呼應、對抗及想像「我群」，進而對內斡旋次群體間的差異與衝突，創造新的社會關係聯結；同時對外透過政府、傳播及學界的參與互看，建立與傳統斷裂的、國家化的族群想像，向政府宣稱及協商其族群之「存在」。

---

[*]　本文改寫自 2008 年「文化創造與社會實踐」研討會論文，感謝評論人張隆志提供意見，以及本刊三位匿名審查人的修改建議。另外要特別感謝賴維倫、謝博剛、謝依萍及孫瑋苓協助收集整理相關研究資料；郭昱沂、尤美琪的潤稿。原收錄於《臺灣人類學刊》8 卷 2 期（2010 年）：37-83。

一、前言

　　族群問題是二次大戰前後，新興國家內部權力重組與建構新國家認同所面臨的難題，獨立後的政府不能再像殖民政權一樣脫離原生性認同的網絡（pri-mordial attachments, Geertz, 1973: 258），而必須與治理的社會打成一片，使其政權合法性得以廣布綿長。但是，隨著國家占有、分配與動員資源的權力不斷增長與擴張，也激發仰賴親屬、[1]種族、語言、地域、宗教及傳統文化維繫之既有群體的認同意識，在此資源競爭關係中挺身而出維護其共有資源，如分散於伊朗、敘利亞、土耳其及蘇聯境內的庫德族運動（Kurdistan movement）；印度的達羅毗荼族運動（Dravidistan movement），希望從南部跨過保克海峽（Palk Strait）聯結斯里蘭卡。反觀臺灣，直到 1980 年代初期，國民黨政治自由化改革起步，[2]族群問題才開始政治化，主要的衝突是「本省人」與戰後移民「外省人」之間的參政權力分配競爭（王甫昌，2008），比「本省人」更早就居住臺灣的「原住民」在此時還不是社會關注的焦點。

　　1987 年政府宣布解嚴，臺灣政治仍處於非民主狀態，在整體社會氣氛仍緊繃的情況下，為什麼有人開始在大社會中宣稱「*nizi da* Kavalan」（阮是噶瑪蘭人）？其在宜蘭舊社的後裔都已漢化，花東地區的族人也因阿美族化喪失客觀的原生標記（givens），而被認為是消逝的人群時，為什麼居住在 PatoRogan[3]（花蓮新社）的人卻不斷的凝聚與動員各地鄉親，創造出一股波濤洶湧的認同力量，產生族群集結新的生命力，並對外製造「異己感」與漢人及阿美族人劃清族群邊界，主觀尋求當時還是被污名化的「噶瑪蘭族」（等

---

[1]　含血親、姻親或是虛擬及想像的親屬關係。

[2]　學者將 1986 年後國民黨的改革稱為政治自由化，1990 年到 1996 年總統直選才是民主化時期（王振寰，1989；林佳龍，1999；Jacobs, 2008）。

[3]　為了跨學科與區域比較，本文採國際音標（IPA）記音。PatoRogan 中的「R」發小舌音。

於番／原住民」）認同？如同 Cohen（1978）的提問：何時、如何以及為何，此不同的族群認同標記突然湧現？本文旨在探究具流動與多元認同的「噶瑪蘭族」，如何在 1980 年代末政治自由化刺激下興起界定我群的風潮，以及她們又如何想像、創造對內根基性的情感聯繫，[4]而逐漸建構成為民主化國家中的新興社會主體，意即探究其現代族群性（ethnicity）的形成過程。

噶瑪蘭人於 2002 年底與政府協商成功，[5]爭取到行政院認定為原住民的第十一族，正式再浮出臺灣的族群政治板塊，成為「新興」的一種社會人群分類，而將其個體集體性的重新嵌入與他群的關係網絡中。此復名運動的過程中，其主體從一種政治操控下所強加的虛構分類論述（Foucault, 2001），逐漸反轉成為具有能動性的行動者，尋求與統治者較趨平等的相互主體建構（Habermas, 1991）。這個漸次揮去被統治與禁錮陰霾的實踐主體，不僅標示出「族群」變成 1990 年代中期起，國家資源分配的一種基礎社會分類，[6]更實質改變噶瑪蘭族在現代國家中的地位，保障其資源分配，[7]以捍衛其文化特

---

[4] 此方向是族群原生論（primodialism, Geertz, 1973; Keyes, 1981）所未解釋的面向。

[5] 若依其企圖恢復族名的標準來認定，其運動目標已達成；但就其復名推動小組建議，原未具平地原住民身分之族人，可依日據戶籍謄本上的「熟番」註記，為其噶瑪蘭族原住民身分的標準，則其目的並未實現，所以 2002 年認定的「噶瑪蘭族」是國家化協商的結果。

[6] 「噶瑪蘭族復名運動」也是「原住民正名運動」的一環。在原住民運動持續長達十多年之後，憲法正式回應正名運動的訴求，於 1994 年第三次修憲中，首先將「山胞」的稱謂改為「原住民」，以示尊重其具有差異文化的族群群體。又於 1997 年在中華民國憲法增修條文的第十條第九、十項中，明文規定「……積極維護發展原住民族語言及文化」與「國家應依民族意願……對其教育文化……予以保障扶助並促其發展」。原住民族作為一特殊族群提高到國家憲法的層次，落實在政府內部組織調整上。1996 年成立行政院「原住民委員會」（2002 年改名為「原住民族委員會」），以今年為例有將近 73 億的預算，占行政院總預算約 0.4%。2001 年成立行政院客家委員會，今年有近 28 億的預算，占行政院總預算 0.16%。這些數據顯示除了原有蒙藏委員會以外，新增兩族群已為國家編列預算的固定架構。

[7] 新社部落大部份自我認同為噶瑪蘭人者，都因日據時代居住在平地行政區內，而具有平地原住民身分，因此表面上噶瑪蘭族爭取作為獨立一「族」的存在，並不影響其現實生活如：工作、土地或居住等權益。復名之後實質改變的是，在原住民族之內與其他 13 族，於政策實行中各自成一共同分享資源的單位，於是在族人的想像中，能有較多的資源解決民族傳承危機，可避免被邊緣化。相對地由於可能會擠壓其他原住民的資源，因此運動期間不少人持懷疑的眼光。

殊性與邊緣性，成為近年來發展多元文化政治的指標。

　　本文試圖解構這段原住民正名運動的歷史過程，不僅是要去認識一個他者／他族，表面上看起來是封閉的疏遠經驗，而是面對我們所共處臺灣社會場域——瀕臨國家認同危機處境——的一種凝視。噶瑪蘭族復名運動絕不是一個孤立的事件，她牽連著島內其他群體的認同神經，特別是臺灣國族的建構，因此本文提供理解認同急速變遷的臺灣大社會的另一種角度。再者，解嚴前臺灣內部族群關係的衝突已然浮現與激化，加上近年來面臨全球化之下的經濟分工，有不少來自東南亞的新移民遷入，使族群間的關係更形複雜。因此族群認同問題的研究，是臺灣當代民主社會所面臨的重要課題，這不僅涉及國家成員的主體身分之界定與資源分配的問題，還包括社會價值與制度的轉化。

　　現代社會的構成不再是彼此相互區隔，甚至連偏遠部落都是橫跨多種社會、族群、國家及區域；同時全球各角落已開始與其他地區發生緊密的相互聯繫，這些都掀起社會遽變的浪潮。但現有分析社會的理論架構，使我們對主體性的觀察、思考與書寫顯得不穩定，如反思原有的部落（tribe）、社會、社群（community）、族群（ethnic group）及文化等分析概念（Anderson, 1991; Marcus, 1992, 1995；陳文德，2002；Godelier, 2009），因此如何在變遷中重新思考以及書寫人的能動性（agency），已然成為人類學重要的課題與挑戰（Marcus and Fischer, 1986; Ortner, 2006; Biehl, et al. 2007）。1980 年代至今，臺灣社會也產生劇烈變遷，街頭社會運動風潮、政治民主化、在全球化影響下經濟產業結構的大幅調整（章英華、傅仰止，2006），以及資訊網路與全球運輸的發達，不但強化了個體文化能力，也消減了其對技術專家及國家的信任，使知識和權力日益去中心化，也連帶使原住民作為行動者的「反思主體性」（reflexive sub-jectivity, Lash and Urry, 1994）逐漸受到重視。因此，本文擬從邊緣群體在面對此多方壓力下，如何發展夾縫間的族群認同角度出發，再思考變遷中「社會結構／傳統」與「個人／群體能動性（agency）」之

間的關聯性。

接下來我們將聚焦分析噶瑪蘭人尋求自我作主的過程，探究他們如何在復名運動的過程中，逐步成為具有反思性的社會行動者（Giddens, 1990）：有意識地去認知 1980 年代的政治保守氣候，進行以下兩個非暴力衝突的手段，企圖藉此具有文化柔性的「反思屈轉」策略行動（reflexivity deflected, Errington, 1987; Barsamian and Said, 2003），避免與國家族群融合政治正面衝突。

其一，「復振」qataban 獵首祭這個「傳統儀式」，將之去部落化、去宗教化、去儀式化、去禁忌化及去男性化後，創新為跨宗教、跨部落、跨族群、跨地域的「豐年祭」展演歌舞活動。藉由展演中所具有的戲劇效果及象徵符號來呼應、對抗及想像，進而協商內部群體差異衝突，形塑出複雜流動的新主體，同時對外向政府宣稱及協商其族群之「存在」。

其二，使傳統的 qataban 與支撐其體系運作的「男性年齡階級組織」（sabasabasayan）產生斷裂，藉由「花蓮縣噶瑪蘭族協進會」、「噶瑪蘭族文化基金會」籌備會及「噶瑪蘭族旅北同鄉聯誼會」之新組織形式，透過多元創新的 qataban 進行「返鄉」、「尋根」、「鄉親聯誼會」等活動，但實質是一種試探及尋找自我認同與自我肯定，暗地積累認同的隱性人口，拉近菁英與疏離大眾的危機意識落差，同時避免引起社會敏感衝突。然而，這些反思行動並非出於其傳統文化邏輯會做出的表達，如謝世忠（2006: 326）研究邵族認同時提出「祖靈型認同」的觀察，此傳統認同形式並不足以激發「正名運動」的出現。噶瑪蘭人是透過如同 Goffman（1959）的展演（performance）分析概念，在特定情境下，特意力求而創造出新的群體形象，企求在獲得印象（符號）的人身上產生特定反應，進而對內與對外同時建立一種新的社會連帶關係，此過程中隱含噶瑪蘭人從部落社會（tribe/society）轉變到成為國家化的族群（ethnic group/community, Godelier, 2010）。社會學與人類學的展演與反思理論，在意識與行動的轉變研究極具啟發性，因此，本文接下來先

分析噶瑪蘭傳統 *qataban* 獵頭社會中，透過儀式展演所達到的反思性認同，與其建立起的部落社會運作的邏輯，接著指出解嚴前後政治變遷中其當代族群的產生、有別於傳統的另一種反思性，從這兩種不同的反思性中，循著歷史的脈絡，我們將更貼近「新興族群」認同覺醒的轉變過程與新面貌，及這之中呈現出族群的概念。

二、敵人的頭顱：認同的地緣政治

反思（reflection）是哲學家 Locke（1690）對所有人類活動特徵的界定，因人有別於其他動物，會對自身的活動產生觀察、注意和知覺，這也正是其知識的來源。Giddens（1990）進一步發展成社會學分析的概念，談到一個連續不斷地、從不鬆懈地對己身行為與所處情境的監測過程，即是反思性（reflexivity）。他進而區分兩種不同特徵的反思性，以標示現代性與前現代傳統的不連續（discontinuity）。從噶瑪蘭人 *qataban* 傳統祭頭儀式的終止，到轉變成一種舞臺展演及其部落內外多元想像的創新形式中，也可看出噶瑪蘭前後兩種不同社會的運作邏輯及其反思性的差異。另外，不同於 Giddens 聚焦於現代社會，Turner（1982, 1990）致力於非工業社會中自我反思性（self-reflexivity）的思考。他認為社會生活中有些是反思的重要時刻，如行動者變成是有意識地，能夠透過支配象徵符號反思其社會生活於儀式或其他文化展演中，「反思亦即對我們自己展示自己……激起我們看我們自己的意識」（Myerhoff, 1982）。百年前噶瑪蘭人的 *qataban* 獵頭儀式，正是作為特定群體對生死宇宙、內部人群組織及外部區域間的地緣政治與周遭自然生態等的自我反思時機，在這個關鍵契機中，將個人嵌入社會群體，進而透過具有象徵性的實踐行動，（重）建構群體認同與再生產部落社會整體。

在分析噶瑪蘭人如何透過敵人的頭顱作為象徵，建構我群的部落社會認

同之前，我們必須先將男人的 *qataban* 獵人頭祭，與新社部落百年來特定的社會文化、區域政治、經濟背景聯結在一起，以求適當的理解脈絡。這個企圖是「沒有任何一個社會可以完全解釋自己，因為所有的社會都有一個與現在關聯的過去，這個過去阻礙我們對於現今社會在單一歷史情境下的理解……」（Godelier, 1996[1982]: 345-346）。於是在此我們將展開一個認同／解構／重構的旅程，透過筆者於 1993-1998 及 2005-2008 年間與 1910-1930 年出生的耆老進行口述訪談（家族遷移、獵頭故事……），[8] 訪談者主要以 PatoRogan（花蓮新社部落）為主，鄰近的立德、東興及太巴塱等部落為輔；另再加上筆者於 1993 年起，參與多次不同時空 *qataban* 的籌備討論、排練與演出。當事人的追憶幫助筆者瞭解現在，當下的參與則使筆者貼近過去。目前在部落裏，很多人可以做象徵聯結的解釋，然而這些回憶敘說的不只是過去發生的事，卻也是形塑部落「現在」的關鍵力量與衝突來源。接下來，我們將分析近百年前新社的噶瑪蘭人，如何透過 *sataban*（獵頭）與其連帶的 *qataban* 來建構認同。

PatoRogan（新社部落）原語意為「上岸」，指划船可靠岸之地。現居此地約有 400 位的噶瑪蘭人，其祖父母輩或父母輩多是從宜蘭或花蓮加禮宛乘船移入。如果一代以 20 年推算，PatoRogan 噶瑪蘭人的聚集應該在 1880 年代左右開始。[9] 不過在噶瑪蘭人或被稱為加禮宛人進入之前，此地曾為 Pacidal 及 Ciwidian 兩阿美氏族居住（許木柱等，2001：184）。另根據噶瑪蘭耆老敘述，此地原為族人所稱的「Kizaya」人[10] 所居住，在 1874 年加禮宛事件之後，

---

8 筆者在新社進行多次訪談，此次綜合整理分析的有：潘那文、潘阿末／潘金英（母女關係）、陳仁愛、偕萬來／嚴玉英（夫妻關係）、潘武郎、潘龍平及朱阿交的家族遷移史訪談。這些報導人都在新社出生，屬於 1925-1937 年間出生的世代，為遷移的第二代或第三代。

9 清水純（1992〔1986〕）在日據時期的除戶簿中發現，最早從花蓮加禮宛庄移進新社的人是在光緒四年（1878 年）。而詹素娟依據 1879 年出版的《臺灣輿圖》推論，新社建立的歷史應該更早於 1878 年（詹素娟，1998：234-236）。

10 此詞是噶瑪蘭人對阿美族與撒奇萊雅人的泛稱。

因噶瑪蘭人被 Busus（漢人）再度驅趕，才逐漸又聚集於新社。[11]在遷入時新社人獵 Kizaya 的頭，並將之往南驅趕，並且彼此不通婚。除了 Kizaya 與漢人這兩個被區辨的群體外，另一個對新社人最大的威脅群體，是會從西方海岸山脈突擊部落的 Truku（太魯閣人）。噶瑪蘭人將之稱為 Maitomale，語意為奇怪、拐怪，直指太魯閣人為偷偷摸摸獵噶瑪蘭人頭的「壞人」。

PatoRogan 的男人為了保衛部落的安全及宣示領域及主權，[12]也會主動出擊上山去 sataban 獵頭。當他們砍下敵人的頭顱回部落後，將頭用竹子先插在獲首者家屋外的庭院裏，等「清潔」完後再把人頭吊於公眾處：Paturisan（請見圖 4-1 中編號 3，今新社國小操場後面的竹林）地的竹枝上。

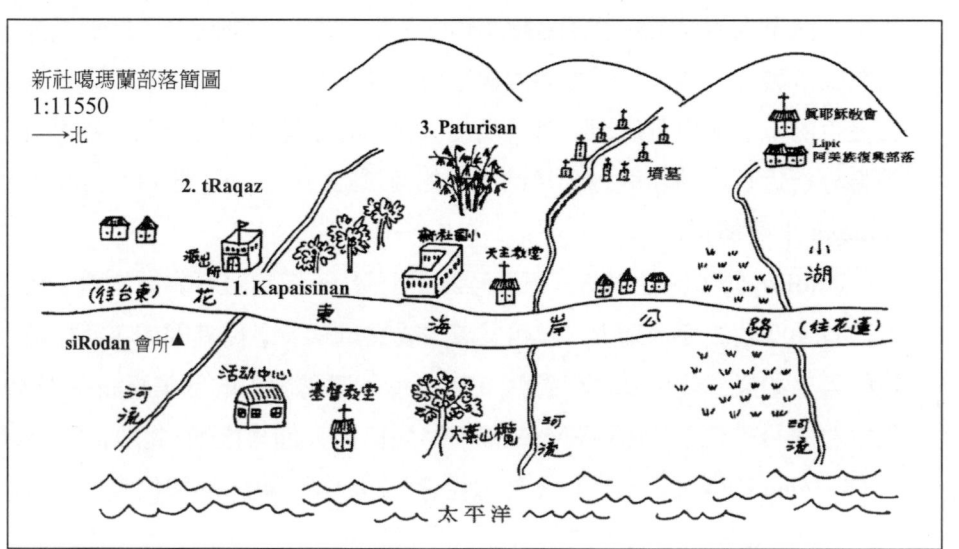

圖 4-1　新社部落 qataban 位置圖（資料來源：作者繪製）

---

[11] 加禮宛事件失利後也有幾戶的 Sakizaya 人隨噶瑪蘭遷入此地，不過彼此未混居，定居於聚落較南端的「新莊」一處。

[12] 其他獵頭原因的分析詳見劉璧榛（2004）。

　　圖 4-1 左上方編號 1 至 3：Kapaisinan、tRaqaz 及 Paturisan 在部落的口述史中，都曾是掛人頭舉行 *qataban* 的地點。這三個位於山腳下的點，同時也是一個地理界標（landmark），特別是聚集在部落的起源地帶，形成一個防堵的進出口，附近還有特別栽種的植物，如麵包樹、竹林，還有以溪流作為地理界線的特殊地景，勾勒出聚落的地理實體邊界。這些具體的地理標記還有一種社會區隔的作用，形成特殊的屬於異族頭靈的空間圍場。圍場中異族頭靈被控制在固定的位置，不能自由移動而且被隔離。這種隔離是一種對聚落地理區的分析，也是一種對居民的監視，非 *qataban* 期間禁止經過。如果人們不遵守禁忌隨意經過，會引起身體的危機：生病（*tagau*），換句話說是一個危機差異地點（crisis heterotopias, Foucault, 1984）。

　　接著，必須等到農曆月末看不到月亮的日子，再盛大舉行部落性的 *qataban* 祭頭儀式，以強調在儀式結束後將看見新的月亮，象徵重要的過渡意義。*qataban* 當天，獲首者立棍於場地中央，將敵人的頭顱撐於其上，其他勇士必須穿 *sangsuy*（蓑衣／雨衣），[13]手持 *tunun*（枴杖）彼此間隔開來手牽手，以頭為中心圍成一個圓圈。儀式起始由鹹首勇士及老人 *spaw* 用酒唸禱詞，呼喚頭靈、祖靈、部落已故頭目、已亡鹹首勇士等之 *tazusa*（靈魂）降臨共食。過程中將每一次的獵頭事件，與過去部落的其他重大事件聯結起來，創造一種時空延續的集體記憶。儀式最後透過此神靈的召喚，被期待還有祈雨的象徵功能，以洗刷男性因獵首引起暫時性身體的不潔。已過世的 Utai（潘龍平）曾憶起專門描寫這種情景的話：

kulisen	*qataban*	*to*	*uRu*	*ta*	*tebu? tebu? ban*
圍圓圈一直轉	歌舞	的	頭	在	中間

---

[13] 噶瑪蘭人借用外來語河洛話的發音。

　　意即男人圍著插在中間的敵人頭顱轉圓圈祭祀歌舞。*qataban* 中藉由 *paspaw* 祭祀人頭這個行動實踐，將部落族人、祖靈及異族頭靈建立起聯結關係，然而就在這個人與超自然建立關係的同時，人與人之間的情感也凝聚起來，部落與部落地緣衝突關係更加強化而形成區隔的主體。*qataban* 中的敵人頭顱象徵我群／他群的區隔，勇士衣著（蓑衣／雨衣）象徵祈雨，枴杖象徵獵首英雄與他人之間身體潔與不潔的區隔，招魂歌舞則有多重的象徵功能。[14]藉由這些集體分享的象徵再現（representation），與遵循同一禁忌內容，界定了此群體認同的內在本質與部落的社會邊界。

　　透過這個祭頭儀式的象徵力量、相關禁忌、論述及其獵頭傳說等，[15]人、異族靈與祖靈進入一個互相依賴的想像共同體中。這個共同體為什麼是想像的？因為即使是最小的部落成員，也不可能認識大多數人的親戚、祖先或異族頭靈，然而他們卻深感彼此相聯繫。同時，此共同體的規範壓力與秩序明顯的表現在遵守 *manmet prisin*（禁忌）上。一個人的如飲食、性行為與日常活動都必須遵守祖先的傳統規範，如果有所逾越，不僅是個人會受到懲誡：*tagau*（病痛）、發生意外等，同時也會「牽累」整個家族到部落的其他人。易言之，會連帶影響到整個「命運共同體」的安危。因此，這樣的集體意識與認同是透過禁忌在規範運作。反之，如果族人不去獵頭以舉行 *qataban*，他們認為祖靈或頭靈會因沒人祭祀而「餓肚子」，變成「遊魂」，碰到不小心經過 Paturisan 等地的族人便會「討食」，殃及個人及部落，此情況一樣會以 *tagau*（病痛）或死亡的方式展現出來。[16]

---

[14]　如有貶抑敵人、招頭靈、敵靈、招雨及潔淨獵首者身體等多重象徵功能。

[15]　在新社流傳多種不同關於獵頭起源的傳說版本，基本上所有的遷移傳說都開始於臺灣島外，接著乘船遷移到東（或東北）海岸。當這些噶瑪蘭祖先登陸之後，第一件事情是開墾土地以解決糧食飢荒。男性被講述為貪心、壞心腸，專占女性姊妹的便宜，使原先兄弟姊妹和諧的情感，產生因占土地的衝突而斷裂，埋下仇恨。女性一氣之下移居山上，成為太魯閣人的祖先，而留在平地的則成為噶瑪蘭人的祖先。之後太魯閣人與噶瑪蘭人的子孫，因為祖先的這個仇恨而必須互相獵頭。

[16]　關於異族頭靈治病的診斷與治療儀式，詳見劉璧榛（Liu, 2009）的討論。

顯然地，這時期噶瑪蘭人的群體認同方式，是建立在共同分享的靈魂信仰上，過去、祖靈及敵首靈特別受到尊重，頭顱作為劃分人群的象徵符號極富工具價值，因為他包含了世世代代的經驗，使之永生不朽，並且透過這些象徵，新社部落的族人刻意經營及維持與自然界、超自然界的關係，包括維持日常生活的三大要素：部落的生活空間、土地山林資源領域與耕作所必須的雨水。透過 qataban 儀式的象徵實踐，將三者都放在祖靈與異族靈的控制下，而這個透過想像建立起來的共同體，其實也是資源分享的共同體。如同 Godelier（2010: 13）對部落（tribe）的定義，[17]她擁有領土及個體或集體對此領土的資源開發權，還有透過獵頭的防衛行動。同時，超越了意識與意願，每個人就活在這種認同的宇宙秩序中，其私密的身體（生死病痛）與運氣也已經附著其中，所以從身體我們就可以看到個人的群體認同與集體意識。

除了這個宗教政治意涵的面向，接著我們從 qataban 唯一流傳下來的祭歌，[18]進一步分析噶瑪蘭人如何透過他者的頭顱作為一個我群的反思對象，與集體眼光注目的焦點，在儀式的展演力量中建構起群體認同與想像。

1. *miomio sin nawali a-o le na na ya we*
   虛詞　前奏，像喝酒醉那樣
   意指：要開始了！大家彼此應和聲。[19]

---

[17] 形成部落（tribe）社會還有另一個很重要的親屬關係的建立，Liu 在 "Chasse aux têtes, chasse aux cerfs"（〈獵頭與獵鹿：生命的平衡與男性再生產力〉2010）一文中有詳細探討。

[18] 此歌謠為 Umus Nauing（潘朱老毛）在花蓮新社演唱，1984 年明立國錄音。在歌詞的詳細翻譯中，潘朱老毛沒有說明的部份，筆者於 1994 年透過朱阿比與潘龍平訪問補上。

[19] 此起始句的曲調與詞是固定不變，其形式的意義上是召喚大家，告知要開始了！由於音調與語言是固定的呈現，較易凝聚、整合群眾、激發群體意識。

2. *ziqa-ziqa*（*tiuwan naya*）*litoliju*[20] Kalewan[21]

　　看看，這樣　音而已　　躲藏　加禮宛

　　意指：太魯閣人在山上的地方，這邊看看，那邊看看，躲躲藏藏的
　　　　　偷窺加禮宛人的行動，準備要獵取人頭。

3. Kalewan *sala nanato juwai-i*[22] *a-o le nanai*

　　加禮宛人　音　一直看　東方　　無意

　　意指：描寫敵人／太魯閣人仍不死心一直在山上等，一直在山上看，
　　　　　看看有沒有加禮宛人的頭可以拿，而這些 Maitomale 都是從東
　　　　　邊過來。[23]

4. *miomio sinawali, a-o le nanaya we*

　　虛詞　　無意　　　虛詞

5. *tala tala　may-i　mauto, naonawa*（*juwai-i an*）

　　等 等　沒有　　來　　東看西看 東方

---

[20] *litoliju* 是 toRbuwan（哆囉美遠人）語，指躲躲藏藏的偷看別人的行動，偷窺之意。

[21] Kalewan 為此時期噶瑪蘭人之自稱詞，原是宜蘭的舊社名，在今五結季新村，後部份社人遷移至花蓮北埔，因此在花蓮新居地也叫加禮宛，而現新社部份居民也是從此地再遷入。

[22] *juwai-i*：是 toRbuwan 語，指東方。

[23] 筆者懷疑為什麼歌詞的文本中，太魯閣人從山上下來，其實山是位在部落的西邊，為什麼新社人要唱望「東邊」？難道太魯閣人是乘船從海上來，還是新社人坐船出去獵頭？其實在 1950 年代以前新社的對外交通主要靠海運，經過訪問才知道原來的陸路也是沿著海邊行走，因此這個東邊，應該是表示在西邊山上拿到人頭，從東邊陸路回當時居住於較濱海的部落，而這個東方同時又是太陽升起的地方，為儀式中的重要方向，代表著「生命」的力量及生命力。

6. *nano a-la niyaqi　tjuwatuya, a-e bo na（babau）a-o, e nanali*

　　　　　拿　　　　　　　　　　　　　上面　　　虛詞

　　　　意指：拿你的頭！指在東方等你們來，可是都等不到。

7. *miomio sinawali, a-o le nanaya we*

　　　虛詞　　無意　虛詞　　無意

8. *zina　aimi*　Maitomale　*o　qomalem*

　　這樣　我們　　太魯閣人　拐怪，多詭計

　　意指：太魯閣人是偷偷摸摸的壞人。

9. *may-imi ka toliju*　　　　Kalewan *a-o le nanali*

　　沒有　　偷窺、躲藏　加禮宛人

　　意指：描寫噶瑪蘭人如何看待太魯閣人；說他們是壞人走路都偷偷
　　　　　摸摸、躲躲藏藏。

10. *miomio sinawali, a-o le nanaya we*

　　　虛詞　　無意　虛詞　　無意

　　已過世多年的 Umus Nauing 曾解釋此祭歌，獵首勇士唱及在 PatoRogan 每天看海，希望有太魯閣人來，能夠拿下他的頭顱，更希望透過此儀式的祭祀行為，「頭的主人會把他的親友靈魂都帶過來」，[24]然後歌者便可將他們的頭皆取回一起「聚餐」，亦即 *paspaw* 祭拜其首級、並與之共同 *qataban* 歌舞同歡。透過這個象徵實踐的行動，認為其成效會表現在未來可再獲取首級

---

[24] 噶瑪蘭人認為招來一個人的靈魂，她的身體／生命也會跟著過來。

上。這裏也可看出其泛靈信仰與群體情感認同結合的社會實踐方式。另外，透過祭歌，部落的人將特殊的獵頭行動與經驗嵌入過去、現在及未來的延續當中。

她還說到歌詞中除了 1、4、7、10 等句虛詞「*miomio sinawali, a-o le nanaya we*」為參與的男性合唱之外，其他句是由獵首勇士即興創詞。筆者認為創詞中多描述及突顯其獵首經過等英雄事蹟，或是極力貶抑及嘲諷頭顱所代表的他者，刻意將之形塑成「*qomalem*」（拐怪，多詭計）、「*toliju*」（躲藏、愛偷窺及偷襲）等，以標榜我群的自我肯定。歌詞中另如同 Turner（1982）及 Myerhoff（1982）所言的反思性，呈現新社部落作為一群體，藉由敵人的頭顱反射我群以向自己展示自己，激起我群看我群之自我意識與連帶的情感歸屬，同時也將個人推進一個想像的宇宙共同體。

不過，此時群體的認同並非是今日所言「族群」的認同，人是對共同參與 *qataban* 儀式的其他親屬團體、同一 *luma*（部落）的人，以及同一獵首領地內的群體認同與效忠。如同潘英海（2001: 213）所提出的討論，地域性蘊含強烈的「社」作為群體單位，才是此時期人群區隔劃分有意義的基本實體。[25]此空間性與地方感強的部落認同，首先表現在男人拿自己的生命作賭注去獵首——拿取異群體的生命，這是一種用暴力來展現其主權及主體性。接著透過這個帶回來的敵人頭顱，以此一象徵性的他者為中心，集體性地遵守禁忌、歌舞、儀式與共食，強化並生產出自我與社會認同。

再者祭歌中還有一個男性氣概（masculinity）與社會組織的面向。即興詞由馘首勇士有意識的、自我反思式的特意強調，描述己身代表陽剛的獵頭行徑，透過儀式展演將之英雄化，以得到公眾的推崇與榮譽功勳，重新調整了其在社會組織與權力分配上的位置結構，同時整個過程也再生產了男性的

---

[25] 亦即詹素娟（1998）所採用的「村落」一詞，範圍可廣義地涵蓋到康培德（1999）研究荷據時期阿美族所使用的「地方」，但都並非是今日常用的族群。

社會組織與權力結構系統。獵頭行動與 *qataban* 的動員，是透過 *sabasabasayan* 男性年齡階級性組織，特別是頭目及中年階級的實際領導。不過在訪談中長老們談到，新社部落的這個組織運作較鬆散，其回憶敘事中，20 世紀初，新社部落形成的初期，由宜蘭或加禮宛來的男性，才又漸漸形成組織。不過，在來自宜蘭各地的年輕族人，已經學習漢人的生活方式，無嚴格的訓練與男性成年禮。起初創建於部落下方的男性聚會所 *siRodan*，比較是流動的族人暫居之所，而獵首行動則是由頭目及耆老領導。易言之，受漢人進入宜蘭及花蓮加禮宛的衝擊，雖然 PatoRagan 還有獵頭，但其傳統男性年齡組織方式已解體，其以男性為中心防衛性的群體，是隨著各地鄉親流入後再聚集起來，接著在進入太魯閣人及阿美族人的領域後，面對新的區域政治，藉由 *qataban* 週期性的舉行，重新再創造整合起來。

　　整體概括而言，*qataban* 是一種針對社會內部行動的監測，同時將之與部落生活的時空組織融為一體，藉由象徵它是駕馭時間與空間的手段，而過去、現在和將來本身，就是由反覆進行週期性的社會實踐所建構起來。*qataban* 也並非是完全靜態，每一遷移、每一新生代會創新，以生產新的地域性部落認同，面對特殊的在地政治與社會環境，不過在這種部落社會認同情境中，幾乎未曾有標誌將時間與空間分離開來。

三、中斷的 *qataban*：部落社會的瓦解

　　日據初期，臺灣東部屬於「民番雜居狀態」的特殊行政區，採「綏撫」政策（臺灣總督府警察本署，1999[1908-1915]）。後因日人取代漢人入山從事煉樟腦事業，業者被取頭的情況增加，於是嚴厲批評當局放任「生番」肆無忌憚殺人，嚴重影響日本帝國威信。臺灣總督府重新檢討獵首事件的處理方法，將之定義為對帝國的積極叛逆，於是改對番人行使討伐權，甚至可以

採取滅族政策（臺灣總督府警察本署，1997[1895-1909]）。相反地新社的噶瑪蘭人被視為熟蕃，因其遷入的族人部份來自宜蘭熟蕃 36 社，早在 1895 年即被納為一管區，並設置堡社役場（鄉公所，藤崎濟之助，1931），故在日人的印象中，此「熟蕃」既強悍又可靠（藤井志津枝，1997）。

根據幾位新社長老的回憶，其傳統獵場海岸山脈有漢人及後來日人進入集樟腦油，他們曾取過其首級。不過到了 1910 年左右槍枝遭日警沒收，部落也不敢揚聲抵抗。有些族人成為日人招募的護鄉兵，到新城一帶對付其世仇的太魯閣人。管制武器，禁止公開聚眾舉行 qataban 儀式，教育原住民獵頭是不良的習俗、迷信，進而推廣日本神道教的信仰等，日本殖民政府藉由這些文攻武嚇多元政策的介入，迫使 qataban 儀式中斷，使原來具備軍事守衛功能的 sataban 獵頭行動，因而喪失某些地方團體的武力防衛作用，年輕人的年齡階級組織也被殖民勢力掌控，轉而從事部落外頻繁的勞役，為殖民政府效命，如此一來部落喪失傳統領域、資源分享、武力自我防衛等自主性，被殖民政策置換主體，以部落為中心的認同也逐漸模糊與瓦解。

卑南族菁英孫大川在《夾縫中的族群建構》（2000: 101）中寫到：「日據時代的原住民（尤其是知識菁英）和中國的五四時代的情況一樣，瀰漫著強烈『反傳統』的『進步』思想；在他們對部落社會價值如獵首、巫醫、屋內葬等否定的同時，其實也無條件交出自己民族的『文化主體性』……」。也就是原住民菁英受被殖民國看待我族的方式所內化影響，對傳統文化轉變成自我否定的態度，如同 Aimé Césaire 在《殖民主義論》（Discours sur le Colonialisme, 1989[1950]）一書中所述：「是數以百萬被巧妙地灌輸了恐懼、自卑情結、屈膝、絕望與奴役態度的人。」在這種被殖民的歷史處境下，噶瑪蘭人並未被激發出我群忠誠感，反而交出了 qataban 作為其社會再生產的工具之主體性。喪失此文化象徵與社會關係再生產工具，人們逐漸得了「失憶症」（amnesia）而失去部落認同。另外，也有些族人特別是菁英，個人能動性較強，在日人操縱的差異族群政策中，為了追求現實利益，如報導人憶

及：勞役中平地人可獲取每日 5 元的薪資，而原住民僅能有 3 元，所以父執輩認同平地漢人的身分，將族群識別身分更改成平地人。這裏原／漢人群分類界線，與個人對生產所得相關，如 Barth（1969）所言，在資源競爭關係中，族群會被操縱成為了追求不同利益的競爭工具。

Marx 強調人類歷史發展必然會經歷斷裂的論點，然而這裏 qataban 的斷裂跟歷史唯物主義並沒有特別的關聯，並非是因部落漁獵社會邁向農業國家的轉折中自然消逝，反而是部落社會在殖民主義下特殊的斷裂。[26]此時期由於殖民主義捲入而發生的變革，比過往絕大多數的變遷程度都更加劇烈。整體而言，他確立了帝國內跨區域新的社會聯繫方式，改變了噶瑪蘭人日常生活中最熟悉、最禁忌及帶反思色彩的認同領域。

四、生活經驗與通婚：漢人／阿美族多元認同

日人用軍事鎮壓或綏撫政策控制地方部落勢力後，接著進一步剝削花東林地、水田等經濟資源與相關勞力。約至 1920 年代左右，新社周遭狹長的海梯地不斷地被噶瑪蘭人開發，另方面日本政策要阿美族人也加入農耕生產，於是到了日據末期，原先聚集噶瑪蘭人的 PatoRogan 周圍，已逐漸形成 Malalanouang（東興）與 Lipic（復興）兩個阿美族人聚居的部落，[27]但彼此

---

[26] 臺灣原住民的獵頭及相關儀式消失原因，除了日本禁止獵頭政策外，有學者認為也與重農或水稻轉作相關（河野喜六 2000〔1915〕；張慧端，1995；胡台麗，1991）。阿美族、排灣族、鄒族與卑南族此儀式完全消失是到戰後基督宗教傳入之後（胡台麗，1991；王嵩山，1989：17）。

[27] 據部落耆老口述，日據初期即有奇美 Cilangasan 氏族遷入南端的 Malalanouang（東興部落），1918-1919 年又有臺東美沙鹿社年輕阿美男性，進入到新社地區耕種噶瑪蘭人所開發的水田，現在這個新部落東興就是此時期漸漸形成。至 1949 年左右，有一部份從瑞穗及太巴塱等地過來的阿美族人比較晚到，隨著靠海坡地開發的飽和，便漸往更靠北部山區的坡地居住，形成今新社第三鄰及十四鄰的 Lipic（復興部落）。

並不混居。不過，新社的噶瑪蘭人跟鄰近的阿美族人，從敵對或朋友關係，逐漸變成是地主－耕農的依賴性生產關係。

更進一步來說，許多年輕力壯的佃農，特別是太巴塱部落的年輕人入贅至噶瑪蘭家中，接著就留在新社。1920 年代出生的周一郎、林金榮、潘清波及葉鎮馬等人都是此例。而且這些噶瑪蘭人的 *klabu*（女婿），噶瑪蘭語都比母語阿美語流利，受到部落眾人的肯定，後來多位還被推舉為新社的頭目，並在 1987 年起的噶瑪蘭族正名運動中扮演領導的要角。根據潘清波之妻 Apas（潘阿末）及部落其他長老的口述，這些 *klabu*（女婿）的心（象徵認同）都是在 PatoRogan，死後也都葬於此。至此，PatoRogan 的噶瑪蘭人與周遭阿美族人關係明顯地轉變，透過共同從事經濟生產逐漸也開始通婚，而這些通婚家族裏的阿美族男性，因日常生活的共居經驗反而是以噶瑪蘭人的認同為主。[28]他群男性的婚入，並未造成如清水純（1992[1986]）所言，新社噶瑪蘭人認同崩解的決定性因素。不過我們也可以看到部落建立親屬關係的範圍逐漸改變，擴大到過去敵對獵頭的群體。

另一方面，筆者跟戰後來到豐濱的法籍神父 André Bareigts 談到，新社 *qataban* 儀式終止之後的情況，他也述及當時新社並沒有強烈的集體部落意識。在他對年長教友的訪談中，大部份 PatoRogan 的噶瑪蘭人對自己的「傳統文化」很陌生，有很大的斷層，特別是從宜蘭遷入的族人，其實許多是到了 PatoRogan 之後，才學噶瑪蘭語。於此相較下，周遭的阿美族人還能知道一些阿美族的歌謠與傳統，其部落主體意識依然很強。易言之，大部份的噶瑪蘭人其實在宜蘭故居時，其語言、文化及宗教都已經漢化，並與漢人通婚頻繁，Geertz 所言藉傳統文化機制產生的原生情感與再生產認同的主體早已離散，認同也融入漢人之間，等到移入族人較多的 PatoRogan 之後，才又受

---

[28] 這裏用日常生活經驗之影響來理解入贅阿美族男性的族群認同，跟 Melissa Brown（2001）探討被平埔人收養、通婚的漢人有平埔認同的情況很類似。

到影響。日據時期到戰後初期，新社的部落意識轉弱，噶瑪蘭人跟來自不同地方的阿美族人互動逐漸頻繁，已有不少的通婚關係，社的邊界比以前開放、人也較易流動，人跟人之間的互動關係，以跨社人口流動稻作的生產關係為主。在族群認同上，每個人都有好幾個與漢人或阿美族不同群體的社會聯繫，使得其認同有多元、易變和流動的特質。著基於此，我們進一步來檢視，在這樣政經、地方關係、人與人互動關係的轉變下，*qataban* 儀式所扮演的角色，以及其與主體認同的關聯性。

首先，從鄰近群體的外部觀點來看。筆者在新社更南邊的立德及豐濱部落訪問時，有些聽過 *qataban* 獵頭祭歌的阿美族長老，都覺得很可怕，好像靈魂會被「召喚」過去的感覺，認為他們現在不應該再唱招魂祭歌。而PatoRogan 的老人也有意識地說，現在阿美族人都到水田裏來幫忙，還要唱歌拿他們的人頭，有點說不過去。所以基於如此的反思「共識」，為了避免引起與周遭群體之間彼此的緊張關係，部落沒有人再提舉行或有任何復振 *qataban* 的想法。從這些相對主體的主觀論述中，我們可以看出 *qataban* 歌舞儀式，其實會對地方關係造成某些程度的影響。*qataban* 儀式中自我群體意識的鼓吹與展示，易引起人際間，尤其是社與社之間的衝突緊張關係，產生地方政治與群體認同區隔的效應。這裏讓我們又回過頭來思考，*qataban* 儀式不是純粹的信仰或思維的反映而已，亦非僅是與社會內部的建構相關，他本身就具有反思性，能夠同時處理與面對區域政治衝突（Turner, 1975）。此反思中正展現個人及群體認同，其實是在與其他地緣團體的互動中建構起來的。

另外，從內部的觀點來看，噶瑪蘭人不再舉行 *qataban* 儀式並非只因為日人的強制禁止，戰後他們自己也意識到，人群社會互動的模式已改變，傳統儀式及價值觀念必須要跟著改變，應該進一步做調整來避免衝突。[29]這讓

---

[29] 此情況不像胡台麗拍排灣族古樓的五年祭時，提到部落想恢復五年祭，但某些天主教傳教者，因個人行事與觀念跟當地人的差異，怕一恢復祭儀就會有獵人頭的行為，而跟部落的人起衝突告到法院（胡台麗，1991：193）。

筆者想到 Geertz（1973: 164）研究爪哇喪禮中碰到的衝突情況，他用傳統價值觀念這個「文化」體系，與社會互動模式這個「社會結構」的不一致性，來理解變遷引起的衝突現象。筆者認為，在噶瑪蘭的例子當中，Geertz 所談及，社會內部藉由意義系統而產生互動，但此意義系統、符號系統以及與兩者相關聯的群體認同，其實並非是靜態的。人會對儀式或文化進行再詮釋，如 Turner（1987: 158）所言他們「掌握了文化與結構產生的資源……」所以會產生一個新的意義與模稜混雜的多元認同。也就是 Geertz 把社會結構看成是一種動態的互動過程，文化比較是既有的、經驗的價值體系，而刻意在分析概念上將文化與社會作區隔，以尋求一個可以包含歷史資料的方法，而忽略「文化」本身其實如 Appadurai（1996）所指出：可能有現實意識的詮釋或想像，及另可能有被再創新的部份；如 Hobsbawm 與 Ranger 在 *Invention of Tradition*（《被發明的傳統》1983）一書中討論的面向。

　　戰後至 70 年代末期，除了與阿美族人關係明顯的改變以外，還有基督宗教成功地進入部落，以及後來國民政府推行「山地施政要點」：以「山地平地化」為目標，改進山胞生活及改革不良習俗，推行國語文（臺灣省政府民政廳，1971：23-24）。在這種漢化政治壓力的環境下，以及為了躲避「番」的污名，新社部落有人（特別是菁英）選擇傾向於能獲得更高社會地位的漢人認同，或者因通婚與互動頻繁，開始夾雜著對阿美族人的認同，在這種歷史氛圍裏亦無人「會想到」或「敢」恢復傳統的 *qataban*。直到 1978 年，以阿美族為主的豐濱鄉，在阿美族鄉長的推動下，幾個村自發性的舉行「豐年祭」，成為全臺灣最早開始舉辦聯合豐年節的地方（張慧端，1995：61）。噶瑪蘭族長老偕萬來拿出當時的照片跟筆者解釋：那時要聚集很多人舉行豐年祭並不容易，因還在戒嚴時期，大家還是很害怕，於是用運動會的柔性形式舉行，另方面也算是配合當時政府推展的國民運動。此舉表面上是在藉競賽活動增強體力，載歌載舞亦符合官方的意識形態，其實已經開始有某部份建

立政治自主性的目的。不過此時「噶瑪蘭族」還未「現身」，[30]其認同仍在主流漢人與鄰近阿美族人間模稜擺盪，群體意識較薄弱。

　　同時，在區域間的阿美部落內部也持續有小型的豐年祭或復振出現。這種豐年祭的舉行時間與聚眾歌舞的方式，噶瑪蘭人認為形式上與其傳統的 *qataban* 很類似。不過，PatoRogan 部落中心並沒有舉辦這類型的慶典活動，潘金榮頭目解釋是因為缺乏領導者，所以新社部落的噶瑪蘭人，都參加豐濱鄉聯合豐年祭或鄰近東興阿美部落的豐年祭為主。筆者在 1993-1998 年田野期間，在東興部落曾參加過兩次阿美語稱為 *lalikit* [31]的豐年祭活動。其進行的方式是透過行政體系的網絡動員，當天早上大家聚集在東興部落的空地，由村長、頭目先致詞鼓勵官方族群融合的基調後，接著按照年齡長幼次序圍成圓圈歌舞，年輕女性也加入共舞的行列，整個節慶氣氛明顯有助於增加兩群男女青年彼此認識的機會。中午由婦女煮食豬肉、野菜，按家戶聚餐，下午再回到廣場繼續喝酒歌舞，全程充滿歡樂氣氛。

　　參加 *lalikit* 的噶瑪蘭人，不管老少都身著阿美族紅色標誌的服飾，與鄰近的阿美人一樣，不分彼此地牽手共舞合唱阿美族或日本曲調的歌謠，場合間瀰漫阿美語，聽不到過去傳統噶瑪蘭人 *miomio* 獵頭的祭歌。這些 *lalikit* 豐年祭阿美歌謠內容對噶瑪蘭人而言，不具有過去 *manmet* 的禁忌性；男女在農忙後都可參加 *lalikit* 豐年祭，也不再需要遵守食物、性行為等禁忌，加上沒有祭拜敵人頭靈、已故頭目、勇士等靈魂的儀式，完全沒有噶瑪蘭傳統社會文化的成分，也不具備宗教意涵。此時期的形式及時間點類似 *qataban* 的 *lalikit*，並非是過去僅有新社噶瑪蘭人參加還有嚴格禁忌的 *qataban*，其中不彰顯也看不出部落的集體性，實際上比較是在原來已積弱的認同基礎上，加上阿美人的認同，以獲取周遭群體的認同與通婚機會，或者說是鄰近阿美

---

[30] 到 1997 年豐濱鄉聯合豐年節時，偕萬來才向鄉長抗議未重視噶瑪蘭族文化。

[31] 阿美語，原手拉手一起歌舞之意。

部落的主體意識強過新社部落噶瑪蘭人消散的認同。

五、以創新的 *qataban* 建構多元主體認同

90 年代新社的噶瑪蘭人，除了參加鄰近東興阿美族人的 *lalikit* 豐年祭，建構多重認同之外，被稱為 *qataban* 的相關活動也開始蓬勃興起。解嚴前原住民知識青年發起尋求原住民認同的正名運動，曾任花蓮縣豐濱鄉長噶瑪蘭人的陳健忠[32]也參與其中，回到部落他扮演觸發族人意識覺醒的要角之一。宜蘭貓里霧罕社土目後裔偕萬來也是重要的復名運動人物，1987 年他到宜蘭縣立文化中心訪查噶瑪蘭人相關史料，溯及日本學者土田滋及清水純到新社所做的研究，想保留即將消滅的噶瑪蘭文化，而我們政府卻毫不關心（偕萬來，1993），此舉引起宜蘭政學界的重視與回應。[33]同年，國立臺灣博物館為入館收藏在新社的水田裏所挖獲的石棺，於臺北 228 紀念公園（現稱）舉辦「豐濱之夜」晚會。當時由新社頭目潘清波領導，凝聚部落共識，為了能被區辨成特殊群體，以吸引更多的注目眼光進而避免被邊緣化，易言之在有意識的反思下，策劃演出異於周遭阿美族歌舞的噶瑪蘭傳統巫師祭儀 *kisaiz/pakelabi*，並且以 *qataban* 獵頭歌舞作為結尾。

從行動者的內部觀點（emic）切入，當新社的族人在菁英帶動下，有意地與周遭阿美族人作比較而區隔開來，刻意藉由演出 *qataban* 呈現「我們的傳統」，與「他們的傳統」做出對比，作為強調及展現其主體性，並且透過

---

[32] 陳健忠是偕萬來姊姊的兒子，英年早逝。

[33] 具體回應包括：1990 年前國史館館長張炎憲受宜蘭文化中心委託，進行宜蘭縣噶瑪蘭人舊社調查研究計畫。1992 年將縣內三座橋名改為噶瑪蘭橋、加禮宛橋及利澤簡橋。1993 年宜蘭文獻出版《Ni zi da Kavalan 專輯》。1995 年文化中心召開「噶瑪蘭文化活動」，縣政府辦開蘭 200 年紀念日，邀請花東族人返回流流社進行歌舞晚會等。

對這傳統的想像，直接宣傳與強化他們作為國家化族群群體的本身。這說明了噶瑪蘭人建構的當代認同是透過舞臺重現「傳統文化」的手段，並賦予文化差異強大的力量，而非基於與生俱來的血緣連帶。筆者與多位族親的訪談中也顯示出，這個使其群體在主流社會「現身」的觸發點，後來變成了大部份的人自述實踐當代認同運動的起點。

根據現任新社頭目潘金榮回憶述說道，當時 90 年代的臺灣，人們根本不知道誰是噶瑪蘭人？就連很多噶瑪蘭人的後裔也不知道，常常隱瞞或不敢承認自己是噶瑪蘭人，因為如偕長老所言：「承認自己是噶瑪蘭人，就等於承認自己是『番』」；再者當時整個臺灣社會剛解嚴，不少人因怕被當成破壞中華民族團結、鼓吹族群分離主義的政治叛亂分子而怯步，不敢觸及走上街頭的正名運動，或是參與少數菁英動員的遞陳情書或請願書等，同時大眾也普遍不甚關心這個「族群」議題。因此，從一個族群內部與社會互動的觀點來看，如何喚起族群消失的危機意識，與突破污名，自我肯定進而內部整合，另一方面同時避免與族群融合政治正面衝突，是新群體在實踐上必須跨越的。

另從外部觀點來看，1980 年代「省籍問題」族群化及公共化，提供了族群發展有利的轉變環境，於是出乎原先族人的預期，整個歌舞活動引起了社會大眾、媒體的注目與應和。臺灣大社會當時也正逐漸開始透過學界、傳播媒體「發現」及「認識」，有一群異於主流漢人的 *pepo*（平埔），其中噶瑪蘭人的語言與特殊文化仍「未消失」或「完全漢化」（陳逸君，2002、2003）。此時期正值政治反對運動頻繁，社會大眾對認識本土文化的需求日益強烈，不少人開始懷疑及尋找自己的母方「平埔嬤」的非漢認同。歷史學、人類學、社會學、語言學、考古學、音樂學、地理學及遺傳學等也捲入此議題，平埔研究逐漸從「雞肋」變「新寵」（潘英海，1987），蔚成學術及社會文化風潮

（詹素娟，1996、1998：283），[34]而形成一連串的想法、實踐和知識型態，出現在一般民眾的各種社會活動中。

　　在臺灣 80 年代認同危機風潮背後可看出，社會人文科學與傳播媒體在「噶瑪蘭族」反思認同過程中所扮演的關鍵地位，兩者與形成中的噶瑪蘭族人互相滲透，建構噶瑪蘭族人看待自己與國家或社會大眾看待噶瑪蘭族人的方式，共同協商規範出族群國家化的定義與範疇，並形成層層網絡，以此方式逐漸發展出噶瑪蘭族的互動主體性，融入在同一個社會系統中運作。另外，此系統也隱含了，臺灣當代社會中的「傳統文化」開始展演化與泛政治化，產生新的公民社會價值，並且變成是國家對族群辨識（認定）的標準。

　　從污名到正名，從戒嚴到剛解嚴，及歷經族人散居或不認同的情況之後，聚居新社的噶瑪蘭人有意識地，將中斷近 90 年的 qataban 祭頭儀式：不再以敵人首級為中心，這種充滿禁忌的儀式方式，而是以現代劇場舞臺歌舞的方式「復振」，創造出一種新的展演場域，用來凝聚想像、形塑、呈現與強化其作為民主化國家之族群團體的認同。雖然這種集體性的儀式歌舞展演，不是族群正名運動的唯一力量或形式，但是作為一種非暴力的文化柔性運動策略，如 Said 所言是一種抵抗被抹滅的方式，同時可以動員整合族群內部的人數與捲入層面卻很廣，進而逐漸成為噶瑪蘭人在民主國家化過程中去「番」污名化的協商手段。原因在於此作法一方面，拉近了運動菁英與群眾之間的距離，另一方面，也因其多在具象徵國家文化權力中心的博物館、國家劇院或地方文化中心（今文化局）演出，族人於是也開始對自己的文化產生內在肯定，重建其族群自信心。同時，透過這類的歌舞展演，吸引媒體、學者及政府官員的注目，成為激發其他公民支持的重要機制。後來，此展演模式還轉化成為其族群對外展示的文化資產與地方觀光資源，定義了「噶瑪蘭族」

---

[34] 學術界於 1987 年出版《臺灣平埔族研究書目彙編》，1992 年成立「平埔研究工作會」，1994、1996 及 1998 年在中央研究院舉辦「平埔族群學術研討會」，不少族裔也熱烈參與討論對話。

作為國家公民分類註記的身分，彰顯出原住民身分的文化公民權性質。

　　qataban 的創新展演，如同 Goffman（1959）著重的展演（performance）分析概念，有五種不同的角色扮演與參與觀眾組合。從 1987 年以新社為中心在臺北 228 紀念公園的「豐濱之夜」歌舞首度展演之後，接著有持續這種當代舞臺模式與宜蘭舊社祖居地展演的 qataban；1989 年開始迄今在 PatoRogan，每年定期由天主教會主辦的 qataban；次年起移居都會「旅北噶瑪蘭鄉親聯誼會」也興起 qataban；還有 1993 年起部落社區參與的 qataban。這些不同形式的 qataban 在 1980 年末到 1990 年初，短短的五、六年間如雨後春筍般突然湧出，明顯展現出 qataban 為族人有意識地與大社會抗爭所做的動員。最後加上 2003 年底為紀念正名成功而舉行的 qataban，共有五種由不同人群及不同時空組合，但歌舞形式及流程類似的 qatban 節慶歌舞活動。

　　為何有這五種不同的部落社會人群組織與時空展演的 qataban？一年又為何舉行至少有四次？彼此之間是否互相衝突抵制？整體而言，噶瑪蘭人成為一個逐漸國家化的族群群體，在長期的互動歷史中，其內部受到大社會的影響已經異質化，如國家強權的介入喪失自主權、多數人接受基督宗教、經濟生產方式改變、資本主義化、全球化、政治黨派化與周遭族群通婚關係的轉變等，這些都使得人與人之間的原生聯結越來越分歧，個人參與的次群體增加，衝突也不斷產生，在不同的衝突協商之後，導致各自獨立運作出 qataban，作為小群體自己表述與詮釋「傳統」的場域，而創造出不同形式的 qataban。透過不同的 qataban 去創造、想像為一個彼此互相聯結的共同體，這呈現出其國家化的過程中碰到的難題。另一方面，也可看到此群體不再是以「社會」（society）的型態組織運作，她無法在單一的 qataban 下創造團結，而是要透過次群體間集體協商，形成互動主體（intersubject），轉變成一種社群（community）（陳文德，2002；Godelier, 2009）的組織模式；或者說是展現個體非僅有單一的族群認同，其實還有地域、城鄉、宗教、世代等的多元認同面向。

這五種創新的形式中，舉行的時間都跟原先的 *qataban* 儀式所遵守的時間禁忌不同。現在的族人已改宗，亦不再以秋收的農作閒娛狀況為憑，而是配合工商節奏之國定假日，如 8 月 8 日父親節、週休二日。換句話說，在舉行的時序上，已不再遵守形成族群邊界特性的禁忌，反而是強調與國家大社會脈動的整合。不過，原鄉部落舉行的 *qataban* 必須比旅北還先，族人解釋這是延續其尊敬本源的傳統。從這個社會實踐中可看出，族人仍賦予時間作為區隔階序意義的標誌。

再來，*qataban* 舉行的地點亦非僅局限於部落內固定的聚集點，其地點擴散到過去祖先曾居住過的宜蘭舊社、臺北政治及文化權力中心、社會運動場合、大專院校以及年輕人就業所在的都會邊緣。這相對地也反映出，族群認同的戰場已超出其傳統社會的地域範圍，從部落及地緣因素拓展到國家及全球勞動市場的層次，顯現出其國家化的傾向。而分享認同的成員也逐漸擴大，不僅限於居住新社的族人，如富有象徵意義的宜蘭祖居地的鄉親，以及平日散居花東、北部各地的人群。由此也可看出，群體如何透過儀式慶典，這個表達集體的有力媒介之安排（Esman, 1982），選擇、創造、重組時空來凝聚、調整或合理化當前新的可能參與者，而慶典期間儀式化的力量同時也形塑、強化了這些參與者的群體認同。

最後，在這些創新的 *qataban* 中，「傳統」被理解為有別於組織起來的行動以及日常生活的經驗，新的 *qataban* 仍是一種對己身及己群行動的反思監測，不過並非將之與部落生活的時空組織整合成為一體，時間與空間變成是可以割裂分立或再重新組合。在過去獵頭的部落社會中，反思很大程度上仍然被限制在重新詮釋與說明傳統上，過去比未來還要有價值與重要。但是，國家化社會中，*qataban* 的反思卻有不同的特性，一個人的日常生活並非與過去有著固有的聯結或內在關聯性。在筆者與部落長老的訪談中，幾位領導者在談話中都意識到，為了到臺北表演，讓社會大眾認識他們，部落老老少少都動員，重新跟著老刻意學習「傳統文化」。所謂噶瑪蘭的「傳統」，以

kisaiz／*pakelabi* 巫師祭儀及過去獵頭的 *qataban* 為主，兩者皆在當代的認同追尋中，產生新的意義與社會價值。至今 *pakelabi* 儀式雖然因部落的基督教信仰而被邊緣化，但在部落內每年照舊舉行，其 *prisin*（禁忌性）與過去的聯結仍強（劉璧榛，2004、2008）。而 *qataban* 則中斷已久，今也無獵首勇士，是從老人的回憶中旁敲側擊，及年輕人的想像中再創造出來。這個想像允許更多的彈性跟空間，能夠含括更多差異的內部次群體。同時這創新的 *qataban* 也與過去的部落社會型態或結構沒有真正的聯結，這個「傳統」是在以非傳統可鑑定真實的知識中，才顯出價值，實際上他披上虛假的傳統外衣，只有在新社會變遷型態的反思中，才得到認同。

六、沒有敵人頭顱的舞臺展演

我們進一步從展演理論的分析概念出發：「國家化的族群認同如戲」，具體分析不同的 *qataban* 展演內容之安排設計（劇本 text），及其背後連帶的組織運作（工作人員 crew），看這兩個反思策略的行動中心，呈現出其群體內部如何認知外在的情境，而產生內部互動的認同協商，藉著又試圖反過來影響大環境的改變。整個過程中噶瑪蘭人藉由展演行動，又如何給予「傳統」的 *qataban* 不同的詮釋，以聯結或配合新的人群組合。

當代舞臺展演形式的 *qataban*，在噶瑪蘭人自述 1987 年，於豐濱之夜認同運動的起始迄至 2002 年正名成功期間，扮演關鍵性的反思角色。如前所述，當時噶瑪蘭人的認同已淹沒在漢人當中，唯一僅存的新社部落意識又遠比鄰近的阿美族人弱，其殘存的傳統文化力量僅支撐群體離散的認同。冷戰後期臺灣大社會陷入尋找認同的危機，捲入尋找原住民文化風潮，僅存人口較多、仍舉行部份傳統儀式，同時也在大社會曝光過的新社部落，於是經常

被動地被政府單位邀請參加文化演出。[35]到都會表演代表「噶瑪蘭族」的「傳統」文化，變成是部落的大事，男女老幼全體都被動員，由頭目與耆老主導策劃，在部落內不斷地重複演練、學習 qataban 歌舞。頻繁地動員不斷讓部落的人在國家框架下思考自己的族群文化，這種看自己的反思，變成是被刻意安排的日常生活中的一部份。同時，這種頻繁的演出事件，也讓新社部落的噶瑪蘭人，開始與散居宜蘭、花東、臺北都會各地「隱形」的噶瑪蘭族人產生橫向的網絡聯繫，如加禮宛、立德、大峰峰及樟原等部落，最後仍以新社為中心，於 1990 年組織跨部落性的「花蓮縣噶瑪蘭族協進會」，作為復名運動的主要動員組織。

這個協會在 90 年代初期，表面上並不直接推動噶瑪蘭族復名運動，或是標榜族群平等、多元族群文化之價值追求。而是在「傳統文化表演」、「返鄉」、「鄉親會」的尋親名義下，標榜文化尋根作為認同動機。行動者用這種反思屈轉的策略，以不會引起爭議的親屬議題來包裹當代認同。這樣 qataban 式活動的動員網絡，實際上還是靠親戚網絡，或是部落頭目領導及政治菁英分子推動。此組織動員的方式，與過去傳統以部落男性為中心的年齡組織不同，是基於具有「共同意念」（ideological like-mindedness）的另一種集結方式。

另外，進一步經過部落內族人討論協商後，在 qataban 的展演舞臺上，噶瑪蘭人是如何藉由歌舞、服裝與歷史生活的戲劇性表演，來定義與突顯其族群性（ethnicity）？演出的劇本中，通常 qataban 並非被置於開場或是戲劇性的壓軸，而是被放在結尾，甚至有時候變成是去除臺上、臺下邊界，可以與觀眾融合共舞，希望從互動中獲取參與者的認同。貫穿 qataban 全場的靈

---

[35] 如 1993、1996 年臺北縣政府烏來原住民文化藝術節；1994、2000 年花蓮縣文化中心；1996 年文建會國家音樂廳及總統府前凱達格蘭大道更名典禮；1997 年臺北市政府；1998 年國立藝術學院及 2000 年花蓮文化局等。

魂不再是敵人頭顱，而轉變成僅以歌舞為中心。[36]原先 *qataban* 中唱 *miomio* 祭頭的歌與扶枴杖牽手的圓形歌舞，在過程中不可或缺，並且對各地噶瑪蘭的老人而言，[37]這才是傳統 *qataban* 的記憶。然而歌詞中長老及獵頭勇士的即興創作，描寫獵頭經過的英勇事蹟與貶抑太魯閣人的詞句已經被刪除。不能再唱要砍太魯閣族的首級，或呼喚異族頭靈與祖靈，頭目解釋這是由於大部份參與的族人已改信天主教。[38]易言之，在反思部落改宗的現況，象徵敵靈的他者首級，在演出的事件中被重新詮釋為泛靈信仰，這與現況衝突，所以沒有成為我群反思道具／工具。但是獵頭 *qataban*「*miomio*」歌的曲調卻被保留，整個歌詞換上新的內容：

qataban[39]展演的新版歌詞

1. *miomio sinawali a o le nana ya e*

   虛詞　無意　　　　虛詞　無意

   hingna o　qalilizaqan ta ya stangi lezen zao, za u wa a-o le nana e

   為了起音方便，無意　高興　現在　今天　　　無意

   意指：今天我們此刻很高興要舉行 *qataban* 跳舞唱歌。

---

[36] 除了沒有頭顱之外，舞臺版的 *qataban* 中，也完全沒有「獵頭」的指向，僅是圍繞在部落歡樂慶豐收的主題。不像 2009 年鄧相揚「賽德克之歌──風中緋櫻」舞劇中，以槍枝與日警衝突突顯獵頭事件；或是相較於原舞者 2009 年「尋回失落的印記」舞劇中，明顯以帶髮的人頭道具與祭歌，呈現獵首祭。此演出於 2010 年預計作為馬英九總統訪友邦的文化軟實力時（東森新聞，2010/03/14），因「不具歡樂氣氛」，而遭刪除（自由時報，2010/03/18）。國民黨官方仍把原住民歌舞文化定義為「歡樂」，甚或一種娛樂，如果涉及「獵頭」仍會觸及「吳鳳情結」的政治敏感帶。

[37] 同一曲調的歌謠在 1936 年淺井惠倫，花蓮港加禮宛社，及臺東大峰峰的錄音中也出現過（三尾裕子、豐島正之編，2005）。不過筆者嘗試拿給新社的老人聽，目前為止不知其歌詞之意，但老人們都馬上反映說是唱 *qataban* 的歌，歌詞內容則不是很清楚。大體上這個 *qataban* 祭儀是具有普遍性，其他地區的噶瑪蘭社裏也存在過，筆者於花蓮加禮宛碰到的老人也還有此記憶。

[38] 近年來部落的領導者同時也為教會的傳道人，所以較嚴守執行。

[39] 1994 年花蓮新社 Api（朱阿比）演唱與翻譯。*qataban* 儀式中的歌謠有一特色：曲調相同，詞則可以是個人經驗的描述之即興創作。Api 另一版本強調慶豐年的創詞，請參考李壬癸、吳榮順（2000：163）。

2. *miomio sinawali a o le nana ya e*

　虛詞 無意　　　　虛詞 無意

hingna o　　kanamo goniyan na kini vai vai yan na, a o le nana ya e

　無意　　　應該如何呢？　　這是 阿嬤　　　　　無意

　意指：古老的儀式要怎樣傳下去？這是古時候阿媽、祖先的，一定
　　　　不能斷掉。

3. *miomio sinawali a o le nana ya e*

　虛詞 無意

hingna o　　kanamo goniyan na kini vaqi vaqi yan na, a o le nana ya e

　無意　　　應該如何呢？　　這是 阿公　　　　　無意

　意指：古老的儀式要怎樣傳下去？這是古時候阿公、祖先的，一定
　　　　不能斷掉。

4. *miomio sinawali a o le nana ya e*

　虛詞 無意　　　　虛詞 無意

hingna o　　qalilizaqan ta ya a-i ta na Kavalan, a o le nana ya e

　虛詞 無意　高興　　　　我們是噶瑪蘭　　無意

　意指：我們是噶瑪蘭族人現在很高興要跳舞唱歌。

　　與之前祭歌用來召喚異族靈及祖靈，強調要拿異族的頭與貶抑敵人相較之下，新創的歌詞則是在對臺下萬頭鑽動的他族觀眾集體宣告、聲明、述說與展示自己，以強調並形塑「我們」是「Kavalan」，認同自己是噶瑪蘭族人，作為一共同族群群體。如同幾任不同頭目的相同解釋，他們意識到這種展演 *qataban* 的目的，是為了給觀眾看，讓其他人認識「我們是誰」，而這裏的他者不再是以頭顱來象徵的敵人，而是國家體制下作為觀眾的其他公民。透過

新的歌詞設計，營造給人一種不再是「番」的污名，族群認同反是如歌詞中所強調值得「高興跳舞唱歌」的觀感！易言之，透過表演，臺上的族人對參與者施予影響（這些參與者傾向於接受某些文化符號）。然而，除了對觀眾展現自己與發揮影響力之外，這種在互動中自我區辨與詮釋的過程，也具有一種自我反思性。如歌詞中唱著「我們祖先的古老儀式不能中斷」，以鼓舞、激發、傳遞與凝聚其群體情感。演出者其實是在對自己展現自己，好讓噶瑪蘭族人再認識自己，重建或創造一個新的權力主體。並且這個族群主體創新的過程，除了依賴著對傳統文化的想像創新，還包括這種現代反思性的支撐。

另一首 qataban 必唱，敘述噶瑪蘭人遷移過程的歌，更能明顯看出其具反思的策略性。這首歌通常會同時唱兩種語言：母語及國語版，以保有傳統語言文化特色與對他者說明自己的意味：

〈*masang lamu na vaqi/vai nizi ta* Ia-lan[40]我們的故鄉在宜蘭〉

1. *masang lamu na vaqi nizi ta* Ia-lan.
   以前　舊社 的 阿公 都 在 宜蘭
   masang lamu na vai nizi ta Ia-lan.
   以前　舊社　阿嬤 都 在 宜蘭
   意指：以前我們的祖先原來在宜蘭

   Rmazuq na vaqi matarin Rmazuq na vai matarin
   很傻　的 阿公 搬遷　很傻　　阿嬤 搬遷

---

[40] 1995 年，花蓮新社偕萬來創詞、演唱與翻譯，原是阿美族曲調改編。

matarin sa Hualien.

搬遷　　到　花蓮

意指：為著生活流浪去，為著生活流浪去，流浪到花東

2. *masang lamu na vaqi nizi ta* Ia-lan.

以前　　舊社 的 阿公 都 在 宜蘭

masang lamu na vai nizi ta Ia-lan.

以前　　舊社　阿嬤都 在 宜蘭

意指：以前我們的祖先原來在宜蘭

Rmazuq na vaqi matarin Rmazuq na vai matarin

很傻　　的 阿公 搬遷　　很傻　　阿嬤 搬遷

matarin sa patoRogan

搬遷　　到　　新社

意指：為著生活流浪去，為著生活流浪去，流浪到新社

　　歌謠中新集結的噶瑪蘭族人，藉由重新詮釋過去在宜蘭被漢人驅趕的這段歷史，為「阿公、阿嬤很傻搬遷到花蓮／新社」，「刻意忽略」過去與漢人之間的土地衝突，並且將這段過往的衝突理解（或自嘲）成是祖先的問題，而非與漢人之間直接的族群衝突，以如此反思屈轉的方式，避免引起族群間的矛盾，而轉移因追求認同可能會遭受到的威脅。此一策略又同時區隔出其與漢人之間的邊界，加強非漢的族群性。再者，歌謠中刪掉噶瑪蘭族人被壓迫的歷史，這個過去將會使他們瞭解到他們就如同其祖先，缺乏對自身生活的掌控能力（部份選擇當漢人的祖先比他們清楚這點），更糟的是現在他們無法再依賴祖先的土地過活（自我解釋這就是流浪到花東的原因）。另一方面，也透過這個非直接控訴歷史的「加害者」，另一形式的訴可憐歌謠傳唱，

集體抒發其長期被壓抑的情緒，重新詮釋與回應其族群與大社會主流群體間的現實政治關係。

　　除歌謠外，整齊一致的 *qataban* 表演服裝也表現出噶瑪蘭人，這個必須被詮釋的主體，正在藉由 *qataban* 慶典找尋「傳統」以作為現代的認同想像。部落長老談到，這個服飾最好是有別於漢人與阿美族，而且要有統一性，以刻意強調展現集體性。因此菁英族人從研究文獻中開始尋找，並與老人的記憶結合，「創造」出男性以「傳統」黑色中扣上衣，與長褲二件式的服裝；女人則以白色上衣，滾黑邊與黑色褲裙為主。這個黑白兩色在其認知中，最可以與周遭阿美族的的紅色明顯區隔，加強形塑其「非」阿美族的族群性。

　　總之，在這些頻繁且脫離部落脈絡下的 *qataban* 展演中，其國家化認同變成是一種表演，角色的扮演（Sharp & Boonzaier, 1994），在高度政治意識與社會脈絡的反思下，聲稱「我們是誰」。同時，這種展演（performance）如 Schieffelin（1996, 1998）的分析概念，是一種想像性的創造，創造出一種事實（reality）及存在／在場，而不是再現（representaion）。透過 *qataban* 正在上演「族群」正名與國家化本身，讓他成為一個實際存在的事實，而不是如一般觀眾的刻板印象，噶瑪蘭族已消失在漢人之中完全不存在了。這種新興民主國家化認同建構的方式，與獵頭時的 *qataban* 強調日常生活的認同差異很大。其創造認同與展演存在的場域，多在臺北都會的節慶舞臺、文化活動、臺北市政府、總統府前凱達格蘭大道更名典禮上，表演這個過去被族群偏見所污名化，被認為是「野蠻落後」、「番」的歌舞。接著再經由媒體擴大傳送，或民族學家受政府委託進行民族認定，透過這樣系統的運作，使得噶瑪蘭族成為獨立的一族群分類，獲得外界與官方的認可，同時以此作為我群的標示，與其他群體作區隔，以排除其他群體的進入，來限定我群邊界。

七、族群文化符碼與集體記憶的創造

這種既具官辦性質，後來又有族人自主動員參與的 *qataban*，1990 年後藉由「花蓮縣噶瑪蘭族協進會」的組織，開始出現在選擇性的特定地點：[41]主要集中於宜蘭的流流舊社。然而，為何選擇在很少有自我認同為噶瑪蘭人的宜蘭集結（其實際能動員集結的力量微弱），而不是在移居花東後的大據點加禮宛或現今意識較強的新社？莫非跟土地權宣示有關？或是刻意要跟漢人作區隔？

筆者認為一則是當時宜蘭的政府曾積極做出正面回應，再則是祖先的原居地較易引起今散居群體的共同歸屬感。*qataban* 活動加強與形塑了正在尋求認同中的「噶瑪蘭人」，藉由象徵性重返祖先家園，把宜蘭定義成祖居之「聖地」。雖然現實生活中很少人仍居住在宜蘭，參加*qataban*展演活動的人，多來自宜蘭、花蓮、臺東及臺北等地的噶瑪蘭後裔或女婿。但是藉由追溯散居各地族裔之祖父母，曾經共同居住過的地方，同時也是文獻資料、書寫歷史記憶中的噶瑪蘭人群居之地，以進行跨地域及跨部落協商，激起族群相繫的原生情感，塑造出一致的共同集體記憶。記憶涉及認知與行動思考，可說是構成一個人或者一個族群的基本條件；這裏也可看出人們如何選擇、創造與重組過去，以凝聚、調整來合理化當前「我族」新的人群。另一個面向，如同 Geertz（1973）的分析，族群性自身並非是根本存在的，人們意識到她是因為她必須體現在人們的經驗世界中，而噶瑪蘭人正在創造這種共同經驗與新的集體記憶。

另外，在舊社各地的族人還會手牽手圍在 *kasop*（大葉山橄樹）下，一

---

[41] 如 1991 年宜蘭縣政府游錫堃任內，舉辦創立「開蘭日」的系列活動中，成為重頭戲之一。又 1994 年、1995 年及 1996 年也有類似的活動，如後山噶瑪蘭返鄉尋根活動的 *qataban*。

起 *qataban* 圍圓圈歌舞，不過中央不再插著敵首，而由大樹取代。此圓形歌舞行動形成人與人「鏡像互看」的效果，又是一種激起我們看我們自己的集體意識之展演。其中 *kasop* 被詮釋為其祖先留在家屋旁的樹，象徵其跨越時空不滅的群體精神之延續。這整個置換時空的 *qataban* 變成一種凝聚新人群的工具，此群體正透過這種象徵祖先傳統文化的符碼，來承載記憶中的祖居地，並且以極易辨認的 *kasop* 橄欖樹界定出其族群性，宣揚族群的統一形象，讓所有參與的人沈浸其中分享認同。最後，在 *kasop* 樹下或傳統住屋前，一定會有散居各地的族人大合照，這個照片常掛在筆者拜訪各地的族人客廳中，成為每個人的共同經驗與「朝聖」集體記憶，並在日常生活中不斷擴散、展示、尋求、召喚、生產與傳遞群體認同。從整個返鄉之旅中我們可以看到，回舊社舉行展演式的 *qataban*，似乎讓噶瑪蘭後裔有穿越時空重訪歷史現場的戲劇效果，使得團體激動起來，這變成是一個非常重要的事件，被選擇用來強調並給予象徵價值，過程中所創造出代表噶瑪蘭族的文化符碼以及與此對應的集體記憶，皆產生凝聚的力量。

八、部落與族群認同的套疊

噶瑪蘭族復名運動之初，在部落並沒有興起 *qataban* 復振，反而僅以舞臺展演的模式出現在「他鄉」。1993 年開始，才在新社部落舉辦名為「後山噶瑪蘭豐年舞節」，邀請宜蘭族親 80 多人參與，並召集了花蓮、臺東等地鄉親百餘人。透過這種藉由各地親屬網絡動員的 *qataban*，有些年輕一輩才「發現」原來自己也是「番親」，如後來積極投入復名運動的菁英潘朝成。相對於運動初期處於被政府單位邀請，不定期參與演出的狀況，今日 *qataban* 已在新社重新生根，逐漸累積聯結的能量，變成是每年都會例行舉行的活動，並且創造出以百年歷史的新社部落為聚集點——「噶瑪蘭族新故鄉」（陳國

先等，2004），一個具體、「活」的族群意象。其後，臺東長濱與樟原的族親，也開始複製這套新社發展出來的 *qataban* 歌舞。

這樣參與群眾擴大的 *qataban* 活動，與臺灣當代政治發展的互動關聯性很強，尤其與臺灣正在形塑中的多元文化價值產生聯結，在 2002 年政府認定其為原住民的第十一族之前，部落內 *qataban* 活動更是頻繁與盛大。同年，陳水扁總統親自參與在新社復振的 *qataban*，致詞中肯定噶瑪蘭族人爭取復名運動的貢獻，還表示「期盼為臺灣開創一尊重多元文化價值之空間」（林修澈，2003：332）。但對大社會其他人而言，卻也引起不少疑慮，特別是噶瑪蘭人是否仍存在著未經漢化、真正的傳統文化？她們爭取要作「原住民族」是否會擠壓原住民內部的國家資源分配等？

在各方注視、期待與疑慮之下，這種不會在鄰近東興阿美族部落進行的 *qataban* 模式一直延續到今天。其在部落裏又可區分為二，一個是在 8 月中舉行，由「新社社區發展協會」主辦，強調社區噶瑪蘭人的集體意識，近幾年以慶豐年與發展文化觀光為主軸的 *qataban*。另外一個在 12 月底舉行，為了紀念 2002 年正名成功，以跨區域族人認同為主軸。這裏再次呈現出時間被噶瑪蘭人作為區隔部落／族群意義的標誌。另可看出，在噶瑪蘭族的族群認同內，也同時還在發展部落的認同，並且在這個已轉變的認同之上，再套疊一個國家領土內跨區域整合的族群認同。這兩種 *qataban* 中，新社變成是群體中心被強化，但也顯示新社與其他地域族人之間所產生的分裂與衝突問題。不過透過這個正名紀念的 *qataban*，補償了族人散居各地所造成的空間限制，而製造出族群參與共同事件的經驗。

另外，以國家化的族群為中心考量，主辦 *qataban* 活動的組織從「花蓮縣噶瑪蘭族協進會」、「噶瑪蘭文化基金會」籌備會，另又成立「噶瑪蘭族復名促進會」，運動期間因意見差異或政治立場問題，形成不同的次群體；而於正名成功後又轉成立「花蓮縣噶瑪蘭族發展協會」。這些現代形式的組織與部落傳統頭目、青年會三者平行運作，人員也有所交疊。大體上其組織內

部運作架構為：理事長（男）、頭目（男）、村長（男）、秘書（女）及各組
負責人（男與女），參與工作人員以新社部落為主，再加上花蓮北埔、立德
及臺東樟原、臺北的代表。活動經費支出由縣府或鄉公所補助，原住民民意
代表的紅包，及參加豐年祭歌舞的人贊助現金或禮品。整體而言仍保有其自
主性，不過組織型態與運作方式，已經跟過去以 *sabasabasayan* 年齡階級為
主的情況大不相同。

　　除了動員策略與組織運作之外，*qataban* 進行的會場入口通常會製作大
型牌樓，以中文字明顯的告知（深怕大家不知道，這在其他儀式中未曾出現）
這是噶瑪蘭人的豐年祭，還有周遭高插國旗及發展協會或協進會的旗子，以
表示對國家的忠誠。這幾年都以打赤膊的年輕人排成列，扛著身穿傳統服飾
的頭目及副頭目進場，推崇恢復的年齡組織「青年會」，及敬老的傳統價值，
同時也展示什麼是我們噶瑪蘭族的傳統組織。接著，*mtiu* 女性巫師與男性長
老代表聚在會場中間，以 *nuzun*（麻薯）、酒、檳榔及荖葉來 *paspaw*（祭拜），
告知祖先即將進行 *qataban*。接著再由政治人物（貴賓）、頭目致詞，講述他
們對噶瑪蘭人的貢獻與期許，然後大家手牽手圍圓圈開始唱歌。用餐方式一
定是請外燴「辦桌」，經費較充裕時還會殺豬，這個集體聚餐變成是 *qataban*
固定的形式，藉由共食凝聚集體情感。

　　此類型 *qataban* 中唱的歌謠則會強調用母語傳唱。*miomio* 一曲過去常被
視為代表 *qataban* 的歌，也是最能展現噶瑪蘭族群特色的歌之一，必定會被
重複唱。不過，近幾年來，筆者多次參加的經驗中發現，*miomio* 已不再被傳
唱。同時為傳道者與頭目的潘先生解釋，因有教友反映這是過去 *sataban* 砍
頭的歌，如果唱了「天氣會變壞下雨」、「因為是祈雨歌」，而 *qataban* 是要慶
豐年，大家正快快樂樂歌舞，下雨淋濕會非常掃興，因此不能唱。其實過去
表演時唱此歌曾被反映過相同意見，但偕長老強調表演是為了爭取他族認
同，所以沒關係。但是正名成功後，又有人提出此異議，或有其他人埋怨，
這是有 *manmet* 遵守特殊禁忌才能唱的歌，現在大家信天主沒有 *manmet* 所

以不能唱，唱了等於「沒有尊重祖先的要求」，可能會招來 *tagau*（病痛）或不好的事情等，於是 *qataban* 中唯一傳統曲調的 *miomio*，反而成了絕響。這裏呈現出部落裏的族人仍深信傳統的象徵意義，但此象徵功能卻與改宗及現代觀光價值衝突，於是族人決定停止此象徵的社會實踐。表面上，族人透過反思與傳統產生斷裂，不過象徵意義卻矛盾地因不實踐而被延續下去。

此外，在 *qataban* 的服裝上有多元層次認同的傾向。年紀較長者會穿著表演訂做的傳統服，標準的「黑白配」，刻意強調作為噶瑪蘭族集體性的展演。但是今噶瑪蘭年輕女性許多都是阿美族人嫁入，較喜歡紅色衣服，而刻意與中、老年的黑白顏色做區別；年輕的男性亦是如此，喜背阿美族的紅色檳榔袋。整個黑白與紅色交織的畫面呈現出，年長一輩強調「服裝與族群認同」之間的關聯，年輕一輩則表現出「服裝與年齡差異」之間的認知對照。

九、旅北 *qataban*：排除他群的時空凝駐

最後分析 1990 年開始在臺北縣出現的 *qataban*，背後主要由「噶瑪蘭族旅北同鄉聯誼會」動員。因其舉辦活動的時間與形式非常類似新社部落裏的 *qataban*，加上此活動舉辦幾年後，旅北的噶瑪蘭中、青一輩成立了新的「都市部落」，在新社長老的反對下，仍選出頭目、副頭目、婦女會長，並且旅北的族人把其聚會也視作一種族群認同復振與 *qataban* 的延續，因此筆者認為有必要將之與其他形式的 *qataban*，放在一起做比較，討論其內部多元形塑的認同主體。

在 1980 年代，隨著新社部落內主要聯外道路花東海岸公路的開通，以及北上蘇花公路、北迴鐵路的通車，再加上引進肥料、農藥等外來的改變，使得新社部落稻作的人力分配重新調整，許多釋放出來的年輕勞力，開始往北部都會區移動，這使得部落逐漸開始工業化與全球化。其人群分布集中在

都會邊緣：土城、樹林、板橋、鶯歌一帶。這些散居在工作地點附近的年輕都會移民，有來自花蓮新社、加禮宛、豐濱、立德及臺東長濱、樟原等地的族裔。他們於 1990 年開始主動成立「噶瑪蘭旅北同鄉聯誼會」籌備會。此聯誼會採會員制，分為兩種會員：具噶瑪蘭族身分、18 歲以上、不分性別、經委員會[42]審查通過、照章繳納會費者，為一般會員。另一種為贊助會員，為不分族群，舉凡認同噶瑪蘭族同鄉會宗旨者皆可。組織運作方式透過頭目、會長、婦女會長及幹事等，而這些中心人物皆透過一般會員直接選舉投票選出。另外也邀請原住民立法委員及新社部落的頭目及長老們作顧問。目前繳費會員約有 60 人左右，以噶瑪蘭人為主，甚少其他族群。

　　噶瑪蘭族旅北聯誼同鄉會主要的宗旨為「傳承同鄉敬老尊賢、濟弱、互助、團結、和睦之優良傳統，融合現代之生活，使同鄉（鄉親）優美之文化及深厚感情長存不息。」另外，任務為「發揚噶瑪蘭族優良傳統文化，聯絡旅北鄉親，促族人團結合作，舉辦文化傳承活動」。從其在 *qataban* 現場印發的成立宗旨傳單與行動目的來看，乍看之下難免有「同鄉」與「同族」之間矛盾的疑義，「同鄉」、「同族」與新移民團體之間出現移花接木巧妙的轉合。現在移居北部的年輕人，來自宜蘭、花蓮及臺東各地，並非來自同一原鄉部落的移民，透過這個聯誼會此群體重新詮釋與定義「同鄉」為「同族」，如此某部份避免「番」的認同污名，可擴大顯性認同人口及增強內部情感的聯繫，同時也定義逐漸興起壯大的北部移民，此一混合的新群體。但他們把都市邊緣移民及族群問題，反思屈轉成地緣或親屬關係的問題，而推動「濟弱、互助、團結、和睦」與「優良傳統文化」價值，轉移其族群復名可能引起外界的注意與威脅感。

　　1990 年以來至今，在旅北同鄉會舉辦的活動中，以每年 8 月底才舉行的 *qataban* 歌舞為主，平常另有零星的運動隊伍聯誼，如組龍舟隊或婦女歌舞

---

[42] 由頭目、副頭目、會長及總幹事組成。

隊等。8 月底的 *qataban* 聯誼會，幹部會邀請原住民民意代表及行政機關首長參加，大會進行之前由他們致詞，表示對鄉親的認同支持與原住民事務的允諾，同時這些政治人物用紅包贊助，總額等於一年所有的會費收入，甚至超過，為組織運作經費上重要的來源。另一方面，由於移居人口驟增，也被政治人物視作重要的打知名度、拉票場合。

　　然而，旅北的 *qataban* 形塑出怎樣多元與流動的工業化新主體？同鄉會幹部事先設計的活動內容，以新社的 *qataban* 為模仿的對象，這是她們對噶瑪蘭族「傳統文化」的想像根源，並視此舉為發揚其傳統文化的實踐。同鄉會也必定會邀請新社部落的婦女及長老北上，以代表性傳統黑白服裝先進行 *qataban* 歌舞的展演，強調其文化認同的延續，不過年輕人並不加入開場的共舞，而讓「傳統傳承」變成是一種展演與觀看，而非共同參與。再者 *miomio* 這首獵頭後歡慶的歌，原本被視為凝聚認同、具有族群特色的歌，也因被旅北鄉親認為不若時下流行歌或卡拉 OK 熱鬧而鮮少演唱。不過與新社部落的 *qataban* 進行的開場形式一樣，皆由花蓮來的巫師 *mtiu* 及男性長老開始用酒、*nuzun*（麻薯）*paspaw* 祭拜祖先，告知祖先活動的開始，並祈求進行過程順利。也就是在形式上還是遵循新社部落集體協商創造出來的「傳統」模式。

　　形式之外活動內容，則跟新社部落的 *qataban* 相當不同。旅北主要以趣味競賽與各地婦女會的表演為主，較少進行手牽手「大會舞」形式的歌舞。多由板橋、桃園、土城等地來的隊伍分組進行，整個活動比較類似運動會的表演競賽模式。僅在服裝上可看出與一般群體的差異，如在服裝上年輕的一代選擇顏色鮮豔的紅、綠及亮粉色為主，並以居住地社區如桃園、樹林為同一服裝／制服單位，突顯其次群體。在這樣 200 多人同一天參加的場合中，可看出來自不同居住地的噶瑪蘭人，日常生活中彼此鮮少聯繫，大多彼此不相識。另外，長期生活在主流漢文化中，與父母輩的生活方式及部落式的噶瑪蘭文化越來越不同，缺乏母語能力，彼此溝通以國語為主。不過在此聯誼會中，仍不斷透過大會致詞的這種語言的方式，強調旅北鄉親對噶瑪蘭族文

化的認同，其形式上的意義大於實質的日常生活實踐，給人一種展演當代社會的都市生活中，「當一天所謂噶瑪蘭人」的外來觀感。不過這卻是年輕人對自己族群追尋、學習與彼此認識的一個重要契機，再次出現 Turner 與 Myerhoff（1982）所言，對參加的人展示自己，激起我們看我們的意識，有一種自我正面、互相勉勵、認同提攜與群體向心力之營造。

　　透過這種創新都會型的 qataban，對外交流互動的範圍，以原住民族特別是與阿美族較為熱絡，其他原住民或漢人的角色卻很少出現（被排除）在此營造出來的場域中，有明顯族群集中與區隔的現象，刻意不去面對與主流族群之間的關係，強調內部群體的「敬老尊賢、濟弱、互助、團結、和睦之優良傳統」。在日常生活的族群互動經驗中，相較於花東部落的族人，旅北鄉親反而跟主流族群最有密切往來與聯繫網絡，甚至是完全混居與頻繁通婚，但是在 qataban 中卻刻意將己群封閉孤立，完全排除他群進入，刻意塑造出一個停駐的時空來強化族群內部的自我認同，避免淹沒於以居住範圍及日常生活經驗建構起來的認同。或說是族群性逐漸隨著城鄉流動加劇，人口多轉營造業與製造業的情況而改變，它並非是本質性存在的，它也不再經常性體現在這群人的日常生活中，人們意識到它是因為國家政治的刺激與規劃，特別是平地原住民特殊選民身分區隔的影響，與憲法中特殊資源分配的保障，使得 qataban 的外賓或互動對象僅限於此群體。再者政府政策補助 qataban 這類的歌舞活動，將之視為原住民公民身分認定的外顯「文化」準則，或一種文化資產及觀光資源，在這種社會情境下，族群變成是追求與國家公共資源相關的不同公民身分之手段。

十、結論

　　從本文分析噶瑪蘭人面對強勢外來者的百年歷史當中，我們可以看到其

傳統部落社會如何喪失獵頭武力、主權、領土及其資源分享、泛靈信仰與儀式文化等而瓦解。直至 1980 年代末期，臺灣從威權國家逐步走向自由化與民主化之際，族群問題逐漸浮出，使這些已喪失原生聯結的新社噶瑪蘭人，在被政府動員為文化演出的契機下，透過多種不同時空的 *qataban*，重新創造與想像其族群新組成分子內部的原生情感，並與傳播媒體及學術文化力結合，在展演「被看」與「看自己」的迴光中，建構出國家化的「族群」共同體。在此現代反思中，標榜追尋「傳統文化」的認同卻是戲劇性的，且與日常生活脫節，僅在形塑當代族群認同這個特殊脈絡下，才會賦予此傳統儀式高度價值；也就是說「傳統」是為當代政治目的而建構，並非如同過去將傳統的儀式，當成是反思、組織與管理日常生活的一種模式。易言之，相較於傳統的認同方式，1980 年代末「噶瑪蘭族」的新認同，不但被捲入臺灣民主化轉型的政治過程中，也將其個人及次群體在「族群」的政治框架下，迅速嵌入現代民主國家的建構中。

「傳統失憶症」似乎是過去的原住民，要成為國家一員的過程中，面臨被同化，所必須付出的代價。80 年代臺灣政治經濟迅速變遷的氛圍中，噶瑪蘭人想要從失憶中甦醒，要面對的不僅是如何重建已然斷裂的「傳統」，更要重新正視新的政治權力關係、基督教化的衝擊，以及工業化與全球化下的新處境。我們可以看到現今的 *qataban* 豐年祭，正如同其他原住民的重大祭典，隨著政府政策逐漸轉向發展文化觀光，藉由歡樂的節慶氣氛，來解決群體目前面臨全球化政經弱勢的窘境，但卻很少去檢視國家政府如何看待且治理族群，以及經濟力、政治力、公共資源分配的不平等問題。在噶瑪蘭節慶展演的認同中，透過地景、時間、物品等符碼，不斷無意識或有意識地嘗試釋出與漢人邊界做出區隔的決心，在天主教與旅北鄉親的 *qataban* 中，也讓阿美族的文化元素得以開放進入與流動，但這種主觀多重自我文化定義下的噶瑪蘭人，仍須與阿美族頻繁互動，特別是日據時期居住於平地原住民行政區域內的新社族人，惟有透過這些擁有平地原住民身分的人，才能向國家協

商並成功爭取族群復名。

依主觀自我認同來界定的噶瑪蘭族人，與官方所認定的族人方式落差很大。根據 2002 年在官方認定噶瑪蘭族之前，由噶瑪蘭復名推動小組（2002）的自我認同意願調查書，還有 1/3（約 600 多人）尚未取得噶瑪蘭族人的身分。此種由噶瑪蘭族人提出的自決意識之認定方式，是依日據戶籍族別註記為「熟」者（文化漢化程度較深）來認定，而非原民會依已登記為「平地原住民」者才可被認定的模式（林修澈，2003）。這個日據時期的祖居地與文化漢化程度，為雙方認定噶瑪蘭族人的爭議焦點所在，此落差突顯族群不僅如工具論的 Barth（1969）所言，是一種由其本身組成分子主觀認定的範疇，她還必須經歷群體與國家協商的合法化過程。而這個協商更攸關原住民與漢人之間實質人口邊界的流動問題。其背後顯現出，臺灣正發展中的多元族群政策，原／漢之間的邊界仍相當固定，從二次世界大戰後至今，其實未曾改變過，連帶使整個國家新定位下的原／漢社會結構也沒有改變。雖然表面上至 2001 年以來，民主政治上不斷有「新族群」的產生，如邵族、噶瑪蘭族、太魯閣族、撒奇萊雅族及賽德克族等，然而這些被認定的「新族群」，僅止於在原來的原住民族分類範疇內流動，他們與其他的平埔族群，也同樣面臨原／漢邊界的問題（如 2005 年西拉雅族僅成為「縣定原住民」），[43]因涉及國家內原住民身分與資源分配問題，此界線仍無法跨越。

若反觀被政府收編作為樣板的噶瑪蘭族復名運動，它正如同原住民族、邵族、太魯閣族、撒奇萊雅族及賽德克族等正名運動，雖突顯出臺灣近年來鼓吹發展多元文化主義的政策方向，但也指出這種多元文化主義其實相當狹隘，它僅針對新形塑出的「原住民族」（張茂桂，2002：224），使原住民變成公共的議題，被列入憲法增修條文，以提供一種良好的示範作用，讓公民

---

[43] 西拉雅等平埔族組「臺灣平埔權益促進會」，就原住民身分回復與族群身分登記等問題，向聯合國提告訴，2010 年 5 月由聯合國人權委員會受理（Taiwan News, 25/5/2010）。

有所遵循，且政府仰賴「原住民族」來設計民主與多元文化共榮共享的新國家，以避免社會失序，從這裏也在在可以看出噶瑪蘭族被認定成為原住民族，其作為國家治理的工具性格。

這種治理性的多元文化主義，除了忽視原住民族及漢人內部（河洛、客家及外省）語言、文化及社會結構的多元歧異之外，也無視逐年不斷攀升的新移民問題，其族群差異的空間仍停留在原／漢二分的雙元文化（biculturalism）概念上。紐西蘭 1980 年代以前，所發展的也是「南島語系的 Maori（毛利人）」與「殖民者 Pakeha（白人）」之間的雙文化權力分享架構（Fleras and Spoonley, 1999）。毛利人於 1960 年代末期至 1970 年代初期，受世界性去殖民運動影響開始展開族群運動，推動還我土地、母語與文化運動，具體復振會所制度等，爭取落實雙元權力（Maaka and Fleras, 2005）。1980 年代初期，隨著來自亞洲與太平洋其它島國新移民的大量移入，資源的排擠競爭關係由是而生，再度興起毛利傳統文化復振運動。毛利人透過跟噶瑪蘭族儀式展演相當類似的方式，與人類學家策劃在美國大城市展出「毛利藝術」，同樣利用戲劇性的儀式開幕，解除傳統物品的禁忌（Hanson, 1989），成功地宣傳我族，同時也建立其自信心。不過，紐西蘭的雙元文化論於 1986 年已逐漸轉向多元文化論的新移民政策。

最後，回到尊重文化差異的觀點來看，臺灣近年來發展出的這種原住民族文化高度政治化的「雙元文化主義」，在尊重原住民族內部文化差異與創新的層面上仍有諸多限制。可能被復振及想像的「傳統」差異，如透過泛靈信仰的文化機制，來平衡部落與周遭自然環境的關係，以反思日益嚴重遭開發破壞的環保、生態平衡的議題；或是全球化下日漸加重的弱勢群體經濟落差所形成的階級問題，以及「母系文化」（如女性的繼承權、宗教權優勢、男婚入）的性別問題等，在臺灣的多元文化中都從未被意識到。法國 70 年代在 Basque 人建構其地方群體認同時，曾經運用其「母權」的群體特性，突顯我群與其他法國人之間的差異（Teresa del Valle, 1993: 15）。另外，在印尼

同樣也是南島語系母系社會 Minangkabau 的男人，藉由強調其母權、男婚入贅習俗及婚後從母居的社會特性，自我區別於其他族群，以建立其族群的國家認同（Sanday, 1990）。還有在北印度屬 Bangladesh 政邦的 Khasi 及 Garo 部族，在被整合進邦聯政治共同體時，要求在憲法裏合法化母系傳承及從母居婚制，以作為其族群國家認同建構的一部份（Nakane, 1967; Nanda, 2009）。易言之，在建立國家化族群認同主體時，母系為主的社會制度或組織，也可能是族群自我區隔的工具及我群認同建構的基礎。

　　回溯臺灣環島平原地區，曾經盛行母系大家族和以年齡組織為主的社會（劉斌雄，1995），如噶瑪蘭、西拉雅、巴宰、凱達格蘭、道卡斯、阿美及卑南等群體，這是臺灣極為特殊的部落社會文化現象。易言之，在親屬範疇中，母方的認同曾經也是這些族群用來建構其社會群體和個人自我認同非常重要的原生部份。不過這些快速消失中的母系文化，在噶瑪蘭族或新的原住民族認同的建構中，卻未曾被關注與正視。直到 2000 年原民會主委尤哈尼提出「原住民身分認定條例草案」，堅持尊重母方認同以落實兩性平等，性別的議題才因這個「現代價值」而非「傳統文化的復振」而短暫浮出檯面。

參考書目

三尾裕子、豊島正之編

　　2005　《小川尚義‧浅井惠倫台湾資料研究》。東京：東京外国語大 アジア アフリカ言語文化研究所。

王甫昌

　　2008　〈族群政治議題在臺灣民主化轉型中的角色〉，《臺灣民主季刊》5（2）：89-140。

王振寰

　　1989 〈臺灣政治的轉型與反對運動〉，《臺灣社會研究季刊》2（1）：
　　　　　71-116。

王嵩山

　　1989 〈宗教儀式的傳統意義與本土抗爭：阿里山鄒族戰祭 Mayasvi 的
　　　　　持續及其復振〉，《中央研究院民族學研究所集刊》67：1-28。

李壬癸、吳榮順

　　2000 〈噶瑪蘭的歌謠〉，《中央研究院民族學研究所集刊》89：147-
　　　　　205。

林佳龍

　　1999 〈解釋臺灣的民主化：政體類型與菁英的策略選擇〉，刊於《兩
　　　　　岸黨國體制與民主發展；哈佛大學東西方學者的對話》，林佳龍、
　　　　　邱澤奇主編，頁 87-152。臺北：月旦出版社。

林修澈

　　2003 《噶瑪蘭族的人口與分佈》。臺北：行政院原住民族委員會。

河野喜六

　　2000[1915] 《番族調查報告書第二卷，阿美族卑南族》。中央研究院民
　　　　　族學研究所編譯。臺北：中央研究院民族學研究所。

東森新聞生活中心

　　2010 〈隨馬出訪南太平洋原舞者獻「太魯閣之舞」〉。網路資源，
　　　　　http://nownews.com/2010/03/14/11490-2579908.htm，2010 年 3 月
　　　　　14 日。

胡台麗

　　1991 〈臺灣原住民族的祭典儀式〉，刊於《中華民國文化發展之評估
　　　　　與展望》，行政院文化建設委員會主編，頁 179-207。臺北：行政
　　　　　院文化建設委員會。

孫大川

　　2000　《夾縫中的族群建構》。臺北：聯合文學。

許木柱、廖守臣、吳明義

　　2001　《臺灣原住民史：阿美族史篇》。南投市：省文獻會。

清水純

　　1992[1986]　〈噶瑪蘭人——變化中的一群人〉，余萬居譯。臺北：中央
　　　　研究院民族學研究所。（未出版）

章英華、傅仰止

　　2006　《臺灣社會變遷基本調查計畫第五期第一次調查計畫執行報告》。
　　　　臺北市：中央研究院社會學研究所。

康培德

　　1999　《殖民接觸與帝國邊陲：花蓮地區原住民十七至十九世紀的歷史
　　　　變遷》。臺北：稻鄉出版社。

張茂桂

　　2002　〈多元主義、多元文化論述在臺灣的形成與難題〉，刊於《臺灣
　　　　的未來》，薛天棟編，頁 223-273。臺北：華泰文化事業公司。

張慧端

　　1995　〈由儀式到節慶——阿美族豐年祭的變遷〉，《考古人類學刊》
　　　　50：54-64。

偕萬來

　　1993　〈偕萬來先生自述，李忠賢整理〉，《宜蘭文獻雜誌》（6）：27-38。

陳文德

　　2002　〈「社群」研究的回顧〉，刊於《「社群」研究的省思》，陳文德、
　　　　黃應貴主編，頁 1-41。臺北：中央研究院民族學研究所。

陳逸君

　　2002　《現代臺灣族群意識之建構：以噶瑪蘭族為例》。臺北：原住民
　　　　委員會。

2003 〈認知與定位：當代噶瑪蘭族多重族群認同論述的差距〉，刊於《臺灣平埔族》，潘朝成等編，頁 61-103。臺北：前衛。

陳國先、偕萬來、潘金榮、潘朝成（計畫主持）

2004 《百年新社：噶瑪蘭族新故鄉》。臺北：順益臺灣原住民博物館。

彭月櫻

2010 〈聯合國受理平埔族告馬政府 臺灣歷史應重寫？當一個消失的種族，重新在人間顯現，人們會投注多少關心？〉，臺北：臺灣英文新聞。網路資源，http://www.etaiwannews.com/etn/news_content.php?id=1265769&lang=tc，2010 年 5 月 25 日。

詹素娟

1996 〈詮釋與建構之間——當代「平埔現象」的解讀〉，《思與言》34（3）：45-78。

1998 〈族群、歷史與地域：噶瑪蘭人的歷史變遷（從史前到 1900 年）〉。師範大學歷史學研究所博士論文。

臺灣省政府民政廳

1971 《發展中的臺灣山地行政》。南投：臺灣省政府民政廳。

臺灣總督府警察本署編

1997 《日據時期原住民行政志稿》，第一卷（原名：《理蕃誌稿》），陳金田譯。南投市：臺灣省文獻會。

1999 《日據時期原住民行政志稿》，第二卷（原名：《理蕃誌稿》），陳金田譯。南投市：臺灣省文獻會。

潘英海

1987 〈有關平埔族研究的西文資料〉，《臺灣風物》37（2）：39-53。

2001 〈傳統文化？文化傳統？——關於「平埔族群傳統社會文化」的迷思〉。刊於《平埔族群與臺灣歷史文化論文集》，詹素娟、潘英海主編，頁 205-236。臺北：中央研究院臺灣史研究所籌備處。

噶瑪蘭族復名推動小組

　　2002　《自我認同噶瑪蘭族意願調查報告書》。(未出版)

劉斌雄

　　1995　〈臺灣的田野是無盡的寶藏〉,《中央研究院民族學研究所集刊》
　　　　　80：19-26。

劉璧榛

　　2004　Les Mtiu, femmes chamanes: genre, parenté, chamanisme et pouvoir
　　　　　des femmes chez les Kavalan de Taiwan (1895-2000). Ph.D. thesis,
　　　　　department of Social Anthropology and Ethnology, E.H.E.S.S. (*mtiu*
　　　　　女巫師：臺灣噶瑪蘭人社會中性別、親屬、巫師與女性權力之研
　　　　　究〔1895-2000〕。法國高等社會科學研究院,社會人類學與民族
　　　　　學所博士論文。)

　　2008　《認同、性別與聚落：噶瑪蘭人變遷中的儀式研究》。南投：國
　　　　　史館臺灣文獻館。

謝世忠

　　2006　〈身分與認同：日月潭邵族的族群構成〉,刊於《歷史、文化與
　　　　　族群：臺灣原住民國際研討會論文集》,葉春榮主編,頁309-332。
　　　　　臺北：順益臺灣原住民博物館。

謝文華、許紹軒

　　2010　〈隨總統出訪　原舞者獵頭舞碼遭刪　外交部認為太血腥不宜〉。
　　　　　臺北：自由時報。網路資源,http://www.libertytimes.com.tw/
　　　　　2010/new/mar/18/today-life9.htm,2010年3月18日。

藤井志津枝

　　1997　《日治時期臺灣總督府理蕃政策》。臺北市：文英堂。

藤崎濟之助

　　1931　〈臺灣の蕃族〉,黃文新譯,中央究院民族學究所編譯。(未出版)

Anderson, Benedict

   1991 *Imagined Communities: Reflections on the Origin and Spread of Nationalism*. London; New York: Verso.

Appadurai, Arjun

   1996 *Modernity at Large: Cultural Dimensions of Globalization*. Minneapolis: Uni-versity of Minnesota Press.

Barsamian, David, and Edward W. Said

   2003 *Culture and Resistance: Conversations with Edward W. Said*. Cambridge, Mass.: South End Press.

Barth, Fredrik

   1969 "Introduction", In *Ethnic Groups and Boundaries*, Fredrik Barth, eds. Pp. 9-38. Boston: Little, Brown and Company.

Biehi, Joao Byron Good, and Arthur Kleinman, eds.

   2007 *Subjectivity: Ethnographic Investigations*. Berkeley, California: University of California Press.

Brown, Melissa J.

   2001 "Reconstructing ethnicity: recorded and remembered identity in Taiwan". *Ethnology* 40(2): 153-164.

Césaire, Aimé

   1989[1950] *Discours sur le Colonialisme*. Paris: Présence africaine.

Cohen, Ronald

   1978 "Ethnicity: Problem and focus in anthropology". *Annual Review of Anthropology* 7: 379-403.

Errington, Frederick

   1987 "Reflexivity Deflected: The festival of nations as an American cultural performance". *American Ethnologist* 14(4): 654-667.

Esman, Marjorie R.

　　1982　"Festivals, change, and unity: the celebration of ethnic identity among Louisiana Cajuns". *Anthropological Quarterly* 55(4): 199-210.

Fleras, Augie, and Paul Spoonley

　　1999　*Recalling Aotearoa: Indigenous Politics and Ethnic Relation in New Zealand*. Auckland: Oxford University Press.

Foucault, Michel

　　1984　"Des espaces autres (conférence au cercle d'études architecturales, 14 mars 1967)". *Architecture, mouvement, continuité* (5): 46-49.

　　2001　*L'Herméneutique du sujet*. Paris: Gallimard.

Geertz, Clifford

　　1973　*Interpretation of Cultures: Selected Essays*. New York: Basic Books.

Giddens, Anthony

　　1990　*The Consequences of Modernity*. Stanford, California: Stanford University Press.

Godelier, Maurice

　　1996[1982]　*La production des Grands Hommes*. Paris: Fayard.

　　2009　*Communauté, sociéte, culture: trois clefs pour comprenred les identités en conflits*. Paris: CNRS éditions.

　　2010　*Les tribus dans l'histoire et face aux Etats*. Paris: CNRS éditions.

Goffman, Erving

　　1959　*The Presentation of Self in Everyday Life*. Garden City, N.Y.: Doubleday.

Habermas, Jürgen

　　1991　*Communicative Action: Essays on Jürgen Habermas's the Theory of Communicative Action*. Axel Honneth and Hans Joas, eds., Jeremy Gaines and Doris L. Jones, trans. Cambridge, Mass.: MIT Press.

Hanson, Allen

　　1989　"The Making of Maori: Culture Invention and It's Logic". *American Anthropologist* (91): 890-902.

Hobsbawm, Eric, and Terence Ranger, ed.

　　1983　*Invention of Tradition*. New York: Cambridge University Press.

Jacobs, J. Bruce

　　2008　*Local Politics in Rural Taiwan under Dictatorship and Democracy*. Norwalk, CT: EastBridge.

Keyes, Charles F.

　　1981　"The dialectics of ethnic change". In *Ethnic Change*. Charles F. Keyes, ed. Pp. 3-30. Washington: University of Washington Press.

Lash, Scott, and John Urry

　　1994　*Economies of Signs and Spaces*. London: Sage Publications.

Liu, Pi-chen 劉璧榛

　　2009　"From divination to healing: body, memory and space in Kavalan, eastern Taiwan". Paper presented at ISSR, Alaska, May 27-30.

　　2010　"Chasse aux têtes, chasse aux cerfs: équilibre de la vie et de la fertilité de l'homme chez les Kavalan de Taiwan". Forthcoming.

Locke, John

　　1690　*An Essay Concerning Humane Understanding*. London: Tho. Basset and sold.

Maaka, Roger, and Augie Fleras

　　2005　*The Politics of Indigeneity: Challenging the State in Canada and Aotearoa New Zealand*. Dunedin. New Zealand: University of Otago Press.

Marcus, George E.

　　1992　"Past, present and emergent identities: requirements for ethnographies of late Twentieth-century modernity worldwide". In *Modernity and Identity*. S. Lash and J. Friedman, eds. Pp. 309-330. Oxford: Blackwell.

　　1995　"Ethnography in/of the world system: the emergence of multi-sited ethnography". *Annual Review of Anthropology* 24: 95-117.

Marcus, George, and Michael M. J. Fischer

　　1986　*Anthropology as Cultural Critique: An Experimental Moment in The Human Sciences*. Chicago: University of Chicago Press.

Myerhoff, Barbara

　　1982　"Life history among the elderly: performance, visibility, and re-Membering". In *A Crack in the Mirror: Reflexive Perspectives in Anthropology*. Jay Ruby, ed. Philadelphia: University of Pennsylvania Press.

Nakane, Chie

　　1967　*Caro and Khasi: a Comparative Study in Matrilineal Systems*. Paris: Mouton & CO.

Nanda, Subrat K.

　　2009　"Nationalism in global era: a case study of northeast India". *The NEHU Journal* 6(1): 43-66.

Ortner, Sherry

2006 *Anthropology and Social theory: Culture, Power, and the Acting Subject*. Durham; London: Duke University Press.

Sanday, Peggy R.

1990 "Androcentric and matrifocal gender representations in Minangkabau ideology". In *Beyond the Second Sex: New Directions in the Anthropology of Gender*. Peggy R. Sanday and Ruth G. Goodenough, eds. Pp. 139-168. Philadelphia: University of Pennsylvania Press.

Schieffelin, Edward L.

1996 "On failure and performance – throwing the medium out of the Séance". In *The Performance of Healing*, Carol Laderman and Marina Roseman, eds. Pp. 59-89. New York: Routledge.

1998 "Problematizing performance". In *Ritual, Performance, Media*. Felicia Hughes-Freeland, ed. Pp. 194-207. London; New York: Routledge.

Sharp, John and Emile Boonzaier

1994 "Ethnic identity as performance: lessons from Namaqualand". *Journal of Southern African Studies* 20: 405-415.

Teresa del Valle

1993 "Introduction". In *Gendered Anthropology*. Teresa del Valle, ed. Pp. 1-16. London; New York: Routledge.

Turner, Victor

1975 *Revelation and Divination in Ndembu Ritual*. Ithaca, N.Y.: Cornell University Press.

1982 "Dramatic ritual/ritual drama: performative and reflexive anthropology". In *A Crack in the Mirror: Reflexive Perspectives in Anthropology*.

Jay Ruby, ed. Pp. 83-97. Philadelphia: University of Pennsylvania Press.

1987   *The Anthropology of Performance*. New York: PAJ Publications.

1990   "Are there universals of performance in myth, ritual, and drama?" In *By Means of Performance: Intercultural Studies of Theatre and Ritual*. Richard Schechner and Willa Appel, eds. Pp. 8-18. Cambridge, New York: Cambridge University Press.

1993   "Introduction". In *Celebration, Studies in Festivity and Ritual*. V. Turner, ed. Pp. 11-30. Washington, D.C.: Smithsonian Institution Press.

第五章　膽曼阿美族接受天主教的信仰變遷[*]

陳文德

中央研究院民族學研究所兼任副研究員

本章大意

本文以位於臺東縣長濱鄉寧埔村的膽曼阿美族部落為例，分析其改宗為天主教的過程。今日，在膽曼部落，不但天主教儀式在個人的生命禮儀（婚喪喜慶）或一些事項（如住屋落成、祈求康復、去除惡夢）中扮演重要作用，教會組織也在當地生活中具有舉足輕重的位置。此外，以羅馬拼音的聖經不但大量引用阿美語彙，而且賦予特定的意義。徵諸這些現象以及族人對於一些事件的解釋（包括他們對於天主教教義、神職人員的看法），筆者認為這個例子可以作為進一步討論「改宗」研究所隱含的問題。

[*]　除非另有說明，本文的資料主要是根據民國 72 年（1983）至 78 年（1989）間的田野調查。文中使用聚落或「部落」，係依文中的脈絡而定。基本上，「部落」一詞（阿美語 niyaro'）具有指稱當地住民強調彼此之間集體性的意涵。本文初稿的內容曾於民族學研究所週一演講中發表，承蒙潘英海、張恭啟、林開世、盧惠馨、余安邦、黃宣衛和黃應貴諸位先生、女士的批評與建議，謹此致謝。筆者也感謝兩位審查者的意見，以及謝謝宜灣阿美人黃貴潮 Lifok 及一位審查者對於文中的羅馬拼音予以校正。本文原題〈膽曼阿美族的宗教變遷：以接受天主教為例〉收錄於《中研院民族所集刊》88 期（1999 年）：35-61。

一、前言

從已有的人類學研究宗教變遷（religious change, conversion）與宗教運動的文獻來看，不同地區的宗教變遷或宗教活動不但有其獨特性的現象——例如南非或整個非洲是以關注「治療與維持良好健康情境」（healing and sustaining good health）為主（Pauw, 1980: 328）——而且其過程顯然是與族群既有的社會文化特徵有著密切的關聯（參閱 Jean Comaroff, 1985；van Binsbergen, 1981）。換言之，外來的基督宗教如果沒有經過當地人群的「轉用」（appropriation），[1]就無法成為一個活生生的宗教（James and Johnson, 1998: 3）。更具體地說，這些研究詳細論證了欲瞭解一個族群的宗教變遷，必須掌握其思想體系或宇宙觀（Horton, 1971, 1975; Horton and Peel, 1976），以及社會組織與結構的特性。尤其在探討新宗教之建立時（Atkinson, 1983；Geertz, 1973: 187; van Binsbergen, 1981: 38-40），我們更需要有一個歷史過程的分析框架以及考慮相關人群所位處的區域之性質，以便能夠充分瞭解既有的社會文化與象徵，如何與包含基督宗教在內的這股殖民力量互動，並且在此過程中如何「再生」（reproduce）與「轉化」（transform）既有的社會文化特徵（Jean Comaroff, 1985; John Comaroff, 1982; Y-K. Huang, 1988; van Binsbergen and Schoffeleers, 1985; Sahlins, 1981）。撮言之，在理論方面的意義，這些研究實已涉及 event/structure、social/cultural、local/regional（或 micro/macro）、past/present 等幾組重要概念關係的討論；從經驗的層面來說，這也可能幫助我們更加瞭解人類經驗的象徵（Hefner, 1993a）。

另一方面，這些研究也相當程度地呈現研究者在界定「宗教」（religion）、「信仰」（belief）所面對的問題（Needham, 1972; Pouillon,

---

[1] 「轉用」（appropriation）一詞的使用乃意味著當事者及其行動性（agency）對於理解「改宗」過程的重要性（參閱 Meyer, 1994: 45; Shaw and Stewart, 1994: 16）。

1982）。在西方社會，「宗教」可能用以指涉信仰或專指教會組織（McGuire, 1987），但是在無文字社會，我們又如何可能劃定一個獨立的宗教領域，甚至確定一套獨立於日常生活與社會秩序的宗教觀念？事實上，即使是界定宗教為一思維體系的 Robin Horton（見於 Horton and Peel, 1976: 486），或者採取 Edward B. Tylor 論點而視宗教為「信仰神靈」（belief in Spiritual Beings）的 Jack Goody（1961），也都認為「宗教」與既存的社會活動不易分開。Goody（1986: 4）更以西非 Ashanti 人為例，他認為一直到來自伊斯蘭教或基督宗教的競爭出現時，有別於 Ashanti 生活方式的一個 Ashanti 宗教觀念才得以形成。[2]Goody 一序列的著作（Goody, 1977, 1986, 1987; Goody and Watt, 1968）也指出，無文字社會的思維是異於文字社會：前者強調「脈絡的」（contextual）和「經驗」（experience）；後者則是強調「抽象」（abstract）與「距離感」（distance）。如此一來，無文字社會在接受基督宗教及其有文字化的教義傳道，其過程如何？而原有所謂的信仰、儀式和群體（組織）等層面又有哪些改變？是否已形成一個「獨立自主」的宗教領域？[3]

　　本文以位於臺東縣長濱鄉寧埔村的膽曼阿美族部落為例，分析其改宗為天主教的過程。今日，在膽曼部落，不但天主教儀式在個人的生命禮儀（婚喪喜慶）或一些事項（如住屋落成、祈求康復、去除惡夢）中扮演重要作用，

---

[2]　Goody（1986: 4-5）曾經提到無文字社會與文字社會的對比。他說：「除非你是一位 Ashanti 人，否則不能採行 Ashanti 宗教……，有文字的宗教則是屬於皈依性的宗教（religion of conversion），而非出生性的宗教（religion of birth）……。因此，我認為在口傳文化中，改宗是不可能，但不意味宗教制度的變遷是未曾發生過的。」筆者在此採取 Caroline Ifeka-Moller（1974: 57）的論點，把"conversion"界定為較狹義的「改宗」，指身分的歸屬（affiliation），而不一定涉及態度與行為的改變。而且「改宗」的過程是錯綜複雜的，並非是一種全然「揚棄」舊有宗教而「接受」新的宗教的二分法。

[3]　黃宣衛（S.W. Huang, 1996）根據一個位於東海岸的阿美族聚落的研究，認為阿美人的社會並沒有「間隔化」（compartmentalize）政治或宗教等領域，並且主張我們必須從當地人的政治關係去理解「改宗」這樣的宗教現象。基本上，筆者同意他有關阿美族社會沒有區分宗教或政治等領域的論點，不過，就如本文所指出的，在阿美族社會裡存在某種性質的「間隔化」，例如：年齡組織與家戶的區別（另參考黃宣衛，1989）。筆者將在「結論」乙節進一步說明。

教會組織也在當地生活中具有舉足輕重的位置。此外，以羅馬拼音的聖經不但大量引用阿美語彙，而且賦予特定的意義。徵諸這些現象以及族人對於一些事件的解釋（包括他們對於天主教教義、神職人員的看法），筆者認為這個例子可以作為進一步討論「改宗」研究所隱含的問題。

為了有助於文後的討論，筆者擬對膽曼聚落的狀況做一簡略的描述，尤其偏重於他們的經濟活動。事實上，這個層面的情況顯示這一、二十年當地族人納入外在大社會的現象（另參閱陳文德 1984）。根據 1983 年（民國 72 年）年底的資料，[4]當時住戶共有 89 戶，除了漢人 2 戶，87 戶中有 5 戶是由戰後從大陸來臺的軍人與當地阿美人構成的。到了 1989 年，因遷出（6 戶）、買賣（1 戶）、合併（1 戶）和分家（5 戶），戶數成為 84 戶。若就住屋的建築形式而言，從 1983 年到 1989 年之間顯然有很大的改變。例如，原先 87 戶中，木板房 3 戶、瓦房 37 戶、水泥房 30 戶、兩層水泥房 15 戶、三層水泥房 2 戶。到了 1989 年的 84 戶中，木板房仍為 3 戶（其中 2 戶是新分家的）、三層水泥房是 2 戶，但是瓦房卻減為 14 戶，水泥平房為 18 戶。反之，兩層水泥房增加為 47 戶。這種改變固然得力於當地儲蓄互助社的支助，族人收入的增加卻也是主要的原因，這又與他們生計方式的改變有關。

就生計方式而言，從戰後以來，膽曼阿美人一直以種作水稻為主。1964 年至 1965 年左右，因為香茅價格好，族人曾經大量栽種。然而不到二至三年的光景，由於鄰近聚落也跟著種植，數量多再加上後來價格低廉，族人遂放棄香茅的種作。約在 1963 年，男性族人也開始從事遠洋捕魚，而以 1967 年前後最為鼎盛；婦女則是在 1969 年左右，開始外出工作。換言之，1969 年到 1971 年之際，族人大量外出，會所也是在 1969 年廢除。當筆者 1983 年七月第一次到膽曼時，遠洋捕魚者仍居多數，不過，已有少數男性開始留在島內從事木工行業。而留在部落的族人則仍多以耕作為主：生產的糯米、

4　為行文方便，戰後年代以西元年標示。

蓬萊米除自給外，就由當地農會收購。甚至，也有一些族人到鄰近的聚落（如成功鎮的宜灣）購買水田從事耕作。不過，遠洋捕魚和從事農作的互補現象後來也因外在環境的改變而發生變化。

先是 1981 年左右，本島各地（尤其都市地區）因為大量興建房子需要勞力，加上當時遠洋漁業逐漸不景氣而且危險性大，男性族人遂逐漸從事板模工作。事實上，當時的板模工作收入並不亞於一般的遠洋船員。以 1983 年的板模業為例，一天的工資約為 700 元。到了 1987 年左右，則已超過 1,000 元。1989 年之際，已漲到日酬 1,500 元至 1,700 元，1991 年時更高達 2,500 元之多。隨著板模工人的需求增加，一些族人開始自己包起工來，招募的工人除了膽曼，也來自同屬於長濱鄉的其他阿美族聚落。這樣的收入顯然比一般遠洋捕魚船員的高，而且工作定時定量，非常年辛苦在海上的捕魚工作可以比擬。因此，隨著建築工人的需求增加，族人也開始「改行」了。從遠洋捕魚到從事板模工作的轉變，也明顯地呈現在年齡組織中 la foting（foting 是「魚」）與 la sapad（sapad 是「板模」）兩個組名的命名。這兩個組的組員之所以被如此命名，乃是因為他們國中尚未畢業時，就多已輟學去從事遠洋捕魚和板模的工作。

就筆者所知，直至 1989 年，仍然從事遠洋捕魚的族人不到十位，其中有幾位是已居大副或船長之職，因為收入不錯而暫不考慮更換工作。至於水稻耕作，由於灌溉用水的水圳常常因雨崩塌、維修不易，加上大多數的青年都在外工作，請人代耕的費用也高，因此 1986 年以後，族人仍繼續更作者也只剩下 7、8 戶。甚至原來購地耕作者也廢耕了。到了 1989 年，只剩下 3 戶仍從事稻作。這之間雖也曾種作玉米，但收成不好，也就引不起族人的興趣。此外，1988 年左右，少數幾位族人開始種植檳榔，不過，並不被認為是一項值得發展的經濟作物。

至於未婚的女性族人，大多是前往北部工廠工作。已婚的年輕婦女，除少許跟先生一起在工地工作之外，多待在家裡；她們白天在附近九孔養殖場

工作（1988 年的日資約 500 元），也便於就近照顧小孩與料理家事。換言之，整個聚落的生計幾乎全部仰賴外出工作族人的收入，即使日常食用的米糧也是購自於鄰近聚落漢人所開設的米廠。

二、部落的社會組織與傳統宗教

戰後以來，國內或日本學者的研究都先後指出親屬制度與年齡組織是阿美族重要的社會文化特徵（參閱陳文德，1985）。對於阿美族親屬制度的特性及其是否為「母系」的爭議，筆者已另文說明（陳文德，1984, 1987），至於年齡組制度（age set）和年齡組織的運作也在他處詳細說明（陳文德，1990）。筆者僅此於此處以膽曼部落為例，略述其親屬群體和年齡組織的特性，以及兩者之間的關聯。

在膽曼阿美人的觀念中，年齡組織 *finawlan* 和各類親屬群體如 *loma'*（家）、*laloma'an*（世系群）、*ngasaw*（氏族）是分屬不同的活動領域。例如，婚喪喜慶或日常的往來與幫忙，是屬於親屬活動的領域，是由族舅 faki 主持整個活動。*loma'* 之間雖有本、分家之別，而且可能本家繼承與分得的財產較多，但是兩者之間並未有明顯的權力位階關係。從「部落」*niayro'* 的立場來說，*loma'* 之間是平等的。*loma'* 之間的糾紛若是無法在親屬之間獲得解決，則交由部落委員和頭目商議；這些領導者都是從年齡組織的老年級 *mato'asay* 選出。反之，若是屬於年齡組織的活動，則自有一套運作的方式與規則，例如：年齡組織所獵獲之物，不得私自帶回家中。如果涉及部落最重要的儀式收穫祭 *ilisin*，或者攸關年齡組織本身的活動，就直接在年齡組織聚會的場合中討論，而且不涉及與會者之間的親屬關係。換言之，年齡組織與親屬（尤其是家）之間的關係是間接的，各有不同的活動空間。這種「間隔化」（compartmentalization）也見於他們的宗教活動，文後將進一步描述其

分屬不同類別的信仰、儀式和參與群體。

膽曼阿美語相對於中文「宗教」的用詞是 *pitooran a kawas*。但是，*kawas* 的觀念和此字本身的意涵是相當複雜的。根據黃貴潮的蒐集與整理，他認為 *kawas* 可以分為 18 個大類別，其中真正的神 *tadakawas* 計有三種，分別是 *malataw*（主宰之神）、*faydongi*（生命之神）和 *kakacawan*（守護神）（黃貴潮，1988：350-351）。*kawas* 也可指稱祖靈（或稱 *to'as*）、精靈、惡靈或死靈（同上，頁 344，347，350-351；另見馬淵悟，1981：162）；巫師 *cikawasay* 就是指稱那些「附有神的人」或「有超自然能力的人」（黃宣衛，1987：30）。至於橫死而作祟的現象，稱為 *pakawas*，巫師邦人治重病就稱為 *pakawasen*。相對之下，*lisin* 一字是指「祭儀」（王崧興，1961：155）；*misalisin* 可譯為「舉行祭儀」（族人或說如同漢人的「拜拜」），*paysin* 則是「禁忌」之意。*kawas* 的觀念和 *lisin* 的用詞今日仍可聞見於日常生活中，而且用來解釋一些事例。我們若將祭儀分為：（1）生命禮儀，與（2）歲時祭儀兩個大的類別來看，值得注意的是膽曼部落所舉行的各類儀式中，不但祭祀的 *kawas* 不一樣，而且是由不同的群體在不同的場合舉行。概言之，生命禮儀多以個人為中心，以家為場所，而且由不同範疇的親屬參加。相對之下，歲時祭儀是與農事生產有關。雖然其中部份是由各家自行舉行，但是以年齡組織為主，甚至僅限於該組織成員參加儀式的現象卻是值得注意的。根據田野資料，膽曼阿美人原來舉行的儀式類別和內容大致如表 5-1 所示。

換言之，像 *pamalataw*、*pafadongi*（即祈求 *malataw*、*faydongi*）的儀式是在家中舉行。不好的事情如喪禮、鬼靈作祟或治病 *misair*，是由巫師主持（但喪禮中替死者洗臉 *palalo'op* 是由舅舅行之）。若是好事，例如住屋落成或是婚禮，則由該家舅舅或族舅主持與行祭（但巫師的房子由巫師獻祭），祈求的是一家之福運。反之，若涉及全部落的事情，則是由年齡組織負

表 5-1：膽曼阿美族的儀式類別和內容*

儀式類別	儀式名稱	主要參加者**	備註
農耕儀式	開墾	各家（或本、分家一起）	家長主祭
	種作	各家（或本、分家一起）	家長主祭
	收割	各家（或本、分家一起）	家長主祭
	入、出倉	各家	竹占選一名家人來舉行
	收穫祭	年齡組織全體	由最年長的 *kalas* 一人；頭目、青年幹部 *mama no kapah* 主祭
	祈晴	竹占選年齡組織中的一組	
	祈雨	女性家長＋矜寡者	
	驅蟲	竹占年齡組織中的一組或女性家長	
漁獵祭儀	海祭	所有青年級	由青年幹部主祭
	捕魚祭	年齡組織	由青年幹部主祭
生命禮儀	出生	家＋母方舅舅	由母方舅舅主祭，但取名由家中婦女
	結婚	氏族＋年齡組織	由母方舅舅主祭
	喪葬	氏族＋巫師	
其他	祛除傳染病	年齡組織	由巫師主祭
	洗井	所有青年級	由青年幹部主祭

*本表引自陳文德（1990: 124，表 3），係根據田野資料以及參考黃宣衛（1989: 93）和中島星子（1983: 383）的記載繪製而成。不過，膽曼的情形與後兩者的記載在內容上有些差異。有關儀式過程的描述，可參考黃宣衛（1988, 1989）和末成道男（1983: 90-96）。

**這一欄位是指參與儀式主要部份的人員。例如，祈雨之前雖然是由青年級 *kapah* 其中的一、二組找尋儀式所需的月桃等物，但主要的參與者是女性家長和矜寡者。又如舉行海祭時，年齡組織的老年級成員也會到會所，但儀式主要的部份是由青年級到海邊行祭。

責。[5]其中，又可區分為以所有年齡組織成員參加的收穫祭 *ilisin*——尤其是第一個晚上的祭儀 *ifolod*——和所有青年級參加的海祭、洗井祭或竹占選之的驅蟲祭、祈晴祭。

　　表 5-1 明顯呈現不同儀式類型是有不同類別的參與者，而且不能混淆。更值得注意的是，以年齡組織為主體的收穫祭 *ilisin*，是部落最重要的祭儀，也是族人祈求部落來年福只的儀式。當負責倒酒的年齡組成員把第一杯酒拿給部落最年長的 *kalas* 時，後者所獻祭的對象是部落的開創者、第一位巫師和歷代頭目。換言之，部落（以年齡組織為其具體象徵）是原先族人生活中的中心，[6]家戶以及由之組成的親屬群體都是包括在部落的範圍內。筆者認為存在於年齡組織和家戶或親屬群體之間的這種「間隔化」特徵，以及以部落 *niyaro'* 為中心的觀念，可以幫助我們瞭解膽曼阿美人改宗天主教的過程。族人在不同階段接受天主教的方式與他們對於一些事件的解釋，更可顯示既有的社會文化特徵，如何與外來的力量（包括組織與觀念）互動並且產生其影響。在此之前，筆者擬先描述目前天主教活動的情形，俾以彰顯教會組織與活動的諸些特徵。

三、目前天主教活動的情形

　　不論是 1983 年調查的 89 戶或 1989 年的 84 戶，膽曼的住戶中只有兩戶是基督長老教徒。其中，一戶是先由花蓮縣光復鄉遷到長濱鄉寧埔村城山，

---

[5] 驅蟲祭 *mitapoh* 之分為家庭式和部落式也可以為例（參閱黃宣衛，1988：102-105）。

[6] 但這並不表示族人未曾意識到整個外在社會的改變。即以早期年齡組名的 *ladipog*（*dipog* 是「日本」，亦即在日治時期出外工作）、*la minkok*（*minkok* 是「民國」，指國民政府戰後來臺）或前述的 *la foting* 或 *la sapad*，都顯現他們對於外在社會改變的認識（陳文德，1990；另參考黃宣衛，1999）。

然後再往南遷往膽曼，但是現在的房子也空著，好久沒有人居住；另一戶本身是膽曼阿美人，因為現在的男性家長早年隨父遷居花蓮富里一帶，在那裡接受長老教會，之後再回膽曼居住。後一戶人家仍然參與部落組織活動，同時家中男性成員也加入年齡組織。[7]整體來說，天主教是目前族人最主要接受的宗教形式，舉凡個人的生命儀禮，不但以天主教的禮儀進行，教會的善會組織也成為舉行祈福的群體。甚至在舉行部落最重要的儀式——收穫祭，尤其是第一天晚上只由年齡組織參加的 *ifolod*——之前，也是由神父先行主持彌撒，而且參與者沒有性別之分。此外，*salikaka*（*kaka* 是「兄、姐」之意）一詞也由原先「近親同胞」的意思轉變成為「教友」，而成為族人參加教會禮儀與活動時的用詞，跨越原來不同親屬群體之間的隔閡。[8]於是，尤其在男性族人大多外出工作的情況下，教會的組織在日常生活中扮演重要的角色，除善會外，主要是以教友聚會的方式。另一方面，教會重要的活動如聖誕節，或者後來引入的節日如母親節、元旦，也常由年齡組織配合教會共同舉行。

　　至於聖經等讀本，不但每戶住家都有購買，而且幾乎人手一本。這些羅馬拼音文字書寫的書籍約是在 1970 年代才出版的，內容多與教會禮儀有關，甚至包括為遠洋、購車、家畜平安等事項祈禱的經文。整個膽曼天主教會的組織與活動情形，參見表 5-2。

　　筆者對於表 5-2 所列事項有下列幾點補充，俾以顯示當地天主教活動的特性與限制：

---

[7] 此外，在 1980 年代後期另有兩戶供奉祖先牌位。其中一戶是因為小孩年小多病，找漢人神媒，說是得設立祖先牌位，小孩才可以存活。除牌位外，屋內並無漢人家中廳堂常見的神龕，而且家人仍參與天主教活動。另一戶也是因為家中不平靜而找漢人神媒，說是需要設立祖先牌位。不過，不像前者，後者的祖先牌位是放在西部購買的住家中。誠如文後所述，隨著與大社會環境的接觸，族人或許有私下找漢人神媒解決疑難，但是並未發展到公開地接受漢人式的祭祀。

[8] 筆者有一次在廣播中使用 *malininaay*（親戚）通知部落族人前往某喪家用餐。稍後，我住家的 *mama*（「父親」，稱呼父執筆男性長輩的用詞）跟我說：「這樣會有些族人不好意思前來。」稍後，有位族人再次廣播時，則是使用 *salikaka* 一詞。

表 5-2：膽曼天主教的組織與活動

類別	內容
組織	一、天主教的組織 　　1. 教區～花蓮～主教 　　　堂區～宜灣～神父 　　　堂口～膽曼～教友 　　2. 宜灣堂區範圍：從美山（成功鎮）到白桑安（長濱鄉） 　　3. 宜灣另設有修女院（聖瑪爾大修女會），修女共 6 位 二、膽曼天主堂 　　義務使徒 1，傳教士 1，教友代表 6；另有聖母會 *sifokay*、德蘭會 *tilisia*、祈禱會 *kitokay*、婦女會 *fucingkay*、聖歌隊 *sekatay* 五個善會
活動	一、屬於教會本身的活動 　　（一）定期 　　　　　1. 每週日早上的彌撒 　　　　　2. 每年四、五月的復活節、拜苦路 　　　　　3. 每年月的聖母月 　　　　　4. 每年十二月的聖誕節 　　（二）不定期 　　　　　1. 到當事者禱告 *miinoli*（如生病、祛除惡夢等事宜） 　　　　　2. 讀經 二、配合其他節日活動 　　例如，元旦、農曆過年、母親節、收穫祭、父親節

資料來源：筆者田野訪問蒐集。

（1）膽曼天主教堂的義務使徒和傳教士，目前都是由部落族人擔任，他們被稱為「老師」，理由是這兩位族人負責傳教以及教導族人認識羅馬拼音文字。傳教士通常會在星期日彌撒儀式之後，講解聖經的道理。值得注意的是從 1956 年天主教到膽曼傳教迄今，部落內先後有四位族人擔任傳教士的工作。

（2）聖母會 *sifokay*、德蘭會 *tilisia*、祈禱會 *kitokay*、婦女會 *fucingkay*、聖歌隊 *sekatay* 五個善會中，除聖歌隊是由未婚男女青年組成外，其餘四個善會都是由已婚婦女依年紀長幼而成立的。原先並沒有祈禱會這個善會，1987 年因為婦女會的成員過多，年紀稍長者成立祈禱會，較年輕者則留在婦女會。此外，由於未婚男女青年大多外出工作，聖歌隊的活動較少。每個善會各有成員選出的領導者，成員也常以年齡組織的「組」*kapot* 來指稱同一個善會的成員。善會的主要活動包括：①在部落內，若是善會成員或配偶（先生）、小孩身體不適，或是做了惡夢等不好事情，通常由該善會的成員一起前往當事者家中祈禱 *minoli*。除同屬於一個善會的成員之外，該家的近親也往往會一起參加這樣的祝禱儀式；②就部落外的活動而言，某個被指定的善會也會代表膽曼天主教堂前往參加其他聚落的教會活動、教堂落成，或者接待外地來的教友。誠如前言，除了約 65 歲以上的年長婦女不再參加外，聖母會、德蘭會、祈禱會與婦女會這四個善會的成員之間有年齡上的差距。儘管如此，善會之間並不像年齡組織中的年齡組一樣有階序上的關係，同時善會對其成員也沒有強制性的約束力。

（3）除了每週日的彌撒是由神父（或義務使徒代理）主持外，每年固定的拜苦路、聖母月和聖誕節的報佳音，是由四個善會依序輪流負責。以拜苦路的儀式為例，當年輪值的善會帶著 14 張耶穌傳教、受難圖到 14 個家戶，在那裡與該戶人家一同唸讀玫瑰經，隔日再收回這 14 張圖，然後前往另外 14 個住家舉行類似的儀式過程。聖母月的活動也是如此。有時候也可能是住家到教堂，不過仍由輪值的善會主持儀式。

天主教會的組織（參閱表 5-2 的堂區、堂口）一方面把蓋在各有年齡組織的部落的堂口結合起來，而且若從復活節插置家戶門口及家裡十字架的巴斯掛是由各家帶往位於鄰近但屬成功鎮的宜灣天主教堂，並且在那裡舉行儀式的情形來看，宜灣的教堂與駐堂的神職人員（神父與修女）顯然是整個堂區的中心。儘管如此，就善會的組織以及義務使徒與傳教士的自養制度而言，

反而顯示膽曼天主堂的教會活動基本上仍然以部落為範圍。相較於以年約 16 歲以上的男子所構成的年齡組織來說，教會活動因其不受年齡與性別的限制，反而更能將部落的族人納入。

四、接受天主教過程的分析

我們若從族人週日上教堂、嬰孩受洗、新居落成、生命儀禮等場合舉行的教會儀式，以及掛置在工地臥室和常戴於胸前的十字架項鍊等現象來看，膽曼已是一個相當「天主教化」的聚落：不但傳統的巫師 *cikawasay* 與其治病、竹占等方法，已因巫師本身接受天主教而少見，原先由族舅彈酒行祭 *mifetik* 的情形，也被神職人員以天主教彌撒和灑聖水的方式取代。天主教傳入部落迄今，的確也產生一些重大的影響，例如：前述 *salikaka* 一詞意思的擴展而打破原先不同親屬群之間因禁忌所造成的藩籬。而早先採取教會儀式舉行嫁娶婚的族人（約在 1961 年），也不必依照必須等待隔日行 *paklang* 之後才可以夫妻同衾的習俗。[9]

又如以往 *mito'asay*（按：即婚出男子的子女）可能因為久病而回去父親生家 *pito'asan* 舉行 *pamalataw* 儀式，現在也可能因為接受天主教，各家戶內同樣安置十字架，而不需再如此耗費周章。而原先族人因為部落內有人過世而在埋葬前不能前往田裡工作的禁忌 *paysin*，現在也被解釋為因為大家同屬於一個部落，如果在喪葬前仍然出去工作，則對於喪家會不好意思 *mangodo*。

---

[9] 如果是男子婚入妻家的事例，男子在結婚當天晚上仍然要到會所過夜，報導人提到這樣的情況一直持續到 1969 年當部落的會所完全廢止。不過，就筆者所知，最後一個例子是 1973 年。族人說，若是女性婚入夫家，因為女子沒有會所，結婚當晚就住在夫家。但比較 1955～1956 年第一位行第一次嫁娶婚的例子，妻子仍回娘家過夜，待隔日 *paklang*（「脫聖捕魚」）後才可以同床的情形，顯然一些禁忌已經廢除了。阿美人在諸如婚喪、落成等重要活動中，都以稱為 *paklang* 的捕魚作為結束。有關捕魚或魚這種食物的禁忌的討論，請參考黃宣衛（1989）。

另一方面，由於男人大多外出工作，原先在日常生活中由年齡組織負責的部落性公眾事務，也由教會的教友和教友代表來擔任。事實上，筆者在很多場合裡聽到族人說道：「在膽曼部落，教會組織扮演了一些原來由年齡組織負責的作用，現在兩者都快分不清楚了！」

　　儘管如此，如果我們仔細分析膽曼阿美人迄今整個接受天主教的過程，實際的現象顯然是複雜多了，這不但涉及原有傳統社會組織與宗教儀式都具有區分部落（或以年齡組織作為表徵）和家戶（或親屬）的「間隔化」特徵，同時也涉及族人的一些基本觀念。概言之，一個關鍵的問題是：膽曼阿美人是以怎樣的觀點接受與看待天主教？舉例來說，筆者這些年來曾在不同場合詢問族人下列的問題，例如：「為何原有關於家 *loma'* 的禁忌沒有了？」筆者所獲得的答案是：「因為天主教進來了！」可是當筆者問到以年齡組織為主所舉行的儀式 *lisin* 為何停止了？答案是：「因為青年大多外出工作了，不在部落內。」這樣的答覆顯然是過於簡略而且是主觀的，但是也反映族人的一些想法。若從 1980 年還有海祭、1983 年有聖母會到田裡驅蟲 *mitapoh* 以及 1985 年的祈雨，而以教會的禮儀與禱詞的方式進行來看，更凸顯了族人接受天主教的過程是值得進一步分析的。為了便於討論，筆者擬分四個階段敘述。基本上，這四個階段的劃分是以上述傳統社會文化的特徵以及天主教的傳入與擴展為依據。

（一）第一個階段：從第一位族人入教到天主教堂的擴充

　　根據筆者的訪問，約在 1955 年～1956 年天主教開始傳入膽曼。部落第一位入教的族人說道，當初來傳教的是臺東縣成功鎮地區的阿美人。這位族人後來到成功聽講習，約兩個星期之後就入教了。對他來說，進入天主教是「主」的意思，然而從他的自述，卻也反映一些值得思索的問題。他提到他當時對於部落的習俗感到厭煩，認為沒有自由又不能外出工作。約在 1951 年，他 18 歲那年，他與另外三位族人私自外出工作。沒有找到工作後，回

到部落卻因為私自離開部落之故而遭到懲罰：在年齡組織成員之前罰跪並且受到體罰。這位族人也提到膽曼先後有四位傳道人員，除他之外，其他三位也是因為在教會有工作機會而進入教會。筆者在田野期間，也常聽到當地年長族人說道，當時膽曼的生活條件差，鄰近地區又沒有什麼工作機會。

這位族人入教後，起先幫助神父，約一年後才開始講道。那一年，進入教會的族人除了他的家人，還有另外一戶住家，後者之所以進入教會是因為家中有位青年服役時曾被天主教會歡送（他的後母的哥哥是宜灣的傳教士），而且其同父異母的弟弟重病時是在請教會領洗後以教會儀式治癒。1958 年左右，天主教開始在膽曼設立教堂，地點是在先前這位族人的家中，當時來參加的族人不多。後來由於救濟品與小孩的參加，加上該位傳教市場會跟年長族人提到：「現在年輕人和小孩多已入教，如果你們老人不跟著進入，屆時 *kawas* 不一樣而你們又過世了，誰來處理後事？」於是部落中原先還在觀望、猶豫不定的老人們也就先後參加教會。約過了 1-2 年，由於這位族人與教會的摩擦，加上入教的人數也逐漸多了起來，於是教堂就從這位族人的家改建到現在儲蓄互助社的位置。約在 1961 年，一方面因為膽曼阿美人幾乎都已入教，[10] 教堂的空間也不夠寬敞，加上原有的會所又破舊不堪，於是在經過年齡組織同意之後，就由教會出錢在原來會所座落的那個地點建蓋新的教堂，而會所就另建於旁側稍靠東向的空地上。膽曼年齡組織的 *la sulafu* 組（*sulafu* 是「水泥房」）的命名，即是因為教堂是在該組成員當見習級 *pakarongay* 時所興建的。

天主教之能夠在膽曼部落迅速擴展，顯然是與其傳教方式有關。例如，年長族人提到當時他們先是看到鄰近宜灣部落的情形，發現先到該地傳教的長老教會不但要族人廢棄傳統的巫師儀式，甚至也要禁止由年齡組織舉行的

---

[10] 根據教會的記載，膽曼阿美人最早舉行教會婚禮儀式的是在 1961 年 1 月 3 日，而喪事則從 1960 年 10 月 14 日就開始以教會儀式舉行。

種種儀式如 *ilisin*（參考 S-W. Huang, 1996）。就後者來說，膽曼阿美人是相當反對的，並且以宜灣的情形作為借鏡。相較之下，傳到膽曼的天主教之所以不受到排斥，主要的一個原因是他們係以巫師作為批評的對象。此外，天主教傳教人員的態度與作法也比較能夠讓族人容易接受。雖然在第一任的姚秉彝 Tawasi 神父傳教的時期，[11]必須教義問答考試過後才可受洗，而且傳入初期傳教人士認為族人迷信太重，所以必須廢除日治時代即已供奉於住家內的神位和祖先牌位，但是手段基本上仍然較為緩和。撮言之，從膽曼阿美人的觀點，他們之所以能夠接受天主教的原因是（1）教會提供救濟品、（2）以前的儀式，禁忌比較繁重，不如教會儀式簡單、（3）一些例子顯示經過教會儀式（洗禮）可以治好身體的病痛、（4）教會傳道人員不但知道祖先的名字，也注重長幼有序，以及（5）教會是針對巫師而來，教會歸教會，年齡組織歸年齡組織。

我們若是進一步分析上述的說法，顯然有一些問題是值得注意的。例如，（1）的解釋固然重要，但不構成一個充足條件。相對之下，（4）與（5）的原因顯示出天主教能尊重既存的年齡組織，而後者又是部落 *niyaro'* 的具體象徵。反之，批評巫師而造成的影響是以家戶為主，這也可以證之於前述「間隔化」的論點。另一方面，從（2）和（3）來看，似乎也顯示族人把天主教當作別於（alternative to）原有巫術的另一種儀式 *lisin* 作法。亦即，儀式的方式與內容可能改變了，但是原有儀式要面對的問題可以經由另一種新的儀式來解決。

這樣的作法也可以從 *kawas* 的想法及其相關的儀式得到印證。誠如前面所述，教會傳教人員說服族人，尤其是年長者，入教所用的方式是，告知他們大多數的年輕族人（包含小孩）已經入教，如果年長者仍然相信傳統 *kawas*

---

[11] "Tawasi"係宜灣阿美人給姚神父的綽號，他的阿美族名字叫 Kacaw Yolit。筆者感謝一位匿名的審查者提供這方面的資料。

的觀念與作法，一旦他們過世，不但無人處理後事，而且也可能給子嗣帶來很多困擾。事實上，若就原有家 *loma'* 的性質來說，同一家的成員卻有不同的祭祀方式的想法是不大可能的（參閱陳文德，1984，1987）。[12]然而，也因為傳教人員關注的是廢除巫師儀式的作法，因此族人是否以原先的 *kawas* 觀念去詮釋天主教，或者 *kawas* 的觀念是否可以對應於天主教的教義，在當時反而不是最主要的問題。甚至強調教義的傳道方式在姚秉彝神父離開宜灣堂區後，反而更不被重視（詳下）。

概言之，在天主教傳入以及在膽曼建立教堂的第一個階段中，固然呈現天主教的擴展，但也更凸顯而且支持原來社會文化的諸些特性。例如，*kawas* 觀念的持續以及社會組織與宗教層面都存在的「間隔化」特徵之維持。我們也可以由在這階段成立的善會組織為例。教會傳入初期即有聖母經會 *sefukung*，當時一些較虔誠的年長婦女每個晚上都要到堂區所在地的宜灣教堂研讀聖經。後來組織隨著人員增加而擴充，但是成員仍然是以女性為主。雖然聖母經會也包括未婚的男子，但是婚後他們就不再是該會的成員。反之，這些「成年」的男子，除非婚入其他部落，一直是年齡組織的一員。另一方面，教堂所在地就是原先會所位置的這種地點上的重疊性，也隱含了日後教會活動與教義傳佈發展的性質及其限制。整體來說，在第一個階段中，教會的進入與擴展並未對既有的社會文化造成太大的衝擊。[13]

---

[12] 以往阿美族的婚姻習俗是男子婚入妻家，男子重病時，通常會由生家的病人帶回，並由他們負責後事。之所以如此，乃是因為婚入者生家的 *kawas* 與婚入之家的不一樣。現在雖然是在婚入之家舉行喪葬儀式，但仍由死者生家的族舅來為死者洗臉 *palalo'op*。

[13] 例如，會所的廢除並不是因為教堂的興建所導致的，毋寧是由於族人大量外出工作。不過，對於文中所述第一位接受天主教而且成為傳教士的族人或者筆者訪問的黃貴潮（Lifok，宜灣阿美人）來說，天主教傳道的知識增加，無疑地擴大了他們的世界觀。前者甚至說道：「原來知道的只是『部落』的由來和傳承，而不是世界的創始。」

（二）第二個階段：從會所用地改建為教堂到採用羅馬拼音的聖經

　　膽曼天主堂於 1962 年落成之後，部落的會所也重建於一旁。然而，到了 1969 年左右，由於教會協助成立的互助社業務擴大需要建地，而且男性族人大多外出工作，會所才整個廢掉。在這一個階段裡，教會方面值得注意的是，姚秉彝神父的繼任者史泰南神父的作法。到 1990 年代初期，史神父仍然負責宜灣堂區內各堂口的重要教會禮儀（例如喪葬、婚禮、房子落成和收穫祭第一個晚上所舉行的彌撒）。族人認為兩位神父的傳教方式差異頗大：基本上，後者較為「本土化」，而且任期頗長（1962 年就任）。曾經在膽曼擔任傳教士的宜灣阿美人黃貴潮先生這樣記載著：「他（史神父）是對阿美族的教友除了有關信仰之事外，其他教友的傳統習俗生活不加任意干涉為原則。」在史神父任內，原先姚秉彝神父所強調的教義問答考試也不再舉行了。這時候的聖經雖然以中文本為主，但是傳教時是使用阿美語。另一方面，善會隨著人員的增加，原先的聖母經會 *sefukung* 也改為聖母會 *sifokay*，並擴充為 *loningkay*（即後來的德蘭會）、婦女會與聖歌隊。除了星期日彌撒以外，也著重教理班。此外，修女們也在教會裡帶領小孩研習與誦讀聖經詩詞，個善會也自行抽空聚會。到了 1974 年～1975 年，以羅馬拼音的聖經開始發行。值得注意的是，這些經文是以儀式為主，[14]除了週日的彌撒經文，也包括祈求家畜平安、歡送遠洋者等細則。三本彌撒的經文是一年內依序使用，而共同的地方是每一本都附有收穫祭 *kailisinan* 的祈禱文。

　　伴隨著教堂建堂的「本地化」，我們看到部落所舉行的儀式內容，尤其

---

[14] 1983 年～1985 年發行的經文 Sapitagic（《集禱經》）也是與婚喪等有關的儀式經文。1988 年則有《讚美主聖詠歌》錄音帶，一直到 1989 年才有書名 *O'papasolien* 的經文（*pasolien* 是「相信」、「虔誠」之意），是涉及信仰、教義的解釋，但只有少數族人購買。這些現象反映了天主教在膽曼傳教的方式與重點。另一方面，天主教是特別重視禮儀、不強調主觀的宗教經驗，因而使信徒較不積極培養一己的屬靈生活，而且恩寵可以客觀存在於個人之外的集體——教會上。這種強調客觀面，非個人面，使得天主教的本身信仰的精進通常不會花下太多功夫（郭文般，1985：83-84）。

是由年齡組織擔任的部份，也有了一些改變。不但在 1960 年代（大約是 *la kuwa'* 組擔任青年幹部，參閱陳文德，1990：109，表 1）甚至到 1980 年代，部落還繼續舉行海祭，但是已經不用傳統彈酒行祭 *mifetik* 的方式，而且祝禱的對象是「Wama（天父）」，唯參加的人員仍然是年齡組織；原有男人捕魚的禁忌也不被遵守了。此外，收穫祭期間由婦女拿酒給族舅行祭祈福的 *palimu* 儀式也廢止了。

整體來說，這一期間教會的傳教方式更有組織性（例如善會的增加），也使用羅馬拼音的聖經讀本，而且從年齡組織的儀式有些更改或廢除的情形來看，教會的影響力顯然比前面一個階段更為明顯。不過，我們同時也看到當時繼續舉行的儀式仍然是由原來的參與群體負責擔任。另一方面，由於男性族人外出工作，相較之下，使得留在家中的婦女更有機會參與教會的活動，這也意味著教義的傳布及其影響是婦女首當其衝，而且也較侷限於「家戶」的領域。此外，族人原有的一些觀念如 *kawas*、*'adingo*（靈魂）也見於羅馬拼音的聖經裡，而且意義上已有一些改變。例如，"*kawas*"一詞雖然仍具有正面的意義，卻可能已經限於指稱家中祖靈 *kawas no loma'* 的特定範圍。

（三）第三個階段：教會與年齡組織運作的重疊與區隔

約從 1975/1976 年到 1983 年期間，出外工作的族人越來越多，但男子仍以遠洋捕魚為主。誠如前述，年齡組織中的 *la foting*（1962 年～1964 年次）之命名，即是因為該組不少成員在國中尚未畢業時就去遠洋捕魚。從教會發展的角度來看，這階段最大的改變是收穫祭第一個晚上在限於年齡組織舉行的 *ifolod* 儀式之前，先舉行天主教彌撒，而且參與的人員性別不拘。根據族人的報導，那是約在 1975 年至 1976 年，當時的傳教士（也是膽曼族人）與教會教友代表共同商議，認為既然族人都已經入了天主教，在舉行最重大的收穫祭時，也應該一起舉行彌撒。這個建議之所以能夠通過，也是因為當時的教友代表幾乎都是「部落委員」*masakaputay*。此外，因為族人（尤其男子）

多已外出工作，部落的活動也常由教會和年齡組織一起舉辦。這段期間雖然仍有少數族人會找部落內一位曾為竹占師的族人詢問病由等事情，但是諸如久病不癒或惡夢，大多數族人都是以天主教的儀式來處理。

不過，儘管族人在收穫祭第一個晚上 *ifolod* 之前舉行彌撒儀式，教會與年齡組織的活動仍然有所區分。例如，彌撒後，廣場中只留下全部年齡組織來舉行 *ifolod* 儀式，婦女與小孩則或坐或立於四周觀看。儀式中，在倒第一杯酒給年齡組織中最年長的族人時，該位長者彈酒行祭，但不是向「天父」祝禱，而是向部落最早的開創者、第一位巫師與歷代頭目祈求部落族人一切平安、牲畜繁盛和五穀豐收。收穫祭期間，廣播中提到聚會場所的用語，也不是 *kyokay*（「教堂」），而是 *sfi*（「會所」）。這些現象彰顯出作為族人生活重心的部落與外在大社會的銜接方式，同時也呈現此外來宗教本身發展的限制。

到了 1983 年的收穫祭時，由於包括青年幹部的男性青年多外出工作，未能回來參加，於是在當時僅有兩位留在部落的青年幹部的爭取下，年齡組織的老年級與頭目遂答應讓未回來的青年幹部的配偶代理她們的先生參加第一個晚上的 *ifolod*（迎靈祭）儀式。[15]然而，收穫祭期間卻發生了不幸的事件，當時一位女童在聚落旁側的公路上被車子撞死；女童的父親是上述兩位青年幹部中的一位，女童的祖父則是當時部落的頭目。之後一直到翌年農曆過年之前，一些族人相繼過世，甚至有幾位老人還做夢預示部落仍然會有意外發生。部落族人於是做成決議，在 1984 年農曆大年初三，當外出工作的族人多回來家鄉過年之際，由年齡組織成員再次舉行一個晚上的儀式。這次不但禁止婦女參加，儀式之前也沒有舉行彌撒。對於這個不幸事件以及後續事情發展的解釋和處理，不但明顯呈現年齡組織與由其舉行的儀式之間的密切關係，同時也影響教會的發展方式。

---

[15] 有關青年幹部 *mama no kapah* 的權責與年齡組織的運作，可參考陳文德（1990）。另見本文的敘述和表 5-1。

（四）第四個階段：重新舉行收穫祭到「部落改運」事件

　　1983 年收穫祭期間發生不幸的事件之後，部落以固定每年 7 月 15 日開始舉行為期約一週的收穫祭，以及對於未回來參加的年齡組織成員處以罰金，[16]來面對族人外出工作與年齡組織逐漸鬆散的問題。罰金的計算是以是否回來參加第一個晚上的 *ifolod* 為準。換言之，如果當晚沒有回來參加，即使之後幾天都在場，仍然需繳罰金。這次事件呈現族人原有一些觀念仍然有其作用。例如，未重新舉行 *ifolod* 之前，不但年長者，包括當時的頭目在事後都提到做了不好的夢 *tatiih ko lemed*。

　　相對於以年齡組織為主舉行的儀式，在日常生活中反而教會的善會組織扮演著相當重要的角色。有位族人因為夢到「家裡殺豬、蓋房子」（表示因為有人過世埋葬而殺豬），隨即於翌日請某個善會到家裡禱告，以避免惡夢所預示的不好事情發生。事實上，除了邀請善會祝禱或祛除災難外，這些年來為遠洋回來的族人舉行歡宴，或者嬰孩滿月慶生等場合，族人通常也會邀請較為年長且熟悉習俗的婦女前來主持教會儀式。值得注意的是，我們從一些事件的解釋方式也看到有些族人或神職人員已經有賦予天主教（包括教會組織與活動）神聖化的傾向：

　　（1）1987 年，有位中年男子車禍過世，有些族人將此不幸歸因於他的妻子所屬的善會在舉行拜苦路期間，在教堂裡起了爭執。

　　（2）1988 年有位婦女重病，當時即將是聖母月，與她同一善會的成員就把「聖母像」請到她的家中祈禱。她們認為當事者若只是身體微恙，就不需如此。

　　（3）1988 年，筆者田野期間聽到一位虔誠的天主教友提到部落一對夫

---

[16] 罰金的數目是老人級 500 元，青年級 1,000 元；青年幹部 2,000 元。另外，收穫祭與農曆過年期間的活動，只要各半年期間有工作收入的每位年齡組織成員都要繳交「給付」，而不是以戶為單位收款。這些作法都顯示年齡組織運作的性質及其舉行儀式的重要性。

妻之所以常常生病，是因為他們既入了教會又私下依舊奉行原來的信仰所致。這對夫妻中，先生曾為竹占師，妻子為巫師。換言之，不虔誠專一被視為生病的主要原因。[17]

（4）1989 年，部落發生三位小孩溺死的不幸事件。有些族人解釋因為1988 年的聖誕夜決定改由國中、國小學生報佳音。之前，並沒有這樣的情形。

（5）這些年來，族人意外死亡的例子增多，有人解釋是德蘭會善會常負責祝禱儀式的結果，因為該善會的成員不少先生已經過世了。換言之，祈福者本身若不是有福份的人，反而會造成不好的影響。因此，他們認為應該由聖母會來舉行。

（6）有一些族人閒聊中提到前陣子教堂鬧鬼，但是在場的族人也有回應說：「怎麼會呢？教堂有天父 Wama 在看管，怎麼會有 kawas（鬼）呢？」

（7）1988 年，神父主持彌撒的時候特地告訴族人說：「不能說 Wama（天父）是 kawas；後者是指 palafoay（惡靈），而未上教堂者就類似 palafoay。」

上述這些事例不但顯示族人對於天主教（包括天父、教堂、善會）的看法，甚至也涉及了「信仰」層面的問題。然而，值得注意的是，這些解釋者要不是神職人員就是婦女。反之，我們也可在同個時期對於類似或其他事件中聽到不一樣的解釋。這些解釋也清楚指出既有社會文化中「間隔化」的特徵，以及原有 kawas 觀念的影響。

（8）1988 年，一位族人溺死，埋葬後數日即有族人半夜聽到死者的哭聲，族人說死者可能在哭泣他生前之物盡被家人毀棄。他的家人雖然也多次在家裡舉行祝禱，但是半夜中聽到死者哭聲的傳聞卻接連不斷。族人認為這是死者的靈魂在「作祟」pakawas，於是央請神父到失事的海邊「招魂」

---

[17] 至於曾為傳統宗教儀式執行者的巫師可能又會有不同的想法。筆者詢問一位曾為巫師者為何入教後仍保有原來的信仰，他回答說：「如果完全丟棄了原先的觀念，不但自己常會生病，而且也會害到親人。」

miweiwei。之後，也就不曾再有類似的情形發生。

（9）上述（4）提到 1989 年有三位小孩溺死，其中一位女孩的死因被親人解釋為她與她的父親是「彼此犯沖」*malacugeay*。[18]女孩的阿姨提到早在女孩周歲就有這樣的徵兆：當家人為女孩慶祝周歲生日時，她在臺北工作的父親卻從工地的鷹架上掉下來。*malacugeay* 的觀念也見於一些族人對於前述事例（3）的解釋。他們認為那對老夫妻的情況就是 *malacugeay*；亦即，先生病況轉好了，妻子又生病在床，俟妻子病好了，先生可能又生病了。這樣的說法顯然與前述不虔誠專一的解釋迥然不同。

（10）1987 年的聖誕夜報佳音是由年齡組織成員負責。筆者聽到以下兩種解釋，但是不論哪一種說法，其意涵是值得思索的：

①因為年齡組織「很硬」（意指「不大容易改變他們的想法與作法」），而且其成員（男子）都不大上教堂，似乎不太相信天主。因此，藉著報佳音的機會讓他們得以親炙天父的恩寵；

②因為部落這些日子有很多人生病在床，或許改由年齡組織來報佳音，看看是否能夠改為好運。

在前述 1988 年溺死的那位族人（即事例 8）出事不到三個月，其已分家而住於隔壁的妻弟的太太也病死。到了 1989 年 4 月，他的孫子又溺死，6 月則是岳父病死。據聞，遭此一連串的不幸之後，他的家人找漢人的乩童詢問原因，[19]說是與屋前一間倉庫的地理位置影響住家的運氣，後來就把倉庫打掉。但是，也有族人連同（8）到（10）以及前後去世族人的事例合併來看，

---

[18] 就筆者所知，有些原先一起居住者而後來分家，或者某位家人改與其他住戶的親人共住，就是因為被認為彼此之間是 *malacugeay*。

[19] 由於在外工作時間多，族人有時也會私下找漢人神媒解決疑難。部落有位年輕人的配偶是漢人，而且常住在都市。其妻因為常常覺得身體不適，而且結婚多年未有生育，找了漢人的乩童詢問，說是與該位年輕人的祖父墳墓的風水有關，於是委託漢人的地理師撿骨遷葬。該位年輕人後來在西部的家中設立祖先牌位。筆者 1999 年參加膽曼族人的清明掃墓，這位年輕人是部落族人中唯一使用豬、魚、肉和金、銀紙等類似漢人的方式來祭拜祖先。至於附註 8 提到的那戶住家，是在家中以牲禮祭拜，也燒金、銀紙。

認為可能現任的青年幹部與部落的運氣不合。然而，由於已無傳統的竹占師可以卜問，也不能確定問題是出在青年幹部或者頭目，於是決定讓當時的青年幹部提前一年畢業，同時也改選包括正、副頭目在內的全體部落委員，試看看能否「為部落改運」*misaaraaw to niyaro'*。

　　如果我們銜接四個階段來看，顯然目前教會活動的情形是長期發展的結果，卻也顯示這是一個頗為複雜的過程。事實上，在不同階段既有的社會文化特徵與教會及其宣傳的教義、觀念有著辯證性的互動關係。就教會組織與既有的社會組織之關係來說，天主教的進入打破原先屬於不同親屬群之間禁忌的隔閡，而提供一種新的結合方式，甚至扮演或補充原先年齡組織的作用。儘管如此，教會組織與年齡組織仍然是不同的。教會以全體部落族人為對象（除了兩戶長老會教徒），不分性別與年齡，甚至除了聖歌隊之外，善會都是由婦女組成；反之，年齡組織僅限於成年男子。這種區分也見於 *finawlan* 一字的解釋。雖然聖經或阿美與字典（方敏英，1986：95）都將 *finawlan* 指稱「民眾」或特指「上帝的子民」，在膽曼此字卻仍然專指年齡組織。以 1988 年收穫祭為例，當時有位教友代表說道 *finawlan* 應該是指 *mapolong*（大眾，所有族人）而且不分性別，但是這樣的說法卻遭到其他老年級成員的駁斥，後者認為「*finawlan* 就是『年齡組織』」。

　　兩者的區分也依舊呈現在儀式和信仰上的差異。天主教帶來的是一套新的禮儀，而且取代原先家戶舉行的儀式；神職人員也替代族舅和巫師的地位。另一方面，儀式作法不同、用詞也不一樣：教會以 *misa*（彌撒）、*miinoli* 與 *milihay*（祈禱）取代 *salisin*。即使如此，原先傳統儀式所要解決的問題依舊存在，只是換以新的儀式作法（即天主教禮儀）。因此，我們可以看到 1983 年仍然舉行驅蟲祭和 1984 年的祈雨祭。甚至儀式作法作法改變但是參與的群體依舊的現象，更明顯見於原先由年齡組織舉行的祭儀。以海祭、洗井祭為例（1989 年之際還利用農曆過年期間舉行），雖然祈禱的對象已改為 Wama（天父），但是仍由青年幹部負責舉行，而不是神職人員或者善會的成員。

同樣地，直到今日（亦即 1989 年），收穫祭期間若有族人身體不適，族人仍認為只有青年幹部能夠治癒（稱為 *misair*），雖然祈求的對象也已是 Wama。相較之下，收穫祭第一個晚上舉行 *ifolod* 時，最年長者彈酒行祭所祈求的對象並不是 Wama，而是部落的開創者、第一位巫師和歷代頭目。

　　若就信仰層面來說，問題更是複雜。以天主教傳教人員或較為虔誠的族人的立場為例，*kawas* 的意思不但從包括神祇、精靈與鬼魂的泛稱，轉變為狹義但仍不失正面意思用法的 *kawas no loma'*（家中的神靈），甚至最後被界定為具有負面意義的「鬼」（事例 6）或 *palafoay*（「惡靈」，事例 7）。即使如此，我們同時也聞見族人仍然以 *kawas* 或夢 *lemed* 來解釋一些事件。[20]

　　從族人對表 5-3 所列新、舊 *kawas* 對照的意見，也間接得知他們如何看待天主教。就筆者所知，在膽曼部落，神父有時被視為如同 *cikawasay*（「巫師」），而且善會也扮演著類似 *cikawasay* 作用的說法是清楚且聞見於日常生活中。至於其他的對照就不是那麼清楚，尤其是 1、3、4、7 等項。筆者也曾以此表的內容請教膽曼的傳教人員，曾是 *cikawasay* 的老人或者年長婦女的回答並不一致，有的略同於表 5-3，有的則表示 Wama、Maliya 等天主教的 *kawas* 是超越於原有的 Malataw、Faydongi，而不能對等。若是問到「堅振」、「領聖體」等意思，大部份族人的反應是：「這些問題可以去問『老師』（即傳教人員）。」換言之，對於族人來說，天主教的傳入固然導致一些禁忌的廢除，但最主要地是它提供另一套禮儀以解決仍舊需要面對的問題，而這些問題也與傳統 *kawas* 觀念密切相關，[21]而且也與原來的社會文化特性結合。由於傳統社會文化「間隔化」的特徵，使得天主教在膽曼部落的發展呈現其

---

[20] 1989 年 7 月收穫祭第一個白天的活動，有女性族人因為做了不好的夢，乃參加場中年齡組織的歌舞行列以袪除惡夢（稱為 *misalemed to masataray*）。這樣的作法也顯示族人觀念中認為由年齡組織舉行的 *ilisin* 是有儀式上的「效力」。

[21] 早就遷居在外的第一位入教的膽曼族人跟筆者說道：「膽曼的人迷信還是太重，他們不清楚教義。」而住在膽曼的另一位傳教人員也說：「本來天主教傳入是要破除迷信，現在反而因其儀式而加強原來的觀念。」

表 5-3：新、舊 *kawas* 觀念的對照*

阿美族之「神」*kawas no 'Amis*（舊 *kawas* 觀念）	天主教之「神」*kawas no* Tensikiw（新 *kawas* 觀念）
1. *malataw*（主宰之神）	1. Wama（天父、耶穌）
2. *faydongi*（女神）	2. Maliya（瑪利亞）
3. *kakacawan*	3. *coyoh*（天使）
4. *salo 'afang*（巫師之神）	4. *fangcalay tamdaw*（聖人）
5. *'adingo*（靈魂）	5. *'adingo*（靈魂）
6. *palafoay*（惡靈）	6. *palafoay*（惡靈）
7. *mildekay*（精靈）	7. 聖物（各種神像、聖經、聖水等）
8. *cikawasay*（巫師）	8. *simpo*（司祭）神父

*此表是由黃貴潮先生提供，係他訪問宜灣部落的巫師所得的資料。筆者特別感謝他提供這方面的訊息。列示此表的主要用意是要比較膽曼族人瞭解 *kawas* 觀念的情形。

特殊性與限制。就此而言，我們或許可以瞭解為何族人說道：「天主教來了，沒有 *cikawasay*、*paysin*；而海祭、洗井祭等沒有繼續舉行或時間更改了，那是因為青年 *kapah* 不在部落裡！」

五、結論

綜合前面的討論，筆者認為天主教的進入與發展的過程是與既有的社會文化特徵有一辯證性的互動關係。而且由於原來社會組織與宗教層面都具有「間隔化」的性質，亦即「家戶」與「部落」的區隔，使得天主教在不同層面有著不同的發展。又因為天主教強調禮儀（儀式），而且認為恩寵可以客觀地存在於個人之外的集體——教會上，使得天主教在膽曼的發展一直著重於教會的組織和儀式。雖然透過教會活動可以銜接堂口之間的聯繫，或者將

堂口納入堂區甚至更高階序的教區的轄下，但是由於原有社會文化的「間隔化」性質，以及作為部落表徵的年齡組織的凝聚性強，使得教會的善會之作用有其限制。若就教會既有的活動來看，也並未顯示族人已由地方性（即部落）宗教信仰的認同轉換為跨地域甚至世界性宗教的認同。[22]從收穫祭第一個晚上舉行教會彌撒以及年齡組織舉行 *ifolod* 的區分，以及一些事件的解釋與爭議來看（參閱陳文德，1990），只是更加凸顯「部落」與外在社會（包括世界性宗教）之間存在複雜的「聯結」（articulation）關係。因此，就理論的意涵而言，今日年齡組織的成員大多外出工作，而且部落的整個經濟幾乎仰賴這些收入，另一方面，部落又依賴傳統的和教會組織等資源來維繫內部的凝聚性，使得部落宗教變遷的研究更必須結合部落與外在社會的互動過程，才能有更為周延的理解。

　　根據本文的論述，筆者認為膽曼的例子支持了以往研究的一些論點。例如，主張「外來宗教的性質及傳教方式會影響族人接受的情形」（黃宣衛，1980；郭文般，1985）、「族群的社會組織、經濟狀況、傳統宗教信仰等對其是否接受某一教派都可能有關係」（黃宣衛，1980：113），甚至必須考慮「宗教變遷的過程」（石磊，1976；黃宣衛，1980、1986）。不過，筆者也必須指出，以往探討阿美族宗教變遷的研究，多未能具體論述原有社會文化的特性（參閱 S-W. Huang, 1996），及其如何與外來宗教或其他外力，在不同時期有著怎樣的互動關係。[23]

---

[22] 從天主教在膽曼，甚至鄰近其他部落的發展來看，反而顯示出以「部落」（即堂口）為重心的趨勢。例如，原先族人復活節期間會先把插置家戶門口及家裡十字架的巴斯掛帶到宜灣天主堂，舉行儀式之後再帶回來各自插置於家中。就筆者所知，好幾年來族人早就不去宜灣，而是直接在自己的教堂舉行這樣的禮儀。

[23] 例如，平敷令治（1968）提及阿美族傳統的神靈 *kawas* 可分成大神 *dongi*、男子的保護神 *malataw* 及其他惡靈，其神靈系統的構造有如頭目、年齡組織和母系親屬群此社會性結構的投射，因此當部落納入國家的權力系統，頭目和年齡組織喪失其傳統權威，而使得 *dongi*、*malataw* 等有關的重要儀式衰微。如此一來，族人也就容易接納對比於國家勢力之強有力的耶和華基督。

　　如果我們把膽曼阿美人的例子與黃應貴（1991）在東埔布農族的研究對照來看，更可以凸顯本文的一些論點。依黃應貴（1984）的分類，阿美族與布農族的傳統組織與結構的特性是分屬於不同的類型：前者是階序的，後者是平權的。此外，膽曼與東埔接受的外來宗教也不一樣：膽曼是天主教，東埔是長老教會。黃應貴認為東埔布農人傳統的 *dehanin*（「天」）的觀念被合理化為新的信仰，但是不同階段的宗教變遷運動有著不同的意義。例如，1950 年左右接受長老教會時，東埔布農人稱此變遷為 *lisdamu qamisama*（意思是「找一條使自己像神一樣有能力的路走」）；到了 1981 年的新宗教運動，「則以宗教儀式的象徵作用，解決或緩和因資本主義市場經濟與基督教義的引入所導致與加強的人與物的物化，以及人與人之間的不平等關係所引發的問題」，且有些人已把此運動稱為 *basilavu damasa*，這是強調「依賴外力（神）給予幫助而尋到自己要走的路。」儘管如此，「追求個人認為能肯定自己及其存在價值的道路」是一致的（黃應貴，1991：113，121-122）。然而，就膽曼的例子來看，我們看到的反而是在強調集體（「部落」）的凝聚性，「部落」被視為是生命之源，這又以年齡組織的持續為其表徵。而且膽曼阿美人整個經濟活動的情形（見第一節後半部份）顯然不同於東埔布農人。在膽曼，物化與人際之間的不平等並不明顯。而且就筆者所知，有些族人遠至沙烏地阿拉伯、新加坡工作，或者獨自一人遠洋捕魚，即在迴避親屬和部落族人關係的互助義務，這又以已成家的年輕人居多。換言之，膽曼阿美人所要面對的問題是如何在人口外移、出外工作，以及傳統年齡組織面臨解體威脅的情況下，繼續維持「部落」的認同與凝聚。[24]另一方面，傳入的天主教之著重禮

---

[24] 約從 1996 年起，膽曼旅北同鄉會開始在北部舉行運動會，而不同於行之多年以遷住桃園八德地區為中心舉行的「豐年祭」。「豐年祭」是由目前居住地區鄰近的一些住戶自行舉辦，因此往往包括現在住於同一小區域但不是來自同部落的阿美人；反之，住在其他地區的膽曼阿美人則各自與他們鄰近的阿美族住戶一起舉辦「豐年祭」。相較之下，運動會是以膽曼旅北族人為主（包括已經購屋定居或租住或住在工地），而且是以膽曼社區協會為指導單位；社區理事長與理事也往往會前來參加，其致詞內容常強調膽曼與旅北同鄉會是同屬於一個「部落」*niyaro'*，而不是兩個

儀及恩寵的客觀性只是更加強原有觀念與存在於傳統社會文化的「間隔化」之特徵。當然，筆者並不否認隨著羅馬拼音聖經經文的發行與研讀，會逐漸改變傳統觀念的解釋，但是從對於一些事件的不同解釋與處理方式，事實上也呈現原有社會文化特性之持續與轉變。[25]

在非洲或其他大多數非西方社會，基督宗教與殖民力量可能都來自於西方，相對之下，對於膽曼阿美人及其他臺灣南島民族來說，這兩股「外來勢力」卻不是相同來源。[26]然就理論的意義來說，膽曼阿美人接受天主教的過程至少說明了「宗教」與其他社會生活，尤其社會組織有著密切的關連，反而是傳入的基督宗教試圖打破既有宗教信仰、儀式與社會組織的關連，甚至欲以新的組織方式來取代。這樣的觀點也使我們再度肯定銜接「宗教」與社會組織探討的必要性。若是將兩者分離，只是顯示其缺失與限制。正如 James W. Fernandez（1978: 222）批評 Robin Horton（1971, 1975）的論點忽略了思想體系與世界觀中有「間隔化」、穩定的二元結構與範疇持續等性質（另見 Hefner, 1993b；Ikenga-Metuh, 1987）。另一方面，膽曼阿美人接受羅馬拼音聖經的過程多少也印證了 Jack Goody 的論點，尤其 *kawas* 觀念的意義之轉變或取代。[27]但這種從口語（oral）轉向書寫（written）的過程並不是單向、必然的，本文引用的事例及其解釋闡明了問題的複雜性。

的群體。這種現象及其發展有待進一步探討。

[25] 如何以族語來轉譯聖經的內容，其實是一個複雜卻又是值得探討的重要問題，這不但涉及當地人如何詮釋教義，也包括超越當地人原先觀念一些「創新」，以及呈現出一般教友與神職人員觀念上的歧異（參閱 Meyer, 1994; Waldman, 1992）。

[26] 這並不意謂著兩種外來的影響是同一性質或者兩者各為一同質性的整體（James and Johnson, 1988）。不過，這種分離是否對臺灣南島民族有著不同的影響，是值得進一步討論。

[27] 黃貴潮曾記載有關「天主」或「上主」之阿美語的稱呼是花東教區傳教阿美族區內的神職人員（神父）和協助的阿美族傳教士合譯的結果。之用"Wama"而不用"*kawas*"來翻譯「天主」或「上主」，是因為：（1）*kawas* 是多神觀念之總稱；（2）洋人神父們還不懂得 *kawas* 是什麼意思；（3）阿美族傳教人員部份不同意 *kawas* 這個名詞，免得教友新舊 *kawas* 觀念混淆不清；（4）免得基督教界的「神」、「上帝」譯成"*kawas*"，重複而且恐怕教友難以區別。筆者感謝黃貴潮先生提供此資料。

　　總而言之，根據這個個案的研究，筆者認為「改宗」（conversion）其實是一個相當複雜的過程（Baum, 1990，引自 S-W. Huang, 1996: 437；另見 Bond, 1987），而且這個過程呈現了「宗教」與其他社會層面是不易區分的（Ikenga-Metuh, 1987；Shaw and Stewart, 1994；另見 S-W. Huang, 1996）。另一方面，這個過程也呈現原先社會文化特性的持續與變遷的複雜面貌。甚至，從部落日後的發展性質來看，部落宗教變遷的研究與部落之納入外在社會過程的探討彼此銜接。

參考書目

中島星子
　　1983　〈台灣海岸アミ族の *ruma'h*（家）關係：婚姻事例より〉，《民族學研究》47（4）：382-391。
方敏英編
　　1986　《阿美語字典》。臺北市：中華民國聖經公會。
王崧興
　　1961　〈馬太安阿美族之宗教及神話〉，《中央研究院民族學研究所集刊》14：95-128。
平敷令治
　　1968　〈奇美のアミ（中部アミ）の宗教〉，《沖大論叢》8（1）：2-37。
末成道男
　　1983　《台灣アミ族の社會組織變化：ムコハリ婚カウヨメハリ婚入》。東京：東京大學。
石磊
　　1976　〈馬蘭阿美族宗教信仰的變遷〉，《中央研究院民族學研究所集刊》41：97-127。

馬淵悟

　　1981　〈台灣海岸アミ族の祖靈觀〉,《社會人類學年報》7：161-173。

郭文般

　　1985　〈台灣光復後基督宗教在山地社會的發展〉。臺灣大學社會學研
　　　　　究所碩士論文。

陳文德

　　1984　〈阿美族的親屬制度：一個海岸聚落的例子〉。臺灣大學人類學
　　　　　研究所碩士論文。

　　1985　〈光復後日本學者對阿美族的研究〉,《思與言》23（2）：153-
　　　　　176。

　　1987　〈阿美族親屬制度的再探討：以膽曼聚落為例〉,《中央研究院民
　　　　　族學研究所集刊》61：41-80。

　　1990　〈膽曼阿美族年齡組制的研究與意義〉,《中央研究院民族學研究
　　　　　所集刊》68：105-144。

黃宣衛

　　1980　〈傳統社會與西洋宗教：三個台灣高山族的例子〉,《思與言》18
　　　　　（1）：101-115。

　　1986　〈奇美村阿美族的宗教變遷〉,刊於《台灣與社會文變遷》,瞿海
　　　　　源與章英華合編,中央研究院民族學研究所專刊乙種第 16 號,
　　　　　頁 401-441。臺北市：中央研究院民族學研究所。

　　1987　〈宜灣聚落之祭儀〉,刊於《台灣土著祭儀及歌舞民俗活動研
　　　　　究》,頁 3-38。臺北市：中央研究院民族學研究所。

　　1988　〈五個消災祈福的阿美族祭儀〉,《臺灣風物》38（1）：99-112。

　　1989　〈從歲時祭儀看宜灣阿美族傳統社會組織的互補性與階序性〉,
　　　　　《中央研究院民族學研究所集刊》67：75-108。

1999 〈一個海岸阿美族村落的時間、歷史與記憶：以年齡組織與異族觀為中心的探討〉，刊於《時間、歷史與記憶》，黃應貴編，頁485-539。臺北市：中央研究院民族學研究所。

黃貴潮

1988 〈宜灣阿美族的傳統 *kawas* 觀念〉，《思與言》26（4）：341-354。

黃應貴

1984 〈台灣土著的兩種社會類型及其意義〉，《中央研究院民族學研究所集刊》57：1-30。

1991 〈Dehanin 與社會危機：東埔社布農人宗教變遷的再探討〉，《考古人類學刊》47：105-126。

Atkinson, Jane Monnig

1983 "Religion in dialogue: The construction of an indonesian minority religion". *American Ethnologist* 10(4): 684-696.

Binsbergen, Wim M.J. van

1981 *Religious Change in Zambia: Exploratory Studies*. London: Kegan Paul International.

Binsbergen, Wim M. J. van and Matthew Schoffeleers

1985 "Introduction: theoretical exploration in African religion". In *Theoretical Explorations in African Religion*. Wim. M. J. van Binsbergen and Matthew Schoffeleers, eds. Pp. 1-49. London: Kegan Paul International.

Bond, George C.

1987 "Ancestors and protestants: religious coexistence in the social field of a Zambian community". *American Ethnologist* 14(1): 55-72.

Comaroff, Jean

1985 *Body of Power, Spirit of Resistance: The Culture and History of a South African People*. Chicago: The University of Chicago Press.

Comaroff, John

　　1982　"Dialectical systems, history and anthropology: units of study and questions of theory. *Journal of Southern African Studies* 8(2): 143-172.

Fernandez, James W.

　　1978　"African religious movement". *Annual Review of Anthropology* 7: 198-234.

Geertz, Clifford

　　1973[1964]　"Internal conversion in contemporary Bali". In *The Interpretation of Culture*, Pp. 170-189. New York: Basic Books.

Goody, Jack

　　1961　"Religion and ritual: The difinitional problem". *British Journal of Sociology* 12(2): 142-164.

　　1977　*The Domestication of the Savage Mind*. Cambridge: Cambridge University Press.

　　1986　*The Logic of Writing and the Organization of Society*. Cambridge: Cambridge University Press.

　　1987　*The Interface between the Written and the Oral*. Cambridge: Cambridge University Press.

Goody, Jack and Ian Watt

　　1968[1963]　"The consequences of literacy". In *Literacy in Traditional Societies*. Jack Goody, ed. Pp. 27-68. Cambridge: Cambridge University Press.

Hefner, Robert W.

　　1993a　(ed.) *Conversion to Christianity: Historical and Anthropological Perspectives on a Great Transformation*. Berkeley: University of California Press.

1993b　"Introduction: world building and the rationality of conversion". In *Conversion to Christianity: Historical and Anthropological Perspectives on a Great Transformation*. Robert W. Hefner, ed. Pp. 3-44. Berkeley: University of California Press.

Horton, Robin

1971　"African conversion". *Africa* 41(2): 85-108.

1975　"On the rationality of conversion (Part I)". *Africa* 45(3): 119-235.

Horton, Robin and John D.Y. Peel

1978　"Conversion and confusion: a rejoinder on christianity in eastern Nigeria". *Canadian Journal of African Studies* 10(3): 481-498.

Huang, Ying-Kuei 黃應貴

1988　"Conversion and religious change among the bunun of Tawian". Ph.D. Dissertation. London School of Economics, University of London.

Huang, Shiun-Wey 黃宣衛

1996　"The politics of conversion: the case of an aboriginal Formosan village". *Anthropos* 91: 425-439.

Ifeka-Moller, Caroline

1974　"White power: social structural factors in conversion to Christianity, eastern Nigeria, 1921-1966". *Canadian Journal of African Studies* 8(1): 55-72.

Ikenga-Metuh, Emefie

1987　"The shattered microcosm: a critical survey of explorations of conversion in Africa". In *Religion, Development and African Identity*. Kirsten Holst Peterson, ed. Pp. 11-27. Uppsala: Scandinavian Institute of African Studies.

James, Wendy and Douglas H. Johnson

　　1988　"Introduction essays: on 'native' Christianity". In *Vernacular Christianity: Essays in the Social Anthropology of Religion.* Presented to Godfrey Lienhardt. Wendy James and Douglas H. Johnson, eds. Pp. 1-12. New York: Lilian Barber Press.

McGuire, Meredith B.

　　1987　*Religion: The Social Context.* Belmont, CA: Wade Worth.

Meyer, Birgit

　　1994　"Beyond syncretism: translation and diabolization in the appropriation of protestantism in Africa". In *Syncretism/Anti-Syncretism: The Politics of Religious Synthesis.* Charles Stewart and Rosalind Shaw, eds. Pp. 45-68. London: Routledge.

Needham, Rodney

　　1972　*Belief, Language, and Experience.* Chicago: The University of Chicago Press.

Pauw, Berthold Adolf

　　1980　"Recent south african anthropology". *Annual Review of Anthropology* 9: 315-338.

Poullion, Jean

　　1982　"Remarks on the verb 'to believe'". In *Between Belief and Transgression: Structuralist Essays in Religion, History, and Myth.* Michel Izard and Pierre Smith, eds. Pp. 1-8. Chicago: The University of Chicago Press.

Sahlins, Marshall David

　　1981　*Historical Metaphors and Mythical Realities: Structure in the Early History of the Sandwich Island Kingdom.* Ann Arbor: University of Michigan Press.

Shaw, Rosalind and Charles Stewart

　　1994　"Introduction: problematizing syncretism". In *Syncretism/Anti-Syncretism: The Politics of Religious Synthesis*. Charles Stewart and Rosalind Shaw, eds. Pp. 1-26. London: Routledge.

Waldman, Marilyn Robinson

　　1992　"Translatability: a discussion". *Journal of Religion in Africa* 22(2): 159-172.

第六章　阿美族兩個聚落早期接受基督教的信仰變遷[*]

黃宣衛

中央研究院民族學研究所研究員

國立東華大學臺灣文化學系合聘教授

本章大意

台灣原住民族接受基督宗教的比例很高，這主要是1950年代發展出來的歷史結果，人口在原住民族中最多的阿美族也不例外。本文以兩個台東縣阿美族聚落為探討地點：位於海岸山脈東側的宜灣於1950年代初期接觸到基督教長老會，但不久以後天主教會在該地居於優勢地位；相對之下，位於花東縱谷的大坡居民在日治時期的1930年代即受到耶和華見證人王國聚會所的影響，在阿美族中是一個特殊的案例。本文運用文獻資料與田調所得資料，透過比較的方式，分析兩地接受基督宗教前的社會背景與接納過程。焦點在於探討身為少數民族的阿美族，在日本人、漢人的政治與經濟強勢影響下，其所造成的社會文化變遷，以及原有宗教與不同基督教派間，經由互動激發出的不同宗教生活型態。

---

[*]　本文原題為〈弱者的抵抗、現世的幸福與來世的救贖——兩個阿美族聚落早期接受基督宗教的初步比較〉，《宗教人類學》第六輯（2015 年）：259-284。

一、前言

　　臺灣原住民族（南島民族）普遍接納基督宗教，這是許多人耳熟能詳的事實，相關的研究也很多，此處不多贅述。[1]而普遍接納基督宗教的現象，在台灣原住民族中人口居於最多數的阿美族人之間也不例外，這在歷來的文獻中也可以明顯地看出來。[2]

　　有關台灣原住民族接受基督宗教的原因，一般漢人會以來自歐美的救濟品來做解釋，因此有時稱呼基督宗教為「麵粉教」[3]。這樣的說法當然不是毫無依據，但有過度簡化這個複雜現象的嫌疑。早期有關阿美族接納基督宗教的人類學探討，會加上歷史的深度，強調兩方面的變數：1. 接觸不同宗教的過程（如石磊，1976）；2. 社會文化解組（如黃宣衛，1986）。這樣的解釋方式，強調的是外在力量的作用，卻忽略了社會文化的內在動力。因此晚近的研究，除了有更深遠的歷史背景外，也會凸顯異族觀（如 Huang, 2003）等因素，來討論阿美族集體接受基督宗教的原因。不過，截至目前為止，細膩的比較研究還付諸闕如，本文選擇兩個阿美族聚落，進行此方面的初步嘗試。

　　宜灣聚落位於海岸山脈東側，面臨廣闊的太平洋，行政上屬於臺東縣成功鎮的博愛里；大坡聚落則位於海岸山脈西側，面對的是池上平原與中央山脈，行政上屬於台東縣池上鄉的大坡村。兩個聚落的直線距離並不遠，大約二十公里左右，但因分別位在海岸山脈的兩側，地理環境、歷史發展過程、

---

[1] 參見黃宣衛（2012）以及呂理哲、黃宣衛（2012）。原住民之接受基督宗教現象，亦有人稱之為宗教皈依（religious conversion）。Cusack（1996）指出，早期 conversion 一詞的使用偏向個人心理的變化，因此不適於用來稱呼大規模的宗教變遷現象，但在後來的發展中，conversion 的含意也可以包括集體層次的現象，因此有所謂的 mass conversion。不過，因為本文處理的主要是社會層次，為求嚴謹將儘量避免使用皈依（conversion）一詞。

[2] 例如參見林素珍、陳耀芳、林春治（2008）。

[3] 英文中有類似意涵的是 rice Christians 一詞（Jordan, 1993: 293; Dirks, 1996: 122）。意指基督徒是因物質上的誘因而信教，也有可能又因消失而離開教會，有點貶抑其信仰不真誠。

人口組成等狀況，使得兩聚落呈現大異其趣的發展過程。

　　關於這兩個阿美族聚落的社會文化異同，筆者曾為文綜合地理條件、歷史發展探討過（黃宣衛，2002）。這篇文章的一個主要論點是：宜灣的發展比較是獨立的，與鄰近聚落相對之下關係較為疏遠，反過來說，大坡聚落是池上鄉阿美族的主要發祥地，與位在池上平原的其他阿美族聚落密切關連。經由這樣的切入討論，兩個阿美族聚落的社會文化異同乃得以理解。奠基於先前的研究成果，筆者試圖針對這兩個阿美族聚落接受基督宗教的過程與後續發展，進行系統性的比較研究，但因材料與篇幅的限制，所以本文先鎖定探討早期接受基督宗教的過程。

　　要言之，在接受基督宗教之前，宜灣阿美族以阿美族傳統宗教為主要信仰，1950 年代初期基督教長老教會傳入，有部份村人接受，1950 年代中期之後，天主教傳入，1958 年之後成為村民的主要信仰，其後雖有一些人接受其他宗教（漢人民間信仰、日本天理教、基督教安息日會等），但對村中以天主教為主的影響不大。本文將以宜灣 1950 年代間接納基督教長老會、以及天主教會為分析的重點。另一方面，大坡阿美族聚落建立之後，其信仰即夾雜著漢人式宗教信仰以及阿美族傳統的宗教，日治時期的 1930 年代，不少池上阿美族（包括大坡聚落在內）接納耶和華見證人（Jehovah's Witnesses）[4] 此一基督教派，儼然成為 1930 年代末期到 1960 年代當地阿美族的主要信仰。本文將以大坡從 1930 年代到 1960 年代的現象為探討重點，並與宜灣1950 年代的案例作比較。

　　在資料來源方面，除了奠基於筆者先前已經有的研究成果外，本文也將運用一些文獻資料（包括最近幾年新發表的文獻、以及之前未注意到的舊文獻），再加上筆者為本文所蒐集的新田野資料。期望透過本文的探討，能夠

---

[4]　此教派在光復初期登記為「財團法人萬國聖經研究會」，後來分裂，另登記為「耶和華見證人王國聚會所」，詳情請參考本文第三節。

對阿美族接受基督宗教的現象提供新的理解。

二、宜灣的例子[5]

　　成功鎮[6]位於臺灣東部東海岸的中央偏南，是臺東縣也是東海岸最大的鄉鎮，更是東部地區最重要的漁業中心。東臨太平洋，北鄰長濱鄉，南接東河鄉，西為海岸山脈（黃宣衛等，2002：25）。依地質學家的研究，海岸山脈的東側一帶，是由緩丘與階地所構成，加上溪流皆由西向東切割，流域面積與幹流的長度皆小，因此地形上比較破碎不完整。

　　行政上，成功鎮有八個里，自北而南分別是：博愛里、忠孝里、三仙里、三民里、忠智里、忠仁里、和平里與信義里。其轄境南北長而東西短，最北邊博愛里的宜灣與最南邊信義里的小馬相距約三十公里。忠智、忠仁兩里是成功鎮的中心點，同時也是成功鎮的市街中心，人口以漢人居多數，行業以工商漁公教等為主。而成功鎮的商店、政府機關、金融機構、學校也大多匯集在此。整個成功鎮，阿美族是最主要的族群；餘為西拉雅（平埔人）與漢人等族群（李玉芬，1999：49-50）。

　　根據成功鎮戶政事務所 2013 年 8 月的統計[7]，漢人的人口主要集中在忠智、忠仁、三民這三個里，其餘各里以平地原住民（阿美族）占多數。統計表如下：

5　本節主要是參考：黃宣衛（2005 第三篇與第四篇），再加上新的資料改寫而成。第三篇另見黃宣衛 2002 一文。第四篇另見黃宣衛 1997 一文。

6　「成功」原名「麻荖漏」，後名「新港」，戰後始更名為「成功」。

7　資料來源，請參考：http://cgh.taitung.gov.tw/files/11-1003-478-1.php。

表 6-1：2013 年 8 月成功鎮各里人口分布狀況

行政區域名稱	總人口	平地原住民人口	山地原住民人口
博愛里	734	646	3
忠孝里	1179	704	16
三仙里	1732	1200	14
三民里	3310	1885	35
忠智里	2336	309	14
忠仁里	2799	645	8
和平里	851	698	10
信義里	2162	1707	9
總計	15103	7794	109

　　宜灣，行政上與南邊的重安聚落同屬於台東縣成功鎮的博愛里。重安是博愛里的行政中心，國民小學、派出所、衛生室，以及里辦公室都設在當地。然而宜灣的阿美族人口比例比重安高。宜灣共有八個鄰，即博愛里的九到十六鄰。其居民分別居住在宜灣溪的南、北兩岸。而在宜灣聚落的南北，沿濱海公路上，皆有成線狀分布的阿美族聚落。

　　1988 年年底時，宜灣聚落共有 112 戶，其中 103 戶的戶長是阿美人，3戶是客家漢人，6 戶的戶長則是外省退伍軍人（其中三位的妻子是阿美人，二位的配偶是排灣人，另一位娶平埔人）。當時村中有三家雜貨店，分別由三戶漢人所擁有。1995 年，其中一家結束營業。但不久之後，在原處附近又有一戶阿美族開設了雜貨店。一般而言，居民的日常生活用品，大多取之於這三家商店。除非有特別的需要，或正好要去成功辦事，居民才會到街市去採購。此外，居民的肉類以及蔬菜水果，也常向一些開著小貨車或騎機車，沿著濱海公路兜售貨品的商販購買。根據 2013 年 11 月的實地調查，聚落中

有一間台北人開的民宿，[8]一間當地阿美人開的民宿。而雜貨店仍有三家，皆為阿美人經營。聚落現有 82 戶（外來民宿業者沒有算在內），常住人口為 121 人，65 歲以上有 55 人，顯見人口老化現象很嚴重。

　　早期東海岸由大港口至成功，以及台東縱谷由玉里至富里一帶皆無人定居。清道光、咸豐年間（1821-1861），因漢人移墾的影響，台灣西南部平埔族人相繼東來，他們與卑南人和睦相處，在玉里至富里以及長濱至成功一帶定居。在此之後，阿美族人或因布農族、泰雅族的侵襲增強，或為尋覓新的土地，陸續遷入已有平埔人居住的地區。而在 1877 年大港口事件後，阿美族四散逃逸，東海岸的阿美族聚落於是紛紛成立。

　　成功鎮的阿美族聚落，系統比較複雜，有海岸阿美族的聚落，有秀姑巒阿美的聚落，有卑南阿美的聚落，也有海岸阿美、卑南阿美、恆春阿美混居的聚落。大部份的阿美族聚落是清朝末年時移居來的。這些阿美族聚落由於系統不同，缺乏明顯的共同認同感。再加上成功鎮的地形狹長，地理以及交通的不便，也使聚落間的隔閡加深。

　　宜灣的阿美族屬於海岸阿美，在宜灣形成聚落的時間，根據佐山融吉（1914）的調查報告，當時稱沙汝灣的宜灣成立於 1880 年。安倍明義（1938）持相同看法。但末成道男（1983：20）的推測，認為宜灣約成立於 1890 年左右。而宜灣老人則認為，宜灣成立的時間應可追溯到 1854 年左右。

　　宜灣聚落人之間有這麼一則傳說：大約在男子年齡組織成立之前幾十年，有一位名叫 Kalitang Payo 的人，率領親族到此地居住。此人是 Cokangan（現為長濱鄉長光村）的 Pacidal 氏族人。因為狩獵及採海貝等等，他發現這個地區。經過數次的探索與觀察，覺得此地地廣物豐，又沒有人煙，是個適合居住的好地方。於是他回到故里遊說親友，帶領了三、四家人移住到這

8　主人是與當地沒有淵源的漢人，購買當地阿美族人的土地與房屋後經營民宿。因與鄰近的基督教堂有土地糾紛，還上了 2013 年 12 月初的新聞版面。

個地區。後來陸續有從各地來的家族遷入，包括了不同的氏族，大約共有二十戶左右。Kalitang Payo 死後，人們尊敬他是聚落的開拓者，是值得紀念的歷史人物。因此，聚落中的政治委員會封他為宜灣的創社祖及護守祖靈（*mitapalay kawas*）。每年豐年祭期間，由男子年齡組織祭祀，祈求他降福並保佑聚落的發展與繁榮。雖然目前聚落的人已改信基督宗教，但仍在每年一度的豐年祭中紀念他的事蹟。

據說創立聚落之時，鄰近的平埔族 Tikriw 聚落勢力很強，他們有比較優良的槍械彈藥，人口也比較多。宜灣聚落的領袖 Payo 為了安撫平埔族，特地從原居地長光帶一些珍貴的東西送給平埔人，因此關係不算太壞。[9]但是布農族的侵襲仍然不斷，部落早期歷史中即有三人因被獵首而死。舊聚落建立在小山丘上，就是為了防衛的需要，當時聚落四周除了有壕溝還有柵欄，出入的大門都有青年男子看守，甚至每家也都有禦敵的設備。

據推斷，宜灣第一個男子年齡組織在 1865 年設立。這個時期，聚落是一個對外的共同防衛單元，聚落內部的糾紛在聚落內部解決。「土地」由聚落公有，粗重的工作由男子年齡組織來執行。聚落內各個家庭是獨立的生活單位，家庭之間的貧富差距不大，只不過有些家庭因勞力較充裕，穀倉中的糧食會比別家多一些罷了。然而在缺乏其他投資的情況下，這些盈餘也常轉變為對貧困家庭的接濟。

此時支配社會的是傳統的習俗與觀念，世俗生活中的權威領袖往往也是宗教儀式中的主祭人物，因此，社會生活中雖有糾紛，但個人不太會去反抗傳統習俗。而在婚姻方面，也有聚落內婚的偏好。此時聚落在各方面皆有力求獨立自足的特性。這樣的情形，一直到日治時期才漸漸消失。

清政府在牡丹社事件（1874）之後，才採取比較積極的開山撫番政策。

9　從另一個角度來觀察，早期阿美人與平埔人在東海岸一帶各自形成聚落，由於平埔人以水稻耕作為主，阿美人則以山田燒墾的小米種植為主，所以彼此之間並沒有激烈的利益衝突——至少某種程度裡可以和平共處。但泰雅族、布農族的侵襲則直到日治以後才緩和下來。

　　光緒元年（1875）開始，清政府設招撫局於卑南（今台東市），並派軍駐守東台灣的一些重要據點。在清政府正式將東台灣納入版圖以前，成功地區已有漢人移居到成廣澳（今小港），他們大約是在同治年間（1862～1873）移入。由於附近有一個天然的港澳便於船隻的停泊，因此吸引漢人前來從事番品交易與農耕，到了清同治末年時有五、六戶人家居住於此（陳季博，1959：113）。對宜灣及鄰近的阿美族聚落來說，成廣澳是與外界連繫、取得外來物品的重要孔道，一直到日治的大正年間才漸漸被新港（今成功市街一帶）所取代。

　　日本政府於 1896 年即已控制東台灣，但對宜灣而言，1925 年以後來自日本政府的影響才日益明顯。1908 年日本政府把宜灣居民遷到海邊較平坦的地方，1911 年日本人收購阿美人的槍枝彈藥，加上學校的成立、戶籍與地籍登記制度的實施等，對聚落的生活有了較深遠的影響。然而在日治時期，聚落中原有的政治體系並未完全解體。

　　日本政府官員曾企圖借用聚落中原有的會所，做為訓練青年團、壯丁團有關軍事、政治等方面的知識技能，並兼做夜間失學民眾（夜學會）的教室。但在聚落人民的反對下，官方不得不在 1935 年左右另外設立一個集會所，這個日本政府以現代的建築材料建立的會所，當地居民稱之為「日式會所（*sfi no dipong*）」；而稱聚落中原來的會所為「真正的會所（*tada sfi*）」。

　　光復初期，因政府的勢力尚未達於基層，為維持聚落內的秩序，男子年齡組織的功能再度發揮。而此時在外從軍及就業的青年男子紛紛回到聚落中，使得男子年齡組織的人數達到歷年的最高點。這個時期被一些人稱為「男子年齡組織的黃金時期」。然而此時，原來同質性的現象已漸漸消逝，許多教育程度較高者，對仍然使用強制手段來統治聚落的男子年齡組織感到不滿。加上日治時期的各種政策，使得家庭重要性提高而聚落重要性降低等，逐漸產生作用。所以，1949 年中華民國政府遷台，當政府的施政漸上軌道後，聚落的社會性質開始產生很大的變化。

　　雖然如此，宜灣的男子年齡組織一直存在。而且在宜灣等一些海岸阿美的聚落中，往昔自治組織的精神至今仍然存在，只是組成方式與功能不似以往罷了。對當地人來說，外來政權的確造成很大的影響，在日本與國民政府的種種變革中，自治組織的原有功能與組成方式一再變動，但今日他們卻堅持要由聚落人民自行選出的頭目來擔任自治組織的主席，而按官方規定選出的里、鄰長則是組織中的成員。

　　1960年代末期以後，年輕人外出工作成為一種趨勢，而外出工作者又以捕魚、板模工、貨車司機等粗重勞動性工作為多。這種現象有幾個意義：（1）靠著工資所得改善了大多數家庭的生活；（2）使得他們與大社會的關係更緊密；相對地，與聚落的連繫有弱化的可能性，不僅外出工作的年輕人如此，即使聚落中的家庭，其共同的利害關係也隨著異質性的持續擴大而淡化；（3）與大社會廣泛接觸後，個人可以自由選擇是否認同傳統的習俗。

　　宜灣的農業條件比較差。原先居民以山坡地做為山田燒墾的所在，一直到1930年代才在日本人的指導下興築水圳全面改種水稻。但因地形的因素，不但水圳的長度較短，灌溉的範圍也限制在宜灣居民的水田內。整體而言，宜灣平坦的宜農土地甚少，加上交通不便以及農地分散等因素，在1980年代中期以後，農業已不再是家庭的經濟來源。1985年，聚落中原有的水圳，聚落居民不再維護，水稻從此廢耕，年輕人在外地的工作所得，更加成為聚落中主要的經濟來源。然而也是自1980年代中期開始，又有一小部份年輕人回鄉定居，他們有的自行開業做生意（如：賣早點或水泥等建材），有的受雇工作（主要是在附近的成功）。雖然目前大多數年輕人都長期住在西部或北部，但他們與故鄉的連繫仍然不斷。譬如，回鄉參加婚喪喜慶，以及聚落中每年定期舉行的豐年祭活動等等。此外，他們之中也有許多人還透過儲蓄互助社的存款、貸款等，與家鄉保持連絡。目前雖然儲蓄互助社的重要性已經降低，但仍然繼續在運作。

　　宜灣阿美的傳統宗教是以 *kawas* 的信仰為核心，*kawas* 可以泛指神、

鬼、祖先、靈魂等等。因應不同的目的，可以舉行不同性質的儀式；而在不同儀式中，有不同的人來主持，同時祭拜不同的 *kawas*。到了 1920 年代中期以後，也就是日治的中末期，由於官方的提倡，天照大神也成為阿美人信奉的神祇之一。但原來的宗教體系並沒有明顯的改變。

台灣光復之後，由於社會性質改變，加上政府允許宗教自由，1950 年代初期，長老教會先來傳教，很快就獲得不錯的回響；尤其是一些年輕而又不滿當時男子年齡組織的人，更是藉著參加長老教會的活動來集體反抗聚落的權威。事實上，在山田粟作被水稻定耕取代後，聚落的防衛功能也漸漸被國家取代了。光復後，男子年齡組織的世俗性功能，只剩下看管三處水源地，而且在政府統治日上軌道後，這種看守也變得可有可無。於是在長老教會信徒的對抗下，男子年齡組織的權威一落千丈，1952 年聚落中的會所被正式廢棄，傳統聚落社會的特性至此意味著正式衰微。

1950 年代是各個西洋教派傳入的時期。除了前面提到的基督教長老教會外，天主教於 1954 年傳入，並於 1958 年起成為大多數宜灣阿美人的信仰，天主教堂也儼然成為聚落中各種活動的中心。當時，也有一些其他的教派來傳教，但只有安息日會稍稍成功。

1988 年年底時，宜灣阿美人有 80% 自稱是天主教徒，另有 15% 則自稱是長老教徒，還有約 5% 是安息日會的信徒。[10]目前，長老教徒只剩 5 戶（以前有 11 戶），安息日會只剩 1 人。另外，1987 年時曾有兩個家庭接納了日本的天理教，其中一家已經於 1992 年回到天主教會，另一個家庭在太太逝世後，只剩丈夫一人繼續天理教的信仰，其死亡後已無人信仰。另一方面 1993 年時，有三家阿美人集體改信漢人宗教，在當時造成很大的風波。不過其中一戶最近在其家長死亡後，其子女又改回天主教。天主教目前仍是聚落中阿美人的主要宗教。

---

[10] 至於漢人則全非基督教徒。

宜灣阿美人在接受基督宗教之前，由其宗教儀式來看，祈求的重點有二：（1）他們祈望人的健康、平安與長壽；（2）他們祈望物的豐收與不虞匱乏。這兩方面的追求，是判斷一個人是否幸運、成功的重要依據，也是宜灣阿美人社會生活的主要價值。在目前大多數人都接受基督宗教後，這種傾向仍然十分明顯。雖然少數接受長老教會的居民已有重視來世救贖的觀念，但整體而言，對大部份居民來說，他們的宗教仍然具有濃厚的現世性（this worldly）。[11]

三、大坡的例子[12]

池上鄉位於花東縱谷的南段，東西寬約 8.8 公里，西側是中央山脈，東側是海岸山脈，池上平原在兩大山脈之間，地形構造上是歐亞大陸板塊與菲律賓海板塊的縫合帶。山脈與縱谷的走向大致平行，呈東北—西南方向（蕭春生，2001：55）。

行政上，池上鄉是台東縣縱谷區位置最北端的平地鄉鎮。鄉之下有 10 個行政村，福原、福文、大埔、新興四村，分佈在池上平原的中心地帶。而大坡、慶豐、錦園、萬安、富興、振興六村則分佈在海岸山脈山麓。福原村是池上鄉行政、文教、商業的集中地區。另外因族群分佈關係，大埔村又分為東西兩區，東區在福原、新興兩村之間，阿美族與閩客族群混居；西區則在中央山脈山麓，居民多數為阿美族（同上引文：35）。

---

[11] 這樣的宗教傾向，與 Max Weber, Talcott Parsons 定義的 traditional religion 頗相近：基本上是工具性的，主要是為了滿足現世、世俗的利益，例如健康、長壽、打敗敵人、維持跟自己人的良好關係等（轉引自 Hefner, 1993: 8）。

[12] 此節主要參考：黃宣衛（2005：第三篇）、黃學堂主編（2011）、以及張振岳、黃學堂、黃宣衛（2012），再加上新的資料改寫而成。

　　大坡村位於海岸山脈的西側、花東縱谷中段池上平原的東北端，屬於池上鄉最北邊的一個村。人口大部份是阿美族人，另有少數日治末期才移入的閩南人與客家人。大坡村共分為七個鄰，其中一至三鄰為人口最集中之處，即為阿美族的大坡聚落，絕大多數都是阿美人。根據中研院民族所的問卷調查，1989 年的 4 月初大坡聚落有阿美族 88 戶共 311 人。其餘各鄰分散在海岸山脈的斜坡上，以漢人為主，阿美人占少數。根據 2013 年 8 月的官方統計資料，本村的平地原住民 117 戶，286 人。[13]

　　池上平原早期為「卑南覓七十二社」所控制的區域（林聖欽，1995：12）。當時卑南族在池上平原的活動，主要是出草、狩獵，並無建社定居的紀錄。十九世紀初，布農族的巒、郡兩社群，開始遷移到秀姑巒溪上游及池上平原西側新武呂溪流域山區定居後，對池上平原的卑南族人造成威脅，卑南族的勢力才逐漸退出（潘繼道，2010：10）。

　　清道光、咸豐年間（1821-1861）西拉雅平埔族分別由西部遷來池上。其中西拉雅支族與大滿亞族遷到新開園、萬安、水墜（今富興村）等庄落，而馬卡道支族則遷移至大坡庄（張堯城，2001a：245）。恆春一帶（Palidaw）的阿美族，則是在清末同、光之際（約 1870-1880 年間），為了躲避盜匪的侵擾，分別來到池上。初來池上的恆春阿美族與平埔族和平相處，但與布農族曾經有一段非常緊張的關係（陳春榮，2001：259-261）。

　　1875 年，清政府實施「開山撫番」政策後，隨著官招民墾與民招民墾，漢人一批批來東部移墾。日治時期並未減緩西部的移民潮，移墾的漢人日漸增多（簡淑瑩，2001：309）。

　　1945 年，台灣光復後，一連串的農業政策吸引許多西部的貧苦佃農紛紛遷來東部。池上地區也因此吸引大量的漢人移民。另外，政府為了解決退伍軍人的問題，從民國 42 年（1953）起至 64 年（1975）間，大批榮民來到池

---

[13] 請參考：http://gsh.taitung.gov.tw/files/11-1001-409-1.php。

上墾荒。池上平原自清末即有水圳的興築，不論是交通或是土壤氣候，都使池上成為東部的米倉。然而隨著社會環境與經濟型態的轉變，以及遷移人口的遽增，池上平原從單純的農業社會，逐漸轉為以農業為主工商業為輔的綜合型聚落（同上引文：309、313-314）。

　　池上全鄉現有住民 3275 戶 8703 人（2013 年 8 月關山戶政事務所資料[14]）。各村人口請參考下表：

表 6-2：池上鄉各村人口分布狀況

行政區域名稱	總人口	平地原住民人口	山地原住民人口
福原村	2353	219	51
福文村	1464	272	49
大埔村	960	480	11
新興村	985	177	27
大坡村	387	286	3
慶豐村	817	113	16
錦園村	390	15	1
萬安村	391	24	0
富興村	458	152	7
振興村	498	348	2
合計	8703	2086	167

　　池上鄉 10 個村中，有 9 個阿美族聚落。除萬安、錦園兩村因阿美族人數少未形成聚落外，其餘 8 村皆有阿美族聚落，而大埔村有大埔、陸安兩個阿美族聚落。整個池上鄉，阿美族所佔的人口比例約近四分之一（黃學堂主編，2011：5）。這 9 個阿美族聚落，除了振興村的阿美族，有八成屬於秀姑巒阿美，大約是在 1950 年代由花蓮縣瑞穗鄉遷來外，其餘的阿美族聚落以

---

[14] 請參考：http://gsh.taitung.gov.tw/files/11-1001-409-1.php。

南台灣的「恆春阿美」為主。

　　大坡村，位於池上火車站東方約 1.5 公里處，座落於海岸山脈的緩坡之上。恆春阿美族遷來之初，因鄰近有一個大湖泊，即「大陂池」[15]，乃稱所居的聚落為 Fanaw，也就是湖泊的意思。後來由於聚落位在小高台上，才稱之為大坡，一般中文亦稱為崁頂。至於原先的 Fanaw 一詞，現已用來通稱池上鄉的阿美族，而大坡聚落則改稱為 Kawaliwali，即指「在東邊」之意。

　　第一批恆春阿美人，約在 1870 年前後，由 Soel（屬 Talisakan 氏族）與 Okal 等人帶領來到池上的大坡開墾。根據耆老林阿登與高愛花的口述，祖先因在恆春的 Palidaw 遭受土匪的侵擾，遂沿著海岸線往北遷徙。他們趁退潮時沿著海岸走，曾在太麻里過夜，也曾在台東的馬蘭居住，後來還在 Likiliki（即卑南溪岸的利吉）落腳，但因該地農作物收穫不豐又捉不到魚蝦，所以又遷到鹿野的 Palayapay（即現在的鹿野鄉和平社區），Soel 的父親 Katin 與母親 Apungal 在這裡去世。此時 Soel 帶了幾個人到池上探查，當時附近都是原始森林，野鹿很多，大陂池的魚蝦又豐盛，因此決定搬到此地居住。決定好地點後，Soel 等人蓋了足夠家族人居住的房子，還種了南瓜、地瓜、玉米，以及芋頭等作物，在收成夠吃時才回去將眷屬帶來。[16]大坡的西邊雖有利於農耕的池上平原，但因受到布農族的威脅，難於向西拓展，一直要到清廷派軍駐守後，才有比較大幅度的改變。

　　聚落初成立之時，是由 Ciwilian、Pacidal、Raranges、Tarisakan、Mororang 與 Kakopa 諸氏族所組成。因為 Soel 的領導能力很好，所以被推舉為第一任

---

[15] 亦有稱為「大坡池」者。據池上鄉公所的資料，光復初期大陂池還是池面邊闊的湖泊，後來因泥沙淤積，經過改善排水並闢為良田後，湖泊已縮小許多。

[16] 綜合林阿登、高愛花及蔡秀鳳等三位之口述而來。又，在 1933 年的《南方土俗》中，有一篇署名台東バナオ（Fanaw）社ソエル（Soel）的作者寫了一篇〈恆春パングツァハの移動徑路──主としてカコパ氏族について〉。Soel 日文名字為大高正一，漢名為高邦光。文章中對於遷移歷史的記載與池上阿美族耆老所述的內容相當接近。在 1933 年文章寫成之時，池上已有 95 戶阿美人，人口數為 961 人，耕地估計有 70 甲。

的頭目。跟其他地區的阿美族聚落一樣，大坡也有男子年齡組織，主要是抵抗外敵布農族，也設有頭目制度與會所，豐年祭是每年最重要的歲時活動。

　　然而在日治末期，包括大坡在內的所有池上阿美族聚落，其男子年齡組織就已經停止運作，豐年祭也差不多在同一時期便停止舉辦。而會所也已無昔日的功能，代之而起的是日本人興建的會所，以宣導政府的政令為主。至於頭目制度也在國民政府來台後，因為地方自治的實施，約在 1960 年前後，便由村長取代了頭目的地位，而在無阿美族村長的聚落則由鄰長代替頭目。

　　不過，到 1970 年代末期，池上地區的一些阿美族政治領袖意識到文化傳統的重要性，開始積極地推動文化復振運動。首先是以全鄉聯合的形式，於 1978 年起恢復舉辦豐年節。到 1999 年，池上鄉公所配合原住民的要求，以原住民聚落會議主席來執行與原住民相關的業務。於是聚落會議的主席地位，就像是傳統阿美族社會的頭目一般。而在 2000 年，在大埔聚落舉行的豐年節中，恢復舉辦中斷五十餘年的成年禮，目的是希望讓男子年齡組織重新出現在池上鄉的阿美族間。

　　池上的阿美族聚落間有許多無法清楚劃分的社會網絡存在。如前所述，由恆春遷來的阿美族，最先在大坡形成聚落。而池上現有的其他阿美族聚落除了振興村外，大多是由大坡遷出來的。也就是說，池上鄉大部份的阿美族聚落，其成員間彼此有親緣關係，祖先又大都來自恆春、也曾有住過大坡的記憶，因此可以有相互連結的超聚落認同。

　　池上地區阿美族的宗教，大體而言，在 1895 年日本政府殖民統治之前，可以說是夾雜著漢人宗教元素的「傳統」信仰。事實上，恆春阿美在遷來池上之前，其傳統信仰中就已夾雜著漢人的習俗與信仰。「他們的祖先在台南、恆春一帶活動時，即與漢人有不少接觸，受到漢人強勢的壓迫，也為躲避盜匪侵襲，因此在恆春便改穿漢式穿著、說閩南語、開始拜拜。來到池上以後，

大部份人仍保持這樣的作法。」（黃宣衛、羅素玫，2001：209）。[17]換言之，大多數池上鄉的阿美族在從恆春地區遷入時，即已跟著漢人「拿香拜拜」，但阿美族原有的宗教信仰（例如神靈觀、巫師與竹占師的重要性）仍未完全被抹除。

　　日本人初到台灣統治時，並沒有特別限制當地人的宗教信仰。但到了日治中晚期有些轉變。1936 年台灣總督府以國家力量推動的「寺廟整理運動」與「神宮參拜」等政策。在這種所謂的皇民化運動影響下，當地阿美族人自然也受到日本神道教的強力影響。然而，此時的池上阿美族也開始接納基督宗教的耶和華見證人的信仰。特別是 1940 年代初期的二次世界大戰期間，儘管日本官方強力打壓，但當地阿美族人仍暗地裡信奉耶和華見證人，形成此時期池上地區阿美族宗教的顯著特色。

　　1945 年台灣光復後，由於國民政府的宗教自由政策，耶和華見證人的核心人物陳阿邦正式向內政部登記成立「財團法人萬國聖經研究會」。「萬國聖經研究會」的信徒在大坡建了教會，一時發展迅速，阿美族信徒大量增加。1950-1960 年間，這個教派在池上阿美人間的比率甚至高達 7 成，更因許多男性信徒不願服兵役造成許多社會新聞。然而陳阿邦本人因為某些私人因素，1961 年左右被逐出教會。由於陳阿邦被逐出教會，多數信眾無所適從，教會陷入信心危機。耶和華見證人總會因此派了一位名叫羅根的美國人進駐池上，協助管理。羅根先生的來臨，大大提振了教會的氣勢，對教會發展有正面的影響，這段期間也逐步建立了制度。

　　經過一番波折後，為了重建信徒對教會的信心，教會當局決定放棄在大坡的原址，約於 1977 年遷移到位在大埔的現址，重新蓋一間新的聚會所，並重新向內政部登記為「耶和華見證人王國聚會所」，和原有的「財團法人萬國聖經研究會」並存，信徒也一分為二，各行其道，不相往來。儘管有這

---

[17] 陳春榮（2001：261）也有類似的觀察。

樣的新發展，耶和華見證人（包含萬國聖經研究會與耶和華見證人王國聚會所）的信徒人數目前只有百餘人，已經不復當年盛況。

除了耶和華見證人之外，對池上阿美族而言，光復以後進入且建有教堂的基督教派有：富興村長老教會、池上天主教會。不過阿美族的信徒不多。

耶和華見證人的熱度消退後，漢人宗教在池上阿美族人間又居於主流。如前所述，漢人從清末、日治到臺灣光復 1945 年至 1975 年間一直不斷遷入。漢人在池上鄉日漸增多後，以閩客為主的漢系民間信仰，形成三個主要的祭祀圈：一、以福文村玉清宮為中心的「天公廟祭祀圈」，範圍包括福文、福原、大埔、新興四村。二、以錦園村保安宮為中心的「保安宮祭祀圈」，範圍包括錦園、萬安、富興、振興四村。三、以慶豐村福德宮為中心的「福德宮祭祀圈」，範圍包括慶豐、大坡兩村（張振岳，2001：765）。池上阿美族除了信奉基督宗教者之外，大多會參與這些漢人寺廟活動，在家中也大多有拿香祭祖的習慣。

在西方基督宗教以及漢人宗教的影響下，池上阿美族的「傳統」宗教元素可謂「消失殆盡」。最近十餘年來，在官方鼓勵原住民恢復傳統的政策下，傳統宗教有復興的跡象，其中以「豐年祭」的重新舉辦最為顯著。不過，這項具有「阿美族過年」意義的年度活動，宗教的性質已經失去，反而「文化傳統」的意義較突顯，因此稱為「豐年節」應該更為貼切。[18]

四、初步比較

宜灣阿美族接受基督宗教的現象，發生在台灣光復初期的 1950 年代，

---

[18] 豐年祭一詞具有宗教的意涵，與屬於民俗活動性質的豐年節略有差別。在宜灣類似的活動仍可稱為豐年祭，因居多數的天主教徒仍認為其有消災祈福的作用；但在目前的池上地區，稱之為豐年節較為合適。

相對地，類似的現象在大坡阿美族整整早 20 年左右，出現在日治末期的 1930
年代。聚焦在這兩地阿美族接受基督宗教的異同比較，本文擬分成三個層面
切入討論：接受前的社會狀況、接受過程與關鍵人物、從村民的相關說法以
及文獻資料探討大規模接納基督宗教的原因。

（一）接受前的社會狀況

在池上平原的開發過程中，雖然阿美族比西拉雅系統平埔族稍晚一些移
墾入住，但在日本統治初期，阿美族人生活條件優越，不但擁有的土地多、
人口也居於多數，所以稱得上是此地區的優勢人群。這種情形在 1920 年代
以後開始產生變化。

日本領台是造成此一重要變化的最主要因素。日本於 1895 自清廷手中
取得臺灣，次年即在東臺灣的池上建立警察官吏派出所等機構，將現代國家
的統治技術（如戶政、地政等）帶到池上平原。從地方社會的發展來說，有
三方面的官方作為影響較大：第一是以國家武力為後盾，勸服了中央山脈布
農等族，所以日治的 1920 年代起，在東臺灣全面建立起現代國家帶來的區
域性和平；其次是日本的「殖產興業」計畫，有意把東臺灣的池上一帶建立
成熱帶栽培業的重鎮，也積極推動採礦等各種活動，配合此一政策，則有東
線鐵路的修築，並於 1925 年全線通車。第三是東臺灣的人口政策，起初日
本政府試圖以官辦的方式開發東臺灣，後來則以授權的方式交由日本大財團
負責，部份目的是以地廣人稀的東臺灣作為舒緩日本人口過剩的目標，後來
此一政策成效欠佳，乃開放西部漢人東來。於是，1930 年代之後，大量來自
西部的漢人進入東臺灣，穿越池上平原的鐵路沿線也成了整個池上鄉的主要
人口聚集區，尤其是池上火車站所在的福原村取代了錦園村，成為了整個區
域的商業與行政中心。[19]

---

[19] 孟祥瀚以東部為主的研究，發現：「台東地區漢籍人口的比例由 1915 年的 13.48%增為 1940
年的 36.23%。」（1988：147）張堯城（2001b）針對池上鄉的人口結構變遷，也有類似的發現。

這樣的社會變遷，對花東縱谷中段（包括池上在內）的阿美族人造成重大的衝擊。根據林聖欽以玉里支廳為主的研究，該地區的土地開發可以用日治大正九年（1920）為分水嶺：「在大正九年東部土地業主權查定與地方行政制度改正皆完成後……隨著理番事業的完成，土地制度的建立，及治水設施的完善後，首先是部份地區的阿美族與平埔族的土地，很快地就轉移到原居漢人手中，因而促使阿美族與平埔族轉變為支廳下的佃農、雇農、雇工的身份；而部份原居漢人則成為大地主的身份。」（林聖欽，1995：159）特別是大正十二（1922）年實施民法之後，生活在一般行政區的阿美族人其土地權利與漢人無異，但「不同的生活方式，不同的文化，不同的思想，更使得阿美族人在進入新的經濟體系中，一開始就位於體系中的劣勢。」（同上引文：110）林聖欽的分析是：「……導致阿美族人大量釋出土地的關鍵因素，還是因為漢人所帶來的現金買賣經濟觀念，打入到阿美族的生活方式中所造成的結果；而總督府在東部所建立的一連串土地制度，則是間接促使此經濟觀念，更快速地進入阿美族社會中，而改變了阿美族人的生活方式。」（同上引文）

同屬花東縱谷中段，日治時期屬於里龍支廳，與玉里支廳緊鄰的池上地區也有類似的情況。換言之，依田野調查所得資料，1920 年代之後池上地區漢人地主紛紛出現，而原住民土地則大量流失，阿美族的貧窮化成了此時期的重要社會特徵。但另一方面，儘管日本的統治政策大同小異，但在大坡與宜灣兩個村落造成的結果卻差異甚大。

相較於位於花東縱谷中段面對池上平原的大坡，依山面海腹地有限的宜灣吸引漢人移民的能量受限，加上交通不便，村中（乃至附近）的漢人數量有限，不但阿美族的比例很高，村落的整體性也很強，即使到了台灣光復之後，阿美族雖然有生活水平不如漢人的感覺，但並沒有明顯的貧窮化現象，至少不像池上的大坡那麼明顯。

相反地，宜灣在接受基督宗教初期的 1950 年代，一則日本統治剛離開

不久而國民政府的銜接還未上軌道，形成一個大環境還不是很確定的時代，二則大量從軍男子回到村落，不但村中人口大增，代表村落團結的男子年齡組織更是活躍，這與日治末期年齡組織已經瀕臨瓦解的大坡非常不同。由於部份青年對年齡組織及傳統權威的不滿，導致早期接受基督教長老會的宜灣青年是以教會為據點，來與傳統威權抗衡。顯然宜灣接受基督宗教時的社會背景，與大坡大不相同。

（二）接受基督宗教的過程與關鍵人物

在池上鄉阿美族人之間，陳阿邦是老一輩都知道的人物，也是讓耶和華見證人在池上一帶廣佈的關鍵人物。他出生在大坡聚落，屬於 Pacidal 氏族。由於受過日治時期的高等科教育，所以他有機會在關山地政事務所工作。對於一個原住民而言，這樣的職業，在日治時期相當不容易，也是當時他獲得族人敬重的原因之一。

關於陳阿邦接觸基督宗教的過程有這樣的說法：「位在大埔的『耶和華見證人王國聚會所』，其總部在美國紐約。日治昭和年間，兩位日籍海外傳道員到臺灣傳教，原先在西部嘉義、台南、屏東等地傳教，但成效不彰。昭和 7 年（1932），日人小阪先生輾轉來到台東，家住富里石牌的一位杜先生首先受洗為徒，此人任職於關山地政事務所，透過他的介紹，同事陳阿邦在 1938 年受洗為徒。陳阿邦受洗後開始向家人及族人傳教。」（陳春榮、黃學堂、張振岳，2011：212）由此可見，池上地區阿美族的接觸基督宗教，有一部份的因素來自於歷史的偶然性。

值得注意的是，耶和華見證人傳入之後，尤其在美、日交戰期間，小阪及陳阿邦的傳教活動均受到打壓。在池上阿美族中，該教核心人物包括陳阿邦等六人，都曾被日本警察逮捕判刑，入獄服刑三年六個月。就當時而言，日本政府對宗教信仰的控制甚為徹底，而耶和華見證人教會的核心人物又都被抓入監，因此教會活動表面上暫時停擺了一陣子，實際上卻轉而在檯面下

繼續進行（陳春榮、黃學堂、張振岳，2011：213）。直到光復之後，這個教派的活動才又浮出檯面。

宜灣較早接受基督教的人物是二戰期間從軍後回聚落的青年。[20]這些人在太平洋戰事結束後因為成為戰俘，所以有機會接觸到美國籍的牧師，對基督教有了基本的瞭解。回到宜灣後，重新被納入男子年齡階級組織，受到村落領袖與年長者的節制，心中有很多的不滿。當基督教長老會於 1950 年代初傳入時，給他們很好的機會結合外來的力量，反對年長者的作法，例如不參加一年一度的豐年祭、不參加年齡階級組織的活動等。長老教會便在這樣的背景下成立，甚至有一段時期成為宜灣最活躍的宗教團體。

但是，在此時期仍有很多村民不願接受基督教長老會，其中以當時的聚落領袖以及幾位傳統宗教的巫師最為顯著。1956 年間，天主教傳入村中，傳教的神父先與這些人接觸，並獲得很好的結果，1957 年是村民大量皈依天主教的時期，不但原先未接受基督教長老會的村民受洗，還有不少已經是長老會的信徒轉宗過來。從 1958 年起，天主教便成為村中最主要的信仰中心，直到目前為止仍然如此。

（三）集體接受基督宗教的分析

江美瑤（1997）以池上南端的關山、鹿野為研究地點，探討當地日治以來的移民與族群關係。他發現當地阿美族大多接受基督宗教，與漢人形成明顯的區隔。而這些教會大多成立於 1954 至 1957 年間。分析背後的原因，他的觀察是：「民國 40 年代阿美族紛紛接受外國傳入的宗教信仰，主要原因是受初期有救濟品的發放、醫療、去除巫術的恐懼等經濟、醫藥、宗教方面的影響。」（江美瑤，1997：140）池上地區緊鄰關山與鹿野，但接納基督宗教的時間早在日治末期，歷史情境顯然大不相同，而且當時也沒有戰後美國救

---

[20] 關於宜灣接受基督宗教的過程，詳細資料可參考筆者先前的研究（Huang, 1996）。

濟品可以用來吸引信徒，所以其接納基督宗教的原因特別值得注意。

筆者認為要瞭解池上大坡阿美族大規模接受基督宗教的現象，除了前述阿美族貧窮化的現象必須留意之外，日本官方的宗教政策也不應忽視。日治前期，對於當地民眾的宗教比較不干涉，但到了中後期，一度推行「皇民化」運動，對於漢人民間宗教、西方的基督宗教也有明顯的打壓現象。[21]配合日本人建立的神社，日本的神道教有一定程度的影響，尤其是在若干「日本化」比較強的阿美族間。另一方面，隨著漢人數量的逐漸增多，漢人宗教持續發展，不但是漢人的主要信仰，也是「漢化」的西拉雅人、以及大多數阿美族人的主要宗教。

值得注意的是，在日治末期的池上地區，在日本神道教與漢人宗教的強勢籠罩下，仍有兩股接受基督宗教的發展：其一是在當地具有重大影響的蔡姓客家人接受基督教，也在福原村建立了長老教會，以這個家族為核心的西方教會至今仍屹立不搖，這是個有趣且值得探討的課題。但就本文焦點來說，為什麼當時的池上阿美族人會放棄傳統宗教與漢人宗教，早在 1930 年代中期之後，便紛紛接受基督宗教的耶和華見證人的信仰，不但在阿美族間是特殊的案例，即使就台灣原住民而言也很罕見。

筆者認為，傳播者的因素是不可否認的一環。筆者無緣親見陳阿邦本人，但從照片以及族人的口述，他應該是個儀表出眾的人。更重要的是，後人有這樣的描述：「陳阿邦一表人才……，辯才無礙，信徒日增。」（陳春榮、黃學堂、張振岳，2011：213）由於無法重返歷史現場，所以也無法確實掌握個人魅力究竟在這個過程裡扮演多大的作用。但我們可以推測，當時的池上阿美社會中一定很多人對現況不滿，才會對來世的信仰抱持很大的嚮往，給了耶和華見證人普遍被接納的機會。

---

[21] 日本國內的近衛內閣於昭和 12（1937）年推出「國民精神總動員計畫」，臺灣總督府於 1940 年推動「國語家庭」、「更改姓名」，次年推動「皇民奉公會」。這些都是日本人推動的同化（日本化）措施。

　　要言之，阿美族原本在池上地區過著相當優渥的生活，日本人統治帶來的負面影響（例如徵兵、繳稅、戰爭時期物資管制等）、以及大量漢人進入產生的生活壓力（土地流失等），都使他們對當時的現狀普遍產生不滿。[22]也就是說，筆者認為，相對剝奪感應該是池上阿美當時普遍接受基督宗教的一個重要的社會性因素。

　　身為阿美族人的陳春榮有這樣的觀察：由於長時間被日本高壓統治，阿美族人被徵召做奴工，每一個家輪流出工，一個人做十天，如果有人反抗逃跑，家裡人就會被抓去處罰，做奴工時甚至還要自己帶便當。二次世界大戰時，日本政府又徵收阿美族的牛做軍糧，還徵召原住民當日本兵（陳春榮，2001：273-274）。因此飽受蹂躪的阿美族人，在很短的時間內紛紛接受了耶和華見證人的信仰。陳春榮的說法是這樣的：「當時經過長時間的日本政府殖民管教和戰爭的蹂躪，阿美族人普遍的心靈受到重創，加上眼前現實生活非常艱困三餐不繼生活沒有目標沒有希望，適時的耶和華教的興起撫慰阿美族人的心，其擴大的力量驚人在很短的時間內像野火燎原一樣擋都擋不住，當時的池上阿美族除了潘家莊 ediy 的家族之外其他的都加入崇信耶和華教。」（陳春榮，n.d.：1）

　　此外，漢人人文地理學者夏黎明則如此分析：耶和華見證人這個教派以研究聖經為主，加上嚴明的組織戒律、整潔的服飾儀表、全新的宗教思維、寬廣的國際視野，深深打動了池上阿美族的知識階層，包括公務員、教師都成為該教派的核心人物。在他們的犧牲奉獻、努力宣傳之下，成功為耶和華見證人開創新局，不僅在池上發揚光大，幾乎成為池上阿美族與漢族區隔的

---

[22] 必須補充的是，不是所有池上阿美族都有同樣的問題，例如在大坡的林家（Talisakan 氏族）以及大埔的高家（Kakopa 氏族）就相對之下適應得比較好，土地流失的情形不嚴重（參見黃宣衛、黃學堂，2013）。又，賴昱錡的研究以日治時期台東廳下恆春系統阿美人（包括池上在內）的苦力制度及其影響，他有這樣的觀察：「族人們也在因為強制義務出役造成耕作勞動力不足，勞動力不足致使土地荒廢，而廢耕之土地仍須繳稅，因而變賣土地換取貨幣用以繳付稅金的惡性循環中，不斷地往貧無立錐之境靠近。」（2013：213）

標誌（夏黎明，2003：5-7）。

　　簡言之，筆者由現在的角度來看，耶和華見證人的信仰中，有強調愛、不當兵的教義，也有不抽煙、不吃檳榔、不酗酒，注重服裝儀容等要求，對當時的阿美族人來說，既有改變原來生活習慣，追求來世救贖的意義，也有對當時政治經濟大環境抗議的一層意涵。因此，雖然日本政府強力打壓，但在阿美族人間仍廣泛被接納。

　　相較之下，較為偏遠的宜灣雖然也感受到外人帶來的威脅，但在基督宗教的接納上，比較多的成分是對本族傳統的對抗，以及更美好生活的期待。換言之，基督教長老會早期被接納時，是因不滿傳統的青年男子以之來對抗村落領袖與年齡階級組織中的年長者，而不是用來對抗外來的人。另一方面，基督教長老會在傳教時，耶穌基督被理解為「美國人的神」*kawas no amelika*，意味著長老會的神是美國人的神，更是在二戰期間打敗日本人的美國人的神。這樣的理解，表示他們接納的是一個很有力量的神，可以帶給他們更美好的未來，不過這個未來不是來世，而是現世生活的改善。[23]

　　當天主教傳入時，約有一半的宜灣居民已經接受基督教長老會，傳教的神父等人員除了說服不肯加入長老會的頭目、巫師等人接納天主教之外，更重要的是強調天主教是「真正白人的宗教」，因為其歷史更悠久、信徒更多。最後天主教居於上風，強調現世的宗教觀不但延續了傳統的宗教精神，至今仍為村中主要的思潮，這與池上信奉耶和華見證人的阿美族迥然不同。[24]

---

[23] 從這個角度看，救濟品即使對於吸收信徒有作用，或許重要的不是物質上的，而是象徵上的——證明「美國人的神」真的很有力量，可以幫助信徒生產出豐富的物資，用不完了還可以送到台灣來。

[24] 宜灣天主教的上述現象，就某個角度來說，與 17 世紀時北美 Iroquois 的天主徒的宗教生活類似（Greer, 2003）；亦即接受基督宗教的同時，傳統宗教並未完全消失，兩者間呈現相當複雜的並存關係。相對之下，在接受的耶和華見證人王國聚會所的池上阿美人間，展現出與原有宗教明顯的斷裂性，信徒形成一個鮮明的宗教團體，類似巴西的 Siriono 人接受基督新教的情形（Pollock, 1993）。換言之，從脫離傳統生活，邁向更大世界秩序的角度來說，耶和華見證人王國聚會所的信徒展現得更為顯著（cf van der Veer, 1996）。

五、結語

　　宜灣與大坡這兩個阿美族聚落都位於東台灣，成立的時代背景大同小異，也同樣歷經清代、日本、中華民國政府的統治。儘管宜灣阿美源自大港口系統，而大坡阿美來自恆春地區，聚落建立初期的文化內涵已經有些不同，但針對本文探討的接受基督宗教的原因來說，兩地的地理位置也許更為關鍵。

　　表面上看，兩地的阿美族都因外族（日治時期的日本人以及持續增多的漢人）的移入而落居少數，在政治、經濟等方面也都意識到被宰制的關係，因此身為「弱勢者」的心理在 1920 年代就已經存在，但這樣的心理在大坡更為明顯。[25]因為大坡位於花東縱谷中段的池上平原東側，1920 年代日本統治帶來的治安、交通等改變，造成漢人移民大量湧入，人口居於劣勢不說，大多數阿美族人的經濟生活也與漢人開始有明顯落差，1930 年代的接受基督宗教與這樣的背景應不無關係。相對地，宜灣阿美所在的成功鎮位於東海岸，由於腹地有限，吸引的農業移民較少，所以相對於池上阿美只佔全鄉的 2 成 5 左右，成功的阿美族則佔全鎮的 5 成。此外成功的外來移民中漁民佔很大的比例，但鎮內著名的漁港（早期的小港、後期的成功新市街）又與宜灣有段距離，所以宜灣聚落中不但阿美族居於絕對多數，直到光復初期仍能相當程度維持聚落的自主性，這又與大坡在日治中期時聚落組織已經跡近解體很不同。

　　1930 年代池上地區（含大坡在內）阿美族的接受耶和華見證人信仰，固然有歷史接觸的機緣，但當時阿美族對現狀的普遍不滿與不安，應該是很大的動能。由於這個教派的屬靈性質，所以當時池上阿美族基督宗教信仰有較

25　本文從 Scott（1985）「弱者的武器」一書得到不少啟發。Scott 在馬來西亞的研究，不少地方跟臺灣阿美族很類似，例如都受到外來者的威脅，社會分化也開始明顯等。唯 Scott 分析重點是以日常生活為反抗的形式，本文則是從宗教制度來探討。

強的來世救贖意義。筆者認為，這樣的傾向，與大多數阿美族人宗教的現世
性比較不符，因此，1960 年代這個教派的沒落，或者不僅是領導人的問題，
也不完全是教會分裂的問題，而是牽涉到一般情況下大多數族人對宗教的期
待：尋求更好的現世生活。換言之，1930 年代起池上地區普遍接納耶和華見
證人的現象，或許是特殊情況下才會發展出來的，一旦現實情況改變了，這
樣的熱潮便會消退。

反過來看，宜灣早期接受基督教長老會時，啟動者是村中的青年男子，
針對的「強者」不是日本人或漢人，而是村中的頭目、年齡組織中的長者，
這一點跟大坡很不相同。而大規模接受基督教的背景並不是像池上那樣明顯
地受到外來者威脅的「被剝奪感」，而是尋求更強有力的神祇，以便使現世
生活獲得更好的改善。當天主教傳入時，其神祇被認為更正牌、更有力，因
此獲得大多數人的青睞。當然不能說宜灣的基督教長老會以及天主教信徒就
不講求來世救贖，但相對之下，對現世的重視應該是早期信徒更為重視的面
向。這種傾向，一直延續到最近。至於筆者（Huang, 1996、2003）先前所說
的，宜灣阿美族拿基督宗教來作為與漢人區隔的象徵，或者說是當作弱者的
武器來與外來優勢民族抗爭，我目前認為反而是後來發展出來的想法，至少
與大坡相比，早期宜灣的接受基督宗教比較沒有這樣的色彩。

參考書目

石磊

　　1976　〈馬蘭阿美族宗教信仰的變遷〉，《中央研究院民族學研究所集
　　　　　刊》41：96-127。

末成道男

　　1983　《台灣アミ族の社會組織と変化：ムコリ婚からヨメり昏へ》。
　　　　　東京：東京大學出版會。

呂理哲、黃宣衛

　　2012　〈近十年臺灣南島民族宗教研究的人類學回顧 1999-2010〉,《漢
　　　　　學研究通訊》31（3）：15-24。

安倍明義編

　　1938　《臺灣地名研究》。台北：蕃語研究會。

江美瑤

　　1997　〈日治時期以來臺灣東部移民與族群關係：以關山、鹿野地區
　　　　　為例〉,台北：國立台灣師範大學地理學系碩士論文。

佐山融吉

　　1914　《蕃族調查報告書（下）》。台北：臺灣總督府臨時臺灣舊慣調查
　　　　　會。

李玉芬

　　1999　〈第四章成功鎮〉。刊於《臺灣地名叢書》,卷三臺東縣。施添福
　　　　　總編纂,頁 49-74。南投：臺灣文獻委員會。

孟祥瀚

　　1988　〈台灣東部之拓墾與發展：1874-194〉,台北：國立臺灣師範大學
　　　　　歷史學研究所碩士論文。

林素珍、陳耀芳、林春治

　　2008　《阿美族當代宗教研究》,台北：國史館臺灣文獻館。

林聖欽

　　1995　〈花東縱谷中段的土地開發與聚落發展 1800～1945 年〉。國立臺
　　　　　灣師範大學地理學系碩士論文。

夏黎明

　　2003　〈宗教、社群與地方：台東池上與成功的比較研究〉。發表於「邊
　　　　　陲社會及其主體性研討會」,《會議資料》,p. 5-11,台東大學人與
　　　　　空間研究室、東臺灣研究會、國科會社會科學研究中心主辦,臺
　　　　　東,2003 年 10 月 2-3 日。

張振岳

　　2001　〈池上鄉志・第八篇宗教第五章民間信仰〉。刊於《池上鄉志》，
　　　　　夏黎明編纂，頁 763-778。臺東縣池上鄉公所。

張振岳、黃學堂、黃宣衛

　　2012　〈從宗教層面看池上地區的族群互動〉，《民族學研究所資料彙
　　　　　編》22：19-78。台北：中研院民族所。

張堯城

　　2001a　〈池上鄉志・第三篇原住民第一章平埔族〉。刊於《池上鄉志》，
　　　　　夏黎明編纂，頁 341-258。台東縣池上鄉公所。

　　2001b　〈池上鄉志・第九篇社會第一章人口〉。刊於《池上鄉志》，夏
　　　　　黎明編纂，頁 779-830。台東縣池上鄉公所。

陳季博編譯

　　1959　〈臺東移住民史〉。《臺灣文獻》10（3）：111-116。

陳春榮

　　2001　〈池上鄉志・第三篇原住民第二章阿美族〉。刊於《池上鄉志》，
　　　　　夏黎明編纂，頁 259-280。台東縣池上鄉公所。

　　nd　　〈池上耶和華教萬國聖經研究會的興起〉（未出版手稿）。

陳春榮、黃學堂、張振岳

　　2011　〈池上阿美的宗教世界〉，林桂英、林春梅等口述，於黃學堂主
　　　　　編，《台東縣池上阿美采風》，頁 212-214，台東縣池上鄉公所。

黃宣衛

　　1986　〈奇美村阿美族的宗教變遷〉。刊於《台灣社會與文化變遷（下）》，
　　　　　瞿海源、章英華主編，中央研究院民族學研究所專刊乙種第十六
　　　　　號，頁 401-441。台北：中央研究院民族學研究所。

　　1997　〈歷史建構與異族意像—以三個村落領袖為例初探阿美族的文化
　　　　　認同〉。刊於《從周邊看漢人的社會與文化：王松興先生紀念論

文集》，黃應貴、葉春榮主編，頁 167-203。台北：中央研究院民族學研究所。

2002　〈國家力量、區域形態與聚落性質：再談阿美族文化的地域性差別〉，陳文德、黃應貴主編，《「社群」研究的省思》，頁 227-263，台北：中研院民族所。

2005　《異族觀、地域性差別與歷史：阿美族研究論文集》。台北：中研院民族所。

2012　〈台灣南島民族宗教研究之回顧與展望〉，《台灣宗教研究通訊》10：1-80。

黃宣衛、黃貴潮、顏志光、顏約翰

2002　《成功鎮誌‧阿美族篇》，臺東縣成功鎮鎮公所。

黃宣衛、羅素玫

2001　《臺東縣史‧阿美族篇》。臺東縣政府。

黃學堂、黃宣衛

2013　〈池上阿美與客家的互動：以大坡林氏家族為中心的探討〉，莊英章教授榮退學術研討會「族群、社會與歷史：臺灣在地研究的實踐與開展」，2013，6，26-27，國立交通大學。

黃學堂主編

2011　《臺東縣池上阿美采風》，臺東池上：臺東縣池上鄉公所。

潘繼道

2010　〈清光緒初年臺灣後山中路的「烏漏事件」〉，刊於「楊南郡先生及其同世代臺灣原住民研究與臺灣登山史」國際學術研討會論文集，東華大學原住民民族學院、東華大學原住民族發展中心主辦，花蓮，2010 年 11 月 6-7 日。

賴昱錡

2013　《Misakoliay Kiso Anini Haw? 你今天做苦力了嗎？——日治時代東台灣阿美人的勞動力釋出》，台東：東台灣研究會。

簡淑瑩

　2001　〈池上鄉志・第四篇漢族〉，刊於《池上鄉志》，夏黎明編纂，
　　　　頁 297-340。臺東縣池上鄉公所。

蕭春生

　2001　《池上鄉志》。第一篇第一、二、三章。刊於《池上鄉志》，夏黎
　　　　明編纂，頁 9-63。臺東縣池上鄉公所。

Cusack M. Carole

　1996　"Toward a general theory of conversion", in Lynette Olson ed.
　　　　Religious Change, Conversion and Culture, pp: 1-21, Sydney:
　　　　Sydney Studies.

Dirks, Nicholas B.

　1996　"The conversion of caste: location, translation, and appropriation", in
　　　　Peter van der Veer ed. *Conversion to Modernities: The Globalization
　　　　of Christianity*, pp: 115-136, New York: Roteledge.

Greer, Allan

　2003　"Conversion and identity: Iroquois Christianity in seventeenth-
　　　　century new France", in Kenneth Mills and Anthony Grafton eds.
　　　　Conversion: Old Worlds and New, pp: 175-198, New York:
　　　　University of Rochester Press.

Hefner, Robert W.

　1993　"Introduction: world building and the rationality of conversion", in
　　　　Robert W. Hefner ed. *Conversion to Christianity: Historical and
　　　　Anthropological Perspectives on a Great Transformation*, pp: 3-44,
　　　　Berkeley: University of California Press.

Huang, Shiun-wey (黃宣衛)

　1996　"The politics of conversion: the case of an aboriginal Formosa
　　　　village". *Anthropos* 91: 425-439.

2003　"Accepting the best, revealing the difference borrowing and identity in an Ami village". In *Religion in Modern Taiwan: Tradition and Innovation in a Changing Society*. Philip Clart and Charles B. Jones, eds. Pp. 257-279. Honolulu: University of Hawai`i Press.

Jordan, David K.

1993　"The glyphomancy factor: observation on Chinese conversion", in Robert W. Hefner ed. *Conversion to Christianity: Historical and Anthropological Perspectives on a Great Transformation*, pp: 285-303, Berkeley: University of California Press.

Pollock, Donald K.

1993　"Conversion and 'community' in Amazonia", in Robert W. Hefner ed. *Conversion to Christianity: Historical and Anthropological Perspectives on a Great Transformatio*n, pp: 165-197, Berkeley: University of California Press.

Scott, James C.

1985　*Weapons of the Weak: Everyday Forms of Peasant Resistance*, New Haven and London: Yale University Press.

van der Veer, Peter

1996　"Introduction", in Peter van der Veer ed. *Conversion to Modernities: The Globalization of Christianity*, pp: 1-21, New York: Roteledge.

第七章 臺灣南島民族宗教研究近十年的人類學回顧（1999-2010）[*]

呂理哲[**]、黃宣衛[***]

本章大意

本文針對近十年台灣南島民族宗教研究的相關文獻，挑選其中具有參考價值者做介紹，並嘗試對這段時期的文獻做一個整體的回顧。有兩點必須先做說明：首先，全文回顧之文章有若干超出十年的範圍，但考量文章內容在本文所欲探討議題上的相關性與重要性，仍將其納入回顧的範圍。其次，由於筆者的學科背景，因此本文以人類學（民族學）對台灣南島民族宗教研究為主，僅於第二節的第二部份涉及宗教學與神學的領域。

本文以「宗教變遷」與「儀式分析」為兩大主題。「宗教變遷」關注近十年台灣南島民族宗教變遷的研究途徑，此時期的研究除了延續先前注重「外在力量」與「客觀社會條件」之研究取向與理論觀點外，也進一步從被研究者主觀的信仰與認知層面去探討宗教變遷的過程與原因，並由此突顯當地社會的獨特文化邏輯與社會結構。此外，也有學者開始關注基督教教義與傳統信仰之間的關係，以及基督教的地方化與靈恩運動議題。對於這類宗教或基督

---

[*] 本文原題為〈近十年台灣南島民族宗教研究的人類學回顧 1999-2010〉，收錄於《漢學研究通訊》31 卷 3 期（2012）：15-24。

[**] 呂理哲，臺大人類學研究所碩士。

[***] 黃宣衛，同第六章。

教議題，宗教學與神學研究已有豐富的研究，故在第二節後半部份介紹宗教學與神學的相關文獻；「儀式分析」顧名思義是從儀式分析的角度出發，這方面的研究除了有儀式隱含的基本文化邏輯、儀式與社會變遷、儀式象徵機制與社會整合等課題之外，更重要的是儀式與當代族群運動議題的結合。

一、前言

本文針對近十年台灣南島民族宗教研究的相關文獻，挑選其中具有參考價值者做介紹，並嘗試對這段時期的文獻做一個整體的回顧。有兩點必須先做說明：首先，全文回顧之文章有若干超出十年的範圍，但考量文章內容在本文所欲探討議題上的相關性與重要性，仍將其納入回顧的範圍。其次，由於筆者的學科背景，因此本文以人類學（民族學）對台灣南島民族宗教研究為主，僅於第二節的第二部份涉及宗教學與神學的領域。

本文以「宗教變遷」與「儀式分析」為兩大主題。「宗教變遷」關注近十年台灣南島民族宗教變遷的研究途徑，此時期的研究除了延續先前注重「外在力量」與「客觀社會條件」之研究取向與理論觀點外，也進一步從被研究者主觀的信仰與認知層面去探討宗教變遷的過程與原因，並由此突顯當地社會的獨特文化邏輯與社會結構。此外，也有學者開始關注基督教教義與傳統信仰之間的關係，以及基督教的地方化與靈恩運動議題。對於這類宗教或基督教議題，宗教學與神學研究已有豐富的研究，故在第二節後半部份介紹宗教學與神學的相關文獻；「儀式分析」顧名思義是從儀式分析的角度出發，這方面的研究除了有儀式隱含的基本文化邏輯、儀式與社會變遷、儀式象徵機制與社會整合等課題之外，更重要的是儀式與當代族群運動議題的結合。以這樣的框架進行回顧，難免會碰到涉及本文兩大主題卻難以分類的文章，特別是「宗教變遷」課題與儀式分析的次子題「儀式與社會變遷」之間

的區分。本文目前的安排不代表後者所指稱的儀式不具有宗教性，但為了便於本文的聚焦與討論，只好以文章所涉及的議題來做安排。

　　文獻材料的來源，期刊類有《中央研究院民族學研究所集刊》、《中央研究院台灣人類學刊》、《台灣大學考古人類學刊》、《玉山神學院學報》；專書類有中研院民族所出版品及民族所學者著作、玉山神學院學者著作；碩博士論文類有台灣大學碩士論文、清華大學碩士論文、台灣神學院碩士論文、玉山神學院碩士論文、輔仁大學宗教學系碩士論文。語言上以中文為主，加上為了使文章的架構與討論能聚焦於幾個重要議題與面相，難免割捨些許珍貴文章，若有思慮不周之處，尚祈讀者察諒。

二、宗教變遷的過程與肇因

（一）台灣人類學的研究

　　光復後台灣南島民族宗教相關的早期研究，多半是致力於傳統宗教體系的建構，而較少觸及宗教變遷的探討。直到七〇年代之後，隨著台灣社會性質的變遷，以及學界對於現代化下的變遷與持續課題之關注，學者們開始注意變遷及與實際生活有關的問題，[1]而宗教變遷議題也在此波浪潮下逐漸成為台灣南島民族宗教研究的主要課題，尤其是基督宗教化的現象。根據統計資料，在 1982 年，台灣南島民族的基督宗教信徒（包含各種教派）共有185,635 人，佔當時原住民人口的百分之六十二。[2]也因此，如何解釋從傳統

---

[1] 黃應貴，〈戰後臺灣人類學對於臺灣南島民族研究的回顧與展望〉，《人類學的評論》（臺北：允晨文化出版社，2002）。

[2] 郭文般，「台灣光復後基督宗教在山地社會之發展」（台北：台灣大學社會學研究所碩士論文，1985）。

宗教到基督宗教的變遷現象與過程，成為當時研究台灣原住民之學者必須面對的問題。在當時，學者們多半從外在力量的影響與內在的社會結構或文化特性這兩個面相著手討論，例如石磊在對馬蘭阿美的研究中，指出外力影響在宗教變遷上的作用；[3]黃宣衛在泰雅、賽夏、阿美族的研究文獻比較中，指出台灣原住民的宗教變遷涉及了不同基督教派之間的差異、當地社會組織與傳統宗教的性質；[4]黃應貴在對台灣原住民的社會類型分析中，指出不同類型的社會，有接受不同宗教或基督宗教教派的傾向，這涉及了不同社會性質與不同宗教教派性質間的關係；[5]黃宣衛在奇美阿美族的研究中除了觸及不同教派在教義上的差異，更從家庭、世系群與經濟等因素出發，指出社會結構對於宗教變遷的影響。[6]在九〇年代之後，開始有學者結合被研究者主觀的觀點與外在社會經濟層面的因素，例如黃應貴從布農人傳統的 Dehanin 觀念出發，結合了布農人主觀信仰的分析與客觀的社會條件，來說明宗教變遷的原因。[7]

　　由上述討論我們大略可知宗教變遷課題的研究方向與演變，但這些不同時期的研究方向與路徑，並不是一種後對前的取代關係，而是並置或結合的關係。在近十年來，對於台灣南島民族宗教變遷的研究，除了由九〇年代強調被研究者主觀觀點所開展的各種議題外，如人觀、神靈觀、宇宙觀，學者們對於被研究者的社會結構或文化特性探討仍是相當重視。例如陳文德探討膽曼阿美人年齡組織和家戶或親屬群體之間的「間隔化」特徵，如何呈現在

---

[3]　石磊，〈馬蘭阿美族宗教信仰的變遷〉，《中央研究院民族學研究所集刊》41（1976）：97-127。

[4]　黃宣衛，〈傳統社會與西洋宗教：三個台灣高山族的例子〉，《思與言》18：1（1980）：101-115。

[5]　黃應貴，〈臺灣土著的兩種社會類型及其意義〉，《中央研究院民族學研究所集刊》57（1985）：1-30。

[6]　黃宣衛，〈奇美村阿美族的宗教變遷〉，瞿海源、章英華主編，《台灣社會與文化變遷》（下）（台北：中央研究院民族學研究所，1986），頁401-441。。

[7]　黃應貴，〈Dehanin 與社會危機：東埔社布農人宗教變遷的再探討〉，《臺大考古人類學刊》47（1991）：105-126。

社會組織和宗教活動之上，並影響天主教在當地的發展與限制。[8]在膽曼阿美人的觀念中，年齡組織 *finawlan* 和各種親屬群體如 *loma'*（家）、*laloma'an*（世系群）、*ngasaw*（氏族）是分屬於不同的活動領域。年齡組織與親屬群體在活動上，各自有一套運作的方式與規則。換言之，年齡組織與親屬組織之間的關係是間接的，各有不同的活動空間。由於原來社會組織與宗教層面都具有「間隔化」的性質，使得天主教在不同層面有著不同的發展。又因為天主教強調儀式，而且認為恩寵可以客觀地存在於個人之外的集體—教會上，這使得天主教在膽曼的發展一直著重於教會的組織與儀式。雖然透過教會活動可以銜接堂口之間的聯繫，或者將堂口納入堂區甚至更高階序的教會的管轄下，但是由於原有社會文化的「間隔化」性質，以及作為「部落」表徵的年齡組織的凝聚性強，使得教會的善會之作用有其限制。簡言之，透過這個研究不僅突顯了原有社會文化的特性如何與外來宗教或其他外力互動，更涉及了不同時期的互動關係。

　　除了探討原有社會文化特性在宗教變遷過程的作用與影響之外，也有學者將轉宗的現象放置於歷史脈絡之上，探討當地社會人群在不同時期所面臨的狀況，以及他們如何看待自身與他族之間的關係，這些因素如何影響當地人群接受外來的宗教。例如黃宣衛的文章即是從歷史的面相來探討宜灣阿美族人接受基督宗教信仰的原因。[9]自十六世紀以來，台灣歷經許多外來力量的統治，清末以來的漢人政權、日本殖民與國民政府都對於阿美族人社會造成莫大的衝擊，尤其是這些外來力量在政治經濟層面上都佔支配性。然而，今日儘管我們從宜灣阿美族人的社會文化體系上，可以看到其受殖民遺緒的影

8　陳文德，〈膽曼阿美族的宗教變遷：以接受天主教為例〉，《中央研究院民族學研究所集刊》88（1999）：35-61。

9　Huang, Shiun-wey（黃宣衛）, "Accepting the Best, Revealing the Difference--Borrowing and Identity in an Ami Village." In Philip Clart and Charles B. Jones, eds., *Religion in Modern Taiwan: Tradition and Innovation in a Changing Society*, Pp. 257-279. Honolulu: University of Hawai`i Press, 2003.

響，或是其採借漢人文化的元素，但是在宜灣阿美族宗教信仰的轉變上，卻大多是選擇接受基督宗教。這是因為當地人在主觀上認為基督宗教相對於阿美族傳統宗教、漢人信仰和日本人宗教來說，是一個較為強大有力的宗教信仰，因此當地人藉由接受較為有力的基督宗教，來對抗外來統治者以及重新建立阿美族的信心與認同。從這個研究中，我們可以看到宗教變遷涉及了當地社會在歷史脈絡上所面臨的各種狀況，以及他們從自身觀點去如何理解這些狀況與情境，換句話說，這個研究突顯了阿美族人的異族觀、文化採借、對外來力量的對抗與族群認同的建立。

除了上述歷史過程與社會結構面相的探討，也有學者更進一步從當地人內在的信仰認知去探討宗教變遷的原因與過程，例如羅永清、黃國超、張藝鴻等人的研究。羅永清的研究從外在的客觀條件和內在的社會特性出發，[10] 說明鄒族轉宗基督長老教會的因素涉及了鄒族人主動將異族納入的思維、基督長老教會的積極傳教、國民政府山地政策之影響因素之外，更涉及了當地日治末年青年團對於傳統文化批判態度的延續，當地年輕一代尤其批判傳統宗教的迷信成份。在如此態度下，提供了基督教進入當地的機會，再加上基督教強調對於上帝的敬拜、強調人與神之間積極互動的精神，也類似於鄒族人傳統宗教中透過祭儀與神溝通互動的成份，因而鄒族人也將基督宗教看成是另一種宗教選擇。黃國超探討鎮西堡泰雅人的宗教變遷，[11] 他以日治以來的歷史作為背景，討論不同時期外在力量因素以及其所導致的生產方式與生產關係之改變，他進一步談這些生產方式的改變如何影響當地人的社會結構與文化觀念，尤其他特別關注泰雅人的 *utux*、*gaga*、*niqan* 這三個重要的核心觀念之間的辯證關係，並以此說明泰雅人的信仰觀念與社會結構特性之間

---

[10] 羅永清，〈天神與基督之間的抉擇：阿里山來吉村鄒人皈依基督宗教因素之探討〉（國立台灣大學人類學研究所碩士論文，2000）。

[11] 黃國超，〈「神聖」的瓦解與重建：鎮西堡泰雅人的宗教變遷〉（國立清華大學人類學研究所碩士論文，2001）。

的關聯性。透過他的研究，我們可以看到鎮西堡泰雅人宗教變遷的過程涉及
了社會結構特性與物質生產方式的互動，也涉及了傳統信仰觀念如何與基督
教教義交互作用，尤其是泰雅人對於信仰的詮釋與能動性。張藝鴻關注太魯
閣族可樂部落的真耶穌教會，[12]他從太魯閣人的 *gaya* 與 *utux* 觀念出發，說明
這兩個概念不僅是太魯閣人規範與知識的來源，更是他們理解所有事物的重
要觀念，尤其是對於人群的分類。而在外力影響下所傳入的真耶穌教會，基
本上仍是延續著傳統 *utux*、*gaya* 的概念，只是在延續的同時，也融入了真耶
穌教教會的教義之概念，使得一個新 *utux*（*utux baraw*）、教會 *gaya* 的結構
出現。這樣的變化使得傳統 *utux* 的結構消失、*gaya* 的面相轉向以及新的人群
分類方式的出現，因而最終造成太魯閣人在生活行動上出現了「宗教」與「非
宗教」的範疇。

　　近年來有關宗教變遷的研究，另一個特色就是開始帶入對於基督宗教教
義的關注，從上述三篇論文即可看出，但是上述三文仍主要是從當地人的文
化概念去談傳統信仰與基督信仰之間的關係，基督宗教的教義常仍非主要的
分析或研究對象。正如黃應貴所說，台灣人類學界有關宗教的研究上，較為
缺乏探討被研究者如何理解某一宗教或教派，以及這些理解如何影響當地人
的宗教實踐方式與內容。甚至當地人在接受並實踐新的宗教與教派信仰後，
原先未被意識到的宗教教義又如何可能影響後來的宗教實踐與文化觀念
上。[13]譚昌國的文章即是將基督宗教義作為研究主題，探討教義、傳統文化
與宗教實踐在不同時期所呈現的複雜辯證關係。[14]譚昌國所研究的排灣族拉
里巴聚落台坂長老教會，在傳教初期常常受到頭目、巫師等傳統權威勢力的

---

[12] 張藝鴻，〈utux、gaya 與真耶穌教會：可樂部落太魯閣人的「宗教生活」〉（台灣大學人類學研究所碩士論文，2001）。

[13] 黃應貴，〈導論：宗教教義、實踐與文化〉，《臺灣宗教研究》4：2（2005）：1-10。

[14] 譚昌國，〈基督教教義、傳統文化與實踐初探：以東排灣拉里巴聚落台坂長老教會為例〉，《台灣宗教研究》4：2（2005）：113-158。

對抗，因此教會傳道工作常會配合社會服務和醫療服務來吸引當地人，在宗教實踐上則強調以禱告醫治來對抗巫師的祭儀。傳統權威勢力在部落遷移的過程中開始衰落，教會逐漸取代傳統領導者而成為社會中心，成為重新建構倫理和宗教秩序的角色。教會也在發展過程當中，逐漸形成深具「地方性」的教會文化。然而，年輕一代的傳教士認為這種教會文化過於世俗，因而嘗試更新教會，除了在教義上重視對於聖靈的更新，並結合全國性的禱告山運動。此波更新運動不僅在宗教實踐上導致教會的分裂，更在教義上也產生了兩股對立並衝突的詮釋。從譚昌國的研究來看，我們發現儘管當地基督教與傳統宗教之間具有對立衝突的性質，但卻也能夠透過宗教的實踐得到某種解決，因此我們可以從這個案例中看到基督教教義對傳統文化的改變不一定是全面性的，仍有可能在實踐的過程中和教義結合而形成具有地方性的教會文化。

　　值得一提的是，譚昌國的另一篇文章延續了他對地方性基督教的研究，[15]他從基督教靈恩醫療和傳統巫師醫療的比較中，更進一步探討傳統文化如何影響地方性基督教的彰顯。透過這個案例，我們可以深刻地看到靈恩醫療者與巫師醫療者之間的相似性，尤其是兩者在醫療過程與社會關係上所扮演的角色。對於傳統信仰與基督信仰之間的關係，楊淑媛的研究提供我們另外一種案例，[16]楊淑媛從布農人對於傳統信仰中的 Dehanin（天）與基督宗教的神之類比，以及當地人對於禁忌與罪的類比，說明布農人認為基督宗教與傳統信仰是一致的。而這涉及了布農人如何理解與挪用基督宗教的教義，以及如何透過這樣的挪用來回應他們日常生活中所關切的問題。當地布農人

---

[15] 譚昌國，〈靈恩醫療與地方性基督教：以一個台灣南島民族聚落為例的研究〉，Pamela J. Stewart、Andrew Strathern、葉春榮主編，《宗教與儀式變遷：多重的宇宙觀與歷史》（台北：聯經，2010），頁 211-261。

[16] 楊淑媛，〈一樣的道理，一樣的神：台灣布農人的基督宗教、認同與道德社群的建構〉，Pamela J. Stewart、Andrew Strathern、葉春榮主編，《宗教與儀式變遷：多重的宇宙觀與歷史》（台北：聯經，2010），頁 295-331。

積極主動將基督宗教由一個外來宗教，轉變為熟悉的、在地的、屬於當地人的宗教。因此，當地人忽視系統性的教義與神學，而是重視實際活動中培養虔誠的信仰。儘管本土化的基督教仍然處於不同並相互矛盾的緊張場域中，但是透過這個案例，我們還是可以看到基督宗教與布農傳統宗教之間的連續性，以及當地人如何為他們自己的目的而挪用基督宗教。

（二）神學與宗教學的相關課題

從上述有關宗教變遷的研究中，我們可以發現研究者多半傾向將「文化」與「教會」視為對立的概念；前者是傳統的宗教信仰或祭儀禮拜，後者則是外來的西方宗教團體。除此之外，研究者也多半關注傳統信仰到基督信仰之間的轉變過程，而較少重視地方教會的在地發展，直到最近有關教義研究的出現，才開始有人將教會的宣教工作與發展作為主題，例如前述譚昌國描述排灣族台坂長老教會在數十年的發展過程中，如何逐漸成為具有本地特色的「教會文化」。[17]然而此類有關教會「本色化」[18]的課題，從過去以來一直是神學與宗教學所關懷的重要議題，例如劉得興以眉溪天主教會為例，探討西方天主教禮儀的「本地化」過程，[19]特別是本地化的過程不僅涉及了天主觀與當地祖靈信仰的辯證關係，也涉及了漢文化的影響，更重要的是在第二次梵蒂岡會議之後，受到教宗保祿六世頒布〈儀禮憲章〉的影響，天主教會各地的宣教工作與教會發展都有所轉變，對於當地原有文化風俗開始予以重視，更積極地將教會的禮儀精神與當地文化融合。

---

[17] 譚昌國，同註 14。

[18] 所謂「本色化」（indigenization），可參考 Webster's Thrid New International Dictionary (U.S.A.: Merriam-Webster, c1961, c1993), p. 1151。也有學者將之譯為「本土化」或「處境化」（contextualization）。又可以稱為「本土化」、「本地化」或「處境化」（contextualization）。

[19] 劉得興，「基督宗教與原住民文化：天主教在賽德克族眉溪部落的本地化」（輔仁大學宗教學系研究所碩士論文，2004）。

在眉溪天主教會的例子中，教會莊神父在梵二大公會議末期就積極地從事教會本地化的工作，他不但以當地語言舉行教會的禮儀聖事、讚美歌頌，更將福音經書與彌撒禮儀本翻譯成賽德克語，聖堂內的擺飾也運用了當地的傳統布料。在梵二會議後，教會更積極地進行禮儀本地化，以梵二文獻的指示為基礎，進行與眉溪部落傳統信仰的對話，特別是對於賽德克族祖靈信仰的關懷與包容，希望能將天主教會的神觀與當地的祖靈觀融合為一。對於天主教在梵二會議後的轉向與發展，我們也能在席萳·嘉斐有關達悟族的宗教研究中看到。[20]在當代達悟社會裡，其傳統信仰與日常生活由於受到了西方基督宗教傳入的影響而有了重大的變化。基督教長老會與天主教大約在 1950 年代先後傳入蘭嶼，長老會至今超過 50 年的傳教，其不僅注重當地人才的培育，在教會社會關懷的實踐上，長老教會也積極投入當地的社會運動，例如反核廢料抗爭、還我土地運動。然而，長老教會面對達悟傳統祭儀的態度，卻是消極否定的，教會往往要求信徒以祈禱替代獻祭，並對諸多傳統禁忌如喪葬等，也要求信徒不再嚴格遵守。此舉使得達悟傳統祭儀不再是全部部落共同的大事，甚至讓部落傳統祭儀被污名化為迷信，因此傳統祭儀的傳承延續因長老會的態度而受到抑制。而天主教傳入蘭嶼，也同樣對達悟族的民族發展產生巨大的衝擊，但與長老教會不同的是，天主教在近年來致力於達悟族傳統文化、語言與祭儀的復振運動，希望以此化解過去教會制度與傳統文化相衝的景況。

從席萳·嘉斐的研究中，不僅說明天主教與基督教會在蘭嶼的發展歷程，更能比較天主教與長老教會之間的差異，特別是長老教會對於社會運動、提昇原住民自我意識等議題的關注。事實上，基督新教的宣教工作與原住民傳統文化之間的關係也並非一直如席萳·嘉斐文中所述般的對立，而是隨著神學工作的推展與建立而有所轉變。若我們從基督長老教會體系的原住民教

---

[20] 席萳·嘉斐，《達悟族宗教變遷與民族發展》（台北：南天出版社，2009）。

牧／神學工作者或學者的研究來看，特別是由基督長老教會所建立的玉山神學院，這些文獻與研究大多都對於「原住民文化論述的本土神學」建立有特別關注，例如布興·大立在其著作中即是針對原住民的歷史處境提出追求雙贏的原住民神學詮釋，[21]他以泰雅族的信仰與文化為例，分別針對泰雅族的祖靈觀、紋面禮俗、*gaga* 的倫理做出神學層面的詮釋，並希望透過歷史神學的建構來結合神學與原住民文化。此外，透過布興·大立的著作與研究，也特別感受到他對於原住民社會議題的熱切關注，例如他試圖以泰雅族 *gaga* 精神來提出一個管理與發展馬告國家公園的方式，並闡述 *gaga* 生態倫理中的神學意涵，來作為基督教神學與原住民文化之間「跨文本詮釋」。對於原住民與基督新教神學的研究，相關的還有林約道、姑目·荅芭絲、張秋雄、童春發等人的著作與文章，[22]這些研究中不僅能提供我們有關原住民傳統信仰與基督信仰碰觸的歷史軌跡與脈絡，以及宣教過程中所涉及的各種問題，更重要的是這些學者都重視本土神學的出現以及本土神學對於台灣原住民社會的意義與影響，特別是基督長老教會神學與堂區牧靈工作對於社會實踐與文化意識的重視。

　　前文所提及的譚昌國對於排灣族拉里巴聚落台坂長老教會之研究，不僅說明了基督教教義與傳統文化在不同時期的辯證關係，文章中後段對於教會聖靈更新運動的敘述更說明了教義在長久的實踐過程中，不僅塑造了不同的派別，並進而造成不同的教義詮釋或與衝突的現象。[23]事實上，台灣原住民

---

[21] 布興·大立，《泰雅爾族的信仰與文化：神學的觀點》（台北：國家展望文教基金會出版，2007）。

[22] 林約道，〈在原住民處境中讀經與詮釋的反省〉，《玉山神學院學報》7（2000）：37-69。林約道，〈本土神學在台灣原住民神學進程中的意義〉，《玉山神學院學報》10（2003）：93-123。姑目·荅芭絲，〈賽德克與基督教碰撞的信仰景觀—以 Tkdaya 部落為例〉，《玉山神學院學報》12（2005）：125-175。張秋雄，〈從台灣原住民「部落地圖」看希伯來聖經應許之地－台灣原住民部落經驗聖經詮釋法之嘗試〉，《玉山神學院學報》12（2005）：17-58。童春發，〈開墾園地：根植原住民文化〉，《玉山神學院學報》6（1999）：60-112。

[23] 譚昌國，同註 14。

教會的靈恩運動在 1972 年就曾經興盛一時，甚至發生在五旬節教會之外。[24] 1982 年，靈恩運動再次興起時的擴展速度更為迅速，靈恩運動不僅重視看異象、醫病、趕鬼、預言、說方言等恩賜，教會成員也集體參與禱告山的聚會與醫病活動，[25]而這些現象在神學與宗教學的研究中已經累積許多的研究成果，例如司雄、陳南州、陳克理、陳福春、宋真光、黃志宏等人的研究。[26]然而台灣人類學原住民研究對這樣課題的研究腳步卻是較為緩慢，至近年來才逐漸開始成為學者的研究內容。

三、宗教、儀式與社會

（一）儀式與社會變遷

近十年台灣南島民族宗教文獻，除了宗教變遷的課題之外，另一個重要的課題是儀式分析。對於儀式研究的重視，研究者強調儀式是宗教最普遍且具體的實踐方式，再現被研究者的社會文化特性；也強調從歷史脈絡來分析

---

[24] 五旬節派運動一九一〇年代傳入中國，由中國人創立的五旬節教派有「真耶穌教會」和「耶穌家庭」，真耶穌教會於一九二七年傳到台灣，被稱為台灣第一個五旬節教會。在台灣靈恩運動中，最具體且有代表性的首推苗栗造橋鄉的中華祈禱院，就是著名的「禱告山」。除了五旬節教派之外，在 70 年代也有許多長老教會發起了靈恩運動，譚昌國的文章就是一個很好的例子，相關的現象也可以見於：張小玉，〈靈恩運動對今日石磊教會的影響〉（臺灣神學院道學碩士論文，2004）。

[25] 司雄，〈從保羅在歌林多前書十二至十四章有關方言的教導評原住民教會的方言運動〉，《玉山神學院學報》7（2000）：1-76。

[26] 司雄，〈論聖靈的恩賜：探討原住民教會靈恩運動之問題〉，《福音與文化》3（1994）：43-55。陳南州，《靈恩運動之研究——台灣山地教會和普世教會的觀點》（花蓮：玉山神學院，1987）。陳克理，「泰雅爾族教會靈恩運動之研究」（臺灣神學院道學碩士論文，1985）。陳福春，「Amis 的靈媒觀念與 Amis 七十年代靈恩運動之比較分析」（玉山神學院碩士論文，1996）。宋真光，「阿美教會靈恩運動的探討與反思」（花蓮：玉山神學院道學碩士論文，2002）。黃志宏，「從一位泰雅族女性先知者的信仰生命史，淺談在泰雅族田埔教會靈恩工作之影響及發展以羅千枝姐妹（Ciwas Nawiy）為例」（臺灣神學院道學碩士論文，2008）。

儀式，探討被研究者如何面對與因應歷史變遷過程中的各種改變與衝擊；以及關注儀式進行的社會文化脈絡，使得儀式與社會文化整體相互影響的辯證關係得以被突顯。自從 1980 年代以來，台灣原住民即展開一波波的正名運動，祭儀與儀式在此中常常是文化建構、社會關係聯結的重要面相與機制。這樣的現象自然也受到學者們注意，在近年來有許多文章從儀式象徵結構或儀式的文化建構等不同面相出發，去探討在國家權威的轉型以及集體權與多元文化主義概念的提昇等新契機下[27]，儀式如何成為族群展演自身並與外界互動的主要管道[28]。

儀式作為一個具體可觀的宗教實踐過程，將其放置於特定的社會文化脈絡中時，可以幫助我們理解其背後所隱含的基本文化邏輯，例如羅素玫、王梅霞和陳文德等人的研究。羅素玫透過對都蘭阿美族小米週期儀式的時間、空間安排與性別分工的分析，不僅點出其背後所隱含的性別區辨觀念與階序關係，並且更進一步說明這些觀念背後的社會文化內涵。[29]阿美族的年度週期儀式由十二月的狩獵祭開始，其中包含播種祭、收割祭、入倉祭、豐年祭等，直到小米週期結束。整個儀式過程「即是一連串依照時間與空間安排的食用小米以及將其轉化的過程。」[30]換言之，透過儀式中的食物消化與轉化，阿美人的身體與食物生產的時間與空間產生關聯性，並組織起了一個週期次序，加上男性與女性在儀式中的互補性，這些元素共同構成了一個持續不斷繁衍的社會整體。

---

[27] Ku, Kun-hui, "Rights to Recognition: Minority/Indigenous Politics in the Emerging Taiwanese Nationalism." *Social Analysis* 49: 3 (2005): 99-121.

[28] 相關研究可以參考王嵩山〈宗教儀式的傳統意義與本土抗爭：阿里山鄒族戰祭 Mayasvi 的持續與復振〉（1989）、謝世忠與蘇裕玲合著的〈傳統、出演與外資──日月潭德化社邵族豐年節慶的社會文化複象〉（1998）。

[29] 羅素玫，〈性別區辨、階序與社會：都蘭阿美族的小米週期儀式〉。《台灣人類學刊》3：1（2005）：143-183。

[30] 羅素玫，同註 29 前引文，頁 174。

在這個研究中，作者透過阿美族的小米週期儀式分析，不僅說明了阿美族整體儀式與小米的生長息息相關，更突顯了儀式中所涉及的基本文化邏輯（性別、空間、時間）是阿美人構思社會結構的重要概念。王梅霞的文章透過對泰雅族和太魯閣族在治病儀式的情緒展演方式之分析，比較兩者在治病儀式所強調 lyutux/utux 性質的不同面相，以此探討其背後所隱含的「心」與「力」的概念，並透過「心」與「力」的概念呈現泰雅族與太魯閣族的社會性質。[31]泰雅族與太魯閣族巫師的治病儀式中所展現的 lyutux/utux 的性質非常豐富，巫醫代表病人與 lyutux/utux 建立的關係，但泰雅族與太魯閣族各有不同的強調，也因此有不同的情緒展演。泰雅族麻必浩部落在日據時期，因為未受到遷村政策的影響，部落的整合性高，對於 gaga 也有制度化的建構。麻必浩部落成員透過遵守 gaga 而與 lyutux 維持和諧關係。泰雅族巫師在治病儀式中以自己的「心」來理解 lyutux 的「心」，透過優美、委婉的祭語或唱詞，勸說和撫慰 lyutux 以博取同情，與之維持和諧的關係。太魯閣則因未受到日本殖民政府強迫遷村的政治力影響，部落內部衝突對立高，非常強調個人能力的表現，巫師得透過自己的力量與靈力，以嚴厲責罵的語詞與 utux 征戰，呈現出人與 utux 爭鬥的矛盾關係。因此透過治病儀式的觀察，人觀中兩個重要的概念──「心」與「力」在泰雅族與太魯閣族社會中有不同的內涵。

透過泰雅族與太魯閣族案例的比較，不僅呈現出兩個社會對於人與 utux 關係的不同理解，更由此建構出不同性質的社會。泰雅族部落透過「心」的交換或互動，呈現出當地人自我認同和社會關係的多元性與動態性。相對地，太魯閣族社會透過對於「靈力」的強調與競爭，呈現出太魯閣部落的複雜化與個人化。陳文德藉由南王卑南人巫師的成巫過程與除喪儀式之分析，除了探討巫師作為儀式執行者的特徵與性質之外，也進一步指出其在社會文化脈

---

[31] 王梅霞，〈從治病儀式看泰雅族與太魯閣族的情緒展演〉，胡台麗、劉璧榛主編，《台灣原住民巫師與儀式展演》（臺北：中央研究院民族學研究所，2010），頁 383-429。

絡中所隱含的「力」的觀念。[32]卑南族各聚落的巫師大多為女性，唯獨南王部落從清末到戰後曾經出現過數位男性巫師，南王部落也流傳著清末的男巫師為巫師之祖的說法，引發學者關注此男性巫師的現象是否是受到生態環境改變或殖民政權轉移所影響。南王巫師形成一個團體，在每年舉行慶巫會換新巫袋。巫師的工作並不限於治病、除喪、招魂、除穢等，也在部落性的祭儀活動中輔助男祭師做部落境界驅邪儀式。基本上男祭師是以執行部落性祭儀為主，特別是與男子會所及部落性祖靈屋相關的儀式。作者認為祭師「力」的根源來自祭祀部落創始祖的祖靈屋，而巫師的「力」主要來自曾任巫師的近兩、三代祖先，亦即該巫師承繼的祖神。南王巫師在執行儀式與唸禱經文時很少有神靈附身現象，只有在成巫儀式和年度慶巫會的某一特定段落會被「神」附身，進入彷彿恍惚的狀態。這個研究一方面從成巫過程與除喪儀式來討論巫師獨特的性質，另一方面將「巫」放在社會文化脈絡中來理解，指出「巫」如何作為一種「力」。除此之外，作者也於文中南王部落「二部組織」的討論中，指出巫在社會文化持續與轉化中所呈現的複雜現象，跟歷史過程中與外來力量連結有關。然而，對於儀式與社會變遷之間辯證關係的課題，黃宣衛與楊淑媛的文章可以提供我們更多的討論與思索方向。

　　黃宣衛一文從文化與歷史的觀點來分析阿美族的錢幣治病儀式，觀察治病儀式所反映的社會文化意義，特別是阿美族文化的延續性與創新性，以及其與政治、經濟環境變遷的辯證關係。[33]阿美族 *misapayciay* 巫師流派出現在 1930 年代，巫師在治病儀式過程中，用嘴吸吮病人認為最為痛苦的地方，並吸出日本錢幣來，此流派（*misapayciay*）便是因治病儀式中使用錢幣而得名。而 1930 年代正好是日本殖民政府影響宜灣阿美族社會變遷的重要時期，日

---

[32] 陳文德，〈巫與力：南王卑南人的例子〉，胡台麗、劉璧榛合編，《台灣原住民巫師與儀式展演》（台北：中央研究院民族學研究所，2010），頁 135-187。

[33] 黃宣衛，〈國家與異族觀：論 1930 年代宜灣阿美族巫師的錢幣治病儀式〉，胡台麗、劉璧榛合編，《台灣原住民巫師與儀式展演》（台北：中央研究院民族學研究所，2010），頁 299-331。

本人透過現代國家體制，在宜灣推動的種種政策，例如生產活動與生產方式的改變，這些不僅使當地社會的祭儀與禁忌有所減少，導致貨幣以及市場經濟的進入，而使得自給自足的村落生計經濟開始沒落。依此脈絡思考，作者認為 *misapayciay* 的興起不可只看做是單一派別的興起與沒落，而是與當時社會文化環境的變遷有密切的關聯。

此外，阿美族的宗教生活在此時期有持續與變遷的不同面相。具體來說，雖然增加了一些新的神祇[34]，但 *kawas* 的觀念並沒有太大的變化，儀式方面亦只有一些小幅度的增減。因此，作者點出宜灣阿美族社會在納入國家體制與資本主義體系的過程中，雖然主導的一方來自於外在的力量，而阿美族人似乎居於相當被動的位置，但透過不同 *kawas* 有不同靈力的概念，卻仍能使宜灣阿美族人居於某種程度的主動地位。錢幣出現在治病儀式中，其實隱含著對這些外來事物賦予了正面的意義，有利於阿美族以積極的態度來接受來自優勢民族的文化。進一步言之，阿美族人經由原有 *kawas* 觀念的繁衍與創新，將外來者帶入的新事物納入到自身社會文化體系當中，並加以挪用而追求更好的生活。

楊淑媛的文章除了透過布農人的人觀、病因論與巫師治療儀式的分析，呈現布農人對疾病、健康與醫療的文化觀念之外，並進一步從歷史變遷的過程中，闡明外在政治與宗教力量對布農人原有治療儀式與實踐的影響與重新界定，以及布農人如何去理解與回應這些改變與衝擊。[35]布農人對於疾病與健康狀況的理解，涉及了自身身體、*is-ang* 與 *hanitu* 之間的關係，人的身體和 *is-ang* 等不同構成成份的穩定結合是健康的要件，身體若是遭受到外來的 *hanitu* 入侵，或是自身的 *is-ang* 和 *hanitu* 在游離時遭受攻擊，都會造成生命力與健康的衰退。作者從布農人對於人的構成、*hanitu* 與 *is-ang* 等概念與治

---

[34]　例如天照大神。

[35]　楊淑媛，〈人觀、治病儀式與社會變遷：以布農人為例的研究〉，《臺灣人類學刊》4：2（2006）：75-111。

療儀式分析中，希望突破二元對立之象徵系統的框架，並以「建構的意象性」概念去說明巫師與治療儀式的內容與效力。作者接著指出巫師的社會地位與活動在整體社會變遷中，遭受到外在政治與宗教力量的衝擊，特別是受到基督宗教的影響。然而，「若將布農人醫療與巫術的傳統視為是和更大的社會條件相遇及互動的場域時，則可以看到布農人原有對於夢、疾病與醫療的文化觀念，提供他們在理解和經驗基督宗教時的一種重要方式。」[36]因此我們可以看到巫師加入教會，並將基督宗教元素融入到治病儀式之中。

　　除了上述社會文化脈絡或歷時性角度分析儀式之外，也有學者從儀式的象徵機制探討儀式與社會之間的關係，例如鄭依憶的賽夏族矮靈祭研究。[37]位於台灣中北部苗栗縣南庄鄉、獅潭鄉與新竹縣五峰鄉的賽夏族，在歷史發展過程中不斷與其他週邊民族接觸，如早期的「矮人」、泰雅人、客家人、日本人、閩南人等等，不斷學習「他者」的文化。如今賽夏人不再以賽夏語作為日常溝通語言，北群的賽夏人講泰雅語，而南群的賽夏人則講客家話，大部份的族人均已散居台灣各處。甚至在賽夏族的主要分佈地，漢人及泰雅人所占的比例，也已超過賽夏人本身。雖然如此，在舉行年度的矮靈祭時，分散各地的賽夏人都會盡量趕回來參加。矮靈祭儀式在台灣社會的發展上成為賽夏族在大社會中的標記，大部份的儀式過程僅有賽夏人能參與，使得儀式具有明顯的族群區辨功能，也有凝聚內部人群的整合功能，使所有的賽夏人達到對自身文化與族群的認同。另一方面，矮靈祭儀式的最後則開放邀請外來者參與舞蹈及共享食物，在過程中與異族群、外在大社會結合。透過這個研究，作者指出儀式的內在機制具有塑造社會的積極作用，除了可以整合參與者的族群意識之外，更甚至能調整其與外在大社會的關係，藉此面對與超越現實中各種緊張或衝突的問題。

---

[36] 楊淑媛，同註 35 引文，頁 105。

[37] 鄭依憶，〈儀式、社會與族群：向天湖賽夏族的兩個研究〉（台北：允晨出版社，2004）。

（二）當代情境下的「族群」儀式

從前面有關儀式分析的介紹，我們可以看出學者們探討的面相甚廣，例如時間、空間、性別、族群關係、社會結構等都是重要的研究議題。正如黃應貴所說的，台灣社會解除戒嚴之後，人類學發展明顯走向了探討文化實踐與從事社會實踐的階段，這個時期有許多台灣原住民研究的新興課題應運而生，例如「族群」、「認同」與「文化分類與建構」等都是其中較顯著的課題。[38]光復後國民政府對於原住民分類方式是延續日治時期的框架，但自八〇年代以來，台灣原住民族群文化運動對於正名的要求與傳統文化的重建。這種正名與重建的運動，紛紛挑戰了台灣主流社會過去至今對於原住民的認識。[39]

然而，正名運動的成功與否，除了涉及族群運動者的如何作為外，更重要的是其涉及了具有權力的官方以何種準則或條件來認定族群。在這樣的情況下，我們除了看到族群運動者強調集體記憶與主觀認同的論述時，他們往往使用一些社會文化特質作為識別族群的表徵，傳統祭儀也常常成為當代原住民社會型塑與族群認同的依據之一，這樣的現象也受到學者的關注，例如黃宣衛與蘇羿如、劉璧榛、滿田彌生、王梅霞等人的研究。自 2001 邵族正名成族以來，陸續有噶瑪蘭族、太魯閣族、撒奇萊雅族與賽德克族等族正名，本節所回顧文章即包含其四。黃宣衛與蘇羿如的文章關注撒奇萊雅族正名運動中的文化建構，特別是傳統服飾與火神祭，限於文章性質本文僅關注火神祭部份。[40]火神祭是撒奇萊雅族族人為了追緬祭祖所舉行的儀式，火神祭的出現除了反映對祖先的追思之情外，也和正名運動的策略有相當程度的關

---

[38] 黃應貴，同註 1。

[39] 陳偉智，〈殖民主義、「蕃情」知識與人類學——日治初期台灣原住民研究的展開（1895-1900）〉（台北：國立台灣大學歷史學研究所碩士論文，1998）。

[40] 黃宣衛、蘇羿如，〈文化建構視角下的 Sakizaya 正名運動〉，《考古人類學刊》68（2008）：79-108。

聯，一方面是要證明撒奇萊雅族有其特殊的族群文化，以便成為官方認定的獨立族群；另一方面則有重新解讀歷史，藉由紀念性活動來凝聚族群意識的意義。

　　從對於火神祭的分析中，指出儀式不僅企圖營造出「重返歷史現場」，也企圖運用「火」的象徵作為族群「重生」的文化意涵，更進一步突顯了文化建構如何創造出共享的意義、強化參與者的凝聚力，並作為族群動員工具。劉璧榛的研究探討噶瑪蘭族如何透過 Qataban 豐年祭活動，作為其族群復名運動與族群認同凝聚的策略。[41]噶瑪蘭族社會受到日本殖民力量的衝擊與影響而遭受瓦解，[42]直到 1980 年代末期，新社噶瑪蘭人在 Qataban 豐年祭文化演出的契機下，重新創造與想像噶瑪蘭族群的原生情感，並結合大眾傳播與學術文化，建構出族群共同體。在節慶演展中，一方面透過地景、時間、物品等符碼，噶瑪蘭人不斷嘗試與漢人邊界做出區隔，來呼應、對抗以及想像「我群」，進而整合內部次群體間的差異與衝突，並創造新的社會關係連結。滿田彌生從邵族的先生媽（女性巫師）與公媽籃儀式儀式談當代邵族人的生存策略。[43]邵族在社會變遷的過程下，血緣與語言和週邊族群幾乎一致，唯有傳統公媽籃祖靈信仰以及儀式者先生媽還存在，而這幾乎成為展現「邵族文化尚存」的外顯證據，尤其是先生媽所展演的傳統祭儀與祭詞等文化文本。換句話說，先生媽與他們所舉行的儀式成為邵族生存論述之依據。然而，在行父系制度的邵族社會，過去先生媽其實在性別與秩序上都站在邊緣位置，

---

[41] 劉璧榛，〈從部落社會到國家化的族群：噶瑪蘭人 qataban（獵首祭／豐年節）的認同想像與展演〉，《台灣人類學刊》8：2（2010）：37-83。

[42] 「Kavalan」一詞原指「居住在平原的人」，主要是指定居在宜蘭平原的人。後逐漸成為跨越花東、宜蘭等縣市的族群團體之名稱。相關資料可以參考林修徹，《噶瑪蘭族的人口與分佈》（台北：行政院原住民委員會，2003）。陳逸君，《現代台灣族群意識之建構：以噶瑪蘭族為例》（台北：行政院原住民委員會，2002）。

[43] 滿田彌生，〈先生媽、文本與儀式展演：當代邵族的生存策略〉，胡台麗、劉璧榛合編，《台灣原住民巫師與儀式展演》（台北：中央研究院民族學研究所，2010），頁 467-503。

但在當代國家的情境下，卻提昇了其地位與重要性，而使得社會結構開始有所轉變。[44]王梅霞關懷太魯閣正名運動中所涉及的各種爭議、論述、建構與文化再創造等現象。[45]1996 年太魯閣長老教會舉辦了太魯閣正名會議，隨後太魯閣文化發展協會也跟著在 1997 年舉辦了正名會議，這些組織主要是希望爭取成為台灣原住民第十二族，運動者強調太魯閣族與泰雅族在語言詞彙、聖地、習俗、獵場、服裝、儀式、紋面、婚禮禁忌和飲食習慣上都有不同差異存在，甚至強調在主觀認同的集體記憶與日常生活經驗上也有巨大的差異。

　　然而運動領導人所強調的界定標準，一方面反映了當代社會對於族群分類的「客觀」標準，另一方面也引起了當地內部的許多爭議。而伴隨著正名運動的運作，當地人群也積極地對於「太魯閣族文化」進行重新的建構，特別是 Mgay Bari（感恩儀式）。感恩儀式主要是由教會推動，而儀式的活動內容則完全不同於過去的祖靈祭，內容都是重新安排的，尤其強調突顯太魯閣族的文化特徵，並希望吸引遊客的注意。不過，作者認為感恩祭是正名運動以後在教會推動下舉辦的儀式活動，節目內容都是全新的，並且不斷型塑太魯閣族的特徵，牧師們也將「傳統觀念」與基督教結合，而且不同教會的解說也有差異。透過以上文章的回顧，我們可以說當代「族群」的儀式，似乎未必具有濃厚的信仰性、神聖性，反而是當地人群的文化建構下，逐漸成為族群展現文化表徵或是凝聚認同的依據，甚至成為族群生存的策略。

---

[44] 滿田彌生，同註 38 引文，頁 498。

[45] Wang, Mei-hsia（王梅霞），"The Reinvention of Ethnicity and Culture: A Comparative Study on the Atayal and the Truku in Taiwan"，《考古人類學刊》68（2008）：1-44。

四、總結與展望

　　台灣南島民族的宗教研究一直是台灣人類學（民族學）的重要課題，相關的研究在日治時期就已經相當活躍，留下了許多珍貴的紀錄，例如伊能嘉矩與粟野傳之丞合著之《台灣蕃人事情》（1900）、台灣總督府臨時舊慣調查會所出版的數本《番族慣習調查報告書》（1915-1920）或古野清人的著作《高砂族の祭儀生活》（1945）。而光復後，學界對於台灣南島民族的宗教研究一直著重於對民族傳統信仰體系的重建，七〇年代後才開始有學者關注宗教變遷的課題，其原因一方面是台灣學界風潮的轉向，另一方面則是先前相關研究的累積，促使宗教變遷課題後來成為台灣南島民族宗教研究的主要課題。直至今日，仍有許多文章論文以此為研究與撰寫的主題。台灣南島民族宗教研究的另外一個重要課題是儀式分析研究，一方面儀式是宗教信仰最普遍且具體的實踐方式，在實踐過程上連結了被研究者的社會文化脈絡，突顯被其社會文化特性；另一方面儀式的內在機制具有塑造社會的積極作用，除了可以整合參與者的族群意識之外，更甚至能調整其與外在大社會的關係。當我們從當代台灣原住民正名運動中來看儀式的重要性時，我們發現不同族群面臨不同的情況，而有不同的傳統文化建構方式，而因此儀式可以是族群展現文化表徵的方式、凝聚認同的依據或是族群生存的策略。

　　從前述對於宗教變遷方面研究的回顧，可以看出近年的研究仍相當重視集體改宗的現象，或者習慣於從社會文化的角度去分析轉宗。這樣的探討方式，很可能預設了台灣原住民具有集體性傾向。事實上，對於基督宗教在台灣原住民社會中對不同背景的成員所造成的影響，或是改宗換教後個人宗教行為實踐的如何改變，以及宗教實踐與宗教教義之間的關係等，當前研究者的討論較少，甚至也沒有探討原住民改宗換教過程中個人內在的主觀經驗。此外，隨著台灣社會的變遷，許多原住民紛紛往都市移居，個人層面的宗教

行為與現象應該受到更多的注意，特別是都市原住民的宗教生活。再來，有關宗教變遷的研究，學者多半著墨於「從原住民傳統宗教到基督宗教」的課題，而漢人民間信仰、日本宗教、甚至是客家人信仰，則比較少有學者觸及。儘管如此，其實從上述研究我們可看出當前有關台灣原住民的宗教研究已經十分的多元，當然我們也可從此看出台灣原職住民宗教現象所展現的面貌之多元與複雜，實令人目不暇給，而這有賴更多的學者與研究者加入研究的行列，在累積台灣原住民宗教研究與民族誌之餘，更提出更多新的框架與視野來解答各種問題。

▪第三部份▪

宗教環境學新視野下的宗教變遷

第八章 開始思索「打破圈圈研究」的相關理由*

張 珣

中央研究院民族學研究所研究員兼所長

本章大意

本文回顧反省1970-1990年代盛行於台灣民間信仰研究界的重要理論模型「祭祀圈」模型。文章首先說明戰後歐美與日本學界對於台灣民間信仰研究的多個理論模型，G. William Skinner的市場模型，M. Freedman的宗族祖先崇拜架構，岡田謙的祭祀圈模型，分述其優劣。再針對祭祀圈模型展開說明此一模型的提出緣由，發展經過，適用案例，以及學界過度套用而衍生出來的負面效應，導致無視於民間信仰在台灣現代社會的不同轉型與變化，與城鄉差別，讓學術調查與研究停滯不前。最後介紹歐美最新研究漢人民間信仰的兩個架構，一個視儀式為文化象徵，一個以儀式為文化手段。

---

* 本文初稿於中央研究院民族學研究所 2001 年 10 月 26 日「人類學與漢人宗教研究」研討會上發表。會後修正稿以〈祭祀圈研究的反省與後祭祀圈時代的來臨〉出版於台灣大學《考古人類學刊》58：78-111。（2002）今再做增刪，是為三稿。

一、前言

　　祭祀圈研究在台灣民間宗教研究史上有過貢獻，但是在 2001 年 10 月中央研究院民族學研究所的學術會議上，經過學界多人引爆，全面反省人類學的宗教研究。本文即針對此趨勢對祭祀圈概念作介紹，並對其研究作一回顧反省，而提出自己的整理與見解。

　　今日我們對人類學的漢人宗教研究之反省，可以自兩個方向進行，一是人類學如何研究漢人宗教，一是漢人宗教用人類學來研究有何特點或是缺陷不周圓之處。人類學的理論與方法起源於對部落社會或部落宗教之研究，用來研究複雜有長遠歷史之中國宗教，是否可行？有何長處或短處？本文主要自第一個方向進行反省，亦即回顧人類學家如何處理台灣漢人宗教，來說明人類學家研究宗教時的關懷點與特點。然而現代變遷社會內的宗教現象，已經挑戰人類學者一向以來僅處理傳統民間社區信仰的偏頗。台灣學界其他學科蓬勃的宗教研究，也要求人類學者進行學科間之對話與互動。因此在結論部份，筆者會針對另一個方向的反省「漢人宗教用人類學來研究是否足夠」稍作討論。

　　在 1996 年的文章中，筆者曾指明人類學的宗教研究「不視宗教為獨立現象而視其為社會文化之反映或運作機制之一」（張珣，1996：199）。這是一句又褒又貶的寫實的評語。本文企圖延續該論點加以鋪陳，來討論人類學的宗教研究特質，以與其他學科做對比。人類學採取全貌性觀點（holistic view）以研究一個特定族群的原生而非外來社會文化為職志，宗教是理解其文化的面向之一。來到中國（台灣）因著其全貌性觀點之要求及田野調查方法的訓練，選取一個村落而非都市為田野調查地點，比較能夠耙梳其社會結構。選取社區宗教而非個人性宗教比較能夠觀察到整個社群的傳統文化。在這樣的學科關懷點與方法論的出發點上，已經知道人類學並非也並未企圖處

理所有中國（台灣）漢人宗教現象。漢人宗教現象涉及的歷史文獻、經典科儀、知識份子的詮釋、信徒的宗教神秘經驗、都市型個人宗教與新興宗教等等面向會因田野調查法講求實證可觀察性，講求一般民眾共享參與性而受到侷限。然而其特點正是將宗教信仰置放在整個社會文化脈絡下，看到宗教活生生地與其他社會文化面向作有機的連結。而且欲瞭解新興變遷現象之前，需先對傳統有一番認識才不致於誤判，而知其變遷之理路。

衡諸中國大陸自 1987 年改革開放以來，也有不少西方人類學家進入各地進行田野調查，加上中國本土年輕一代的人類學家陸續均有相關宗教之研究出版。無論是有意或無意地拿台灣已有之民族誌與中國地區的調查做比較的人，會發現兩地的社會文化情況同中有異。例如對祭祀圈的斟定，對宗族或市場在社區村落中的作用等等的討論，會發現兩地的情況不盡相同。審閱這些人類學家在中國本土的調查與心得，是我們在回頭反省台灣人類學的漢人宗教研究時一個很好的參照點。本文僅會討論到濁大計劃時期的施振民、許嘉明、以及後來的林美容的「祭祀圈研究」；王銘銘、鄭振滿的「國家與地方社會（官方行政組織與民間地方組織）的關係」；蕭鳳霞（Helen Siu）「菊花會是地方精英建立地方權力的表徵」；桑高仁（Steven Sangren）「進香組織是跨越村落並且聯合村落的組織」等等研究，因為這些研究能凸顯出上述人類學學科處理社區宗教研究時之關懷點與特點。

漢學人類學，或今日所謂的人類學的中國研究，開始於詢問「中國社會是如何可能？」或「帝國與地方是如何銜接？」這樣的問題。一直以來有兩個主要的解釋模型。一是 William Skinner 的以四川盆地為基礎發展出來的「六角形市場模型」，二是 Maurice Freedman 的宗族模型「閩粵邊疆地區，因為官方力量薄弱，加上稻作農業需求的水利灌溉以及大量人工，有利於大型宗族的自治與發展的模型」。而始於日本學者岡田謙，經過施振民、許嘉明的修飾與試測，到林美容加以發展的「祭祀圈模型」，可以說是在台灣本地發展出來的第三個解釋模型。在今日人類學理論所重視的文化象徵與文化權力

研究潮流中，三個模型有互相發揮，互相交錯解釋的趨勢。尤其在一些新的個案研究中我們可以看到三個模型並用之趨勢。

這三個模型幾乎均不牽涉到宗教學研究中，最常見的信仰、教義等宗教核心問題之討論，反而均是集中在社會組織或社會結構之討論。這正顯示出人類學對宗教現象之研究特質是：1. 宗教不是超凡入聖的領域，而是被當作文化象徵（宗教、節慶、倫理、價值）來處理，2. 宗教組織視同社會組織之一，而欲探究宗教組織與社會組織之間的分合糾結，3. 分析儀式不是為了修練神仙或修養德行，而是注意其傳遞文化理念與規範社會秩序的價值，4. 重視集體的情感認同甚於個人的神秘經驗之喚起。本文因此不是在某個儀式或宗教活動的詮釋上，來呈現人類學的漢人宗教研究特點，而是藉著討論漢人社會解釋模型來側面地討論漢人宗教的解釋模型。藉著討論人類學界祭祀圈的研究及其反省，來指出宗教研究未來可以在漢人社會研究上之地位。

二、採用 Skinner 理論的作法

依照三個理論模型發展先後，我們先討論 Skinner 的作法。Skinner 的理論因為受 L. Crissmen 在彰化試測不能有預期效果的影響，在台灣不甚流行。但是在 80 年代中國大陸改革開放後的社會科學界反而很盛行。不只運用在社區層面，也運用在全國大區域經濟政治現象之解釋上。中國本土的人類學家使用，海外的西洋人類學家也花篇幅專章討論（Duara, 1988; Siu, 1989; Sangren, 2001）。此處介紹廣州中山大學歷史系教授陳春聲，在他近期自稱歷史人類學式的研究中，如何成功地使用 Skinner 的理論來為一份平凡的民俗歌冊做了出色的分析，以凸顯 Skinner 理論在近期中國學界之受到注意與其影響。

陳春聲（1994）採用 Skinner 的市場理論來解讀潮州歌冊《遊火帝歌》

所呈現的廣東韓江流域澄海縣樟林鄉火神廟遊境範圍「八街六社」之形成原由。陳氏使用歷史文獻，加上田野調查法來解讀歌冊中所反映的社區範圍。康熙二十四年，海禁解除，地處韓江出海口的樟林有著河海交匯之便，又可直通潮州府城，成為當時粵東最大貿易口岸。乾隆七年免徵米穀稅銀，商民自泰國運米入粵踴躍。乾隆二十年，商民運米入粵可議敍得到官府職銜，更增加樟林地區稻米貿易數量。樟林港的米糧輸入也實際上減低了當時嚴重缺量的潮州地區的民食問題。因著乾隆年間海上貿易之發展，樟林港與附近水道地區，建立起八個商業街區，使得原先不相接的聚落在一個地域上連接在一起，改變了整個社區的佈局，形成了今日的樟林埠。隨著八街的興起，社區在地域上整合為一個大的聚落，過程中民間宗教扮演了相當大的角色。可以說因著穀米交易的需要而形成之社區「八街六社」，在形成之後不能只依賴商業存在，尚有其它事務仲裁、調解糾紛、平準度量衡、促進推銷買賣等之任務有賴宗教信仰的權威來維持。宗教信仰中神明的超越性可以平服眾人，調節糾紛。另外，節日慶典時所聚集的四方遊人可以促進商機等等支持了八街六社之作為一個整體社區。

　　作者指出原先社區內已經有一個關帝廟，乃屬於官方議事的地點。八街商民卻經由傳說而另外建立一座火帝廟，以防止街鋪最擔心的火災發生，也更能照顧商民之需要。火帝廟由八街商民的廟宇，逐漸演變成整個社區中唯一可以遊遍全鄉的神明廟宇，火帝也成為樟林全鄉之主神。此一情勢反映海上貿易發展過程中，商人在此港口市鎮上之地位與影響力之逐漸提高，甚至高過官方的關帝廟地位。火帝巡遊活動自每年二月初一開始，二月十五日結束。巡遊範圍是八街六社，但是顯然八街比六社重要。八街的每條街均仔細巡遊，甚至有的遊兩次。六社則只從其村中社廟前之路經過，而不仔細巡遊村落內。活動經費完全由八街商人自由捐題，不向一般民戶攤派。火帝廟是一個民間廟宇，地方官員從未在此舉行任何官式祀典。但是國家政權並未放棄利用火帝廟來宣示及鞏固它的權威。在樟林鄉許多廟宇活動中，只有火帝

廟的巡遊活動有官員的正式參與；而火帝廟建立傳說中的關鍵人物楊天德更是一位虛擬的知縣官爺，使該廟作為全鄉主廟的地位有了政治上的合法性。正式巡遊開始之前，八街花燈以及花旗隊伍會特意到城寨中為巡檢司署表演，顯示基層地方政權單位巡檢司的權威，及其與民同樂之用心。

　　文章中作者顯然不只關心 Skinner 理論涉及的社區建構及其因為市場需要而形成的來龍去脈，更想探討民間與官方之關係，以及地方商民、農民、與官府之權力轉移。宗教的巡遊活動擔負起結合八街六社的社會功能，廟宇建築被解讀為八街商民防範火災之需要而建立，因此也可看成是商民地位提昇之證明，神話傳說中的人物在文獻上考證不出，被詮釋為虛擬的知縣官爺以取得廟宇的合法地位等等。可以看做是作者運用了 Skinner 的理論成功地處理了火帝廟在區域中的地位，而又能超越市場決定論之限制，討論到神話與信仰的背後的權力角競問題。我們可以注意到所謂的「八街六社」某個程度即為台灣學界所喜稱的祭祀圈，但是作者並不停留於「八街六社」範圍之圈劃，而是進一步討論到官民商農之間的權力轉移。

三、採用 Freedman 的宗族模型

　　中國人類學界的新秀代表人物，北京大學人類學教授王銘銘[1]〈靈驗的遺產〉（2000），與〈美法村的社區史〉（1997）的兩篇文章，將福建省安溪縣美法村的法主公信仰與輪祭活動，解釋為美法村陳氏族人為了結合族中各房支的人群所使用的設計。首先，王銘銘表達他對宗教儀式研究之立場。他反對某些學者過份強調村神誕辰慶典時道士與道教的作用，主張社區儀式的主

---

[1] 王銘銘近年著述快速大量，引起大陸學界廣泛討論其資料的信實問題，筆者此處乃引用其著作中有利益於吾人參考者。

體並非道士的活動與科儀書，而是社區象徵與社會活動。接著他鋪陳宗教儀
式之社會基礎所指為何。法主公誕辰慶典在美法村於 1987 年恢復之後，由
村中四個聚落輪祭，酬神宴客熱鬧非常。作者認為法主公慶典造就一種社區
認同感，將四個聚落合成一個合作性的共同體，以及成員對此一共同體之共
識。根據這四個聚落的人的解釋，全村輪祭有如同胞兄弟輪流孝順父母一樣。
一來有一家人之一體感，二來減輕每個人的負擔。美法村目前有七個自然村，
這七個自然村被組合成四個聚落單位，每個單位主持一年的村廟祭祀活動。
那麼，為何要輪祭法主公？作者由七個自然村的陳氏家族族譜追溯出來答
案。

美法村的七個自然村以陳姓為主的就有六個村，只有一個村以李姓為
主。此一陳氏家族，作者名之為教美陳氏，以與原有同美陳氏（源自永春）
區分。教美陳氏的始祖於明初落腳於此地，依附於不同宗的同美陳氏。傳到
第五世才向同美陳氏爭取一塊六百畝的田地開墾，創立祖祠，祭祀前四代祖
先，脫離同美陳氏而獨立出來。第六世、七世兩位祖先，更為了團結分居於
美法村鄰近區域的教美陳氏家族內的各小家庭，而擁戴法主公（原為一道
士，名叫張慈觀，被某些家族祭拜而成神，至元代成為地方神），尊崇法主
公為家族保護神，並刻意發展出一套輪祭制度，要求族內每個家庭參與輪祭。
隨著祖祠、公廳、法主公廟宇、族墳的一一創立，儀式的舉行與輪祭制度的
強制推行，以及四種公田（廟祭、祠祭、墓祭、公廳）財產的設立，使得教
美陳氏有了共同財產與團結象徵。經過八世祖到十一世祖聚落逐漸形成，逐
漸地其他異姓居民紛紛移居到村落邊緣位置，而教美陳氏家庭則逐漸聚居在
一起。十一到十八世始祖時人口繁衍眾多，聚落分化到今日的四個聚落。但
是仍以法主公廟祭來達到村落的統一。

作者原文之關懷點是在村落視野中的家族、國家與社會三者之間，藉著
宗教的文化象徵展現出的權力消長。筆者將之歸列為運用 Freedman 的宗族
模型的作法是為了本文之需要。事實上作者以 Freedman 的宗族模型開始，

卻是以新的理論（政治文化權力）結束，不完全受限於 Freedman 的解釋。此文有兩點值得我們進一步討論：1. 村廟由氏族建立以達到氏族團結，同時也達到村落的統一。村落同時與村廟及宗族有密切關係值得與台灣個案比對。2. 村廟的輪祭範圍某個程度上也是台灣學界所稱的祭祀圈範圍，但是作者不用祭祀圈一詞，以有所區別，也值得與台灣個案比較。

四、祭祀圈研究的反省（一）

以下祭祀圈研究之回顧分三節進行。本節集中在台灣地區之資料與台灣學者的著作，下一節針對日本學者對台灣祭祀圈研究之質疑，第六節則注重大陸地區學者提出之對話與修正研究。

回顧台灣祭祀圈研究起始於岡田謙的士林研究，經「濁大計劃」施振民、許嘉明在彰化的試測，再到林美容予與發揚光大。岡田謙（1938；陳乃蘗譯，1960）指出台北州士林街地區的祭祀活動有小範圍的土地公、媽祖之外，還有大範圍的中元普渡。然而不管前者或後者，均明顯區分開漳州人與同安人個別之範圍。土地公、媽祖的祭祀範圍約等於日人所稱「小字」（角頭或今之鄰）或「大字」（庄或今日之村里）。中元普渡則漳州人與同安人各有其參與普渡之廟宇與涵蓋範圍（由數個大字組成之地區），而其涵蓋範圍剛好相當於兩群人個別之通婚範圍。因而岡田提議欲知台灣村落之祖籍團體或家族團體之特質，需由祭祀範圍入手。

王崧興（1991）回顧說到：濁大計劃重新提出岡田謙的祭祀圈理論是著眼於彰化平原因為「番害」與械鬥，被不同祖籍群的人聚居，無法使用 Skinner 的市場理論來分區調查，便嘗試著以岡田謙的運用不同祖籍群的人會有自己的祭祀圈的作法來進行分區調查。因此濁大計劃用祭祀圈目的不在劃分宗教組織的地域範圍，而在借宗教組織（祭祀圈）來劃分祖籍群範圍。

例如許嘉明（1973）成功地畫出以肇霖宮和永安宮為中心的兩群福佬客的聚居範圍。

其實從王崧興的導言（1973）中，可看出濁大計劃會牽涉到祭祀圈研究其實背後有更大的目的。其目的是為了建立漢人聚落的社會史所需要的基礎資料，因此不僅是祭祀圈，其他如宗族之形成、婚姻圈、及其市場系統等等均是基礎資料，需要互相搭配，以期理解一定區域內之社會生活（1973：2）。但是在結語中王崧興卻不必要地指出「宗族與村廟的發展是二者擇一的，二者有轉移現象」（1973：8）。言下之意似乎是說村廟與宗祠在同一時間內是不會並存的。他可能並非教條式地指導參與研究人員只能採用其一，或他可能隱含有待第二期計畫，或未來研究可用兩個模式互相發揮使用以增加解釋面向，但是未完成的濁大計劃卻給台灣漢人研究帶來相當大之遺憾。要重建彰化平原社會史之目的沒有確切地達到，卻造成一個錯誤方向，混淆了「村落同盟關係的祭祀組織」與「有階序性的地域單位的祭祀組織」（王崧興，1991：8）。誤導後來的人集中精力在劃分大大小小的村廟勢力範圍，或宗教活動圈圈，也很可惜地拱手將社會史研究讓給了台灣史學界（其中之一如國外學者 J. M. Meskill 的《霧峰林家》開創出的家族與地方史研究取向，影響所及帶動台灣史學家之跟進），以及 1980 年代後起的大陸人類學者。再下一個時期的漢人宗教研究已經不是為了重建社會史，而是「宗教為文化象徵或文化觀念之體現」的研究時期了，如張珣 1993、葉春榮 1995，魏捷茲 1996、林瑋嬪 2000。因而使濁大計劃之理想到目前為止一直未能於台灣人類學界實現出來。

濁大計劃的研究人員援引蕭公權的論點「村廟在多姓村具備有如宗祠在單姓村中所負的任務與功能」、M. Topley「村廟與宗祠可以為交替的農村組織形式，前者適用於多姓村，後者適用於單姓村」、莊英章竹山的研究說明移墾時期「地緣性村廟比血緣性宗祠出現為早」，加上援引 B. Pasternak 在打鐵村的研究認為「宗族在台灣式微，或不如閩粵發達」，以及 E. Ahern 的三

峽研究認為「即使在小的單姓村中，宗族組織也沒有像閩粵那麼嚴密」，而錯誤地提出以村廟取代宗祠，甚至取代市場的想法。這種「取代」的作法，筆者以為應該是階段性的作法，而不應該是互斥的作法。先前即使岡田謙都持保留態度地說祭祀圈與市場、通婚範圍有重疊（陳乃蘗譯，1960）。表示不能只看祭祀行為。更何況將市場、宗祠、村廟視做互相取代，而非互相共構。因之，給後來的人造成一個錯誤偏見，以為一個村落只能有一種社會組織做為人群集結機制。施振民甚至替「庄」下一個工作定義：「一個共同祭祀單位的聚落」（1973：198）。當時可能是一個無可厚非的工作定義，後來卻會限制學人對村莊或聚落的其他政治經濟層面之探討。其實施振民自己也預留發展空間地建議：「彰化平原村廟系統建立以後，我們可以進一步調查墟市範圍是不是和祭祀圈一致，而各級墟市是不是和各層大小不同村廟相當」。只可惜沒被實踐出來。

　　林美容在調查了草屯鎮的土地公廟之後，整理了之前的有關祭祀範圍，或地方性祭祀組織的種種中英文研究著作，詳細列出祭祀圈可能有的活動、組織、神明，並追究施振民、許嘉明模式不清楚之處（林美容，1986）。並於彰化南瑤宮媽祖的十個「會媽會」——即其分香子廟與神明會——調查之後，提出「信仰圈」一詞，以別於祭祀圈（林美容，1989）。也企圖說明祭祀圈與信仰圈二者之分別與演變過程（林美容，1988）。可以說試圖將許嘉明以來的「村落同盟關係的祭祀組織」與「有階序性的地域單位的祭祀組織」兩種具地域性質的宗教組織區分開來。或許林美容「為學慣持的一個想法就是，只有當我們對自成體系的一套規範行為組織或概念等之內在結構有清楚的瞭解，我們才能將之放在適切的歷史脈絡裡更進一步的考察」（林美容，1986：106）。強調現實結構之理解，而未持續進行她所謂下一步之歷史成因之考察，以致於面臨研究上之瓶頸。由林美容之前與之後學者的使用該名詞，以及林美容本人論文顯示，祭祀圈之斟定與其活動指涉相當廣，也不求具備所有指標情況下，祭祀圈本來就是一個研究架構而不是一個固定組織實

體。祭祀圈與信仰圈之區別也並非截然二分，而可以有中間型或混和型之地方祭祀組織存在（徐雨村，1996）。估計林氏原始重點應該在二者可以解釋地方社會組織，而非斤斤計較於二者之斟定。但是林氏缺乏歷史長時期層面之考察使得祭祀圈—信仰圈研究有其困境（可參考王世慶，1972；李國祁，1978；溫振華，1984）。我們看到林美容後來一連串之著作偏向民俗方面（武館曲館之調查，武師傳記），或宗教場所之調查（如 1995 年的「巖仔」），或持續沿用原有觀念之調查（如 2001 年關渡媽祖信仰圈）而無法有所突破，或無法回答她先前提出的有關地方社會組織之結構問題。相對地，如果由下一節鄭振滿（1997）等人之調查來看，正因為添加了歷史縱深層面，以及其他政治經濟層面之考察，而不只是停留在民俗或宗教層面，讓我們可以看到地方祭祀組織研究之遠景。

　　最後是祭祀圈是否為一地域共同體的問題。由岡田謙到許嘉明均未曾提到祭祀圈是否為一地域共同體。林美容則提到祭祀圈為一共同體（1988：124）。筆者最近拜讀到蔡淵絜先生的文章，他對祭祀圈的解讀是「宗教活動和地域共同體結合的現象，此即所謂祭祀圈」、以及有「傳統整體社會—地域共同體」、「媽祖信仰在雲林地區普及盛行，有跨地域跨社群傾向，終於突破地域共同體（祭祀圈）」等等之敘述（蔡淵絜，2001）。共同體一詞近年來頗受許多人的喜愛，但是對於究竟需要具備哪些條件，才可以指稱一個社群是共同體的問題，卻尚未見到清楚之定義，只是議論紛紛而未有定見。根據 Barend J. Ter Haar 的引述，「共同體」一詞之使用可追溯到二次大戰期間，日人在華北進行密集的鄉村調查，將村廟祭祀視作為共同體的儀式中心，以探討中國鄉村社會的基本構成因素。日本學者當中，持「共同體」理論者，認為中國農村因為地主與佃農之間有橫向的共同連結（筆者按，應該指宗教與宗族），沒有階級矛盾，因此缺乏歷史變遷之動力。中國如果要進步或現代化，就要靠外力介入（筆者按，指日本侵華之藉口）。在被馬克斯派學者質疑與反對之後，共同體理論在戰後沈寂了好長一段時間，京都學派的

Tanigawa Michio（谷川道雄）首先重新使用，1980 年代其日文著作又被 Joshua Fogel 翻譯成英文，促使西方學界注意並試用。例如 P. Duara 的「文化網絡」概念即受惠於共同體概念之啟發。持此一概念的優點是一個社區的構成因素不必限制於親屬、或宗教、或經濟等任何一個單一因素，而可以是開放的。但是當然它也就會有各種不同形式的社會、經濟、或政治的剝削必須由研究者加以處理。而通常一個外來的學者在分析共同體時，難免會將它美化，視其為一個共有、和諧的社會經濟實體（ter Haar, 1995: 1-2）。這是應該避免的，因為事實上中國村落內部的分化與競爭是不可忽視的。

　　持共同體理論者，主張共同體做為日本和中國兩國共有之社會單位，並以之作為建立大亞洲主義之基礎，以及後來之否定中國有共同體之村落組織，而提出「脫亞論」者，兩派之間之論戰，以及日本人對共同體之研究與憧憬，與當初在華北之調查均可見於旗田巍（1973）著作中。中國留學日本的學者，麻國慶教授也指出，中國學者引用共同體概念來作研究時，容易進入誤區（麻國慶，1999：206）。為杜絕共同體一詞之濫用，值得在此陳述中日兩國村落之差別。日本的村落社會研究喜歡把村落與共同體並用，共同體一詞之原意即為社區（community），但在日本共同體一詞帶有整合特點以及法人組織意味，此亦為日本村落之特點。中國村落血緣結合力很強，村落本身卻是缺乏凝聚力而且是鬆散的。對村民而言在宗族規範之外，村民的活動是比較自由的。共同體概念之使用在中國宗族血緣團體，會比在村落地緣團體更恰當（麻國慶，1999：206）。麻國慶引用日本學者平野義太郎，對中日村神、村廟之比較，來凸顯中日村落地緣性質之差異。平野指出：1. 中國血緣集團的祠堂和地緣社會的村廟，在村落歷史發展中不像日本那樣自然地融合在一起，而是各自獨立的。2. 漢族的祖先崇拜僅為家族的祖靈崇拜，不像日本作為民族普遍的祖神崇拜，進而日本神社通過祭神和國家緊密結合在一起，而中國的村廟通過城隍廟和上帝連在一起，卻沒有統一地和國家連在一起（轉引自麻國慶，1999：5）。另一位中國學者李國慶（1999）則強調日本

村落共同體所具備的價值體系與生活規範的權威性，是中國沒有的。因此在日本地緣與血緣的結合程度強過於中國，共同體一詞用在日本比用在中國村落適切。

　　至此，我們或許可以瞭解當初岡田謙試著用祭祀圈分析士林時，他是出於傳統日人對村落性質之印象，而提出之嘗試。未料經過台灣人類學界一再地「試用」，好像真有村落共同體，如果再僅僅依賴村廟與村神祭祀就斷定村落具有共同體性質，那就真是進入誤區了。筆者以為中國或台灣之村落即使沒有血緣團體祠堂之存在，僅有村廟存在，其性質也絕對不會是共同體。因為缺乏村落的法人性質、或村民共作經濟體、或強制性的價值體系與生活規範等等性質。更何況如果有血緣宗祠存在之村落，其村廟更是無法使村落達到共同體之作用。

五、祭祀圈研究的反省（二）

　　由後來的日本學者對台灣村廟祭祀範圍之研究，可以看到他們也不太願意認為台灣的村廟具有日本祭祀圈之性質。三尾裕子[2]指出「台灣的公廟是所有村人信奉的廟。但是它又不能說成是日本氏族神那樣的神。日本村落氏族神的情況是，只要生於那個村落，便自動成為它的信奉者，它有義務加以保護，也有一種強烈排斥外人的傾向。但是台灣的公廟對信奉者的範圍並未嚴格規定。在我調查的幾個村落加入或退出完全憑自己決定，即使是外人，如盡義務（如分擔祭祀費用）也可以被認作信奉者。此外，公廟並非一開始就是全村人共有的。最初是由極少部份人私下膜拜，由於很靈驗，故信眾迅速增加，逐漸成為全村人都開始信奉。這類情況很多。」（三尾，1997：295）

---

[2]　三尾裕子原名木內裕子，本文為了行文一貫均以三尾稱呼之，僅於參考書目中做區別。

「形成一個祭祀圈，也就是結成以祭祀為主的各種各樣的社會關係。但是（在台灣）這種社會關係並不限於只在一個祭祀圈內擴大。即使同處於一個祭祀圈，a 村與 b 村相處甚密，而與 c 村從無來往的情況也是有的。……但是對於一個偏遠村落來說，即使同屬於一個祭祀圈，也幾乎是毫無意義的」（三尾，1997：298）。亦即，台灣祭祀圈內各村落之關係不是一致的，也不一定具有相等之社會關係。言下之意，日本祭祀圈內各村社會關係是一致而且平等的。

　　之前三尾用她調查的小琉球說明得更詳細。她質疑作台灣祭祀圈研究的學者並未真正深入祭祀圈與村落間之關係。「很多學者以祭祀圈觀點來分析台灣漢人的村落與廟宇間之關係。但是在台灣以及中國『村莊』到底有什麼意義？」。三尾的質疑有：1. 台灣學者談到村落或村廟的時候，都自以為村落的社會關係或是村廟的祭祀活動都封閉在自身的村莊中進行。2. 談到村子裡面的人和村子外面的人的時候，他們自然地把村莊看成一個牢固的地域單位。3. 他們很少討論台灣漢人的村落是否是個團結性很強烈的單位。4. 施振民先生在討論祭祀圈與社會組織下了一個工作定義，就是「庄」是一個共同祭祀單位的聚落。他指出在庄中通常有一個聚落居民所「共有」的村廟來做為這個聚落的中心。三尾質疑村廟真的是全村人「共有」的嗎？5. 許嘉明先生在下祭祀圈定義時，強調祭祀圈是一宗教信仰的地域單位，所屬成員必須包括一個完整地域單位內的所有居民。三尾質疑「村廟」真的是該地域單位裡所有住民都祭拜嗎？住在村外的人不可能祭拜嗎？6. 戴炎輝先生認為「自然村」相當於日據時代的「字」或「小字」。三尾質疑「自然村」或「庄」與行政上之區劃真的一致嗎？而且按照行政區劃制定的社區是否能夠成為一個以廟為中心的單位？7. 岡田謙、以及引用岡田謙的施振民與王世慶等人，指出不同祖籍人群奉祀不同的主祭神，而主神的分佈與人群佔據的地區大致相符。三尾認為他們並沒有詳細探討同一祖籍人群，所住的某一地域裡面的廟宇，是否真可成為其地方社區的地方組織的中心？而這種廟宇在進行

活動時，是否該地區裡面的所有居民都參加？（三尾，1987：258-259）

　　三尾以小琉球田野為證，說明即使當地人稱為是「公家的廟」的碧雲寺與三隆宮，舉行祭祀活動時，全島居民均參加，用「題丁」方式來募捐，除基督徒外所有家庭均負擔祭典資金，每一家戶戶主都有資格當碧雲寺的爐主和頭家等等。即使這樣，三尾認為碧雲寺與三隆宮仍然不是小琉球種種社會活動的中心。因為此二寺廟除了祭祀活動有全島人參與之外，此二寺廟並非該地方社區的生產與經濟行為中心，也無能掌握全村人經濟生活、或其他法律仲裁、道德規範、戶口移動等等的力量。三尾甚至認為在台灣村民並非十分重視地方社區的團結性與組織性。同時，村廟在地方社區的團結力的強化上也並未擔負積極角色。（三尾，1987：271）

　　末成道男也指出苗栗客家人的村廟，其信徒範圍和村落地界並不一致。村落裡一部份人不參加該村大廟之天公會，而另組私人之天公會，也有人同時參加村落之天公會與私人之天公會。因此，村落裡的廟並非整個村民均祭拜的，村裡的廟並不是村落的中心（末成，1985，轉引自三尾，1987）。石田浩（1979，轉引自三尾，1987）也指出參加一個廟宇活動的人不一定是該祭祀圈裡的所有居民。1995年筆者邀請日本學者原英子女士一起參加大甲進香。她也表示這在日本是不可能的。外人絕不能參加一個社區的進香等祭祀活動，甚至該社區還提供外人如進香客全部的食衣住行等設備而完全免費。可見日本社區廟宇之排外性與內聚性絕非台灣社區廟宇可比，日人所稱祭祀圈也才具有內聚力與公共裁決之力量。

　　以三尾舉的例子來說更清楚：日本村落的地界比較明確，而村落裡供奉有保佑居民的神明叫做「氏神」。「氏神」的信徒叫「氏子」一定是村落的居民。以氏神信仰來說，村落裡的人與村落外的人區別很明顯。供品也呈現中日的差異：在日本氏神祭典時，供品是氏子每一戶拿錢來共同買去拜。祭典結束後所有人在同一個地方吃食享用，叫做「直會」。漢人當然有「共食」習慣。可是基本上，漢人的供品是每一戶自己煮熟拿去祭拜，拜好後自己拿

回家吃食。漢人在祭拜公廟主神的供品與祭拜家庭裡的祖先供品原理一樣，是依照家庭每一戶各自自理。日本的廟宇祭典根本沒有每一個家庭拿供品去祭拜的方式（三尾，1987：271-272）。

　　因此，筆者以為日本氏神信仰比較重視村落的整合，漢人廟宇信仰則仍只是加強了家族內部之整合。日本氏神信仰是氏神直接面對每一個信徒，中國神明信仰是神明面對每一家庭而不直接面對個人。中國的人神關係永遠透過家庭，而非人／神一對一的直接關係。筆者多年參加大甲媽祖進香，深知每一個香客拿的進香旗可以是用來代表全家的，而非代表香客個人。此進香旗回家之後可以供奉在廳堂保佑全家。許多情形是子或女或媳婦代替父或母或公婆進香，拿的進香旗上面寫的是戶長之名。對漢人來說，未分家之前，屬於同一個保佑單位，單位內任一人燒香均可，均是代表全家人燒香。因此漢人的宗教信仰與行動是以一個家庭作為單位，也因此親屬宗族力量永遠介於神明與個人之間。於此讀者可以回想前一節，麻國慶教授所做的呼籲。日本氏神與氏子之間有如父子血緣關係，因此村外人無法參與；中國社神與信徒之間並無此一排他性。因此祭祀圈在台灣並未能如家族般有強烈團結或組織性，其範圍地界可變而不明顯，又不排除外人，對內部人又無強制力，又非全部人均需一定參與，又無能力主宰村人其他方面的生活，其解釋力就削弱了。

　　有趣的是，岡田謙 1938 年文章原名〈台灣北部村落に於ける祭祀圈〉，中譯者陳乃蘗先生譯為〈台灣北部村落之祭祀範圍〉，是一個很忠於中日文化差異的學者。他並未直接將「祭祀圈」套用成中文，可見他熟知日本祭祀圈在中國只能說祭祀範圍。日本社會的村落有一個明顯圈界，在中國僅能說一個模糊範圍。吾人均知，很多日文漢字是不能直接套用成中文的，如同日文「大根」，在中文是蘿蔔。但是台灣人類學界祭祀圈研究者，卻如同王崧興所嘆「種下禍根」（王崧興，1991：8），將日本祭祀圈套用過來，而忽視中日村落的意義與內容完全不同。

六、祭祀圈研究的反省（三）

　　林美容把祭祀圈視為台灣漢族移民社會特有的歷史產物，甚至認為是台灣民間社會自主性的發展，完全是老百姓的自發性組織，與官方的行政官僚體制無關（林美容，1988：120）。廈門大學歷史學教授鄭振滿（1997）以莆田江口平原的資料說明，大陸傳統社會的區域研究中，也發現此類地域組織的普遍存在，其社會性質未必完全是老百姓的自發性組織。他認為：1. 祭祀圈不是民間自發的志願組織，而是官方里甲制度的演變，2. 祭祀圈不是台灣漢族移民社會之特殊產物，而是中國傳統社會中普遍現象，3. 祭祀圈的形成需要對長時期的歷史文獻，尤其是政府的賦役制度、財政體制、保甲制度等作考察，而不只是人類學之調查，可以完全解釋清楚。鄭振滿因而呼籲希望能對台灣與內地之祭祀圈作深入之對比研究。鄭振滿（1997）、王銘銘（1995）、或劉永華（1994）等大陸學者會對台灣祭祀圈研究有興趣，多半是著眼於宗教組織及其活動僅為社會結構，或說社會組織原則與活動之反映的論點。他們多數引用台灣中研院民族所集刊上之論文來認識台灣所做的祭祀圈研究，得到約略如上述之印象，而相繼提出與台灣祭祀圈研究之對話。綜合來說，大陸學者對於台灣方面祭祀圈研究的爭論，主要集中在三點：1. 市場、村廟、宗族三個模式應該分開或並用考察，2. 祭祀圈是民間的志願組織或歷史上曾受官方行政制度影響，3. 祭祀圈是移民社會才有或帝國時期中國即有。此處舉鄭振滿、劉永華、王銘銘、劉曉春四人，以及日本學者田仲一成之著作為例。

　　鄭振滿（1997）開宗明義地提出他發掘了祭祀圈理論之潛在意義，而要與台灣的祭祀圈研究對論。作者以福建莆田江口平原 15 鄉的地方祭祀組織為例，說明江口平原自宋代開發以來即建有南安陂水利灌溉系統，歷經重修，受益範圍不斷擴大，開墾聚居地區也日漸由早期山區向沿海地帶擴增，終於

形成今日之溝渠與里甲互相配套的系統範圍。而為了平息歷年村里之間溝渠水利鬥爭，東岳觀與東來寺祭祀信仰與活動是被接受而能信服之公共權威。在兩大社區寺廟之下每一村落有其個別之村廟與村神、角落神。

接下來的討論，首先是針對台灣祭祀圈研究缺乏歷史縱深考察方面。鄭振滿在歷史追溯上考察出，村廟由之前的里社演變而來。明初規定鄉村各里都要立社壇一所，祀五土五穀之神，立厲壇一所，祭無祀鬼神。此種法定里社祭祀制度與當時之里甲組織相配，目的在維持里甲內部秩序。每年五次儀式，里甲成員均要輪流主祭。明中葉以後里甲組織趨於解體，里社祭祀也日漸廢弛。在原有社壇上祭拜一些鬼神，成為一般之神廟。而在結構層級上的考察是，明清之際，里甲之解體與聚落之分化，在原有之社壇或社廟之下，派生出許多新的村廟與村社，形成一社多廟之現象。同社不同廟之村落，雖然可以在各自的村內舉行祭拜或繞境巡遊，但仍屬同一「境」。因而有了「境」、「社」、「村廟」、「廟」四個分香與進香之層級關係。

其次是針對台灣祭祀圈研究不重視血緣宗族組織與祭祀圈互動之問題。鄭振滿指出各個村廟大多同時供奉著各種不同等級的神祇，其中有些是全村共同信奉之主祀神，由全村人按丁口分攤費用，有些是某一角落信奉的角落神，其費用也在角落內分攤。角落在江口俗稱「社」或「甲」，可能是里社制度之歷史投影。「社」或「甲」大多以姓氏為標誌，相當於明清時期的里甲戶。在多姓村雜居的村里中血緣關係為基礎的角落難以長存，但是在單姓村聚居的村落中，各種祭典是由宗族統一組織，按照各房支為單位。由許多村子看到「歷代分支譜系圖」與「各甲聚落分佈圖」二者之間十分吻合，足見村廟祭典組織實際上是由宗族組織轉化而來。

劉永華（1994）以福建龍岩市南部的適中鎮盂蘭盆會祭典的組織，來說明地域祭祀組織、圖甲制度、及宗族的關係。今之適中鎮古稱上坪，明代時有三社，嘉靖年間設有驛站，因地處龍岩城與漳州城之間，故名適中。宋代以來陳、林、賴、謝四姓移入開發，至今仍為佔主要人口的四大姓。白雲堂

為適中鎮最大寺院。盂蘭盆會於明代中葉發展出來,逐漸成為適中全鎮參與之最大廟會。乃因清代適中商人經營煙業,在全國設分行達 53 家,加上其他棉布業、布莊染坊、製香業、神麴業、京果業等盛極一時,財富累積,而積極參與地方祭祀活動。佛教的七月盂蘭盆會在適中大姓商戶參與之下,改在十月舉行,合併祭拜適中的地方保護神聖王公——謝祐。聖王公的巡遊帶有清除地方野鬼邪神以及維持安靖之目的。其次也混雜有「祈歲熟、報親恩」祭拜農業神之目的。四大姓均有權利義務參與並分攤費用,其他小姓也參與,但是地位不突出。因為這些小姓小族在明中葉才移入,他們是「黑戶」,沒有自己的戶口,而是依附在四大姓之下。盂蘭盆會是由四大姓組織的,四大姓家族又分成七個分支,此七個分支是以其在圖甲制度中,所立的戶籍來命名。

盂蘭盆會是在戶這個層面運作的,經費也是向各姓戶抽取開派的。因此七戶才是盂蘭盆會之主體,透過盂蘭盆會肯定其獨立性。其中謝氏陽明戶和謝氏陽高戶更是互相別苗頭,透過祭典來劃清界限。亦可見宗族內部之分化過程可藉由地方性祭典來增強彼此之對立性,此為昔日研究忽略之處。作者指出可能與明中葉以後,政府力量薄弱,淡出地方事務,給予宗族分化發展之可能性。七個分支不但負有繳納賦稅職責,而且有處理地方糾紛,和組織地方活動如盂蘭盆會、求雨等宗教活動之任務。由劉氏之研究我們知道適中鎮全鎮參與的宗教活動組織是由四大宗族在圖甲制度下之七個分支來輪流祭祀與攤派費用。因此帝國的行政制度、與地方上的血緣組織、與宗教上的祭祀組織互相糾結發展。

王銘銘(1995)"Place, administration, and territorial cults"〈空間、行政與地域崇拜〉一文,同樣闡明官方的行政制度對民間地域崇拜(territorial cult)的空間範圍起了界定作用。台灣學者在研究台灣的區域祭祀活動或祭祀圈時,經常以為祭祀範圍的劃定是源於自然村或是民間志願組成的地域範圍。王文認為在福建閩南地區的地域崇拜範圍,經常是受到明清以來政府在

當地施行的鋪境制度與里甲制度，所劃分的區域範圍的影響。王銘銘此文一來引用明清文獻以考證民間祭祀範圍之源遠流長，其來有自；二來王銘銘透過祭祀範圍之緣由以處理官方—民間的互相影響，甚至進一步提示官方行政制度對民間祭祀活動之影響。筆者以為王銘銘此文與前述數文有兩個共同點：一是彌補人類學疏忽文獻與歷史縱深材料之缺陷，二是更正人類學過度強調民間文化的自主性。當然過去台灣人類學鑑於台灣是移墾社會，官方權威時常弱於民間組織的力量，加上缺乏相關制度的文獻，因此會忽視文獻和官方之力量。王文可以提供一個借鏡。王銘銘的幾篇文章可顯示他作漢人人類學研究時，有其本土化之目的，而他的關心焦點是官方與民間權威或權力之辯證關係，以及文化象徵（宗教符號）與民間社會、官方政治三者間之關係。

　　元朝時的「鋪」或「驛」是郵訊站，是官方傳遞文書，以及地方行政、社會、經濟、資訊儲存站。一鋪等於十華里。明朝將元朝的驛站功能轉變並增加為各地方的軍事防衛單位以及行政單位，名稱也改為鋪境。到了清朝鋪境制度已經完全是行政單位了。清朝官方所施行的鋪境制度目的是軍事防衛、行政收稅、與社會控制。在民間則當它是祭典、比武、娛樂的單位。原因是鋪境除了軍防功能，還需執行：1. 舉辦地方祭祀活動與會議，2. 登記戶口與出生人口，3. 監督管訓人民行為，4. 維持地方秩序等事項。每一鋪設一「壇」以祭祀「里社神」、「里稷神」、與地方保護神「石主」。「壇」內保存有數種檔案，包括：鄉約、戶口資料、移出移入戶口資料。因此壇是鋪的核心場所，主管了地方上每一個戶每一個人的行為與生活。在官方來說是軍事行政空間，反映在民間生活中，村民實際接觸到的就只有社壇祭祀活動與村落空間範圍的認識，亦即台灣學者所謂之祭祀圈。

　　如筆者前述宗族與寺廟組織應該不必是互相排斥的兩種社會組織。莊英章以為台灣移墾社會以異姓移民羅漢腳為多，地方社會組織在時間發展順序上，先村廟再宗族。亦即，先雜姓聯合組織，以村廟形式表現，後來同一姓

氏聚集人口子孫與田產之後才有宗族之形成。M. Topley 亦以村廟和宗族各有其功能，異姓村常以村廟作為結合人群之組織，同姓村則以宗族結合人群。其實後來的許多個案研究顯示，在異姓村中，當有一姓獨大時，宗族常是村廟的主要掌控者，村廟經常需要靠宗族來提供經費。不必然說是異姓村就沒有大宗族，或宗族與村廟無法並存（楊彥杰編，1997、2000）。

劉曉春以贛南寧都縣一個客家鄉鎮為例，說明宗族與村廟的發展有密切關係。東山珥鄉有兩個信仰中心：富東村的白石仙，與珥里的夕照寺。前者屬羅氏家族，後者屬李氏家族管理。宋時珥里即因為人口聚居，又位於梅江水運路線上重要位置，而有墟市之建立。珥里主要是李姓居住，家族強大之勢力逐漸便向墟市滲透，不僅設立自己的商鋪，且運用政治經濟手段強化家族在墟市之影響力。光緒二年（1876年）一場大水使梅江決堤，加上之後洪水連連，居民紛紛外移，1962年的大水更使梅江失去水運作用，珥里墟市也急速衰落。而李氏也因民國新政其家族勢力受到壓制。雖然 1985 年重修夕照寺，1990 年恢復遊燈習俗，1995 年續修族譜，然而李氏家族內部缺乏凝聚力，無法再恢復昔日墟市時代夕照寺風光。

相對地，白石仙是富東柞樹坊羅氏的家族廟，崇拜的是一塊白石。以前富東位置不如珥里，因此墟市亦不發達，後來梅江河床上升以及現代公路穿過富東，使富東交通位置漸形重要。1988 年柞樹坊羅氏年家族恢復了一年一度的白石仙廟會活動。成功原因主要是靠家族中的兩位曾經在國家公職上擔任要官的成員爭取，使白石仙得到政府承認。其次賦予了白石仙許多靈驗傳說，一步步將之升格為具有顯赫身份的神仙，確立其列名為佛教開放地點。白石仙一旦恢復地位，成為地區重要廟宇。富東的塘角李氏家族，與另一前門羅氏家族的家族廟也都在 1995 年，隨同族譜之續修而重建，但是這兩家族的廟宇無論在神話創造上，重建時間點，廟會儀式規模，或家族能動用之資源上，均比不上柞樹坊羅氏的白石仙。使得塘角李氏與前門羅氏不得不向白石仙表示認同，參與其組織。表面上看來國家權力完全與廟會的恢復無關，

與家族之復興與再造無關。其實不然，家族中退休的國家機構工作人員，以各種方式參與、資助，為家族與廟宇之復興取得正式與非正式的制度保證。因此民間傳統之復興與再造在某種程度上取得了國家權力之默許與支持。柞樹坊羅氏家族能夠運用各種資源使其家族信仰中心上升到村落和區域的信仰中心（劉曉春，2000）。亦即如果我們只限制自己在考察地方寺廟活動之興衰或其祭祀圈之消長，就無法得知背後宗族甚至國家力量所扮演的角色。

　　由上述可知道宗族與社區廟宇不盡然是互斥的存在，宗族、市場與社區廟宇也同樣不盡然是互斥的。田仲一成的書《中國的宗族與戲劇》，可以看到宗族與市場在傳統廟宇的儀式戲劇表演上的促成力量。宗族、市場與廟宇不必是互相排斥的三個社會組織。田仲即指出三者之關係有三種可能：1. 墟市由特定的地主宗族設立，而且墟市內之寺廟組織也由該地主宗族掌握。2. 墟市由特定地主宗族設立，但墟市內之寺廟組織卻由該地主宗族與墟市內其他雜姓商人共同組成。3. 墟市由特定地主宗族設立，但是墟市內之寺廟組織全由居住於墟市之商人組成，該地主宗族完全不參與。三種情況下之寺廟活動可有不同之展現，其宗教功能當然也有不同。

　　由上述鄭振滿與劉永華之文指出，因為明初法定的里甲制度與祭祀組織的同一與配套作用，使得村廟因而負起了各種經濟、政治、文化祭祀、法律仲裁等之任務。二人之論文也指出宗族與地方祭祀組織有不同層面之互動過程。劉曉春與田仲一成也提出市場、宗族、村廟之間互動與相互作用之個案研究。王銘銘之文更可以看到村廟也負責有調查戶口與人口之責任，村廟對丁口錢之收取也才有其法定給予之權力。筆者以為這些探討多少解釋了何以村廟具有各種社會功能，尤其是收取丁口錢之權力。這些讓我們對台灣祭祀圈之理解有相當大助益。

　　王銘銘、鄭振滿對祭祀圈的認識是：「共同的主祀神、公共祭祀組織、明確的地域範圍、多層次的從屬關係」（王銘銘，1997：202；鄭振滿，1997：198）。亦即大陸學者在引用祭祀圈一詞，或做比較時，很少使用台灣學者多

少均接受的祭祀圈需具備的四個指標：「1. 某一固定範圍內之所有成員均有擔任爐主頭家之平等權利，2. 要求主神蒞臨繞境之權利，3. 請主神來家中主持儀式之權利，4. 成員有義務繳交同額之費用，成員資格有限制，以父傳子為準」。周大鳴（2000：228）是僅有的一位詳列祭祀圈數個指標的大陸學者，但是他又指出並非一個祭祀圈要具備所有指標，而是只要符合一項指標以上即可判斷為一個祭祀圈。因而對大陸學者來說，祭祀圈僅是指稱比較鬆散的全村落均共同祭拜一神的廟會活動。這樣一來也使得大陸學者另用其他名詞以更符合各別需要，如王銘銘用「輪祭圈」、鄭振滿用「境」。或沿用祭祀圈一詞，但是其實內容不及台灣學者使用時嚴謹，因此所論及之性質均與施振民、許嘉明與林美容之祭祀圈不盡相同，如石奕龍（1994）。可說許嘉明（1978）認定祭祀圈時的四個指標在台灣學者中比在大陸學者中取得更多共識。但是筆者以為大陸學者這種鬆散使用或對比研究，並不妨礙祭祀圈作為一個思考架構。祭祀圈及其研究還是有許多討論與發展空間。例如劉鐵梁（2000：270）認為林美容提出的祭祀圈——信仰圈之分類是從廟會出發的分類。他提出以村莊信仰活動出發的分類「村落內部型—聚落組合型—鄰村互助型—聯村合作型—地區中心型」，從而更能符合探討村莊與不同層級政治文化權力之研究目的。更重要的是大陸學者引用祭祀圈架構卻不為定義所限，而能將祭祀圈與宗族、市場等模式相互使用，以便探討更複雜、更多層面之宗教與文化現象。脫離了劃分大圈小圈，或在定義上斤斤計較之限制後，能進一步探討廟會活動與文化權力等議題。

　　然而，我們仍然肯定從岡田謙、施振民、許嘉明、以及林美容以來對祭祀圈投入之努力與貢獻。雖然中國農村的村落祭祀不如日本那麼具有凝聚力，血緣連帶對中國人來說怎樣都高過於宗教信仰連帶，用祭祀圈一詞時有諸多牽強。但是在考察農村社會結構時，宗教組織如祭祀圈之探討，仍然提供我們研究漢人社會基礎時一個重要的起點。而多年來的台灣漢人社會研究成果，被國際間廣泛討論的恐怕仍是以祭祀圈為最高比率。可見「類似祭祀

圈」，或「準祭祀圈」及其相關現象非常普遍而能獲得多數學者之注意。

七、視民間宗教為文化象徵

　　從 Skinner、Freedman 以及社區層面的祭祀圈研究，要提升到下一節所討論的全國性質的文化權力層面之間有一個轉折階段，有幾位人物對台灣民間信仰的研究作了一個橋樑轉接工作，讓後來的中國研究者可以視宗教為一種文化象徵，或一種意識型態。首先，應該推 A. Wolf 著名的文章〈神、鬼、祖先〉，將民間宗教中的神靈結構視為帝國時期中國社會結構之投射。神、祖先、鬼三個類別分別反映官員、親屬、陌生人三個俗世人間社會類別。神明既然有如人間的官員，則一般人在膜拜神明時，是否有如在與官員互動時之心態與模式？在向官員求情時是否有如向神明祈求時之意識？E. Ahern 針對這一組「官員─神明」之對應，做進一步的衍生討論：如果民間宗教中祭拜媽祖或祖師公的宗教儀式與排場，是以政治官僚體系的禮儀與排場為藍本，則一般中國老百姓當他們在行使或參與宗教儀式時，他們其實也同時學習了一套政治遊戲與來往規矩（Ahern, 1981）。可以說 Ahern 將民間信仰視為帝國官僚體系與其權威展現方式之模仿。

　　S. Feuchtwang 在他 1974 文章已經顯示他對政治與宗教之間關係的興趣。他注意到清代、日據以及民國政府對地方廟宇的管制政策有所不同。台北市廟宇在 20 世紀多了幾個大型廟宇，如孔廟、行天宮、覺修宮、指南宮、省城隍廟，它們的共同特質為神明形象是具備比較普遍道德教化的，與舊社區無關，而可吸引來自各地的信徒；它們並非一般香火廟依賴信徒香火收入，而是有政府經費支持；最後，他們也不是某個老廟的分支。作者認為這幾個大廟之成立或推展應該與國民黨政府合法化其為外來政權的政策之一有關。1977 年的文章藉著傳統中國在許多城市舉行的城隍祭祀與信仰說明國家宗

教（state religion）或說官方宗教（official religion）是政府治理民眾的一套工具，兼由意識型態與官僚體制來控制民眾。1992 年的書更進一步引用了 Emily Ahern 的架構，提出他的「帝國隱喻性的統治」（imperial metaphorical domination）。認為民間信仰不純粹是模仿官僚體制，民間有其自己的版本，有時甚至相反於官方說法。然而無論是城市內城隍信仰，或明朝頒佈的保甲制度要求村里按月祭祀、宣讀鄉約管束行為、組織團練保衛村里等，帝國上下內外均有行政官僚體制可以透過宗教信仰來達到管制人民之目的。民間信仰仍然很大程度反映了中央權威、以及帝國官僚體制的意識型態邏輯。

　　我們可以說一般學者均同意村廟與地方政治有密切關係，但是這幾位學者更關心村廟與更大範圍之政治，或說全中國帝國政治之間之關係。尤其是經由一般小民可以參與的村廟祭儀，長久以來被滲透了濃厚的帝國統治所需的意識型態。雖然是邊疆台灣，或山區村落仍然在意識型態上接受了帝國——透過宗教——的統治，而使得中央—地方之間有了一個看不到的象徵層面的連接。

　　另一位將社區內的地方祭祀活動的重要性提升到解釋社會文化層面，將民間信仰視為文化中重要價值觀的象徵表現（symbolic representation）的人物是 S. Sangren。他的最初疑問是仔細看每個人，或每個村莊舉行的祭祀活動，或對宗教信仰的詮釋均不相同，那麼總加起來如何成其為一個中國的宗教信仰？ Sangren 認為在實際行為層面，經由進香將不同村莊聚合，互相比較與互動，而形成一體感。而在信仰層面，彼此之間共同的陰陽宇宙觀將所有人納入同一宗教體系內，他稱之為具有支配性的宇宙觀（hegemonic cosmonogy）。因此，即使在地方或社區層面似乎差異性很大，但是整體來說，整個中國文化區域內的宗教相似性仍很高（Sangren, 1987）。2001 年的文章更明白指出，多年來他研究村落的儀式象徵目的即在找尋那張看不到的連結中國成一個文化的網。村落進香在超越社區的同時也建構社區之認同，而認同是多面向而且複雜的（Sangren, 2001）。Sangren 和 Feuchtwang 兩人在

發展他們的理論時期均受惠於 Skinner 市場理論，注意到地區與中央如何銜接的問題。然而台灣的田野又都讓他們觀察到祭祀組織與信仰符號對社區界定之不可或缺性，讓他們嘗試在政治（Feuchtwang）經濟（Sangren）之外增加宇宙觀與地方象徵體系（神明崇拜與進香活動）之間之關係的探討。

八、儀式是一種以政治為目的的文化手段

有了 Wolf、Ahern、Feuchtwang 和 Sangren 等人一步一步地鋪陳並建構了民間信仰背後的政治意識型態、以及文化象徵系統的理論之後，中國社會與宗教之研究可以說開始進入另外一個階段。視野更廣、層面更多、分析也要求更深。Prasenjit Duara（1988）自稱受解構分析者和後現代主義者之影響，身為文化研究者之一的他開始探討文化與權力之間的關係。他認為象徵符號、思想意識和價值觀念本質上都是政治性的。它們或是統治機器的一部份，或是反叛者的工具，或是二者兼有。象徵符號（如宗教）之所以具有權威性，正是由於人們為了控制這些符號和象徵而不斷地爭鬥（中譯本序言）。作者利用日人的滿鐵調查資料中，華北農村的經濟水利以及關帝信仰等等資料來說明他的論點[3]。

作者用了一個新創的詞「權力的文化網絡」（cultural nexus of power）指一切非正式的人際關係網，以及其象徵與規範，而宗族與宗教是其中最重要的成分。文化網絡是小民賴以生活的準則，也是小民據以抵抗國家權力的憑藉。因此，國家常要馴服並收編文化網絡以便滲透入小民的世界，進入村莊，徵稅徵糧徵勞力等等。長期以來，國家在宗族與宗教的信仰觀念層面均

---

[3] 有讀者以為 Duara 書談中國政治非關宗教。筆者以為宗教並非只限於表面可見之儀式或信仰，而尚可包括存在於不可見之宇宙觀、社會生活準則、政治哲學等等之觀念。

已經取得某種和諧，例如，在宗族內的是士大夫科舉價值觀與服務天朝的觀念；在宗教內的是神明階層與官僚體制互相增強，官僚體制藉著祭孔或祭拜關帝天后等神明來籠絡小民，也合法化此些民間信仰。國家與宗族或宗教之間的和諧還有另一個媒介，就是透過鄉紳，作為一個上情下達，下情上傳之媒介。Duara 認為中國就是這樣藉著國家的正式權力以及文化網絡的非正式權力二者之協調，進行中央與地方，國家與社會之間的制衡與統治。然而民眾也不是任由國家蹂躪的順民，國家固然在宗族與宗教上千方百計籠絡民眾，但是每當暴政或苛稅無度時，民眾也會利用宗族或宗教來反抗國家。因此說宗族與宗教等文化權力是制衡國家正式權力之利器。

不只 Freedman 的宗族成為 Duara 文化權力網絡之一部份，Skinner 的市場網絡也被他吸納成為其中一部份。Duara 強調市場體系的確左右村民很多社會經濟活動之範圍，但是若沒有村民個人的人際關係扭帶，市場網絡是起不了作用的。所以從文化網絡來看比從市場網絡來看視野更廣。亦即，市場體系加上村民自己的各種人際關係扭帶聯合來共同決定鄉村之經濟。

作者明白表示現代化後的中國新政權把社區廟會與宗族都解散了，此舉在表面上是現代化的措施，其實不僅削弱鄉村民眾與鄉紳之間的關係，也疏遠了民眾與國家政權之間之聯繫。在國家來說其實損失大於收穫。作者認為宗教在中國不是如馬克斯說的亞細亞帝國統治模式的鴉片，或韋伯說的以儒教為主的一套意識型態與科舉制度。作者以水利會的龍王祭祀與村莊內的關帝信仰為例，說明中國宗教是農民信仰加上儒家思想交織而成。在 Duara 詮釋下宗教不只有其主動性，他賦予宗教更民間化，更非正式化，更滲透性的權力觀點，因此稱之為「文化的網絡」，是一個小民賴以維生的準則與宇宙觀。最後，他並提出鄉村宗教組織與國家政權之間可以有三個關連：1. 村廟組織經常是村民討論公共事務之地點，也是最開放的公共空間。2. 村廟組織也是小民利用來晉升仕紳，取得地方政權，或甚至亂世時奪取政權的工具。鄉村廟會中的香首通常是鄉紳，鄉紳也是經常被委派成地方領袖，或青苗會

等組織之領導人，以服務國家並滿足地方政府的需要。宗教活動與廟會因此也常是地方領袖進身仕途之最佳場合與機會。3. 通過關帝等信仰使鄉紳在文化意識和價值觀層面與國家以及上層士大夫理念一致。因此宗教與政治的和諧存在是傳統中國帝國統治成功不可或缺之因素。

關於「村廟組織是小民獲取地方政權的途徑」這點，蕭鳳霞（Helen F. Siu）有更精彩之說明。她的《南中國的代理人與犧牲者》（1989）一書也是想從「文化肌理」（cultural tissues）與「權力的區域網絡」（regional nexus of power）來說明無論是馬克斯的階級鬥爭論，或 Skinner 市場理性論均只是看到「經濟人」。蕭氏希望同時處理政治人、經濟人以及最重要的文化人。她企圖說明清朝帝制中國鄉民與毛澤東的社會主義改造下的中國鄉民有何異同，而其中文化更是作為一個判準。文化是什麼？如果村子是一個個的社會細胞，鄉土中國的文化就是由無數細胞組成的肌理，而鄉土中國的豐富文化意涵尤其是呈現在村子的儀式行為中（Siu, 1989: 10）。過去學界重視中國鄉民社會制衡國家政府的一面，蕭氏要指出其實中國社會與政府雙方是互相滲透影響的，尤其是透過早期的鄉紳或現代基層幹部。她強調中國鄉民不是社會主義下的無辜順從的受害人，而是經過選擇決定的參與人。雖然改革開放後的宗教儀式或進香活動逐漸恢復，並有揮霍之傾向，蕭氏認為此並非舊日宗教之復甦，而是經過社會主義洗禮後之宗教儀式與信仰。雖如此，親屬宗族與社區宗教仍然是鄉民手中握有的最重要的文化權力資源，以之與舊日文化接續，也以之與國家政府互動。

Siu 以她的中文名字蕭鳳霞出版的（1990）的文章，則是針對廣東省中山市小欖鎮的菊花廟會做的分析。此文更能展現她對宗教儀式之解讀。作者表明儀式行為的解釋可有三方面：1. 它是某些人世界觀的一種反映，2. 可將其視為一種文化展演，通過這種展演使該文化進一步影響其參加者，3. 也可把它看成是一種政治活動，是參與者為了達到某種政治目的而採取的一種文化手段。作者指出菊花會與寺廟的拜神活動有一定關係，但它主要不是一

種宗教活動，而是地方菁英利用來達到某種政治目的的手段。他們舉辦菊花會，利用宗族組織和士大夫的價值觀，在國家與地方社會之間展開政治對話。作者並指出她原先受 Skinner 和 Freedman 模式影響，試圖以二人之理論來解釋菊花會為「市鎮建立過程中以聚集共有財產來擴展宗族的一種功能方式」。後來發現小欖地區的宗族在十八世紀首次舉行菊花會時尚未發達到高峰，菊花會也不單純是宗族活動，而是更豐富地結合有宴請親朋好友、廟會演戲活動、以及文人墨客吟詩聚會等的一種文化活動。

可見 Helen Siu 和 Duara 兩人均有意識地使用，並反省 Skinner 和 Freedman 的模式，以更符合田野資料之複雜性。兩人均強調市場與宗族在架構地方社會組織上之力量，但是鄉民生活揉合有更精神文化層面之成分，諸如儀式或娛樂戲劇乃至道德教化等之成分。此些瑣碎龐雜的生活機能及其組織，二人均統稱為「文化網絡」。既可包含市場網絡與親屬網絡等等一切非正式權力，以與國家正式權力區分，也可以不包含市場經濟，只是指稱比較鬆散的信仰與精神層面的力量與組織。

王銘銘（1997a）認為 Helen Siu 和 Duara 兩人均超脫傳統人類學處理村莊模式，而能對國家、地方社會、區域文化之間作社會史與人類學之探討，強調超地方的歷史、觀念、關係網絡、國家力量等因素。Barend J. ter Haar（1995）也認為 Helen Siu 將親屬宗族與地方廟會在結構地方社會時的重要性呈現出來。

王銘銘當然也注意到文化的作用力量，例如他以文化復振運動來詮釋1896 年的一場泉州超渡儀式（王銘銘，1999）。認為該儀式是當地官府、鄉紳、民眾、商戶等不同社會群體，為了面對前一年（1895）的甲午戰爭及割台恐懼，及接著在泉州發生的瘟疫等等一連串之傷亡與危機，所做的一種特殊社會運動。此一超渡儀式表面上與一般對亡靈的祭拜儀式一樣，招魂、赦罪，安撫，普施度化。讓死者超生，讓生者安寧，讓社區恢復秩序，以便重新營造一個有序的宇宙。實際上此一儀式在作者解讀以後，賦予了更深之文

化象徵意義。此情形約相同於太平洋所羅門群島的船貨運動。土著民族在接受西方文化的同時，也有一種在文化變遷過程中，被殖民者常見的文化危機感，通常會利用土著原有的自身文化內的象徵（信仰或儀式）來排斥外來的殖民力量。作者認為這場泉州的超渡儀式不只是反映了對甲午戰爭中勝利的東洋鬼的憤怒，也包括了對之前西洋鬼（外人）百多年來對中國的各種騷擾與侵犯的恐懼。因此對於幽魂的恐懼，兼有雙重意涵。一則是瘟疫與戰亡將士等之幽魂，一則是外來文化與外國人帶來之文化威脅與莫名的危機意識。在這樣的解讀下，當然作者可以引用人類學的文化復振運動理論來分析 1896年泉州的超渡儀式。

　　另外，王銘銘（1997b）〈石碇村的信仰〉一文，關心的是地方權威（宗教權威）與政府權威之間的關係。一般來說，宗教權威可以也是政府權威的來源，也可以是民間權威的來源。而此文的地方權威以民間信仰為主。台灣雖然進入現代民族─國家，國家權力也已經進入村里鄰，但是傳統中國的民間權威永遠不會被國家權威完全取代。作者在文章中想問的是民間權威指的是甚麼？以甚麼形體（形式）出現？從石碇村實際訪問村人「誰是當地最有威信的人」，作者發現民間的權威以地方頭人形式出現，他們被公認為「公正、無私、有魄力」，他們不惜與官方政府作對而為民請命、為民作主。這些人有一些共同點：1. 離不開官僚體制，他們或是先做官後再被接受為民間頭人，或是先被公認為民間頭人再出任為官。2. 他們的權威塑造與文化中的象徵體系密切相關，是村神（保儀大夫、呂洞賓、媽祖）在世的化身，為民謀福利。3. 他們都當過村廟的頭人，無論是自任或是被選，可見村廟不只是儀式地點，也是民間意識和公共意見的表述點。因此，作者認為民間權威來源主要是文化象徵體系（民間信仰）。而民間權威可以和官方權威對立制衡，主要是民間文化有其「假借前代帝國權威以創造他世神界權威，來反抗現世政府」之信仰傳統。

　　如此說來，王銘銘應該是反對 Freedman 認為的「中國宗教是一個而不

是多個」的論點。Freedman 認為民間服從官方政治制度，而官方的科層體制又反映在宗教體系上，所以民間—官方，神界—人界，四者是同一的統一。但是王銘銘認為民間認同的可能不是現存政治制度，而是過去的制度以及其所投射出的神界體系。王氏並未針對此與 Freedman 的觀點作進一步討論，但是提供了我人在反省 Wolf、Ahern、Feuchtwang 以來的帝國與神界關係時，應該將時間因素納入，考慮到傳統帝國與現代政府之區別。

九、結論

　　本文討論祭祀圈研究及其反省有兩條線路，明的一條是在論文中的第四、五、六節，明白地回顧台灣、日本與大陸學者的祭祀圈研究與其涉及之問題與討論。暗的一條線路則是縱貫全文各節，指出祭祀圈研究之外的另外兩個瞭解中國社會結構的研究模式，以呈現出祭祀圈研究的成果與侷限。由近期的一些研究導引出社區宗教的未來研究應該是：以祭祀範圍為主軸，結合親屬、政治、經濟等層面之材料。筆者在此姑且名之為「後祭祀圈研究」。其可能發展方向有二：一是採取結構功能理論，考察市場、宗族、與村落祭祀三者的共構關係。作法可再細分：1. 資料收集層面：廣泛注意親屬宗族、婚姻親戚範圍、經濟市場、宗教信仰、甚至政治活動等資料，以及 2. 解釋層面：視研究者問題意識以及田野地點特質而凸顯某一模式為宰制地位，其它模式為附屬地位。此舉只是重申濁大計劃以來未實現之理想，將祭祀圈擺放回社會史脈絡，不讓祭祀圈成為孤立的畫圈圈研究。

　　第二個可能方向是採取文化象徵理論，視村落祭祀為民間權威來源，探討其與國家官方權威之間之互動的研究。則造成一個村落的祭祀範圍的歷史原因，是否有來自國家政治體系或地方行政單位區劃的因素，村落祭祀組織是否配合有村落保甲防衛、賦役、稅收財務等責任，村落祭祀組織的頭人與

地方行政領導的重疊程度，能否代表村人與中央互動或抗爭，村落祭祀組織是小民晉升政治之途徑等等問題均可列入提問內容。

台灣學界近年的「祭祀圈」研究太狹隘或無法突破，並不表示人類學的漢人社區宗教研究不成功或不能作。相反的，由近期世界人類學著作來看，宗教面向在瞭解一個社會結構或文化邏輯時之重要性是無可取代的。在漢人研究上也同樣。尤其如文化象徵學派所示，宗教象徵的威力可以展現在社會文化各個層面，也才能將社會文化各個面向緊緊扣住而成其為一個文化整體。甚至在解釋人類學家不擅長卻又必須面對的社會文化變遷的問題時，宗教也常常是擔任傳承延續新舊社會文化交接之重任。

討論完人類學家如何研究漢人社區宗教，接著在此稍微談一下「漢人宗教用人類學來研究是否周圓」。人類學研究漢人宗教有其學科關懷與方法論上之優點，亦即透過社區研究宗教，但也就同時有其無法照顧到的層面。此點透過各學科之間的交流對話，應該可以減少其限制。人類學家雖然無須對漢人社會發生的任何宗教現象（例如個人宗教 devotional religion、新興宗教、全球化宗教、宗教犯罪）均加以研究，然而卻均可以，或說卻均需要將之於人類學的架構中擺放一個學術位置。漢人宗教用人類學來研究雖然有其無法窮盡之處，但是人類學作法卻有其不可被別的學科取代的性質。人類學因為全貌性觀點的要求，提問「文化是什麼」、「宗教是什麼」、「宗教以什麼形式在此一文化呈現」等全貌性問題，而可以更深地瞭解宗教。可以觸及宗教信仰與行為底層的文化觀念與邏輯。其次，人類學以實證的田野調查收集到的資料來論證，減少宗教研究中的主觀推論或演繹。人類學兼顧研究者的觀點（etic）與被研究者的觀點（emic），避免了研究者過度的詮釋。諸如這些特點均是人類學作宗教研究時的不共法與不可被取代性。

筆者認為與其說祭祀圈模式是一個解釋模型或描述模型，不如說它是一個思考架構。因為表象上，人群依著宗教信仰而呈現出一個空間範圍，研究者可以透過此一空間範圍而找出背後是因為族群因素（漳州人、泉州人、或

客家人），或市場因素（八街六社穀米之販賣），或宗族因素（教美陳氏），或地方行政因素（堡甲制度、鋪境制度）而使這一群人需要用宗教信仰來團結並聚居。因此，宗教應該是結果，而非導因。台灣學界的祭祀圈研究一直以來只有描述其宗教組織，而未解釋其圈圈範圍造成之因素，亦即祭祀圈只有「祭祀」沒有「圈」。甚至再嚴格要求的話，連「祭祀」也沒有，並未針對主神性格、倫理教化、儀式內容作說明，而僅有組織團體的劃定。如前所述祭祀圈僅是研究之第一步，劃定出祭祀圈範圍之後，應該進行後續之社會、政治、經濟等等因素之解釋。但是基於種種學術因素許嘉明、施振民、林美容尚未繼續第二步研究之前，竟蔚為風潮，讓台灣其他學者或學生爭相努力去各地田野畫出大大小小之祭祀圈。此亦筆者前述祭祀圈之發展是一個始料未及的結果，一個歪打正著的結果。誠如廟方工作人員指出，以前學界來問廟之祭祀圈，逼得他們不得不有個祭祀圈。垷在爭相來問神聖與世俗之分界，或何謂神聖空間，又逼得他們不得不在儀式現場作某種區隔。

祭祀圈一詞自岡田謙以來經過許多學者之努力，已經有了太多附加價值，它包括有「村廟轄區」、「村廟組織」、「廟會範圍」、「地方祭祀範圍」、「民間權威」、「民間象徵」等等由具體到抽象不同層次之指稱，幾乎成為不可取代的一個時髦流行名詞。凡是作台灣鄉村的民間信仰者，言不稱祭祀圈調查，不成其為田野調查者。雖然意識到其限制或可能造成之誤解，但是尚未有取代之詞彙出現。甚至嚴重地說的話，成為調查者偷懶之藉口。似乎民間信仰之研究就只要問出村廟之丁口錢範圍即完成調查。殊不知問出丁口錢範圍才是調查之開始，還需追尋此一丁口錢範圍背後的諸種社會史因素，才是研究之核心。

參考西洋學者、日本學者及中國大陸學者相關研究成果，台灣學者不應再沾沾自喜滿足現狀，或故步自封。不應再停留於劃圈圈之初步工作，應該廣化並深化研究目標。本文僅是拋磚引玉地提出幾個參考著作與思考點，並未窮盡所有未來發展之可能性。然而，無論如何台灣民間信仰研究應該進入

一個筆者暫稱之為「後祭祀圈理論」之研究時期，才能在國際學界有較量之本錢。「後祭祀圈理論」之「後」表達的不只是時間上的晚於祭祀圈理論，而更有批判、超越、揚棄的意涵。中央研究院民族學研究所在 2001 年 10 月舉行的「人類學與漢人宗教研究」學術研討會上，筆者此文經過熱烈討論之後，與會學者認為祭祀圈有其研究意義，尤其在祭祀組織異於血緣親屬組織、或市場交易組織，而有其依照信仰與儀式凝聚人群之特性。之所以必須揚棄祭祀圈名稱，是為了讓社區宗教祭祀研究回歸其本土性質，勿套用日本村落性質而囫圇吞棗，以期在未來有更好更確實之發展。未來之努力應該是在反省之後如何再次出發，以及探討那個層面，或那個切入點加入政治經濟等因素的問題。因此，「後祭祀圈」理論目前雖然尚待細部建構，卻也標示與會學者們的一個共識與目標。尤其是人類學的保守心態，堅持傳統社區或宗教的研究才能呈現文化深層結構，如今面臨現代化之後的宗教變遷，在都市化人口平均多於鄉村人口的宗教信仰型態之下，不只祭祀圈解體，舊有寺廟無法維持紛紛尋求生存之道的情況之下，「後祭祀圈研究」的時代已經悄然降臨，只是學者尚未準備妥當而已。

　　而在與其他學科合作宗教研究時，筆者以為人類學家作漢人宗教研究時應該有一個心態，一個可以容納「中間學問」的空間。所謂的中間學問是指介於基層的田野地點收集到的資料與高層的人類學理論之間，可以有一些補充學問，幫助人類學家更能掌握漢人宗教。此些補充性質的中間學問可以加強，也可以加深人類學家對漢人宗教的理解。此些中間學問包括來自宗教學（宗教信仰哲學體系）、歷史學（宗教發展史、教團史、教派史）[4]、文學（宗教文學、科儀抄本）[5]、社會學（世俗化理論）、人文地理學（區域研究）[6]、

---

[4] 李國祈、尹章義、溫鎮華等從史學角度探討區域史或社區史之研究，對理解社區有很大助益。江燦騰的佛教教團史研究對台灣佛教史之耙梳與整理貢獻良多。

[5] 早期的劉枝萬，近期的李豐楙與他的學生在台灣道教方面的貢獻最大。而鄭志明與其學生則在新興宗教方面著力甚厚。

民俗學（宗教戲曲、建築）等等。也包括注意到一些非鄉村社區的樣本，諸如新興宗教、都市宗教。也包括其他族群樣本，如漢化的平埔族宗教、原住民宗教對漢人宗教的影響等。方法上除了田野調查法，一些文獻（地方志、古文契書、公牘）解讀方法也很重要。總之，漢人宗教是複雜宗教現象，人類學家應該在謹守人類學訓練之餘，行有餘力多方參考其他學科之著作成果。

十、後記

在民族所的「漢人研究群」的例行研討會上，眾人齊議，要為台灣的漢人研究再次開展出一個共同的研究方向與議題。咸認未來的方向應該建立在對以往研究成果之仔細研讀與反省的基礎之上。濁大計劃的研究開始了台灣人類學系統性地對漢人社會作研究，宗教當然是其中不可缺少之一面向。然而 Freedman 的宗族模式，Skinner 的市場模式，以及岡田謙的祭祀圈模式均有其長處與短處。如何開創一個未來的研究方向？當時大家並未有一個共識或結論。他山之石，可以攻錯。西洋人類學家的近期研究，與中國大陸新起人類學家之社區研究均可以提供我們找尋方向時的著力點。西洋人類學家近期研究著重在視宗教為文化象徵之體現與實踐，而中國新秀人類學家則將宗族、市場、祭祀圈三個模式互相套用，漂亮地重建地區社會史，也符合人類學宗旨地解析了中國大陸復振的宗教現象。這給予了台灣人類學作漢人宗教研究時一個醍醐灌頂的參考。尤其面臨台灣的宗教學、與其他學科相繼推出精彩之研究成果之挑戰，人類學是否還能在台灣宗教研究上有領導作用？

6　長期以來，施添福、潘朝陽及其學生們在台灣各地的人文空間區域研究，可提供人類學家對各地區人文歷史生態之理解。

　　基於此一危機感，民族所文化組因而召開了 2001 年 10 月 26-27 日兩天的研討會「人類學與漢人宗教研究」。邀請來自社會學、文學、歷史學、宗教學等學科中，從事台灣漢人宗教研究的一流學者撰稿。希望在各個學科互相對話與激盪之下，能給人類學的漢人宗教研究一個反省與再出發的契機。會中學者如李豐楙、江燦騰、鄭志明等對人類學愛之深責之切，激烈發言，引起學科之間作更清楚之辯護、釐清與分工，而會後在人類學學科內部也震盪出不小的漣漪。大體上，這些學者認為：1. 人類學向來以民間信仰涵蓋其他宗教（如道教等），而忽略民間信仰與其他宗教之間的貞定區別，究竟其區別是本質上的差異，或組織上有異，或學科差異造成認定上之差異？2. 方法學上，人類學家做宗教田野調查時，是否具備信徒或宗教圈內人之身分，會否給調查者帶來利害相參之兩難困境。3. 人類學在處理或面對國際理論與地方資料文獻時如何能不偏頗。4. 人類學如何兼顧傳統社區信仰與都市宗教或新興宗教之研究。5. 人類學如何因應台灣社會的宗教實務上的需要（如殯儀館人才訓練）等等。當然人類學內部也有反省之聲，例如呼籲同行注意宗教災難的解釋問題，以及促請研究漢人宗教者多多與少數民族宗教研究同仁溝通互動等等。

參考書目

三尾裕子（木內裕子）

　　1997　〈廟—信仰與社交的中心——民間信仰〉，笠原政治、植野弘子編《台灣讀本》，頁 294-304。台北：前衛。

木內裕子

　　1987　〈廟宇活動與地方社區：以屏東縣琉球鄉漁民社會為例〉，《思與言》25（3）：257-272。

王世慶

　　1972　　〈民間信仰在不同祖籍移民的鄉村之歷史〉,《台灣文獻》23
　　　　　　（3）：1-38。

王銘銘

　　1997a　〈村落視野中的家族、國家與社會——福建美法村的社區史〉,
　　　　　　王銘銘、王斯福等主編《鄉土社會的秩序、公正與權威》,北京：
　　　　　　中國政法大學,頁 20-127。

　　1997b　〈民間權威、生活史與群體動力〉,王銘銘等主編《鄉土社會的
　　　　　　秩序、公正與權威》,北京：中國法政大學,頁 258-332。

　　1999　　〈危亡與超生：1896 年中國東南沿海的超渡儀式〉,《中央研究院
　　　　　　民族學研究所集刊》87,南港,頁 169-206。

　　2000　　〈靈驗的『遺產』——圍繞　個村神及其儀式的考察〉,郭于華主
　　　　　　編《儀式與社會變遷》,北京：社會科學,頁 11-56。

王銘銘、王斯福編

　　1997　　《鄉土社會的秩序、公正與權威》,北京：中國政法大學。

王崧興

　　1973　　〈濁大流域的民族學研究〉,《中央研究院民族學研究所集刊》
　　　　　　36,南港,頁 1-10。

　　1991　　〈台灣漢人社會研究的反思〉,《國立台灣大學考古人類學刊》
　　　　　　47：1-11,台北：台大人類學系。

田仲一成著、錢杭譯

　　1985　　《中國的宗族與戲劇》,上海：古籍出版社。

石奕龍

　　1994　　〈晉江石圳村的神鬼信仰〉,《中國社會經濟史研究》2,頁 86-
　　　　　　91。

李國祁

　　1978　〈清代台灣社會的轉型〉，王曾才編《台灣史研討會記錄》。

李國慶

　　1999　《日本農村的社會變遷》，北京：中國社會科學出版社。

岡田謙著，陳乃糵譯

　　1960　〈台灣北部村落之祭祀範圍〉，《台北文物》9（4），頁 14-29。

林美容

　　1986　〈由祭祀圈來看草屯鎮的地方組織〉，《中央研究院民族學研究所
　　　　　集刊》62，南港，頁 53-114。

　　1988　〈由祭祀圈到信仰圈——台灣民間社會的地域構成與發展〉，張
　　　　　炎憲主編《中國海洋發展史論文集第三輯》，南港：中研院三民
　　　　　所，頁 95-126。

　　1988　〈由地理與年籤來看台灣漢人村庄的命運共同體〉，《台灣風物》
　　　　　38（4）123-143。

　　1989　〈彰化媽祖的信仰圈〉，《中央研究院民族學研究所集刊》68，南
　　　　　港，頁 41-104。

　　1995　〈從南部地區的「巖仔」來看台灣民間佛教〉，《思與言》33（2）
　　　　　1-40。

林美容、許谷鳴

　　2001　〈關渡媽祖的信仰圈〉，發表於雲林朝天宮「媽祖信仰與現代社
　　　　　會」國際學術會議。

林瑋嬪

　　1990　〈人觀、空間實踐與治病儀式〉，《考古人類學刊》56，台北：台
　　　　　大人類學系，頁 44-76。

周大鳴

　　2000　〈傳統的斷裂與復興：鳳凰村信仰與儀式的個案研究〉，郭于華
　　　　　主編《儀式與社會變遷》，北京：社會科學，頁 219-253。

施振民

1973　〈祭祀圈與社會組織〉,《中央研究院民族學研究所集刊》36,南港,頁 191-206。

徐雨村

1996　〈宗族與宗教組織原則的轉換與並存：以雲林六房天上聖母祭祀組織為例〉,《思與言》34（2）：175-198。

麻國慶

1999　《家與中國社會結構》,北京：文物出版社。

陳春聲

1993　〈從《遊火帝歌》看清代樟林社會〉,《潮學研究》,廣東：汕頭大學出版社,頁 79-111。

許嘉明

1973　〈彰化平原福佬客的地域組織〉,《中央研究院民族學研究所集刊》36,南港,頁 165-190。

張珣

1993　〈台灣漢人收驚儀式與魂魄觀〉,黃應貴主編《人觀、意義與社會》,南港：中研院民族所,頁 207-232。

1996　〈光復後台灣人類學漢人宗教研究之回顧〉,《中央研究院民族學研究所》81,南港,頁 163-215。

1997　〈百年來台灣漢人宗教研究的人類學回顧〉,黃富三等編《台灣史研究一百年：回顧與研究》,南港：中研院台灣史研究所籌備處,頁 215-255。

麥斯基爾（著）,王淑玲譯

1986　《霧峰林家──台灣拓荒之家,1729-1895》,台北：文鏡。

楊彥杰編

1997　《閩西的城鄉廟會與村落文化》,福建：國際客家學會。

2000 《閩西北的民俗宗教與社會》，福建：國際客家學會。

溫振華

1980 〈清代一個台灣鄉村宗教組織的演變〉，《史聯雜誌》1：91-107。

葉春榮

1995 〈風水與空間──一個台灣農村的考察〉，黃應貴編《空間、力與社會》，南港：中研院民族所，頁 317-350。

旗田巍

1973 《中國村落と共同體理論》，東京：岩波書局。

蔡淵絜

2001 〈雲林地區媽祖信仰的發展〉，發表於雲林朝天宮「媽祖信仰與現代社會國際學術會議」論文。（未出版）

鄭振滿

1989 〈明清福建的里甲戶籍與家族組織〉，《中國社會經濟史研究》2，頁 38-44。

1992 《明清福建家族組織與社會變遷》，湖南：教育出版社。

1997 〈神廟祭典與社區空間秩序：莆田江口平原的例證〉，王斯福等主編《鄉土社會的秩序、公正與權威》，北京：中國法政大學，頁 171-204。

劉鐵梁

2000 〈村落廟會的傳統及其調整：范庄龍牌會與其他幾個村落廟會的比較〉，郭于華主編《儀式與社會變遷》，北京：社會科學，頁 254-309。

劉鐵梁、趙炳祥

1997 〈聯村組織與社區儀式活動：河北省井陘縣的調查〉，王斯福等主編《鄉土社會的秩序、公正與權威》，北京：中國法政大學，頁 205-257。

劉曉春

2000 〈區域信仰──儀式中心的變遷：一個贛南客家鄉鎮的考察〉，郭
于華主編《儀式與社會變遷》，北京：社會科學，頁 168-218。

劉永華

1994 〈文化傳統的創造與社區的變遷〉，《中國社會經濟史研究》3，
頁 57-69。

蕭鳳霞

1990 〈文化活動與區域社會經濟的發展──關於中山小欖菊花會的考
察〉，《中國社會經濟史研究》4，頁 51-56。

魏捷茲

1996 〈澎湖群島的村廟『公司』與人觀〉，《台灣與福建社會文化研究
論文集（三）》南港：中研院民族所，頁 221-242。

羅一星

1992 〈明清佛山北帝崇拜的建構與發展〉，《中國社會經濟研究史》4，
頁 52-56。

羅紅光

1997 〈權力與權威：黑龍潭的符號體系與政治評論〉，王斯福等主編《鄉
土社會的秩序、公正與權威》，北京：中國法政大學，頁 333-388。

Ahern, Emily

1981 *Chinese Ritual and Politics*. London: Cambridge University Press.

Duara, Prasenjit

1988 *Culture, Power, and the State: Rural North China, 1990-1942.*
Stanford University Press. (江蘇人民出版社有王福明中譯本)

Feuchtwang, Stephan

1974 "City temples in Taipei under three regimes" in M. Elvin and G. W.
Skinner eds. *The Chinese City between Two Worlds*, pp. 263-302.
Stanford: Stanford university Press.

1977 "School temple and City God" in G.W. Skinner ed. *The City in Late Imperial China*, pp. 581-608. Stanford: Stanford University Press.

1992 *The Imperial Metaphor: Popular Religion in China*. London: Routledge.

Sangren, Steven

1987 *History and Magical Power in a Chinese Community*. Stanford: Stanford University Press.

2001 "American anthropology and the study of Mazu worship" paper presented at the "International Conference of Mazu cult and Modern Society", Chau-tian Temple, Yunlin, Taiwan.

Siu, F. Helen

1989 *Agents and Victims in South China* . Yale university,

Ter Haar, Barend J.

1995 "Local society and the organization of cults in early modern China:A preliminary study", *Studies in Central &East Asian Religions* 8: 1-43.

Wang, Mingming

1995 "Place, administration, and territorial cults in late imperial China: a case study from south Fujian", *Late Imperial China*16(1) 33-78.

第九章 換軌研究意識的提出：何謂「文化媽祖」？*

張 珣

中央研究院民族學研究所研究員兼所長

本章大意

本文以媽祖信仰研究為例，說明筆者對於媽祖信仰的研究歷程，即可反映出學界對於民間信仰研究的數個發展階段，首先是從媽祖信仰的宗教組織（進香組織）著手，其次是檢視媽祖信仰內部所蘊含的親屬倫理價值，接著是調查媽祖信仰在海內外的傳播路線，再來是依據文化分類原則來分析媽祖信仰內部的神聖時間觀念、神聖空間觀念、神聖物品觀念，繼而是關注到漢族與原住民族不同族群之間的文化接觸所帶來的宗教變遷與議題，然後是台灣民眾環保意識抬頭之後，民眾運用民間信仰來抵抗經濟開發所帶來的環境破壞，接著是台灣島內部多次移民，移民團體利用宗教信仰來與家鄉維繫情感與人際關係，宗教起著整合全島不同地區的作用。最後是，2000年以來，兩岸歷經50多年隔閡，台灣海峽重新開啟通航，媽祖進香帶動兩岸宗教交流的風氣，讓台灣宗教軟實力帶給大陸沿海各地民間信仰的復甦。因為媽祖深入地鑲嵌在台灣文化各個面向，所以本文稱為文化媽祖。

---

* 原題為〈台灣媽祖研究新思維：「文化媽祖」研究的新取向〉，收錄於張珣、江燦騰主編，《研究典範的追尋：台灣本土宗教研究的新視野和新思維》（台北：南天出版社，2003），頁 109-142。

一、前言

　　人類學家 Gananath Obeyesekere 對印度女神 Pattini 的研究專書 *The Cult of the Goddess Pattini* 一直是筆者案頭上奉為圭臬的一本著作。通過一位女神的研究，讀者可以窺探印度宗教以及文化的核心觀念與價值。媽祖是否也能反映中國文化與宗教體系的豐富意涵呢，由目前為止的研究報告來看，媽祖大概是中國眾神明中當之無愧的。如此說來，做媽祖研究的人士是幸運的，但也是責任沈重的。筆者多年來嘗試從各層面挖掘媽祖信仰的各種面貌，到目前仍未有十分掌握。因而本文僅是階段性地整理筆者截至目前為止的一些努力，做為未來工作的提醒。

　　我們知道以地區來分，媽祖有大甲媽祖、北港媽祖、新港媽祖等稱號。以功能來說，有太平媽祖（西螺福興宮）、反核媽祖（貢寮仁和宮）等稱呼。筆者乃創「文化媽祖」一詞，用來說明文化人類學家以研究文化的觀點來研究媽祖信仰。當然也可以用「媽祖與文化」一詞來表明媽祖研究與文化研究之密切關係，因此，新創之詞不無標新立異之嫌，但求給讀者一個深刻印象，希望媽祖信仰之研究，可以讓我們對華人文化有某一層面之理解。同理可推，也可以有「民俗媽祖」、「社會媽祖」、「心理媽祖」等用來區分民俗學家、社會學家或心理學家等對媽祖之研究角度。當然必須學界對媽祖研究有了相當精細的分工，才能有如此微細之劃分，他日進香時，學界也可組團在不同名號下前往。

二、中國宗教的組織特性

　　筆者首次接觸媽祖信仰是 1985 年，參加瞿海源教授領隊的中央研究院

民族學研究所宗教研究計畫的小組前往大甲，隨同香客一起到北港進香。進香途中一直縈繞於懷的是為何西洋學者一致認為中國人沒宗教信仰？認為中國人沒有宗教組織？如果他們是正確的，那麼眼前這些現象如何解釋？要解決這個問題，筆者以為首先要釐清何謂宗教？何謂宗教組織？基於人類學訓練，筆者很快可以從閱讀中瞭解西洋研究中國宗教開始於傳教士或旅行家的記載，因此對於「宗教」或「宗教組織」之定義是以歐洲基督宗教（包括新舊教）為基準。例如最常見的「宗教」的定義是要符合：1. 有創教教主；2. 有神學教義；3. 有信徒入會儀式；4. 有教會組織；5. 有經典可以學習等等指標來確認。如此一來，「宗教組織」指的是常設的教會組織，有神職人員，有教堂，有定期活動，有固定的信徒。其中「有固定的信徒」是關鍵點。信徒必須經由一套入會儀式（受洗）才可成為信徒，一旦加入此教會則排除其他宗教信仰之可能。因為此一具有相當強的排他性信徒認定資格，教會對信徒之身分才能作嚴格之限制與管理，其他一切隨之而來的教義、儀式、經典的學習才能具強制性，定期活動才能有所規劃與展開，乃至培養神職人員與信徒之間的互動與忠誠感，進而達到成為一個密切的團體（community）。如果用這其中任何一項來檢視民間信仰或媽祖信仰，大概沒有一項合格。關鍵點在於民間信仰的信徒身份不具排他性，因而很難指認或加以固定。民間信仰不會要求信徒不去拜佛教、道教、或任何宗教的神。亦即從上述西洋定義嚴格來說民間信仰並無「純信徒」。則接下來認為民間信仰沒有組織，或認為民間信仰不是一個宗教便是可以理解的[1]。

　　下一步便是拋開西洋定義，另覓他途。那麼，如何理解民間信仰或大甲進香活動呢？楊慶堃的「制度宗教」與「擴散宗教」提供了筆者一個思考點。楊氏認為中國有宗教，只是它是屬於擴散式的宗教，而且其宗教組織是與社區（土地社稷神明）或親屬（家族祖先崇拜）或政治（國家祭典）或行業（行

---

[1]　詳見張珣，1985。

會祖師神崇拜）或教育組織（學堂祭孔）融合的，因此表面上似乎看不到宗教組織。相信當初這本書讓許多西洋人鬆了一口氣，相信中國人還是有道德操守，有他世關懷的，減輕了他們認為中國人需要被傳教的焦慮。

但是大甲進香活動有數萬人參加，如果依照楊慶堃所說，這樣一個進香團依附在什麼社會組織呢？筆者由初步的訪問得知大甲鎮瀾宮以前收丁口錢的範圍有四鄉鎮（大甲、大安、外埔、后里），亦即台灣學者俗稱的丁口範圍或祭祀圈[2]，但是 1970 年代，此一丁口資格與範圍的認定已經取消，開放給任何人參加。其實即使在早期也並不排除丁口範圍外的人參加，丁口範圍內的人也並非強制性地每個人或每一戶都要參加。因此如果採取楊慶堃的說法，說進香團成員是依附在四鄉鎮的社區組織也不正確。可見進香團是一個獨立的團體，不依附在任何社會組織之上，完全是在「進香」這個純宗教目的之下組成的團體。尤其整個鎮瀾宮進香團內部一些小組織，帶有神明會性質，其成員固定，每年到進香期便聚集，負擔一項進香的小任務（鑼鼓陣、繡旗隊、大轎班等等）更是純為進香目的而未依附某種社會組織。其次楊慶堃的「依附組織」論，所指的組織多數是靜態常設的組織，並未照顧到動態活動性質的組織，如進香團這種因活動而出現的宗教組織，就未被討論，如此可用來反省楊氏理論。

進香活動的組織前人並非未曾注意，例如有顧頡剛的北平妙峰山碧霞元君香會，郭立誠北平東嶽廟廟會，以及 1930-40 年代華北進行的集體性的山東廟會調查，北平廟會調查等等。但是或許是香會或廟會組織的臨時性與短暫性，易使學者忽略其為宗教組織而未進一步討論。台灣方面，則有神明會的研究，如岡田謙、鈴木清一郎、丸井圭治郎、施振民、吳春暉等人之研究，可以幫助我們理解進香團的性質。有了這些想法之後，1987 年 2 月筆者以

---

[2]　祭祀圈模式的誤用與誤解筆者（2002）有說明。

「隱形組織—大甲五十三庄進香活動組織剖析」[3]為題在中研院民族所做正式報告，說明中國宗教的本質與組織型態。中國的宗教組織不僅沒有全國統一的教會，沒有嚴格的信徒角色，而且沒有固定的教會與信徒關係。信徒組織通常不是常設的，而是有宗教活動才形成的一種臨時性、目的性的組織，暫時與廟掛勾，一旦活動結束即消弭於無形。即使是常設的神明會，平時亦不顯形（inactive）。廟宇本身有時更只是一個信仰象徵體，而不具實際組織權力，或有時是一個被動的代理單位，做為社區信徒意見或活動的轉運站，與資源的再分配中心。這種彈性的本質與組織型態使中國宗教活動可大可小，參加信徒可多可少，宗教機構的權力可有可無。靈活地與中國政治社會條件配合，滿足儒家強大的家族倫理信仰之下，一般人對超自然信仰之需求。1988 年 5 月《民俗曲藝》出版進香專號，筆者撰寫〈大甲鎮瀾宮進香團內部的神明會團體〉一文，目的便是闡明進香團組織的宗教性，澄清上述研究神明會的學者過於偏重神明會社會娛樂功能的一面。

　　1988 年 9 月中央研究院民族學研究所與太平洋基金會合辦「中國人與中國社會研討會」。筆者撰文〈台灣民間信仰的組織——以大甲鎮鎮瀾宮進香組織為例〉，說明中國社會的組織（無論是經濟上的行會或標會，政治上的樁腳組織，秘密社會的革命組織）有一種特性，即機動靈活性。平時化整為零，需要時則可動員千軍萬馬。此種特性尤見於宗教組織。如果要用現代社會科學的調查法，實在無法做調查。因為成員平時並不定期聚會，也無固定作業地點，也不一定有固定負責人，聯絡方式是口耳相傳，吸收新會員的訊息並不公開等等特性，均使社會學的組織調查法束手無策。這種不公開化也不正式化的作法，可能正是中國社會民間組織希望達到避開政府查察的目的。

　　在參加了 1985 年與 1986 年兩次大甲往北港進香活動之後，得知台灣另

3　此文獲得國科會 76 年度論文獎助金，然而並未出版。

一個徒步進香活動是每年由苗栗縣通霄鎮白沙屯拱天宮所舉行。1987 年筆者便與留學日本大阪大學的民俗學家黃麗雲小姐一同前往參加。企圖經由淳樸的拱天宮進香與高度修飾發展的鎮瀾宮進香做對比，來找尋中國進香儀式與組織的原型。這次進香活動的紀錄便出版於台灣大學《考古人類學刊》（張珣，1989）。由這次進香筆者接觸到媽祖信仰並非同質的，而是具有相當強烈的地方性色彩。信徒認為白沙屯媽祖平易近人，不喜歡停駕在沿途廟宇，喜歡駐駕民居。而且她很調皮，進香行路喜歡隨性而走，因此信徒事先無法訂定路線，也無法事先安排吃住地點，可以說相當考驗信徒的腳力與信心。對比起來，信徒認為大甲媽祖是比較官府的，有威儀，有各種排場儀仗隊伍，難以親近。這種媽祖信仰與地方認同之間的微妙關係引起筆者的興趣，也開始體會涂爾幹所說「宗教信仰是社會集體共同意識的象徵表現」。這麼說來，其他的地方小神明也都具有像信徒對媽祖一般的認同感嗎？還是媽祖因為在各個社區都有廟宇，更能凸顯社區之間的對立，以對自己社區媽祖之認同？

　　2002 年 3 月筆者受白沙屯文史工作室之邀，為他們出版的《白沙屯媽祖徒步進香：潦過濁水溪》一書寫序，得以有機會與跟隨白沙屯媽祖進香多年的信徒聊天。感覺出來白沙屯媽祖的隨性的意涵，除了有筆者以前體會到的農村草根意涵之外，尚有一種難以言表的驕傲，隨性表示完全不受拘束，其神性更大，靈力更強，對比起大甲媽祖的神性是受到許多人為的約束與制訂。但是另一方面大甲媽祖神性很大，主要是來自其官方誥封，以及前往湄州進香所接引之神力。因而對各地區性之媽祖來說，媽祖的神力有其不同來源，這也就合法化當地信徒對自己社區媽祖之堅定信心。即使是偏僻村落之媽祖，只要她與信徒生活合一，與信徒有長期互動關係，對信徒有求能應，即能得到信徒的信仰與感情，如此一個社區媽祖信仰也就於焉形成。異於觀音信仰，或其他宗教信仰呈現的普同性來說，媽祖信仰除了有普同性的一面，更被注意的是其分歧性與地方性的一面。目前台灣各地方媽祖信仰之

所以能夠成立，甚至還可以進一步互相比較差異，互相較勁，（一般學者認為較勁的雖是媽祖與信徒互動出之個別神性，其實背後是社區居民的集體意識）是媽祖與地方居民的融合性強過其他信仰。那麼為何媽祖有此特性？便是一個待解決的問題。

三、媽祖信仰內的親屬邏輯

除了進香組織之外，筆者也對進香活動的目的作了一番思考。為何西方朝聖地點是固定的，而且通常是聖人顯靈之處。而大甲進香卻說是前往北港「謁祖」？有趣的是 1988 年之後又可改往新港奉天宮進香？尤其鎮瀾宮董監事們一方面強調他們不是回娘家，一方面又說因為北港朝天宮有聖父母殿，才去謁祖。「謁祖」一詞正顯現媽祖進香不是朝見媽祖聖靈，而是朝見分身所來自的媽祖祖廟，甚至是媽祖的父母。其親屬邏輯溢於言表。有人並以清末兩岸有來往時，鎮瀾宮是往湄州進香的。究竟進香謁祖是祭拜歷史早於本廟之媽祖或祭拜媽祖的父母？無論是何者，「祖先」的觀念均隱藏於進香目的之中，而迥異於西洋的朝聖。尤其大甲在北港朝天宮還要舉行割火儀式，將朝天宮香灰小心翼翼奉回併入鎮瀾宮香爐內。這些個充滿象徵意義的儀式如何解讀？人類學在中國親屬方面的研究給筆者一個啟示。中國家族分家時有「拈香灰」儀式，將父母家中香爐的香灰拿一些到新成立之分家，以設立一新的祖先牌位祭祀。新舊家族之間有香灰做物質上之連結，才能一氣相通祖脈相傳。同一家人共用一個香爐，反之，共用一個香爐的人也就是同一家人。反映在媽祖信仰上，媽祖神像藉著分身，或香灰的分香來成立新的媽祖廟，同一社區的人也共享同一個媽祖廟的香爐內的香灰。香灰與香爐有其象徵上的意義，是同一群人集體意識的表現。因而有了 1986 年〈進香、刈火與朝聖宗教意涵之分析〉一文之寫作。

　　1991 年靈鷲山國際佛學研究中心與行政院大陸委員會合辦的「第一屆兩岸宗教與文化交流學術研討會」，筆者獲邀撰稿參加，題目為〈媽祖信仰在兩岸宗教交流中表現的特色〉，企圖從台灣的移民史、台灣的海島位置、媽祖的神格、明清政權的轉換、台灣多姓村聚落特性，以及最重要的媽祖回娘家習俗等來討論「何以媽祖在兩岸宗教交流中表現得特別活絡」。尤其集中在討論回娘家議題所開展出來的幾個面向：1. 媽祖與媽祖之間的擬親屬關係，2. 媽祖與信徒之間的擬親屬關係，以及 3. 信徒與信徒之間的擬親屬關係等，來說明媽祖廟之間為何要進香，為何要到福建湄州進香。此一論點一直埋伏在筆者思考媽祖信仰特質時的核心，後來才在 1999 年的文章有了更進一步的答案（見下文）。

　　媽祖與媽祖之間有擬親屬關係指的是分香子廟與母廟之間有擬似人類社會親屬關係中的母子關係，因此子廟需要定期回去母廟參拜，或稱謁祖，也因而有回娘家儀式。大甲鎮瀾宮否認去北港進香是回娘家，但是卻不諱言去湄州進香是回娘家，因而認為需要在湄州住一晚，大甲媽祖神像要放在湄州母廟的神龕上一晚，以符合回娘家習俗。另外，希望帶回湄州母廟的香灰或其他信物等，以證明二者之間的親屬關係。而媽祖廟地位平等的則互相以姊妹相稱，例如，大甲與彰化溪洲媽祖，或與西螺吳厝里媽祖之間以姊妹相稱。因此各地媽祖之間似乎有一張無形的親屬網絡，擬似人間的親屬系譜，平等地位的以兄弟姊妹相稱，上下之間則存在有類似祖輩—父輩—孫輩之關係。

　　媽祖與信徒之間的擬親屬關係指的是，媽祖已經由當初湄州林氏家族的神，經由歷代皇帝賜封，而成為全國性神明，但是仍保留有強烈女祖先的色彩，許多閩台林氏家族仍以媽祖為家族神，媽祖與信徒之間因而仍常帶有祖先與子孫之間的親密關係，此點非常異於其他女神，如陳靖姑。1988 年之前大甲信徒從北港朝天宮要回大甲啟程儀式中，經常會齊聲歡呼「婆啊！回家了！」，把媽祖當作自己家鄉的祖母一般。而大甲與北港之間的信徒也似乎

因為兩地媽祖的母女神緣，而有了擬親屬關係，北港信徒會稱呼大甲媽祖為「姑婆」，似乎朝天宮是大甲媽祖的娘家，北港媽祖是大甲媽祖的母親一般，而信徒之間就如同姑表孫輩一般。因此大甲與北港兩個鎮之間也有了宗教結合帶來的其他社會關係，例如兩鎮居民喜歡互結親家，互相交友做生意往來等。

　　信徒與信徒之間的擬親屬關係指的是，兩地信徒因為兩地媽祖母女之關係而帶有主客或高低關係。上述進香時，北港信徒招待大甲信徒居住一晚，視大甲信徒有如隨姑婆回娘家的孫輩一般，雙方之間多少帶有主客關係，或娘家與外孫之間的關係。本來大甲與北港均為「鎮」級行政區，兩地媽祖廟進香來往時信徒與信徒之間不必有任何特殊行為，但是因為兩地媽祖的擬母女關係使兩地信徒也染上擬親屬關係，大甲香客頓時矮了半截。這也是大甲鎮瀾宮廟方極思獨立之因。而同屬一地區的信徒之間，則似乎有著同一祖輩傳下來的孫輩般的親密關係，如前述，媽祖廟有如祖祠或家廟，信徒共享同一香爐中的香灰及其靈氣。

　　1989 年秋筆者以「中國宗教的本質與組織型態」為題，獲得國科會補助前往美國加州大學柏克萊校區人類學研究所攻讀博士學位。徵得指導教授，也就是中國人類學專家 Jack Potter 教授的同意，以筆者多年來收集的大甲進香資料為個案，撰寫博士論文。1993 年底獲得博士學位，論文題目為"Incense-offering and obtaining the magical power of ch'i: The Matsu pilgrimage in Taiwan"。論文中嘗試建立以橫跨中國文化大小傳統的觀念「氣」為中國宗教的本質。中國宗教結構以 A. Wolf 的「神、鬼、祖先」三層級[4]最被學界接受。然而筆者以為 Wolf 忽略了中國宗教非常重要的兩點：1. 神、鬼、祖先三者可以互相轉換，其原因在於三者均為「氣」的展現，只是陰陽成分不同而已。2. 中國的自然界與超自然界也同以「氣」為組成，亦即人（信徒）與神是可

---

[4]　Wolf, 1974，筆者有中譯文，見張珣譯〈神、鬼與祖先〉，《思與言》35（3）：233-292。

以互相學習影響。此二點是西方宗教學者無法體會的。以大甲進香為例，信徒藉著進香來薰習並獲取媽祖的神氣與靈氣，媽祖也藉著信徒供奉的香與食物來增加靈氣。信徒相信黑面媽祖最靈，因為越多信徒燒香奉祀，媽祖越被燻黑，也越有靈氣。信徒拿著進香旗與又粗又大的香枝，一路不斷點燃，將大甲媽祖，與最後目的地的北港媽祖的靈氣，最後一併接引回家，供奉在自家香爐內。沿途信徒小心翼翼保護進香旗與香枝，不使其被污染或偷換。香客帶回家的香旗與香枝供奉在自家神龕上保佑的是全家人，而不只是香客一個人。家作為一個整體單位，互相分享或分攤禍福之氣。組織方面，筆者也以進香組織來說明中國宗教並非沒有組織的一盤散沙，而是具有機動靈活性的「隱形組織」，與西方宗教習慣的顯形常設組織不同。

博士論文的口試委員五位，分別在中國研究、女神信仰，道教，佛教，比較宗教學方面給予筆者意見。其中「媽祖為何名字中有媽字、祖字，是否祖先的含意大於神的含意？」的問題，筆者當時無法有圓滿的答案，便一直放在心上。的確，媽祖二字並非一般神明的名字，況且，媽祖正式名字應為林默娘，官方名字應為天妃或天后，但是一般信徒捨棄此些名字而稱媽祖，一定有其特殊涵意。加上回娘家儀式以及回娘家在比喻上（metaphorical）的象徵意義，更是讓媽祖信仰帶有強烈親屬倫理色彩。而比起其他神明信仰，媽祖廟又喜歡舉行進香活動，進香又牽涉到前往那個廟進香的考慮，若前往湄州進香也逃不開兩岸的宗教文化認同議題等等，更是讓媽祖信仰研究有許多詮釋空間。

在民族所工作的好處之一是得以接觸世界各地學者或博士班研究生。美國康乃爾大學人類學教授，也是國外研究台灣媽祖信仰的翹楚 S. Sangren 教授的博士班學生 Elana Chipman 對媽祖信仰有興趣，2002 年夏來台做博士論文調查，筆者忝為其在台之指導老師。Elana 的題目是「橫跨台灣海峽的進香：在全球化時代中的認同協調」（Pilgrimage across the Taiwan Strait: negotiating identities in the global era），其關心焦點是一方面兩岸都處於資本

主義經濟與媒體的全球化過程中，一方面兩岸在政治上是分治，經濟上是獨立，而在宗教與文化上卻是同屬廣義的「華人社區」情況下，跨海進香帶來的多元認同，以及不同認同之間之協調。另外一位是耶魯大學畢業的 Pricilla Song（宋柏萱），於 2000 年秋來台為博士班入學申請做初步調查[5]，筆者亦為其在台指導老師。其題目是「探討當代台灣文化認同：一個中國女神的轉型」（Exploring Taiwan's cultural identity in the contemporary era: the transformation of Chinese goddess），其關心焦點是台灣媽祖雖源自中國，但是台灣媽祖有其異於中國之歷史發展。對台灣媽祖之信仰同時即包含有多層面之認同在內。藉著跨海進香，台灣信徒找尋超越政治國界的互信與交流。此二人均承襲了 Sangren 近年對媽祖信仰研究心得，認為在人類學來說，媽祖進香研究在知識論以及方法論上突破傳統人類學村落社區研究之限制；在性別研究上也有貢獻，在文化認同以及全球化議題上也均可以有貢獻（Sangren, 2001）。

　　英國人類學方面對媽祖信仰也極端有興趣，2002 年秋天來台進行博士論文田野調查的 Percy Santos 是倫敦大學政經學院 S. Feuchtwang 教授的學生，他的題目是「想像的台灣：對地方塑造與抗拒的研究」（Imagining Taiwan: a study of place-making and resistance）。其主旨是昔日的土地公信仰是鄉民塑造地方認同的來源，進入現代化以後的台灣，土地公信仰是否會逐漸被媽祖或佛教的佛陀等跨地方的大神信仰取代？而人們對小地方的媽祖廟與透過電視傳媒看到的全台大媽祖廟之間是否有不同層級的認同？以及這些認同之間是否有對抗？尤其是現代傳媒的力量使得透過傳媒塑造的台灣認同，更是一個耐人解讀的想像認同。這些新生代的國外研究生的題目相當具有挑戰性，對台灣本地媽祖信仰研究應該有很大刺激才對。

---

[5]　一般來說，國外人類學博士課程申請入學要件之一是，申請之前需先前往欲作博士論文田野的地點做初探調查，之後撰寫博士論文計畫書，再申請入學。P. Song, 2001 年秋順利進入哈佛大學人類學研究所攻讀博士班課程。

　　由於筆者博士論文的口試委員中有一位道教學者所給的意見，筆者在博士論文中也闢有專章討論有關媽祖的神話，媽祖的經典《天上聖母經》的不同版本，以及在《道藏》中的〈太上老君說天妃救苦靈驗經〉，而做了一些文獻上的閱讀與詮釋，以及此些文字經典對信徒的意義或作用。估計將來筆者會持續對宗教文獻、宗教文學、宗教「敘事」（narrative），其對信徒的教育意義，以及對宗教信仰傳播之影響等方面的興趣。事實上，因為對道藏的閱讀也才引發筆者寫作〈幾種道經中對女人身體描述之初探〉（1997a）一文，因為此文與媽祖信仰無關，此處暫不贅言。但是此文已經被選為《婦女與宗教》[6]教科書中的一篇論文。

四、海內外媽祖信仰

　　為了增加對更廣範圍的媽祖信仰的瞭解，避免受到台灣媽祖信仰特殊現象的限制，1996-97 年筆者參與中央研究院東南亞研究計畫，由宋光宇博士主持的華人宗教子題，分次前往香港、澳門、新加坡、馬來西亞華人社區探訪其天后信仰。該次計畫結束之後仍然會乘著每次出國開會或旅遊機會，順道觀察海外各地天后廟，蒐集一些初步資料。在海外媽祖寫作上，筆者的第一篇文章是〈星洲與台灣媽祖信仰初步比較〉，發表於 1997 年 9 月朝天宮與台灣省文獻委員會合辦的「媽祖信仰國際學術研討會」上，該次會議後來並出版論文集。文中提出新加坡與台灣兩地媽祖信仰之差異點有二：1. 星洲媽祖廟仍由各會館支持，保持移民在大陸原鄉的祖籍分類，例如海南島媽祖（瓊洲會館）、福建媽祖（天福宮）、廣東媽祖（粵海清廟）。而台灣媽祖已經在地化，例如區分北港、新港、大甲媽祖。2. 台灣媽祖廟之間盛行進香活

6　由清華大學李玉珍與東華大學林美玫兩位教授合編，里仁書局 2003 年出版。

動，更喜稱源自湄州媽祖，而爭相前往湄州進香。星洲媽祖廟則相對地未如此熱中於此習俗。此一對比凸顯兩地與中國大陸原鄉之文化認同有極大差異。是否新加坡已經是名正言順政治上獨立的國家，宗教上也獨立了，不再熱中做湄州進香，各會館藉著媽祖信仰表達的祖籍情懷，是一種可以與政治清楚又安全地區分開的血緣文化認同。而相對地台灣政治雖然實質上已經與大陸分治數十年，但是名義上尚未獨立，宗教上也就尚未獨立，仍需要藉湄州進香增強神力？只是原來無可厚非的宗教與文化認同近年常被混淆以政治認同，而平增無謂的爭論。

　　第二、三篇有關海外媽祖信仰的文章分別是〈東南亞媽祖銘刻萃編〉（1998），以及〈海內外媽祖研究的探討與比較〉（2002）。前者針對澳門、新加坡、馬來西亞、印尼、泰國五地華人社區已出版之銘刻書籍中，挑出媽祖廟部份，加以分地區分廟宇整理排列。台灣因為日據以來累積有相當完整的宗教普查資料，學者研究的起步可以很快。海外多數國家並無宗教普查資料，即使有也不是針對華人信仰，因此海外華人信仰的研究幾乎是從零開始。幸而海外華人保有中國文人記錄寺廟碑文銘刻之雅興，集結起來幾乎等於一部寺廟普查書，可以作為按圖索驥之用，此為筆者編輯媽祖廟碑文之用意。第三篇文章則是仔細回顧並評論已經出版之海外媽祖研究書刊，約共四十多本，除海外部份也加上中國大陸部份，作為筆者日後田野調查前之基礎工作，也讓有志研究的同行有一份方便的參考文獻。海內外兩相比較之下，可以發現媽祖研究的質與量均以台灣為最。大陸與海外的媽祖研究多數停留在歷史描述或寺廟普查階段，尚未進入以主題或社會科學式的分析或詮釋的階段。整體媽祖研究的出版品共同翻閱下來，有一些題目可以進一步作比較研究，諸如媽祖信仰可分兩型：1. 跨族群社區型，喜歡聯誼，喜歡進香分香；2. 單個族群社區型，不喜歡聯誼活動，不舉辦進香分香等等。詳情可參考筆者文章。

五、基本文化分類概念

　　民族所資深研究員黃應貴先生自 1990 年代初便提出一個長期研究計畫，邀請所內同仁共同參與，大家分別自個人的田野調查中提出不同文化，或不同族群之文化分類概念的深入探討。黃應貴所提出之具有關鍵性的文化基本分類概念，依序為人觀、空間觀、時間觀，目前正在進行物觀，未來還有工作觀、因果觀等等。對於每一項文化基本分類概念來說，研究群的成員均需進行長達三年之探討：第一年輪流閱讀該項文化概念的世界各地民族誌做讀書心得報告，每個成員可以分別從閱讀中，挑選適合自己研究的方法與角度，第二年分別進行個人田野調查，收集資料，第三年撰寫個人研究論文，先在研究群內部報告，進行第一階段之批評討論，修改或補充田野資料之後，再到整個為期四天左右的大型研討會上發表，接受第二階段之批評討論，再做修改以便集結成書。三年一個項目，目前進行到第 11 年，已經出版了《人觀、意義與社會》（1993）、《空間、力與社會》（1995）、《時間、記憶與歷史》（1999），三本書均由黃應貴先生主編。2002 年 6 月於東勢林場舉行「物與物質文化研討會」為期五天，驗收成果，預計年底出版專書。

　　筆者也因緣際會參加了 11 年。第一篇論文〈台灣漢人收驚儀式與魂魄觀〉是以民間信仰中的收驚儀式所牽涉到的魂魄觀念，來分析漢人的人觀，因為與媽祖研究無關，此處便不贅言。第二篇論文〈大甲媽祖進香儀式空間的階層性〉（1995c），除了以 M. Eliade 的神聖空間理論說明進香目的地之挑選，為的是到達信仰中的世界中心點與靈力點，以便增強靈力之外，並以大甲媽祖進香中，大大小小的各種儀式，牽涉到的人際關係與社會階層高低，所進一步反映在進香目的地北港朝天宮祖廟乞火時的排階順序。排階位置越靠近北港媽祖神龕（神聖中心點，靈力來源），越能得到靈力福佑，越需要其先前深入投入廟務。投入廟務的人指的是能夠先前已經進入廟方董監事團

體，以及獲得頭、貳、參香之團體。顯示香客已經有的社會階層與利益會加強他的宗教階層與靈力（福氣）之取得，緊接著，宗教靈力之取得又會增強他日後在社會利益之取得，這也是為什麼政商團體喜歡參與宗教事務之原因。

第三篇論文〈香客的時間經驗與超越以大甲媽祖進香為例〉（1999）。本文目的在呈現宗教時間迥異於世俗時間，後者是線性的，過去現在未來依序發生，且不再重複，是依鐘錶時間進行活動。前者則非線性，可以是重疊（過去現在未來重疊），或倒錯（過去到臨現在，現在回到過去）。香客在進香路途中期待媽祖降臨庇佑，或顯靈出現奇蹟，基本上是希望過去的人（已經成神）來到現在。進香的神明與其兵將穿著清代官服或勇掛，進香時間依照清代的干支記日，時辰計時，空間也以清代的地名來標示，時空上有意營運出一個過去的場景，香客好像走在一個封閉的時空隧道，與他原來的日常生活隔離，這種時間體驗是回到過去。而八天七夜單調的徒步走著，在香客主觀體驗上幾乎是進入無時間狀態。時間的計算也失去意義，僅剩下一個單純的目的──到達進香終點。

在媽祖做為一位神明來說，湄州媽祖為何靈力高過台灣媽祖？有些信徒認為大陸文革之後，湄州新雕的媽祖歷史晚於台灣媽祖，其靈力應該小於台灣媽祖，有些信徒則認為湄州媽祖永遠老於台灣媽祖，因為湄州是媽祖的成道地點。湄州媽祖是後來任何其他地方媽祖之始祖，因此永遠佔有最靈之力。為何始祖的力量不是等於其他分身之力量？為何要分身神像去母廟進香？就其他宗教來說，世界各地的觀音或瑪莉亞均擁有相同之靈力，也就不需要求分身神像向母廟進香之儀式。媽祖可以分身，但是分身並沒分走母廟之靈力，分身必得一定時間回到母廟加強靈力。尤其自信徒所用詞彙來分析，「母女會」、「姊妹會」、「回娘家」、「謁祖」等等，都是充滿親屬關係的詞彙。可以說信徒是以親屬關係來比喻各地媽祖之關係。湄州媽祖可以說是第一代祖先，北港媽祖是分身，是處在第二代系譜位置，1987 年以前的大甲媽祖是處

於第三代系譜位置，基隆聖安宮（奉祀大甲媽祖的分身六媽）是第四代。因此在系譜時間順序來說，任何一個廟只要是站在下一個位置，其系譜位置，輩份均低於上一個位置的媽祖。即使物理時間來說台灣媽祖可能早於新雕的湄州媽祖，但是就系譜時間來說湄州媽祖輩份永遠早於並高於台灣媽祖。

第四篇論文〈交換的物質性與神聖性——以香為例〉（2002），在人類學中有一個長久以來就一直引人入勝的議題，即人類社會之所以能形成是與人群之間需要進行各種交換有關。各種交換指的是例如為了交換意見而有語言系統，為了交換食物而有經濟交易制度，為了交換女人而制訂的婚姻親屬法則。而涂爾幹的侄兒 M. Mauss 則特別注意原始社會的禮物交換行為。這些禮物交換，表面上看似無實際作用的一些物品，收禮人卻一定要回禮，而且是回相同之禮物或等質之禮物。Mauss 因此提出四個問題：人類社會為什麼要送禮？為什麼一定要回禮？為什麼一定要回同一禮物？人為什麼要送禮（供品、犧牲、祈禱）給神？在這個理論背景之下思考媽祖進香中常見的香的使用與象徵特別有意義。

台灣漢人以香敬神時，香可有兩個層面之意涵：1. 做為通神工具，此時香不分貴賤材質，信徒只要燒香即可達到通神目的。2. 做為一種供品（與其他食物、鮮花、燭火同義），則信徒會在意香的貴賤好壞材質。在上述理論之下第二個意涵的香可以解讀為是一種人給神的禮物，也需遵照送禮規矩，有送有回，形成人神之間一個互相依賴的象徵與意義的交換體系。文中筆者再分四點說明此一象徵體系：1. 香在人神之間的交換，台灣俗語說「人要妝、佛要扛」，神的靈驗需要信徒經常燒香、祈求、許願、還願等等動作，神才會常駐廟宇而且靈驗。2. 香在個體信徒之間之交換，達成同屬一個社區單位之認同。3. 香在社區與社區之間之交換，有跨越社區並且整合不同社區的作用。4. 香在神與神的分身之間的交換，能夠同時造成廟宇之間高低層級的差異而又協調成一體的作用。可以看到透過進香，以及進香活動中的各種分析單位（人、神、社區）之間的香的交換，將台灣漢人社區連成一氣，構成一

個信仰與文化互惠（reciprocity）的整體。

　　進一步的問題是為什麼是香？而不是別的供品可以達到此一作用？此問題之回答牽涉到漢人的神是什麼性質？為什麼燒香之後神才降臨？神平時在什麼地方？神、神像、廟宇三者之間有什麼關係？神、社區、信徒三者之間有什麼關係？為什麼人神需要或可以共享同一香爐內之香灰？為什麼以香燒化後的香灰來分廟？問題也可以由更廣義的角度來問，華人的宇宙觀是什麼？人、神、鬼、祖先之間的關係與轉化之機制？筆者由這一篇文章引發許多問題，逐步自先秦漢人宇宙觀文獻摸索，自覺尚未能圓滿回答問題，但是已經有了雛形。由於相關「香」或更大範圍的「物」的資料仍在搜尋思索中，因此還有很大發展空間。

六、族群接觸與宗教變遷

　　關於黑面媽祖的探討，一般多以媽祖神像受信徒虔誠信奉燒香薰黑來說明。然而筆者接觸到討論歐洲天主教聖母瑪莉亞的論文中，是以族群接觸理論來探討，相當吸引人。在〈媽祖與女神信仰的比較研究〉（1995a）文章中筆者說明，瑪莉亞信仰藉著羅馬國力宣揚之下，到達地中海沿岸各地，取代原有的地方信仰如農業女神，大地之母之信仰。結果經常是在原有之農業女神廟之上建起瑪莉亞廟，或原廟之神像被瑪莉亞神像取代。有趣的是原有的農業儀式或習俗，仍然保留甚至滲透入瑪莉亞信仰內。其中之一是信徒相信象徵黑色泥土的黑面女神孕育生命力，可以帶來豐收，因此瑪莉亞也被雕塑成黑面。即使損毀之後，重新雕塑的神像也得漆成黑面，表示並非長期薰黑之意，而是對黑面神像的執著。

　　我們在台灣平埔族信仰變遷過程中，可以看到漢人的媽祖也被當作神力廣大的神祇，而被平埔族人接受，屏東放索社媽祖廟、貢寮慈仁宮是已經被

學者討論過的。干豆（關渡）媽祖的黑面是有名的，卻不一定與原住民族有關，而且台灣各地仍有一些廟宣稱奉祀黑面媽祖。筆者初步查閱結果是無法區分是薰黑，或是原來就有意雕刻成黑面。貢寮慈仁宮媽祖，雖被美稱為「番仔媽」，廟中眾多小尊媽祖神像當中有黑面的，但是鎮殿媽並非黑面。因此在理論上極有意義之題目，在實際執行上卻有許多困難待解決。然而筆者近年仍然以「族群接觸和宗教改宗」的題目在進行研究中。

　　雖然黑面媽祖目前無法提出理論解釋，但是台灣媽祖神像有金面、黑面、粉面、紅面四種。此些顏色區分不能以研究者所看到的為準，而必須以當地信徒宣稱的為準。例如白沙屯人喜歡說白沙屯媽祖是粉面的，金包里人喜歡說金山媽祖是金面的，信徒在說的同時其語意內有其特殊意涵，並不只是表面上媽祖神像之色彩而已。挖掘出當地人的隱藏意涵才是研究目的。粗淺地說，其差異「據說烏面媽祖是救難時的面相，紅面媽祖是凡相，金面媽祖是表示得道面相」（魏淑貞編，1994：64），但是深層的意義仍待回答。也是筆者未來要注意的方向，亦即神像面色，或戲劇中臉譜顏色等可以探究顏色在中國文化含有的意義。

七、媽祖信仰與現代社會

　　貢寮鄉另外一個媽祖廟仁和宮也很有名，其供奉之媽祖被稱為「反核媽」。乃是因為台灣電力公司在貢寮鄉鹽寮地區成立核四廠[7]，1988 年貢寮鄉居民在鄉漁會成立台灣第一個地方性反核組織「鹽寮反核自救會」。每次街頭抗爭活動均會抬出仁和宮媽祖神像遊街，並有「大家來反核，媽祖保平

---

[7]　台電核廢料的存放，除了在蘭嶼之外，核一、二廠在台北縣石門、三芝、金山、萬里四鄉，核三廠在恆春。

安」之口號，以及「貢寮人心中的海洋守護神，反核精神領袖媽祖」等之標語。加上近年台灣大型災難如九二一地震等，一些媽祖廟之賑災活動，促使筆者探討媽祖信仰與現代社會之關係，因而以救難為切入點，考察歷來媽祖信仰中的救難形式。

　　正好朝天宮方面在舉辦兩次成功的國際學術研討會之後，想再繼續舉辦，而委託台灣宗教學會合辦。筆者忝為台灣宗教學會監事之一，在 2000 年理監事會議中，被推舉與林美容教授負責研擬會議主題與相關事項。在身兼理事長職務的林教授授權之下，筆者提出會議主題為「媽祖信仰與現代社會」，撰就會議緣起、主題說明、宗旨等，廣向各地專家學者邀稿。2001 年 5 月 26-28 日在朝天宮順利舉行會議，分別有來自中國大陸、日本、香港、新加坡、美國、法國等地學者共襄盛舉。會議論文共 22 篇，通過審查後，於蔡相煇、林美容、與筆者三人的共同編輯下出版，書名為《媽祖信仰的發展與變遷：媽祖信仰與現代社會國際研討會論文集》。

　　會中筆者以〈從媽祖的救難論述看媽祖信仰的變遷〉（2001b）一文討論：1. 從早期媽祖必須現形，有形的搭救「施琅入廟，見天妃神像臉汗未乾，衣袍俱濕」，到近年媽祖只是一種信仰象徵，以與政府對抗，顯見處於現代社會的信徒對宗教的看法已經改變。2. 早期搭救有名有姓的官員或皇帝，近年拯救的可以是無名無姓的小民，一個集體社區，或草木動物的環境保護，顯見信徒對生命的看法已經改變。3. 早期救難信徒要呼請媽祖，現在媽祖廟主動出外舉辦社會服務，文化活動，協助賑災等，顯見現代廟宇企業管理經營理念的改變。4. 受到佛教盛行之影響，台灣媽祖信仰有從社區主義到普世主義發展的傾向，鎮瀾宮在九二一賑災時提出「慈悲救世」精神指導，並進一步成立全台媽祖聯誼會，效法慈濟功德會的賑災方式。5. 媽祖信仰傳統上偏向與政府或官方同一立場（施琅克台），近年台灣媽祖信仰發展成為民間與政府抗衡（兩岸直航議題）或反對（反對建立核能發電廠）的精神象徵。

　　這一篇文章對筆者來說有一些特別的意義。首先是心態上，文章不是只

寫給學界看的，而是針對廟宇人員、信徒、以及地方文史工作者，因此在行文中筆者特別注意信仰的重要性，認為此篇文章可能被賦予社會教育含意，而不只是一篇學術論文。其次是資料上，筆者首次採用大批文字「敘述」（narrative），而非人類學要求以個人田野材料做推論。如此一來能夠不受限於個人田野，而可以廣泛地討論普遍的媽祖信仰現象。由此可知一個學科對學者的限制，尤其在學術單位撰寫學術論文更是得遵守學科分際。這個表白可以讓一些朋友多少理解為何筆者向來著述保守單調，既不替廟方也不替信徒爭取立場。

　　人類學要求研究者超然於田野中的各種人事，以保有中立客觀角度，對於一個從事標準「異文化」研究的人類學者來說，此點比較可以遵守，但是對於一個研究「己文化」的人類學者來說，常被責怪為不盡人情。如果太參與田野事物有時又被某派人威脅，或被歸類為某一派人。一旦被歸類之後影響以後的研究之苦，實非外人可道。也正如「人類學與漢人宗教研究研討會」（詳下文）會議中李豐楙教授提出的兩難：人類學家研究宗教若非教徒，如何能取得內部資料？若是教徒，他日如何再研究其他教派或宗教？

　　雖然人類學家的學科倫理要求勿涉入田野當地人利害糾紛中，人類學訓練課程中，卻也要求研究者需對田野民眾有回饋。筆者曾應鎮瀾宮董振雄先生之邀，為廟方印送給信徒的沿革撰寫「繞境進香」小文。因緣際會又於 2001 年 5 月為金山鄉金包里堡文史工作室的劉嘉仁先生撰寫的《金包里媽祖》寫序，以及 2002 年為白沙屯田野工作室的洪建華、吳文翠的《白沙屯媽祖徒步進香：潦過濁水溪》寫序。筆者以為台灣媽祖信仰水準之提升，研究風氣之盛行，應該與三群人有關，1. 廟方行政人員，2. 民間學者（包括國中小學教師與近年之文史工作室人員），以及 3. 學術單位學者。學者可以純為學理而努力，廟宇行政人員可以為廟方爭取發言權，地方學者則以發掘地方特色、社區歷史、風土民情而用心，三者可以互補，但是不能互相取代，各有其重要性。

八、移民與社區研究的反省

〈分香與進香〉（1995d）一文，筆者說明宗教儀式上的分香與進香是指神明靈力之分身，以及分身神必須定期回到祖廟進香，外顯在人群社團的社會關係的則是原鄉父老與移民之間的分出與定期回到原鄉探親。宗教與社會成為一組比喻關係（metaphorical relation）。再一次的我們看到中國宗教的神與人有許多類似的活動，亦即分身神要定期回娘家（祖廟），移民也要定期回娘家（原鄉）。強調人神均要飲水思源，要回源頭充電。更有意義的是移民不是空手回原鄉，而是在伴隨分身神回祖廟的儀式之下，人也進行回原鄉之活動。因而神的進香與人的回家鄉合一，人神同出一源頭。這就是我們在大甲進香中的一個移民團體看到的情形。

基隆聖安宮是由一群大甲移往基隆的鄉親們建立的大甲媽祖分廟。建廟原因非常具有理論意涵。1958 年，住在基隆仙洞地區的大甲移民因為多年來工作傷害事件層出不窮，祈求基隆媽祖保佑不果，相信應該由家鄉媽祖保佑才有力，因而於 3 月組團前往大甲進香。5 月迎回大甲媽祖分身「六媽」供奉，聖靈庇佑，移民個個平安，工作順利。10 月徵得鎮瀾宮同意，讓六媽永遠分駐基隆。自此移民年年隨同聖安宮六媽回鎮瀾宮進香。

具有理論意涵的問題是為什麼基隆慶安宮媽祖無法保佑大甲移民？為什麼大甲移民需要大甲媽祖才能感應保佑？再一次提醒我們神明、廟宇、社區、與居民之間有共同生命連帶。在親屬邏輯上「同居共食的一群人」是有親屬關係的。同住在一個屋簷下的是同一家人，共食一位母親的奶的是同胞兄弟姊妹，共食一口灶煮出來的水與食物的是同一家人。在一個社區廟宇來說，神明有如整個社區所有居民的共同祖先，廟宇有如社區的具像化，神明在廟中的香爐有如居民共食的一口灶，居民個個插香（生食）餵食神明，而神明回饋香灰（熟食），餵食給居民，人神同食一口灶，是一家人。同一家

人，血脈相連，生氣才相通。因此大甲移民需要大甲媽祖才能感應，基隆媽祖愛莫能助。

因為有這種親屬邏輯在媽祖信仰的深層作用著，致使媽祖信仰帶有很強的地區主義的色彩。不只要分大甲媽、基隆媽（鄉鎮層級的區分），甚至小至同樣鹿耳門媽祖，還要再依照村里劃分為顯宮里與土城子兩個（村里層級的區分）。大至台灣媽祖要與大陸媽祖區分（國家層級的區分）。地區主義應該是家族主義的擴大，其基本原理相同。華人的「家」概念可大可小，小至核心家庭，大致四海一家人。

但是為什麼是媽祖？這個問題除開媽祖信仰在台灣有其特殊歷史與地緣背景之外，還需要在深層因素上探討，因為其他神明也有分香進香活動（例如保生大帝），也有地區主義色彩（例如土地公），然而均不及媽祖信仰熱鬧，值得再進一步研究。

由上文我們知道龐大的大甲進香信徒號稱十萬人左右，其來源不是只有來自大甲鄉本身，大甲鄉總人口約 7 萬人，加上原有大甲媽祖轄區的大安鄉、後埔鄉、后里鄉信徒之外，其實許多是大甲移民在全省各地集結各地朋友組團參與。例如上述住在基隆的大甲移民建立的聖安宮，以及住在台北縣市的大甲移民建立的聖鳳宮，住在大台中地區的大甲媽祖信徒組成的「台中天上聖母會」，豐原地區信徒組成的「慈航天上聖母會」，屏東地區信徒建立的慈聖宮等等。這些團體或分香廟以大甲移民為核心，加上當地信徒共同組成，年年回大甲隨同大甲媽祖往新港進香。因此名稱上的大甲進香團，其實信徒來自全省，已經打破原有大甲媽祖轄區的範圍，成為全島開放性的進香活動。因此當民族所 2000 年 11 月舉辦跨世紀台灣人類學的展望學術研討會「社群研究的省思」時，筆者便撰寫〈大甲社區的研究——以媽祖進香活動為例〉（2000a）。文中反省傳統人類學標榜的社區研究，在現代社會，尤其台灣幾乎是不夠用的。一來台灣的城鄉差別不大，分界不是截然二分，二來現代化以後的社會，因為居住或工作關係，流動人口與移民現象幾乎不可避免。

僅限制在傳統村落做封閉式的研究，無法掌握村落外面廣大社會對村落社會文化的衝擊，例如往外移民的人口回鄉時對村落帶來的刺激。筆者即以大甲進香活動為例，說明移民對進香儀式、進香規矩帶來的貢獻與改變。由於論文所限，否則其他社會行為，如移民帶回的經濟、政治、教育各方面影響均是眾所矚目的。此為島內小範圍的移民，如果擴大來看，北港媽祖在美國加州舊金山市成立的分廟與祖廟關係即可討論全球化議題。[8]

　　這樣的反省不只是在方法論層面很重要，在理論層面也很重要。移民現象的討論可以進一步反省舊有祭祀圈理論的限制。2001 年 10 月，筆者受任職單位民族所所長的指示，主辦「人類學與漢人宗教研究」研討會，邀請學界各學科從事台灣漢人宗教研究之學者共同檢討人類學宗教研究之利弊。筆者自己以〈祭祀圈研究的反省〉（2002b）一文進行檢討。台灣祭祀圈理論最早由日本學者岡田謙，1930 年代在台北士林地區調查時提出，認為祖籍群居住範圍與宗教信仰界線相吻合，二者可以互相檢驗。1970 年代中央研究院執行濁水大肚流域綜合研究計畫時，許嘉明、施振民以祭祀圈說明台灣移墾地區組合人群之團結力量來源，以與華南移墾地區以宗族為團結力量來源做對比討論。遺憾的是台海兩岸相隔，無法做進一步檢驗，究竟祭祀圈現象是否為台灣特產？加上許、施二人未能繼續相關研究，無法進一步說明祭祀圈與宗族理論在中國社會結構研究之關係是互斥，或加碼，或其他關係。1980 年代末，林美容在一篇文章中，詳細地畫出草屯鎮土地公及其他不同層級祭祀圈（林美容，1986）。此文一出，對台灣民間信仰研究者之影響之大超乎任何人之想像。一時之間，蔚為風潮。人人競相在台灣各地區劃出大大小小的祭祀圈，而不深思所劃祭祀圈目的為何。無論是岡田謙或許、施二人之研究目的均無人聞問，造成一個寺廟祭祀圈的歷史原因也無人有興趣，多數人是將祭祀圈當作不證自明的概念，而僅以同時限（synchronic）的平面圖來顯示

8　全球化研究、移民研究、難民研究等均牽涉到封閉區域疆界的打破，是近年新的社會科學議題。

所調查寺廟之勢力範圍而已。

　　但是也因為易於操作與調查，成為民間信仰研究主流，累積豐富調查報告，而引起國際間之熱烈討論與質疑。首先，日本學者發現台灣學者所用之祭祀圈，其實並非岡田謙，或日本學者觀念內之祭祀圈（木內裕子，1987），大陸學者接著修正祭祀圈並非台灣特產，也非民間自主的組織，而是明清以來國家頒行的地方行政制度影響下之產物（鄭振滿，1997）。在釐清祭祀圈研究的同時，另一股研究風氣也正在形成，英文 de-territorialism，『去地區主義』，著重在中央—地方二者之互動（如鄉紳處於上情下達，下情上達之轉介），或者地方與地方之間多元之互動（如打破地區疆界的進香活動，見Sangren，2001），或者現代資本主義、傳播媒介帶來的宗教活動的去地區性（如前述台灣前往湄州進行跨國進香，經由媒體全程轉播，電視銀幕所帶給兩岸民眾的衝擊，見楊美惠 Mayfair Yang，2001）等等[9]。

九、儀式的力量

　　人類學與民俗學的差異之一是前者做研究時的理論意涵是不可少的，資料的收集與分析幾乎是沿著理論脈絡進行的。而民俗學調查的重點在恢復、記錄、或保存民俗傳統或現象本身，理論不被重視。其實兩門學問均很重要。筆者曾經提及理論主導式的研究有其優點，也有其缺點（張珣，1997d）。儀式理論是近年人類學研究宗教的主流理論，不可避免地，筆者必須熟悉此理論，並以之分析所觀察之宗教現象。

　　1960 年代以後人類學與宗教學方面蔚起一陣「儀式研究」之風潮。人類學裡所謂的儀式理論大抵以 Victor Turner，Clifford Geertz 的象徵理論

---

[9]　筆者收集了 2001 年 10 月王銘銘等學者在福建廈門舉行的去地區主義研討會資料。

（symbolism）為開始，也以二人之理論為主流。其重點有：1. 始於人類學內部長期以來對傳統帶有基督教色彩的「宗教」定義之反省，矯正以往重視思想信仰層面，忽視行為儀式層面的宗教研究，「宗教」一詞逐漸由「儀式」一詞取代。「儀式」含括所有宗教─巫術之內容，且進而取消「宗教-巫術」、「信仰-儀式」之二元對比的偏見。2. 矯正人類學內部自進化論、傳播論、與功能論以來，過渡強調社會決定宗教形式之論點，轉而強調宗教與象徵自成一套內在完整體系，不必找尋其對應之外在社會事物。3. 宗教不但不是由社會決定，宗教反而是解放社會衝突與壓力的出口，因而提倡宗教儀式可以解讀出社會矛盾，而且宗教象徵蘊含文化價值、範疇、理念乃至情緒嗜好，而能用來理解深層文化觀念。

　　雖然正式標榜「儀式研究」（ritual studies）的標籤，是由宗教學者 Ronald Grimes 於 1977 年美國宗教學會年會上提出。但是擅長以非西方社會的宗教來反省西方宗教研究的人類學家，有著長久的理論傳統加上廣泛的民族誌調查，才是領導儀式理論與儀式研究之主要學者。

　　在人類學者多種儀式研究議題中，「儀式為何有力量改變現實衝突」是相當重要的一個議題。大甲進香活動的終點由北港改為新港，筆者一直無法找到合適的理論詮釋。一直到移民團體組成的搶香團體長久以來由默默無名到 1980 年代末浮上台面，甚至與鎮瀾宮董監事團體相抗衡平起平坐之後，筆者才發現一個解釋線索。原來鎮瀾宮的大甲媽祖轄區範圍（五十三庄）已經崩潰，卻因為廟方行政團體領導有方，轉型成功，由區域性的管理委員會，轉型為企業經營式的財團法人組織，將進香活動轉型為全島信徒皆可參加的開放性活動，提升其為全島性的文化活動而非鄉鎮層級的廟會活動，而使大甲進香成為全島甚至全球有名的宗教活動。中間一個關鍵點是藉著大甲在全省各地的移民，糾集各個當地信徒共同往大甲參加活動。無論在財力方面，在人力方面，在組織方面，在宣傳方面，均起了推展、擴散、輻射之作用，帶動了全台媽祖信徒之注意與參與。

　　然而五十三庄的勢力範圍與全台性的勢力範圍之間有很大衝突，首先，冒犯了台灣其他老大媽祖廟之排行資格問題，其次，移民團體與董監事團體之間也有很大的立場上或諸種考慮之矛盾，農民性格的廟會活動與工商政治人士參與的文化活動之間也有衝突，本地鄉土菁英與全台高層文化菁英之間的認知也有衝突，諸種矛盾藉著媽祖信仰中的「系譜位置移動」而詭譎地得到解決。鎮瀾宮先去湄州直接謁祖，迎回湄州媽祖分身，取得新的系譜上的排行位置，便可以理直氣壯地宣稱與北港在系譜上處於平等位置，便可以不去北港進香。挾者新的湄州媽祖分身便可以是全台首位，而能轉去新港繞境，給予其全台領導地位一個合法理由，正當化其擁有全台信徒之地位。

　　因此 1988 年以後的大甲進香儀式，表面上僅是一個改變目的地的儀式，其實深層意義是取得新的地位，一個企圖領導全台的地位[10]藉著儀式的年年進行，底下的轄區衝突，以及不同人群或團體的衝突或矛盾，也逐漸搓挪調整。近年大甲進香已經躍上國際舞台，我們不得不承認它的轉型確實成功了，儀式成為一個重新界定世俗領域轄區的機制。

　　上述有關象徵理論、儀式研究以及大甲進香儀式轉變的力量，筆者先以〈儀式的力量——Victor Turner 與大甲進香〉為題，在民族所 1994 年 12 月做例行的週一演講，之後再修改得更為完善，題目為〈儀式與社會——大甲媽祖祭祀範圍的擴大與變遷〉，發表於 2000 年 6 月中央研究院舉辦的第三屆國際漢學會議。

　　以往人類學受笛卡爾身—心二元概念影響，假設人類的身體是自然所給，所以是相同的，文化是心靈創造的，所以是不同的，而有優劣文明野蠻排比。因而得出「身：心：：自然：文化：：共同性：差異性」的類比，人類學職志是研究文化差異，因此身體的研究幾乎從來不做。但是在哲學界的 M. Merleau-Ponty，M. Foucault，人類學的 M. Mauss 著作開發之下，80 年代

---

[10] 果不其然，2001 年底鎮瀾宮又魄力十足地讓大甲媽祖代表台灣到澳門成立分廟。

以後人類學界也興起一股反省身心二元對立之風，「身體人類學」的研究被提出，主張身體不但是文化的媒介，身體也是文化的隱喻，因而身體的研究在理解文化時是不可或缺的。儀式研究受到身體研究的衝擊，也更注意到儀式行為中儀式專家的身體展演、肢體動作、方位步伐的走場效果，唱腔聲調的控制效果等。另外，儀式行為的參與人信徒或觀眾等，他們的個別身體感受，在視覺、嗅覺、味覺、音覺、觸覺等等開始有了研究上的意義。在探討儀式的力量時，以往重視儀式中的觀念或教義的探討，現在則發現身體的感受與參與具有很大作用。此一方面研究仍以 Victor Turner 為先鋒，他挖掘儀式與戲劇之間的許多共同性質，以及二者大量使用象徵手法，與其所產生的作用與效力等。

　　筆者多年來觀察民間信仰的儀式心得是，Victor Turner 沒有提到：1. 儀式有戲劇所缺乏的，那就是信仰的力量，2. 儀式中間也有「玩假的」成分。促使筆者閱讀遊戲方面的論文，認為儀式和遊戲均是讓身體暴露於一種虛擬狀態，藉著所有參與人共同合意營造出的另一個世界，讓心靈也跟著起了作用，而達到改變現存世界的滿足。無論是小孩子玩的辦家家酒，或大人玩的足球遊戲，均可以體會到身體在儀式進行中的作用。這些初步見解與嘗試便以〈儀式、身體與遊戲〉為題，在 2000 年 5 月 23 日民族所作例行週一演講。

十、結論

　　媽祖這位女神歷經宋、元、明、清各朝文人的塑造，女神的家世、封號、能力一一被增演出來。二十一世紀的今天，不但絲毫不減其信仰威力，反而新的詮釋，新的神話，與新的傳說仍然不斷地被創造出來並多方傳頌。回顧在歷史時期，媽祖信仰隨著福建移民散佈到華南、華北、台灣、南洋各地。現在則隨著台灣新移民又傳布到美洲、歐洲等世界各地，甚至近年隨著大量

的台灣香客的進香，又傳回福建與湄州島本地。是否由進香的宗教與文化交流，會帶來後續的經濟政治交流？是否由進香的通航會帶來後續的更大範圍的兩岸的三通呢？媽祖能夠引起全面性社會文化的震撼，以及普遍海內外華人的共鳴，應該與其蘊含中華文化理念有關。文化理念可以是淺顯易懂的，如「教忠教孝」是一般信徒可以琅琅上口的，也可以是神秘的，如認為媽祖進香是代表靈氣或福氣（替社會秩序加上富有文化色彩的象徵語詞）的傳遞，人生幸福的追求等等。筆者則提出文化理念也可以是一種親屬邏輯的展現。「慎終追遠、飲水思源」的文化理念其實均是一種親屬邏輯的外現。媽祖信仰中盛行並強調的分香制度，應該是親屬邏輯中往下擴展延伸，開枝散葉的表現，而進香制度則是親屬邏輯中往上追尋定位，謁祖尋根的表現，一上一下，一開一闔，一伸一縮，親屬的階序於焉確立。

　　根據媽祖的身世，媽祖並未結婚，但是「回娘家」的儀式，人人易懂，藉著回娘家將許多不同社區連成虛擬的親屬關係。藉著回到中心點的媽祖廟（無論是北港或湄州），全台灣，甚至全中國的媽祖信徒，甚至非信徒（透過媒體報導）也連成一個信仰以及文化的網絡體系。「媽祖」的名字，雖非任何人的「媽」或「祖」，但是人人易懂，藉著這個名字將每位信徒連成虛擬的親屬關係。中國人喜歡攀親搭戚，常常說海內外一家親，透過一位虛擬的親屬神明似乎真的實踐了這個理想。但是千萬別忽略，親屬網絡中有合的部份，也有分的部份。兄弟分家，父子分家是家族必經過程。整體的媽祖信仰內部也呈現有各地區差異的發展，也有個別認同，整體與個別社區之間二者是不相排斥的。

　　媽祖信仰的研究相信還有很多發展空間，其他學門的探討會提供更多的思考可能，此文僅是筆者個人目前心得，自認還有進一步修正與推展的地方，貿然提出只是做一個階段性的整理，希望同好藉此彼此互相切磋。

參考書目

木內裕子

　　1987　〈廟宇活動與地方社區：以屏東縣琉球鄉漁民社會為例〉，《思與言》25（3）：257-272。

吳文翠主編

　　2001　《白沙屯媽祖徒步進香：潦過濁水溪》，白沙屯田野工作室。

林美容

　　1986　〈由祭祀圈來看草屯鎮的地方組織〉，《中央研究院民族學研究所集刊》62：53-114。南港：中研院民族所。

張珣

　　1985　〈台灣不同宗教的信徒與組織之比較研究〉，《台大社會學刊》17：15-44。

　　1986　〈進香、割香與朝聖宗教意涵之分析〉，《人類與文化》22：46-54。

　　1988a　〈大甲鎮鎮瀾宮進香團內部的神明會團體〉，《民俗曲藝》53：47-64。

　　1988b　〈台灣民間信仰的組織——以大甲鎮瀾宮進香組織為例〉，「中國人與中國社會研討會」會議論文，中研院民族所主辦，頁 1-14。（未出版）

　　1989　〈白沙屯拱天宮進香活動與組織〉，《考古人類學刊》46：154-178。

　　1992　〈媽祖信仰在兩岸宗教交流中表現的特色〉，《兩岸宗教現況與展望》，頁 263-295。台北：學生書局。

　　1993a　〈台灣漢人收驚儀式與魂魄觀〉，黃應貴主編《人觀、意義與社會》，頁 207-231。台北：中央研究院民族學研究所。

1993b　"Incense-offering and obtaining the magical power of chi': the Matsu (Heavenly Mother) pilgrimage in Taiwan."，美國柏克萊加州大學人類學系博士論文（未出版）。

1995a　〈媽祖信仰與女神崇拜的比較研究〉，《中研院民族所集刊》79：185-203。台北：中研院民族所。

1995b　〈臺灣的媽祖信仰——研究回顧〉，《新史學》6（4）：89-126。

1995c　〈大甲媽祖進香儀式空間的階層性〉，黃應貴主編《空間、力與社會》，頁 351-390。台北：中研院民族所。

1995d　〈分香與進香：媽祖信仰與人群的結合〉，《思與言》33（4）：83-106。

1996　〈光復後臺灣人類學漢人宗教研究之回顧〉，《中研院民族所集刊》81：163-215。台北：中研院民族所。

1997a　〈幾種道經中對女人身體描述之初探〉，李豐楙、朱榮貴主編《性別、神格與臺灣宗教論述》，頁 23-47。台北：中研院文哲所籌備處出版。

1997b　〈湄州媽祖權威的理論反省〉，《兩岸文教交流簡訊》6：6-8。台北：中華發展基金委員會，行政院大陸委員會。

1997c　〈新加波與臺灣媽祖信仰初步比較〉，《媽祖信仰國際學術研討會論文集》，頁 169-187。南投：臺灣省文獻會與北港朝天宮合印。

1997d　〈百年來台灣漢人宗教研究的人類學回顧〉，黃富三主編《臺灣史研究一百年：回顧與研究》，頁 215-256。台北：中研院臺史所籌備處。

1998　〈東南亞媽祖銘刻萃編〉，《東南亞區域研究通訊》5：3-50，台北：中研院東南亞研究計劃。

1999　〈香客的時間經驗與超越：以大甲進香為例〉，黃應貴主編《時間、歷史與記憶》，頁 75-126。台北：中研院民族所。

2000a 〈大甲社區的研究——以媽祖進香活動為例〉，陳文德、黃應貴
　　　主編《社群研究的省思》，頁 265-302。台北：中研院民族所。

2000b 〈儀式與社會：大甲媽祖祭祀範圍之擴展與變遷〉，林美容主編
　　　《信仰、儀式與社會》，頁 297-338。台北：中研院民族所。

2000c 〈大甲鎮瀾宮的組織與勢力〉，台灣宗教學會年刊。

2001 〈從媽祖的救難論述看媽祖信仰的變遷〉，林美容、張珣主編《媽
　　　祖信仰的發展與變遷：媽祖信仰與現代社會國際研討會論文
　　　集》，頁 169-192。台北：台灣宗教學會。

2002a 〈海內外媽祖研究的探討與比較〉，張存武、湯熙勇主編《海外
　　　華族研究論集》第三卷，頁 181-205。台北：華僑協會總會出版。

2002b 〈祭祀圈研究的反省與後祭祀圈時代的來臨〉，《台灣大學考古
　　　人類學刊》58：78-111。

2002c 〈交換的物質面與神聖面——以香為例〉，「物與物質文化學術研
　　　討會」會議論文，中研院民族所主辦。

劉嘉仁
2001 《金包里媽祖》，台北縣鄉土文化協會。

鄭振滿
1997 〈神廟祭典與社區空間秩序：莆田江口平原的例證〉，王斯福等
　　　主編《鄉土社會的秩序、公正與權威》，頁 171-204。北京：中國
　　　法政大學。

魏淑貞
1994 《台灣廟宇文化大系（二）天上聖母卷》，自立晚報社文化出版
　　　部。

財團法人台中縣大甲鎮瀾宮編
1990 《大甲鎮瀾宮》，財團法人台中縣大甲鎮瀾宮出版。

Obeyesekere, Gananath

1984　*The Cult of Goddess Pattini*. The University of Chicago Press.

Sangren , Steven

2001　"American anthropology and the study of Mazu worship", paper presented at the International Conference on Mazo Cult and Mondern Society, Yunlin, Taiwan.

Yang Mayfair

2001　"Goddess across the Taiwan Straits: satellite television state discourse, and a pre/post-national religious imaginary", paper presented at the International Conference on Mazo Cult and Modern Society, Yunlin, Taiwan.

第十章　宗教與性別[*]

張　珣

中央研究院民族學研究所研究員兼所長

本章大意

本章回顧台灣人類學界近二十多年來在宗教與性別方面的研究成果，在眾多的著作當中選擇部份著作加以介紹，目的是要兼顧現代性與代表性，並且能夠呈現台灣特色。第一節說明人類學對於宗教教義與組織所呈現的性別尊卑的主張，第二節介紹結構功能派的主張與著作，第三節介紹象徵與權力學派的重點與著作，第四節介紹筆者的研究，第五節介紹其他重要著述。

一、「文化」決定宗教裡性別的尊卑關係

　　人類學在研究兩性關係議題上，有其異於其他學科之處。人類學這個學科的核心觀念是「文化」，學科宗旨是探討「文化如何起作用到每個個人身上」。「文化」是看不到的一套價值體系與行為規範。它遍佈於每一種社會行為，而又深藏於每個人的觀念或心理底層。因此，一般時候很難覺察它的存在或作用。也因此要糾正或改變文化價值是很不容易做的一件事。

---

[*] 原題〈人類學視野下的台灣宗教與性別研究〉，收錄於《當代台灣宗教研究精粹論集：詮釋建構者群像》（台北：博揚，2014），頁 53-71。

　　人類學家認為主宰中國社會的兩性關係的文化價值，應該是來自父系、父居、父權的親屬法則，及圍繞此法則所衍生出的相關規範。這套法則與規範將每一個人從出生到死後的地位都界定得很清楚，男男女女、老老少少無一能倖免。因此，兩性問題不是男人壓迫女人的個人層面問題，而是男女均無從脫逃的文化層面的問題。而又因為其歷史長久，綿延不斷，而且深入種種民俗慣習，幾乎是讓人無所躲避。何況，父系親屬法則背後還有一套堅強的宗教信仰在鞏固它，那就是父系祖先崇拜。一個現代華人即使他不直接祭拜祖先牌位，或不明顯地意識到有祖先存在，並不表示已經解除父系祖先崇拜的意識型態。每個華人，無論他信奉任何制度宗教，如基督教、天主教、回教、佛教、道教等等，或其他教派宗教，如天帝教、天理教、軒轅教、一貫道、慈惠堂等等，都很難完全泯除父系觀念的陰影作祟。例如，通常一個人一定會堅持自己從父姓，自己的子女從父姓，妻從夫居，男外女內，男尊女卑，男子不喜被招贅，寧與兒子媳婦同住，不與女兒女婿同住，不會只將財產留給女兒而不給兒子，而當需要殘酷地溺嬰時，寧願溺女不願溺子等等，均是父系原則的潛在影響。

　　正因為宗教、民俗與親屬法則中，蘊含著最深層與最隱晦的兩性關係，或說最難以打破的兩性關係正是深藏在宗教、民俗與親屬法則之中，因此，最能吸引人類學家探討宗教與性別二者的關係。

　　平時我們最想改善的作月子民俗，最鄙視的女鬼信仰，無稽之談的胎神信仰，骯髒污穢的經血產血，卻都是我們檢討潛藏男尊女卑觀念的來源。在號稱台灣第四大奇蹟的成功比丘尼形象背後，也存有無法撼動的性別不平等的戒律，需要她們努力改進。華人種種的兩性不平等價值觀念一旦運用其他社會文化來對照與比較，如西方文化，或台灣原住民族文化，馬上讓讀者有醍醐灌頂的清醒。這也是人類學的法寶之一，亦即，用文化相對論與文化比較法來破除某一文化中牢不可破的價值觀。在人類學來說，文化主宰力高於宗教與性別意識型態。宗教與性別等意識型態都是受到（不同民族的）文化

制約的。本文介紹台灣學者的宗教與性別研究，學科上，以筆者的專業人類學為主，宗教類別上，以民間信仰及佛教為主，期限上，以戰後至近年為主。

二、結構功能派的作法與反省

在做媽祖研究時，筆者即一直有個疑問，為何女神原名林默娘，被封為天后，民間卻捨此二名，直稱既未成媽也未成祖的林默娘為「媽祖」？又為何異於其他女神而有「回娘家」的儀式與傳統？最先是從世界各地女神研究中尋找思考線索，而有〈女神信仰與媽祖崇拜的比較研究〉（1995）一文。之後，由於性別與宗教研究的熱潮，筆者策劃並協助推動台灣中央研究院民族學研究所於 1996-1997 年間舉辦三次的「婦女與宗教」小型研討會。其中部份論文經修改之後，於《思與言》第 35 卷第 2 期出版專號。試圖從會議中接觸國內外不同學科的學者，從不同宗教與不同角度探討婦女與宗教議題。筆者發現自己原先的疑問也逐步從媽祖擴大，而凝聚在「女神—女鬼—女祖先」的問題上面。1990 年之前，台灣人類學對中國宗教的研究以結構功能派的角度與作法為主，尤其集中以 A. Wolf 提出的「神—鬼—祖先」架構為核心主題，一方面認為中國宗教結構是社會結構的反射，一方面認為社會結構是以政治的官僚科層體系為主軸。如此一來，儒家的國家宗教的神祇最符合理論架構，而女性神祇、或佛教菩薩、或道教仙真就少人討論，因為無法在理論架構中找到適當的位置。

但是越來越多的田野調查讓我們發現民間的神祇崇拜，很多是不符合官僚體制架構的，例如：1. 來自女神祇方面的研究，有「夫人媽」（陳國強，1992；喬健、陳莉莉，1994；李秀娥，1997），「查某佛」（鍾幼蘭，1994），「陰轉神」（莊英章、李翹宏，1997），「女童乩的偃身神」（蔡佩如，1999）

等等。2. 來自社會脫軌人崇拜的神祇，如賭徒、妓女、醉漢等人祭拜的十八王公、有應公、百姓公（Weller, 1987, Shahar and Weller, 1996；游謙，1994）的討論。3. 來自道教仙真方面，如梓潼文昌帝君、呂洞賓（Kohn, 1993; Kleeman, 1994; Katz, 1996）的討論，4、最多的是來自近年的佛教研究，尤其是佛教與女性研究，成果驚人，可參見李玉珍（2003）的回顧。

除了女性神祇之外，女鬼與女祖先之研究也開始有專門田野調查，例如「姑娘廟」（施芳瓏，1996）。筆者也自童養媳著手，探討女性成為女祖先在親屬與婚姻上的種種條件（張珣，2000），以及道教女性修練時的身體觀（張珣，1997）。

其次，神-鬼-祖先三個範疇並非如原來 A. Wolf（1987）理論架構所說，截然可分，而其實是可轉換的（Harrell, 1974; Yu, 1991；余光弘，1990）。再次，中國宗教結構並非被動反映政治社會結構而已，宗教其實具有補償、改變、重新塑造政治社會結構的力量，尤見於教派宗教，如白蓮教或一貫道等的改革力量（Jordan and Overmyer, 1986；Clart, 1996；王見川，1996），靈乩協會的補償台灣目前政治分裂（林碧珠，2003），或是道教建醮儀式具有恢復宇宙秩序（Saso, 1972；王銘銘，1999）的作用，或是女神祇如無生老母的母性包含力量（宋光宇，1981）。最後，中國民間信仰不是純粹模仿帝國官僚體制，民間有其版本，有時甚至相反於官方的說法（Feuchtwang, 1992）。由於這些研究使得台灣學界開始對上述中國宗教結構提出深刻的反省，同時也側面地促成了宗教與性別關係的研究。

三、象徵與權力的研究角度

歐美人類學界針對中國女神進行研究應該以 Sangren（1983）一文為先聲，此文帶動了林美容與張珣研究台灣的媽祖信仰在聚落中起著聯盟的作

用。如果再配合上 Sangren（2000）的著作，更可以看出 Sangren 研究女神之理論目的。Sangren（1983: 10-14）認為中國文化下的女人觀是具有內在緊張關係的，女人的經血使她有生產力，同時也使她具污染力。女人為家族生育新的下一代，但是也帶來家族分裂。中國女人與女神不同，女人是污染的（pollution），因為她的經血與產血，但是成為女神必須是清淨的（purity），必須要否定經血與產血的發生，以無生老母、觀音、媽祖為例，三位女神避開為人妻與人母的經血污染，卻又同時取得一種「母」性為人崇拜。這個被人崇拜的「母性」是淨化的，幾乎是一種生生不息的力量，而不是透過經血的生育。

其次，Sangren（1983: 15-21）指出 A. Wolf 中國宗教的科層架構的理論幾乎是針對男神，而且是具地域性質的男神來說，如土地公、城隍。但是女神恰好具有分裂與結合既有地域界線的雙重力量，替僵化的科層體制與地域界限帶來種種的包容力、中介力、與結合力，例如上述三位女神信徒的進香常常是打破地區疆界，帶來不同族群的整合。

Sangren 1983 年的文章對中國女神研究的價值與意義之討論，在 M. Shahar 與 Robert Weller 合編的書 *Unruly Gods: Divinity and Society in China*（1996）被加以發揮並且有更細緻地討論。該書宗旨如同書名所示，「難以規範」、或「難以駕馭」或「任性的」神，指的是不符合結構功能派所說的科層官僚體制宗教架構的神，大致上可以有幾類：1. 女神或道教仙真，如臨水夫人或呂洞賓。2. 凸顯個性性格的神而不是擔任官職的神，如華蓋三真君。3. 呈現中國家庭關係或華人自我情緒而不是政治關係的神明，如那吒太子或目連。4. 正邪並具的神，如八家將。5. 反常或反叛的神，如濟公、孫悟空。6. 質疑儒家道德的神，如妓女、醉漢、賭徒、罪犯等人所祭拜的神。此書在原有科層架構理論上出發，進一步反思並呈現中國宗教的多面性與複雜性。中國宗教並不純然是反映社會政治，宗教與社會之間有多種辯證關係存在。什麼樣的政治經濟變遷適合體制外的神明盛行？尤其與本文相關的

是，女神的盛行與政治社會背景的關係為何？。

Sangren（2000: 178）藉著婦女葬禮中，有一個儀式是由兒子喝象徵性的血水，以打破血湖拯救母親的儀式來解析，男人需要母親給予生命，但是婦女也需要藉著兒子才可得救。同樣地，父系繼嗣群需要婦女繁衍後代，婦女也需要父系繼嗣群得以成為一個完整的人。中國兩性之間互相經由疏離得到超越與再生。此文也帶動後來翁玲玲與張珣等人對於女性經血污穢與權力之研究。

四、從媽祖研究到女神研究

筆者從對大甲媽祖進香的研究出發，想對媽祖信仰有更全面的瞭解而觸及相關文獻。媽祖的比較研究有很多種作法，其一是把媽祖放回「女神信仰」的研究領域中看，可以探討許多以前從男性眼光和角度所沒法看到的。例如，我們知道中國宗教特色之一是神、鬼和祖先三個範疇。幾乎可以說三者的本質是一樣，差別判準之一在祭拜者的不同。人死後由自己家的子孫祭拜則為祖先，不只由自家子孫且由社區甚至全國奉祀的則為神，沒人拜的則為鬼。三者可因其修行及累積功德多少而上升或貶降，由神降為鬼或由祖先升為神等等。當這個三角關係用到女神－女祖先－女鬼上時，似乎要加上另一個機制：婚姻。男人若未婚而死，可由同胞之子祭之而成祖先，不致淪為鬼。女人若未婚而死，原則上為鬼，除非其生前有修行或有靈驗助人事蹟。否則，則為經由婚姻（例如冥婚）進入夫家才可進一步安排子嗣祭拜。因此女人未婚而死，大體上為鬼，除非因其顯靈或護佑鄉土而升格為神。

台灣華人信仰體系中的神明，男神多於女神。女神又多與未婚而死者顯靈有關。女人未婚而死在中國社會一向具威脅性。不只對娘家有威脅，對社區也有威脅。民間咸信未出嫁死亡的女兒會回娘家要求結婚，以免在外孤魂

流浪，無憑無依。因此家中若有紛擾不寧之事發生，神媒多勸父母替女兒安排冥婚。可見未嫁而死去之女兒對娘家是一潛藏危險。相對的，嫁出的女兒，成為婆家的媳婦則危害的是婆家。例如媳婦若難產而死，應由婆家安排子嗣祭拜之。若女子不孕或其夫不孕，則安排娶妾或收養，死後則由妾子或養子祭拜，傳說中的女鬼大半指未婚之女性，而非指婚而無嗣之女性，女性既結婚則於夫家家族中取得一個被祭拜的地位，通常是與其丈夫一起被祭拜。

　　未婚而去世之女性，除了經由冥婚被人祭拜外，另可置放姑娘廟內有專人祭拜而不致作祟地方。另外女尼或女道人死後其娘家如何對待之？是否靈魂往生他方？是否其神主牌在佛寺道觀內有專人合祀？當農曆七月普渡鬼道眾生時，一般人聯想到的是男鬼。但女鬼呢？難道女鬼由家庭（domestic）層次來處理（冥婚，送姑娘廟）？而男鬼可由社區（communal）層次來處理？

　　媽祖未婚而死，在歷代皇帝封號中卻用「夫人」、「妃」、「后」、「聖母」的頭銜。隱含的是從夫或從子的地位：夫人、妃、后是為人妻之封號，聖母是為人母的封號。封號中沒用傳說中稱的「通賢靈女」著重其未嫁之身份，反而強調其為人妻為人母之角色。媽祖生前雖無子嗣，但她成為地方守護神，如母親般照顧地方子民，受民間崇拜，香火延續不斷，所以皇帝冊封其為「天上聖母」。民間多喜將子女給媽祖做契子以便好養育，亦可見其母性特質。我們更可以看到官方或民間均強調其為人妻為人母的部份：無論是民間的回娘家的比喻或官方的封號及廟額。這是很有趣的文化現象：某個神明的傳說與文化中的主流價值觀念有抵觸時，文化中的行動者會「視而不見」傳說，而另行製造一套說法，以便行動時可順利進行。中國女神信仰中有一個永遠無法去除的緊張關係，即傳統中國女人要結婚生育但女道人女仙人乃至佛教的女尼要獨身修煉，二者之間存在一個衝突。媽祖原為福建省莆田縣一帶奉祀的地方神祇，能升格為全國性神祇，其傳說事蹟得與大傳統要求的價值觀結合才有助益於教化。早期的事蹟著重媽祖的孝行，後期則著重對朝

廷的貢獻盡忠。早期僅稱「靈女」，封號為「夫人」，晚期則封號為天后、聖母。到了聖母方始完成一個中國女人理想的角色。官方稱聖母，民間則喜稱「媽祖婆」，「娘媽」，「姑婆」這種帶母性長者色彩的名稱，反映民間對一個婦女的期待。

五、重要研究簡介

關於台灣的宗教與性別研究，李貞德做過一個簡短的介紹與討論（李貞德，1994）。洪美華（1992）從清代台灣秘密宗教中看女教首和女信徒的信教動機和教中的地位。盧蕙馨（1994）探討佛教女性如何在日常生活中實踐宗教理念。黃倩玉（Huang, 2009）長期研究慈濟功德會的女性表達方式與全球化經驗。二次大戰之後，台灣比丘尼教育水準大幅提昇，近年攻讀碩博士者相當多，多鑽研佛學研究，又有探討佛教制度或性別議題者。例如嘉義香光寺出身的釋見曄，從戰後台灣齋姑改變成比丘尼的過程，來探討台灣近代佛教史及齋教的演變及部份婦女的社會史。在台灣社會史與宗教史方面，此研究有其重要性與意義（釋見曄，1999）。此一問題也見於江燦騰《台灣當代佛教》書內關於齋姑到比丘尼的歷史轉變（1997）。

筆者於台灣教育部出版的《兩性平等教育季刊》主編了第十八期「性別、民俗與宗教」專號（2002 年），收集了八位學者的研究，簡介如下，第一篇文章是，林美玫教授以美國早期移民聚居的麻薩諸塞州波士頓市的一位女性清教徒，安‧哈金森，作為例子，說明宗教提供婦女一個脫離兩性不平等的社會約束的途徑，但是在宗教內仍然遍佈有兩性不平等的約束。前者在信仰與靈修方面，基於神的面前人人平等的準則，男或女均可以得到神的恩寵，均可以對聖經提出具有說服力的詮釋而吸引大批跟從者。而後者卻是在教會制度方面，人為的教會制度規定婦女不可有宗教解釋權或教會領導權，

使得安‧哈金森最後仍被教會驅逐。文末林美玫提出令人深思的問題：對台灣婦女來說，宗教在何種條件下讓婦女實現自我？在何種情況下又成為兩性平等的障礙？

李玉珍與陳美華的文章讓我們知道佛教的出家制度讓女性可以不結婚，實現自我，佛教的僧衣制度也讓女性可以在穿著上達到兩性平等。我們應該大大讚揚佛教的出家制度與僧衣制度以及其背後的兩性平等觀念。但是在戒法上，佛教的「二部授戒」與「八敬法」卻又限制了兩性平等。李玉珍指出台灣比丘尼的成功，事實上也讓台灣甚至世界整體佛教受益。因此兩性平等的終極目標應該是對全人類均有好處，此點也值得其他宗教思考。

接著上述三篇有關制度宗教的神職人員在兩性平等方面的努力與實踐之後，是幾篇民間信仰的文章。在民間信仰中，女性可以成神（媽祖、臨水夫人等），女性也可以當神職人員（女乩童等）解釋神意，女性也可以當神壇主人（類似教會領袖），看來民間信仰是最符合兩性平等的了？其實不然！蔡佩如與施芳瓏的文章讓我們有機會更深一層地反省，兩性不平等的意識型態是多麼地難纏！光是看女性可否成神、可否解釋經典或可否當領袖還不夠！蔡佩如的調查發現女童乩的附身神明多半還是女神，而且多半還是小女神，甚至還是家族中去世而未被膜拜的未婚姑娘。尤其是女童乩本人未婚而死的姊妹，要求女童乩替她作儀式，讓她成神，進而為她代言。如此一來，關鍵點便在於為何未婚夭亡之女性需要文化作特別之處理？未婚夭亡的女性為何是一個社會問題？

施芳瓏指出華人社會裡未婚夭亡的女性需要經由「冥婚」取得女祖先名義，其夫可以在之前或之後另娶活女子生子嗣祭拜她，或是入祭「姑娘廟」讓眾人膜拜。否則就成了無人祭拜的孤魂野鬼，而女鬼最是被一般人鄙夷又害怕。女鬼通常是家族不安寧或社區不平安的罪魁禍首。為什麼女鬼經常會成為災難的代罪羔羊？背後的文化意涵是什麼？

蔡、施二文表面上處理女童乩或女鬼問題，其實均觸及父系親屬法則中

對那些未婚夭亡的女性家族成員如何處理之問題。蔡文在結語中敘述，女童
乩藉著女魂—女神取得了宗教詮釋權與主持權，而女魂—女神則藉著女童乩
得到了血食香火，但是其實這個現象背後終究難逃父系親屬法則：女性生前
需要經過婚姻成為女祖先被祭祀，否則死後需要另外用儀式處理。儀式處理
可以是「冥婚」，入祭「姑娘廟」，也可以是作祟自家姊妹（至於為何是自家
姊妹，蔡佩如有解釋）使其成為女童乩，而自己得以成為小女神。在父系親
屬法則宰制之下，女性絕對不可以不結婚不生子嗣，否則就成為社會亂源，
世人恐懼來源。使得中國女性成婚率佔世界第一位。

　　女人的身體會固定每個月排出經血，在許多社會均視其為不潔骯髒，而
在這段排經血的時間內對女人的行動與身體作許多限制。諸如不可接觸男人
的農業種植或捕魚生產工具，不准入廟、不准參加拜神儀式等等。女人生產
之後，血露未淨，作月子時間也同樣被視為不潔而有諸多行動與身體上之禁
忌。關於經血與產血不潔之信仰與其禁忌，人類學上有許多研究，甚至有
「月經人類學」之稱號（Buckley and Gottlieb, 1988）。翁玲玲研究產婦的不
潔與需要作月子隔離有許多意義：不只產婦身份地位轉變處於一曖昧角色階
段（由人妻轉成人母，由外人轉成自己人），也隱含對既有社會秩序的破壞
與威脅（使大家族因新幼兒之加入而分家）。

　　「產婦不潔」在人類學家來看不是針對經血不潔，而比較多是針對產婦
的社會地位轉變來說，需要作儀式處理才能加以標示與隔離。而與孕婦有關
的產房，民間信仰中也有一套特別的時間空間信仰。此套時間空間信仰表面
上以胎神「逐月逐日占方」的型態出現。亦即胎神依照不同時間會在不同空
間有一個轉動位置。便形成一套特別針對孕婦設計的時空沖犯信仰。宋錦秀
稱呼這套信仰為「妊娠宇宙觀」並認為在傳統父系社會結構之下，孕婦與鬼
屬於類似的結構範疇，是一種不受結構限制的潛在力量。

　　從社會結構、親屬結構或神靈結構來說，女乩童、女鬼、產婦、孕婦均
是體制外的地位，她們可能帶來對父系社會結構與社會和諧的挑戰，民間信

仰長久以來有了一套套處理的儀式與方法，以便讓這些體制外的威脅恢復正常進入體制內，確保中國父系親屬社會結構的運作。

《兩性平等教育》第十八期專號的最後一篇文章是，林烘煜教授由台灣少數民族之一的阿美族母系社會來看兩性關係。看了幾篇中國文化之下，父系社會對兩性關係作的種種不平等設置的文章之後，我們再看偏向母系親屬法則的阿美族社會會有很深的感嘆。阿美族社會並不強調婦女婚前的貞節，鼓勵自由戀愛，兩情相悅再結婚。阿美族昔日多招贅婚，今日受漢化影響比較少了。婚後夫從妻居，家中以妻為主，即使生了小孩，若夫妻不合，可以同意離婚。當家之婦女可再婚，因此有一家之中四、五個小孩源自不同父親之情況。然而他們並非鼓勵一妻多夫制度，反而是同一時間內僅有一夫一妻，是嚴格執行一夫一妻制度的。因此，並非一般華人誤解的淫亂。反觀華人經常一夫可同時有妻妾成群，卻不認為自己淫亂。阿美族人在訴請離婚上，也是男女均可提出，不會如華人般有差別待遇，僅許男人外遇不許女人紅杏出牆。父母會與最親近的小孩共住而不一定要留長子或長女。

筆者在該專號導言寫下：「當然兩性平等議題之研究有許多切入點，各個學科也均有其關懷點。本期偏向在宗教民俗方面，是一般社會大眾比較習以為常而不在意的。兩性平等的目標經過許多人士多年的努力，在法律、醫療、工作權、教育權等等各方面均逐漸獲得改善。但是在宗教民俗方面因為根深蒂固，又是比較不吸引現代一般知識份子注意，比較少人研究也就改善得很慢。其實從日常生活中俯拾皆是的生活細節與民俗慣習，均應該是我們努力追求兩性平等時可以探討的題材。」此一感嘆至今仍適用。

2003 年，李玉珍、林美玫因為教學需要合編了《婦女與宗教：跨領域的視野》作為教科書，書中收集了八篇論文，其中多篇本文已經簡述，再加上黃懷秋有關天主教女性神學，以及林美容有關媽祖的文章。書中李玉珍〈寺院廚房裡的姊妹情〉一文，藉著寺院廚房比丘尼討論二次大戰之後，台灣佛教女性的性別意識與修行。李玉珍尚有其他關於佛教與性別研究之文章，

〈母女情結台灣女性出家與承繼家庭角色的兩難〉（2000），作者使用十七個台灣女尼的個案資料來討論女尼在出家與婚姻之間角色的兩難，以及以女尼本身作為出家代表佛教，女尼母親代表婚姻的中國父系家族結構，此二者之間所呈現價值觀之矛盾，母女代表的儒佛角色之差異，來說明雙方之間情緒之糾結。李玉珍〈公私男女〉（1999）嘗試以 E. Habermas「公民社會」裡「公、私領域」之分的架構，來分析中國（台灣）婦女是否藉宗教活動而參與到公領域？更具體地說，婦女是否藉佛教的「蓮社」組織而參與到公領域？雖然 Habermas 的「公、私領域」不等於中國的「公、私」，男女領域也不等於「公、私」領域，個體與群體之分亦不等於「公、私」領域。然而，此文亦足以讓吾人思考，「祭祀圈」「信仰圈」等社區宗教，是否為公領域？傳統中國視佛教為相對於國家和宗族的私領域嗎？佛教被中國社會劃分為私領域嗎？所謂公私領域之分，是以涉及政治議題討論為主標準嗎？或是以造成公共輿論並可影響公共決策為主標準？因此，宗教在中國究竟是為私領域或公領域？等等的問題。

有一些單一著作，限於篇幅無法一一介紹。

六、結論

蘇芊玲調查，傳統習俗中，最歧視女性的是無論已婚或是未婚均不被寫入族譜，未婚女性過世只能住進姑娘廟，大年初一不可回娘家，月經期間不可拜拜等等十項（蘇芊玲，2005）。其實，台灣親屬與婚姻制度均在改變，現行台灣法律女兒可承繼父親財產，子女可冠母姓，2006 年五月台灣每三對夫妻就有一對離婚，離婚率亞洲之冠（根據師大家政教育系黃迺毓教授的調查）。已婚婦女可保有其婚前財產權，婚後夫妻財產可各自管理、使用、收益、處分。在法律上，爭取婦女財產權，在經濟上，爭取同工同酬，在醫療

上，爭取婦女身體異於男性身體。然而，上述十項習俗似乎屹立不搖。

　　台灣越來越多年輕人未婚而意外死亡，車禍死亡，癌症死亡，加上越來越多離婚婦女，因此，雙姓或異姓祖先崇拜，兼祧祭祀等等情形增加，未來學界可以針對此些現象進行研究，是否造成祖先崇拜信仰習俗的變遷？而佛教方面以昭慧法師帶領廢除八敬法運動為代表，引起諸多討論。社會變遷之後，民間信仰以及其他諸宗教內部對於兩性不平等的教義是否會受到挑戰？而引起改變？仍有待學者回答。

參考書目

王見川

　　1996　　《臺灣的齋教與鸞堂》。台北：南天書局。

王銘銘

　　1999　　〈危亡與超生：1896 年中國東南沿海的超渡儀式〉，《中研院民族所集刊》87：169-206。

江燦騰

　　1997　　《台灣當代佛教》。台北：南天書局。

余光弘

　　1990　　〈臺閩地區漢人民間信仰中「上身的」現象初探〉，《國立臺灣大學考古人類學刊》54：97-113。

李玉珍

　　1999　　〈公私男女──中國佛教現代化運動中的新蓮社（1920-1970）〉，「「公與私：近代中國個體與整體之重建」第二次學術研討會」宣讀論文。中研院近史所，1999.05.21。

2000　〈母女情節：台灣女性出家與承繼家庭角色的兩難〉，「情感、情緒與文化研討會」宣讀論文。中央研究院民族學研究所。

2003　〈佛教與女性研究回顧〉。張珣、江燦騰合編《研究典範的追尋：台灣本土宗教研究的新視野與新思維》，頁 489-524。台北：南天書局。

李玉珍、林美玫合編

2003　《婦女與宗教：跨領域的視野》。台北：里仁書局。

李貞德

1994　〈最近中國宗教史研究中的女性問題〉，《近代中國婦女史研究》4：251-270。

李秀娥

1997　〈鹿港夫人媽成神的傳說與類型〉，《思與言》35：2，頁 187-234。

李豐楙、朱榮貴合編

1997　《性別、神格與台灣宗教論述》。台北：中研院文哲所。

宋光宇

1981　〈試論「無生老母」宗教信仰的一些特質〉，《中研院民族學研究所集刊》52：3，頁 559-590。

林碧珠

2003　〈「靈乩觀點」與「信仰實踐」：新竹天宏宮道統宏揚的現象分析〉。國立台灣大學人類學系碩士論文。

施芳瓏

1996　〈姑娘仔「污穢」的信仰與其社會建構──以北台灣三間廟宇為例〉，「婦女與宗教小型研討會系列一」宣讀論文，中央研究院民族學研究所主辦，6 月 8 日。

洪美華

1992　《清代民間秘密宗教中的婦女》。國立臺灣師範大學歷史研究所碩士論文。

張珣

　　1995　〈女神信仰與媽祖崇拜的比較研究〉，《中研院民族學研究所集刊》
　　　　　　79：185-203。

　　1997　〈幾種道經中女人身體描述之初探〉，《思與言》35：2，頁 235-
　　　　　　265。

　　2000　〈婦女生前與死後的地位：以養女與養媳等為例〉，《國立臺灣大
　　　　　　學考古人類學刊》56：15~43。

張珣主編

　　2002　《性別、民俗與宗教》專號，《性別平等教育季刊》第 18 期，台
　　　　　　灣教育部出版。

陳國強

　　1992　〈惠東崇武的民間寺廟與信仰〉，《惠東人研究》，喬健、陳國強、
　　　　　　周立方編，頁 180-203。福建：福建教育出版。

喬健、陳莉莉

　　1994　〈婦女與宗教：大岞村的例〉，「民間信仰與中國文化國際研討
　　　　　　會」宣讀論文，漢學研究中心主辦，4 月 25-28 日。

游謙

　　1994　〈宿命與非宿命：以宜蘭地區神明收契子的習俗為例〉，《台灣與
　　　　　　福建社會文化論文集（二）》，莊英章、潘英海主編。臺北市：中
　　　　　　央研究院民族學研究所。

莊英章、李翹宏

　　1997　〈夫人媽與查某佛：金門與惠東地區女性神媒及其信仰比較〉，
　　　　　　《從周邊看漢人的社會與文化》，黃應貴、葉春榮主編，頁 63-93。
　　　　　　臺北：中央研究院民族學研究所。

莊英章、張珣主編

　　1997　『婦女與宗教專號』，《思與言》第三十五卷第二期。台北：思與
　　　　　　言雜誌社。

盧蕙馨

1994　〈佛教慈濟功德會的兩性與空間之關係〉，「空間、家與社會研討會」宣讀論文，中央研究院民族學研究所所主辦，2 月 22-26 日，台灣宜蘭。

蔡佩如

1999　〈穿梭天人之際的女人：女童乩的性別特質與身體意涵〉。國立清華大學人類研究所碩士論文。

鍾幼蘭

1994　〈金門查某佛的初步研究〉，《金門暑期人類學田野工作教室論文集》，余光宏、魏捷滋編，頁 129-162。台北：中研院民族所。

釋見曄編著

1999　《走過台灣佛教轉型期的比丘尼──釋天乙》。台北：中天。

蘇芊玲編

2005《大年初一回娘家》。台北：女書店。

Buckley, Thomas and and Alma Gottlieb eds.

1988　*Blood Magic: The Anthropology of Menstruation.* Berkeley: University of California Press.

Clart, Philip Arthur

1996　*The ritual context of morality books: a case study as a Taiwanese spirit-writing cult.* Thesis (Ph.D.) − The University of British Columbia.

Feuchtwang, Stephen

1992　*The Imperial Metaphor: Popular Religion in China.* London; New York: Routledge.

Harrell, Stevan

    1974   "When a ghost becomes a god", in *Religion and Ritual in Chinese Society*. Arthur Wolf, eds., pp. 193-206. Stanford: Stanford University Press.

Huang, Julia (黃倩玉)

    2009   *Charisma and Compassion: Cheng Yen and the Buddhist Tzu Chi Movement*. Harvard University Press.

Jordan, David K. and Daniel L. Overmyer

    1986   *The Flying Phoenix: Aspects of Chinese Sectarianism in Taiwan*. Princeton, N.J.: Princeton University Press.

Katz, Paul R.

    1996   *Enlightened Alchemist or Immoral Immortal?: The Growth of Lu Dongbin's Cult in Late Imperial China*. Honolulu: University of Hawai'i Press.

Kleeman, Terry F.

    1994   *A God's OwnTale: The Book of Transformations of Wenchang*. Albany: State University of New York Press.

Kohn, Livia eds.

    1993   *The Taoist Experience: An Anthology*. Albany: State University of New York Press.

Sangren, Steven

    1983   "Female gender in Chinese religious symbol: Kuan-yin, MaTsu, and the Eternal Mother" *Sign* 9(1): 4-25.

    2000   *Chinese Sociologics: An Anthropological Account of the Role of Alienation in Social Reproduction*. London: Athlone Press.

Saso, Michael R.

　1972　*Taoism and the Rite of Cosmic Renewal.* Washington State University Press.

Shahar, Meir and Robert P. Weller eds.

　1996　*Unruly gods: Divinity and Society in China.* Honolulu: University of Hawai'i Press.

Weller, Robert

　1987　*Unities and Diversities in Chinese Religion.* Seattle: University of Washington Press.

Wolf, Arthur

　1974　"Gods, ghosts and ancestors". In *Religion and Ritual in Chinese Society.* Arthur Wolf, eds., pp.131-182. Stanford: Stanford University Press.

Yu, Guang-hong (余光弘)

　1991　"Making a malefactor a benefactor: ghost worship in Taiwan", 中研院民族所集刊 70：39-66。

第十一章　祭祀信仰與動物權[*]

張　珣

中央研究院民族學研究所研究員兼所長

本章大意

台灣各地廟宇很多有殺豬公祭祀，或是同時舉辦「神豬大賽」活動。豬隻被超量餵食，體重大到無法動彈，祭祀之前，豬隻被屠宰血流滿地，哀嚎聲令人不忍卒聽。長期以來，在尊重宗教信仰的名義之下，無法改善。但是，近年來在提倡動物權以及現代養生飲食風潮之下，已經引起越來越多人的負面評價。

人類學家的民族誌裡面，記錄有各地文化關於宰殺動物以祭祀，或是禁殺、禁食動物的宗教信仰，本文援引之，以作為討論台灣殺豬公習俗的參考。希望在深入理解殺豬公信仰背後的原因之後，思考一套改善方式。

一、殺豬祭祖與生態平衡

殺豬公並非台灣文化的專利，在人類學家撰寫的有關殺豬祭祀儀式當中，最有名的，應該是美國人類學家 Roy A. Rappaport 調查新幾內亞 Tsembaga

---

[*]　原題為〈殺豬公祭祀：信仰與動物權的迷思〉，刊於《媽祖信仰的追尋：張珣自選集》（台北：博揚出版社，2008），頁 269-285。

族所寫的民族誌（Rappaport, 1967、1968）。Tsembaga 族是操 Maring 語的二十個族群當中的一個。生業方式是游耕農作，種植地瓜、芋頭等塊莖類植物。

Tsembaga 族相信唯有祖先的庇佑才能戰勝敵人，而唯有殺大豬祭祀才能取悅祖先，而殺豬祭祖與啟動戰爭是有一個環環相扣的時間序列。我們暫時可以啟動戰爭做為起始點來說明。敵人通常是過去戰爭上或是強佔了自己村地的宿仇，而不是隨意結怨的敵人。互相敵對的氏族之間，經過幾年的時間，彼此之間的誤會、偷獵、傷害、侮辱、誘拐、通姦事故等等，累積到一個程度了，也大約是氏族內聖樹長成到一定高度了，也是村落內的大豬數量多到成為麻煩的一個程度，就是戰爭的時候了。Tsembaga 族會在幾個月之內，連續屠殺村落內幾乎全數的大豬，數量大約一百多頭的大豬，僅餘小豬不殺。然後以豬肉祭祀祖先，並且舉行一連串的宴會，邀請友好的氏族來同樂，享用豬肉。如此一來，祖先也取悅了，同盟氏族也享樂了，答應協助殺敵（或是給予庇護）。那麼，就是啟動戰爭的時機到了（Rappaport, 1968: 216）。

戰爭通常是包括幾個階段，突襲敵方村落，燒房子，屠殺大人、小孩與豬，倖存者只能逃到友好的氏族村落尋求庇護。勝利者並不會立刻佔領敵村，因為他們相信被殺者的鬼魂還停留在該地域。人類學家的附註是說生態上的原因是讓該地區休耕一段時期。戰勝者可以到兩村領地的周邊地帶耕作，戰敗者則退到友邦的領地周邊耕作。如此一來，戰爭的兩村，曾經耕作得最密集的村落中心地，都可以獲得休耕機會（Rappaport, 1968: 216）。

戰爭一過去，兩村都各自種下一棵聖樹，發誓直到此樹長成，雙方不再輕啟戰事。雙方也都向祖先發誓，要勤奮養豬，以便日後有大量的豬隻可以感謝祖先保佑倖存（戰敗者），或是取得勝利（戰勝者）（Rappaport, 1968: 216）。

人類學家認為，對於多數熱帶地區的游耕民族來說，人口無法增加或是工作效率無法提升的問題之一是，他們的主食無論是地瓜、芋頭、小米，幾

乎都是缺乏動物性蛋白質。對比起沿海地區或是草原地區的民族，熱帶游耕民族無法生產動物類的飲食。熱帶樹林地區的動物幾乎都是小型的，隱密的，例如，蜘蛛、昆蟲、毛蟲、蛇類。一旦人口密度提高，這些動物幾乎無法獵取得到。雖然我們知道素食者如果食物攝取種類廣泛，數量也足夠的話，營養沒問題。不過，動物的肉卻是人類所需氨基酸最好的來源。雖然在生態學上以及營養學上，此一問題極具爭論性，尚無定論（Harris, 1980: 196）。但是動物的肉對部落民族生活的影響，仍然值得我們注意。

動物性蛋白質比植物性蛋白質受到多數文化重視，因為前者可以提供人體無法合成的氨基酸，而又是人體基本所需的氨基酸。雖然豆類、大米、玉米也可以提供氨基酸，但卻需要多種類混合著吃，而且數量要相當大量。所以動物蛋白質可以快速有效地提供人體所需之氨基酸。而同樣是人類豢養的動物，比起牛肉，或是羊肉、鴨肉、雞肉等等，豬肉都是最便宜又最迅速的脂肪與動物蛋白質來源。其中母豬又比公豬來得受歡迎，因為母豬長得快，肥肉又多。

Tsembaga 族與其他社會一樣，都很珍惜動物性蛋白質。尤其是肥肉，是動物性蛋白質與脂肪的來源。對素食者來說，則珍惜牛奶與優酪乳，是動物性蛋白質的來源。Tsembaga 族人口密集，野生動物幾乎耗竭了，無法狩獵，養豬是其動物蛋白質主要來源。養豬方式是白天放養在山區，自行覓食，傍晚回村落內，由養豬人家供應地瓜與餿水。一隻豬的食量幾乎等於一個人的食量，在生態資源與人工勞力的計算上，養一隻豬等於養一個人。如果我們知道該地區還偶有因為養不起太多人口，而溺死女嬰的習俗，就知道餵養豬隻是相當高昂的付出。等到豬隻消耗的食量大到一定程度，豬隻的數量大到開始在村落內製造騷擾與麻煩，同時也是養豬的婦女勞動力無法負荷的程度，就是祭祖的時間到了。與新幾內亞其他文化一樣，Tsembaga 族平常不殺食豬隻，只有每隔五至十年，甚或十二年一次的祭祖時才食用（Rappaport, 1968: 196）。

　　人類學家認為生態或是營養學上的需要，讓 Tsembaga 族的豬隻、地力與人口藉著戰爭與休耕來達到平衡。對於當地人來說，戰爭的理由卻是「表現男性氣概」、「去獵一個人頭回來」、「去獵一些人肉回來」、「享受一下刺激的運動」（Rappaport, 1968: 219）。而豬隻則是對整個新幾內亞大陸與美拉尼西亞群島上的土著來說，在祭祀儀式上都非常重要。Tsembaga 族殺豬祭祖先，並且視之為神豬（Rappaport, 1968: 218）。他們殺豬的理由，當然不會是人類學家說的為了攝取動物性蛋白質。

　　同樣在新幾內亞，在 C. R. Hallpike 調查的 Tauade 族群，男人享受戰爭帶來的光榮，並不是有明顯的人口壓力或土地壓力。但是在 Mervyn Meggitt 調查的 Mae Enga 族群，當地人自己明顯地意識到，人口壓力太大時，需要奪取其他弱小村落的土地，因為土地多的村落才能迎娶到女人，也才能獲得鄰村的友好關係（Harris, 1980: 219）。

　　另一個與 Tsembaga 族的神豬相反的例子是印度的聖牛。Tsembaga 族殺豬祭祖，印度教卻是禁止屠殺牛隻，即使牛隻殘病老弱也不可以。只有少數低下種姓的人會吃那些自然死亡的牛隻的肉。滿街瘦弱的牛隻阻礙交通，整個印度大陸上又充滿缺乏營養的人口，對西方人來說，無法理解印度人為何不殺牛，給人吃牛肉以補充應該有的營養？Stuart Odend'hal 說，勿用西方價值觀來看印度人對牛的態度。對印度人來說，牛隻可以犁田，可以提供牛奶，還有牛糞可以做為肥料與燃料。牛對印度人來說，即使不吃牛肉，仍然提供相當重要的資源（Harris, 1980: 435）。

　　根據考古學家與人類學家的研究，在新石器時代中東地區大量豢養豬隻，並且食用豬肉，印度大陸也是在新石器時代豢養牛隻，並且食用牛肉。但是一萬多年過去了，隨著人類對自然環境的開發所引起的環境變遷，如果當地人口繼續依賴或是食用豬隻，或是牛隻，會更為破壞環境，所要付出的代價太大，因而當地宗教會禁止食用豬肉或是牛肉（Harris, 1980: 432）。

　　Eric Ross 調查的亞瑪遜流域的 Achuara 族不捕獵鹿隻，而捕獵猴子、鳥

類、魚類等小型動物食用。因為族內男子人數不多，不足以組成大型獵團。也就是說，雖然捕獵大型動物獲取動物性蛋白質，比起捕獵小型動物來說，比較具有經濟效益。但是還要考慮該社會的人力組織，甚或是前述的生態平衡、宗教信仰等等因素。因此，一個社會的飲食系統是文化整體而且長期的發展結果。

二、殺豬以保存傳統信仰達到族群認同

河南半坡遺址出土有人類種植的小米以及豢養的豬，這些考古資料顯示，中國在六千年前的上古時期就已經豢養豬隻，豬隻在中國的宗教與飲食文化中都佔有中心地位（Chang, 1973、1977）。其實豬隻的豢養在中東地區也相當早，大約距今七千年前。然而考慮其傳播速度與時間，考古學家相信中國地區應該是獨立的養豬文化，而不是受到中東養豬文化的傳播所影響的。如上節所述，中東地區，豬在後來的飲食文化中並不重要。因為豬隻的生長環境需要潮濕又陰涼的地方，以調節體溫。然而中東地區因為人口增加，大量地採用畜牧與小麥耕作，造成樹林消失，沙漠擴增，這樣的環境不再適合養豬。很可能中東地區禁食豬肉的宗教禁忌，是因為豬肉實在是就短期來說，最低廉最快速可以取得脂肪與動物蛋白質來源，但是長期來說，卻會破壞現有的飲食系統與畜牧小麥的耕作環境。人類學家認為禁食豬肉的宗教禁忌，可能是為了徹底防範人們想吃豬肉而設下的殺手鐧。

相對來說，中國地區，除了華北與華西的少數乾旱地區以外，是以水田稻作的農耕方式為主要生業，整個環境是潮濕又多雨的。中國人口相當大量，需要大量動物性蛋白質，加上沒有空餘土地放養豬隻，因而發展出來以人工刻意密集餵養豬隻，豬隻所食用的食料多數是利用餿水，或是地瓜藤

葉[1]。比起豢養牛羊的牧場所需的牧草來說，養豬在自然資源佔用上是相當節省的。

承襲中國漢人千百年養豬文化，對於台灣漢人來說，農村裡的家家戶戶多數都會養一些雞鴨，甚至一兩隻豬。一來豬隻數量不大，平日的餿水可以應付豬隻的食料，二來年節所需的動物供品也有著落，不需額外購買。養豬對於一般農家來說並不陌生，雖也有專門養豬的豬戶，但是不像豢養牛羊一般，是一項專門的畜牧行業。因此，為殺豬公祭祀或是神豬比賽習俗，提供了一個文化基礎，就是家家可以養豬，人人可以參與祭祀。

美國女人類學家 Emily Ahern 於 1969 到 1975 年之間，在台北縣三峽地區多次的調查，指出來自福建安溪的移民在每年農曆正月初六清水祖師的聖誕日，殺豬公拜拜，以感謝清水祖師當年保佑移民安渡台灣海峽，以及百多年來的拓墾日子平安[2]。安溪移民的居住地區，包括三峽、樹林、鶯歌、桃園大溪等地，都會殺豬公祭拜清水祖師。三峽祖師廟的清水祖師是素食的神明，為何殺豬，而且用生豬肉來祭祀他？信徒回答 Ahern 說，豬肉不是給清水祖師食用的，殺豬是讓清水祖師可以用豬肉來安撫餓鬼，以及供應清水祖師的山靈部下食用。也就是說，人類在安撫惡鬼與山靈等鬼魅時，力量是不夠的，需要藉助強大有力的清水祖師才能主持大局。信徒殺豬公之後，祈請清水祖師慈悲為懷，以該等豬肉替人類安撫餓鬼，餓鬼就不會騷擾生民，或帶來瘟疫疾病。

鶯歌地區信徒的說法是，鄭成功帶兵到台灣北部地區時，很多士兵被一隻大鷹所吞食，鄭成功將這隻大鷹殺死，卻遍尋不到屍體，卻在此時山上出現一塊大石頭，正是大鷹的形象。石頭中間還出現一個大口，時時有煙霧噴出，非常嚇人。居民相信大鷹死而不僵，還會繼續出來咬人。居民遵從鄭成

---

[1] 地瓜在明朝時期由北美洲傳播入中國，不只養活更多人口，也讓養豬速度更快，提供更多豬肉。

[2] Ahern 的學生 Robet Weller, 1985、1987 也都有紀錄三峽祖師廟的普度儀式。但是重點不在殺豬公。

功的作法，就是每年殺一隻豬祭祀大鷹。但是因為老百姓不知道如何與大鷹的靈溝通，所以祈請祖師爺幫忙（Ahern, 1981: 404）。

　　神豬與一般豬公是不同的，每一隻神豬有它特別的飲食嗜好，並不吃一般的餿水，而是主人針對它的口味，專門準備的生鮮食材。每餐用畢，還要將豬嘴擦拭乾淨，每天洗澡，保持乾淨。神豬還有個性，只吃某一個人餵食的食物。家中有人吵鬧，它就不進食，有污穢的人接近，例如喪家、產婦等等，它也不進食。神豬在被餵養的過程中，逐漸取得有時是凌駕於一般人的優越地位。因為要呈獻給神明，神豬幾乎像是擁有了特別的靈氣。因而人們相信，殺神豬的時候，生肖八字低的人不能靠近，否則會被煞到而生病。殺神豬前，要先以酒和紙錢祭煞（制煞），壓制神豬被屠殺時因惱怒所產生的煞氣（Ahern, 1981: 404-405）。神豬屠宰之後，被加以特別的裝飾，全身的毛被剃光成白色，僅餘頭頂到身上的帶狀黑毛，加上一所牌樓[3]，身子下方供有活魚一尾，以及生的雞鴨各一隻。

　　Ahern 認為，進入 1970 年代之後，信徒不管政府的勸止，堅持殺豬公祭祀，是為了爭取自己的信仰自由，也是台灣人的認同象徵。所謂台灣人，包括福佬人與客家人，以對比外省人。因為，外省人不殺豬公祭祀，而無論福佬人或客家人都有殺豬公，而且裝飾豬公的手法類似（Ahern, 1981: 423-425）。

　　在閱讀過 Ahern 的文章之後，筆者訪問一位三峽陳姓信徒，她表示近年來並非家家戶戶都殺豬公祭拜「祖師公祖」，只有參與爐主頭家擲杯選任的人，才一定要養豬公。信徒的婆婆六十五歲大壽時，到大溪鎮買了一隻兩百多台斤的豬，養在豬棚內，餵它最好的食料，例如雞蛋、奶粉、鹹飯，搓成一整團餵食之。正月初六日到了，就在自家院子裡拜拜，「太小隻了，不必抬到祖師廟埕」。拜完就殺豬肉請客，稱之為「請豬公桌」。婆婆因為每一年

---

[3]　Ahern（1981: 410）說剃光毛的豬加上牌樓，好似一個人住在一棟房子內一般，神豬有如一個人。

都接受其他親人邀請吃豬公桌，「我也要回請一次」才特地殺豬公請客。三峽人相信，請豬公桌的客人越多，今年運氣越旺。筆者再問為何一定要豬公，不能母豬？信徒回答「古禮就是要公豬公雞，怎麼能用母的？」，「養神豬要閹了才不會發情，發情會瘦下來」。至於 Ahern 提到的，八字低的人會被殺豬公的煞氣煞到嗎？信徒的婆婆表示「沒這回事吧？只是因為殺豬時，難免場面殘忍，看到的人會不敢吃豬肉。」至於神豬有否煞氣？被殺時會惱怒？信徒的婆婆表示「沒有吧？！不會吧？！它本來就是被養來拜神的。」至於輪值的人家若是有喪事，可否拜祖師爺？信徒的婆婆堅決地表示「不可以！」

　　信徒說，養神豬也不是容易的事，真的要養到頭等的豬，有的要花三年時間。有的人不小心會把豬養死，或夭折的。因此，「以前的人說手氣好的人，運氣好的人，才能把豬養到得獎」。換句話說，如果豬得到獎，表示你今年運氣會很好。競賽神豬是很花錢的，還要請電子琴花車，風風光光地奏樂，熱鬧地送到廟埕。「豬公被裝飾得像日本相撲選手，身體用豬架撐大，只看到身體，看不到豬臉。豬身下面掛的鯉魚貼一張紅紙，因為有祖師爺保佑，鯉魚一天下來都還能活著。你不能不相信祖師爺的靈力」。

　　Ahern 文章提到殺豬公時會有煞氣，筆者訪問的信徒則不以為然。可能是年代不同，有些信仰或禁忌有了少許變遷了。筆者閱讀資料中發現有「發豬」（殺豬）的紀錄。發豬先生要「透腳青」，意即夫妻均健在及家庭清淨者。捆把豬隻由發豬先生代勞不要自己觸摸。發豬前要準備肉團、新圍裙、捆豬繩、刀具等，放在桶盤上，用香清淨，接著焚香拜請神明，念祭文。祭文內容大約是：所欲敬拜的神明名稱，弟子名稱，今日場合（普渡或是建醮），誠心奉獻神豬，良辰吉日庇佑合境平安。某某年月日時生肖不合者請勿宰牲畜。許麗玲說道教原本不血祭，為了迎合信徒，通融地為人們念「發豬」、「辭槽」的祝詞，這種祝詞無明文記載，通常只是一些吉祥話（許麗玲，

1995：180）[4]。

三、新埔義民廟神豬大賽

　　不只是三峽祖師廟殺豬公祭祀競賽，林口觀音寺，新埔義民廟，按照記錄看來，全省各地，各神明均有。歷史學者或許有興趣於考證台灣漢人殺豬公祭祀與競賽之原始原因，與起始時代。日據時期已經鼓勵養豬，殺豬公。可見其起始信仰應該可以追溯到清代。有趣的是，如同 Tsembaga 族十至十二年一輪殺豬公，三峽祖師廟殺豬公祭祀競賽，七年一輪。林口觀音寺十年一輪，新埔義民廟聯庄輪流祭祀殺豬公，是十四年一輪。

　　新竹縣新埔義民廟也有殺豬公，是在七月晉渡時候，1786-1788 年林爽文事件時，死於非命的客家人集中起來建立墳塚，清帝賜名曰義民，信徒稱曰義民爺（黃清漢 1987，賴玉玲 2001）。位於新竹桃園的十四個地區輪流[5]，十四年輪到一次殺豬公。所殺豬公是為了祭祀戰死的義民爺。義民爺是鬼或是神，在近年興起的客家研究中，是相當具有爭議的議題。對信徒來說，義民爺經過皇帝賜封，其地位是神。對非信徒來說，義民爺是當初爭戰強死之靈魂，沒有子孫後代祭祀，其屬性是中國信仰中的鬼。

　　台灣漢人喜慶拜拜時需要豬公，例如結婚拜天公，五十大壽生日，生頭胎兒子，還願答謝神明等儀式時都會拜豬公。其他喜慶儀式，例如，新居落成「起家」儀式可以殺豬公，也可以公雞，每年天公生日，農曆正月九日拜天公時，也是要公雞。平常的小拜拜可以用母雞。筆者問新竹縣關西地區的一位陳姓女信徒，為什麼要區分公豬或公雞？信徒說：「豬公才可以養得

---

[4]　道教在慶典或是建醮最後有「發豬獻刃」一個儀式。發豬意指殺豬，獻刃意指將刀刃獻給神明，表示豬是為神明而殺，不是為信徒而殺的。

[5]　民國六十五年，溪北區分裂為新屋、觀音兩區，成為十五大庄，十五年一輪。

大，豬公才可以養到一、兩千公斤。同樣的，公雞可以養到十三、四公斤一隻，母雞頂多可以養到八、九公斤，就不行了，肉就太老，太硬了。拜拜要用大的牲禮才表示誠心，所以要用公的牲畜。」當然，人類學家還會以抽象的價值觀來解釋，公雞與公豬都是陽性動物，拜拜要用陽性動物，才符合喜慶吉祥的心理。

義民廟的信徒說，輪到要拜拜的值年地區內，家家戶戶都要拜拜，如果要參加競賽或是「有與人來往的」才要養豬公，一般人家則可以買豬肉來拜拜或是請客，而不需要養豬公。要競賽養豬公並不需要很特別的知識或能力，只要是年長的老人家都有養豬的經驗，筆者訪問的關西信徒說：「我的婆婆七十多歲，就在家後面的豬圈養豬，提前一兩年就開始養，在自家的山坡地種植地瓜，後來還要購買特別的食料，例如奶粉拌麥片，還要吹冷氣，才不會太熱而生病。婆婆養的豬也有得過獎。」信徒的公公與丈夫先後去世之後，家中只剩婦女或是未成家的兒子，就不需要與人競賽或是殺豬公。

另外一位竹東鎮的劉姓女信徒說，祖父在世的時候，要養神豬祭拜義民爺。祖母與叔叔平常就有養三、四頭豬，家中缺錢時，就將豬賣給豬攤，換錢救急。等到輪值要拜義民爺的年份快到了，「就在豬隻中選一隻質地比較優良的，具有潛力可以養大參加比賽的小豬，與其他小豬分開來養，要特別照顧牠。以前沒有冷氣機，就在大樹下蓋一個豬圈，因為豬怕熱不怕冷。以前沒有特別撐大神豬的飼料，都以自家種的地瓜葉煮熟之後，加上大麥，還有米糠來餵豬，就很營養了。以前只要七百公斤就可以得獎。現在的人太誇張了，將神豬撐大到一千五百公斤。比賽前幾個月[6]，還要每天挑水替神豬洗澡。人都不一定每天挑水洗澡，但是神豬一定要很乾淨」。

這位竹東信徒說，自從祖父去世之後，父親並不養豬公祭祀，輪到祭拜

6　許麗玲（1995: 181）引《周禮・充人》說明台灣的神豬的飼養過程遵循古禮制度，犧牲祭品要與其他牲畜隔離至少三個月，才可以給神明享用。

義民爺的年份到了，就以買來的三牲祭拜即可，誠心就好。筆者追問說，為
何祖父需要養豬公競賽？這位信徒停頓一下，之後說，「可能因為祖父是獸
醫，平時以草藥替人治療牲畜疾病，一帖藥三、五塊錢。祖父有將草藥知識
傳給媳婦，（也就是這位信徒的母親）。母親靠著一點點的草藥知識，採草藥
在市場賣，拉拔幾個子女長大，已經很不容易了，無力再飼養神豬祭拜了。」
信徒繼續說：「你不知道喔！以前的人如果要比賽神豬，即使沒錢也要借錢
來花。但是父親與母親的日子不好過，不想再這樣做了。祖父認識的人面較
廣，需要與人應酬，大概是面子問題吧？！養神豬競賽的都是那一些輪值爐
主的人，或是有許願需要還願的人。一般人家只要祭拜義民爺，不一定需要
養神豬」。

　　這位信徒還說到，「以前義民廟祭拜時，新埔義民廟旁邊的田地都擺滿
了豬公，非常壯觀，大家都很誠心。我的表哥住在義民廟附近，每年都要殺
豬公祭祀，沒錢也一定要殺，但是不需要非常大隻。現在義民廟太觀光化了，
來參拜的神豬比較少」。筆者再追問，為何要公豬不要母豬？「因為要祭拜
神明呀！當然要公的！」。筆者問公豬必須要閹掉的嗎？信徒表示不知道，
後來說「閹了是讓豬公不發情，可能是因為要敬神的」。筆者惹人厭地再追
問信徒，是否知道義民爺信仰來源？信徒說「以前閩南人與客家人經常為了
居住地而競爭，聽我爺爺說那一次的閩客鬥爭之後，死掉的客家人很多，用
牛車載，一車一車的，到了新埔，牛不走，牛車不動了，大家便決定在那裡
埋葬祭祀。」[7]

　　從這位信徒的訪談中，我們可以知道，1. 她並不反對殺豬公祭拜，反而
認為是誠心的表現，2. 殺豬公祭拜必須量力而為，無須借錢來花費。如果沒
錢，以三牲祭拜就可以。3. 養神豬應該以自然方式來養，不能以人工方式硬

---

[7]　建於乾隆五十三年，完工于乾隆五十五年的新埔褒忠亭義民爺信仰，源自林爽文事件，竹塹地區
　　的客家人與平埔族竹塹社，加上清軍，聯合擊潰林爽文兵眾。事後，得乾隆皇帝賜名「褒忠」。
　　見黃清漢 1987。

要撐大，4. 養神豬應該重視乾淨，敬意為上。

筆者研究的大甲鎮瀾宮每年前往新港進香時，都會有豬羊牲禮，豬與羊都必須是公豬和公羊。由大甲廟方委託新港奉天宮安排購買神豬，或是租用神羊。神豬的數目會依據當年報名香客人數而變動，每年大約是十幾頭，拜拜完，會切割給香客食用，稱為「豬羊份」，分沾福氣之意義。神羊的肉因為比較昂貴，並不切割給信徒食用，所以幾乎固定每年是三頭，是代表廟方祭祀用的，有的神羊是租來的，拜完就退還[8]。

香港研究（Watson, 1975）指出祭祖時所用生的豬公肉，祭祀完畢，在祖祠前面廣場上，切割豬肉每一人一份，照片顯示豬肉塊大約有成千上百塊，整齊地排放在祖祠前，等人來領取。另外還有許多紀錄是，在墳頭上祭祀祖先則用烤熟的金黃色的小乳豬。

如果以上述幾個例子來分析，以豬肉祭祀祖先或是敬拜神明[9]，都很普遍地見於台灣、香港等華人地區的民族誌調查記錄中。但是要信徒親自餵養豬公，家家戶戶雇請師傅宰殺，甚或要競賽，則並非常見。台灣地區有名的規模最大的，還是三峽祖師廟、新埔義民廟、林口竹林山觀音寺等[10]。

如果上述鶯歌信徒說法足以採信，那麼三峽與新埔大量殺豬公是因為歷史上的戰場遺留下大批亡魂鬼靈，當地人的歷史記憶是殘忍、傷痛而又害怕的？為了告慰亡靈而不得不每年輪祀殺豬公？是潛在的「血債血還」信仰嗎？如果不是灑豬血就會帶來灑人血的後果？一定要見紅，一定要殺活生生的豬公，才足以告慰亡靈，換來地方上的平安？許麗玲也指出殺豬公祭祀，除了是源自於民生息息相關的生活型態，也是基於「懼厲」的心理（許麗玲，1995：179-180）

8　筆者詢問大甲洪瑩發先生。

9　中國禮俗上用豬拜神是很早就有的，天子以太牢祭祀，太牢是牛羊豬三牲。諸侯以下到庶民是用少牢，少牢是羊豬兩牲。

10　2003 年 8 月 8 日聯合報記載，動物社會研究會統計全省有十五個慶典舉辦神豬大賽。

不過，我們也看到一些清代的殺戮戰場，並未以殺豬公或是賽豬公來紀念。例如，同樣是台灣北部的基隆中元祭，或是宜蘭頭城中元祭典（鈴木清一郎，1981：470-472，游謙，1995）有獻祭全羊全豬，分豬公肉，但是沒有神豬大賽。基隆中元祭的主廟，老大公廟，根據廟誌記載，咸豐元年魴頂發生漳、泉械鬥，雙方死傷慘重，經過協調，替無主的死者立墓祭祀（陳緯華，1997）。每年有幾個大的姓氏組團輪祭，但是並未舉辦神豬大賽。宜蘭頭城中元節搶孤也有漫長歷史，也並未舉辦神豬大賽。

四、林口竹林山觀音寺殺豬公

台北縣林口鄉的竹林山觀音寺有二十個坪位（附屬地區），包括宜蘭冬山、樹林鎮、林口鄉、大園鄉、桃園市、三重市、新莊市、泰山鄉、龜山鄉、蘆竹鄉等範圍。分三個區塊「直屬坪位」、「巡迴坪位」、「正爐坪位」個別輪流祭祀。「直屬坪位」五年一輪，「巡迴坪位」九年一輪，「正爐坪位」六年一輪。「直屬坪位」於每年農曆九月十九日賽神豬、「巡迴坪位」於每年農曆三月二十三日過爐賽神豬、「正爐坪位」於每年農曆九月十五日過爐賽神豬（蘇健仁，2006：50-86）。

筆者以為可能因為牽涉地區太廣，又因為分成三個區塊，分別於三個不同日子賽神豬，比較沒有引起社會大眾或是媒體注意。以神豬獻祭給觀音菩薩應該是養神豬的目的，但是調查者（蘇健仁）描述當天活動以賽神豬、賞神豬為重頭戲，觀音菩薩巡迴神豬，接受牲禮，成為聊備一格的部份。等觀音菩薩巡迴神豬之後，神豬主人開始「開豬」，亦即殺豬，切割豬肉給親朋好友分食（蘇健仁，2006：50-60）。

在描寫三峽賽神豬的文章中，也有作者指出，參加神豬比賽的飼主會把親友贈送的金牌懸掛出來，金牌掛的越多，表示飼主人面越廣。賽祀過後，

主人把豬頭豬尾迎回家中，代表有頭有尾。豬肉則分給親友吃，代表平安。有的參賽者會將剩餘豬公肉當場拍賣，每斤叫價千餘元，還是供不應求。因為買者認為供神的神豬，吃了保平安（李楷瑞，2001）。許麗玲也說客家地區神豬賽祀之後，有「分福肉」或稱「分福」的行為（許麗玲，1995：185）。

　　如果暫時撇開深層的宗教意涵或是神聖象徵，單就行為的表面層次來說，神豬飼主分割豬肉給親朋好友，親朋好友賞賜金牌給神豬主人，可以說是一種經濟交易行為，亦即，以金錢買賣豬肉。再同樣就表面層次來說，藉著社區廟宇慶祝神明誕辰，激發信徒飼養神豬，無論是最終得獎與否，總是鼓勵了很多信徒飼養豬隻。在神明監督的名義之下，所有信徒都必須小心謹慎地飼養豬隻，也都開心樂觀地飼養豬隻。所有的豬隻到了慶典當天一起宰殺食用，大量地給予社區信徒及其友好村落（參與輪值的村落）的居民補充動物性蛋白質。在農業社會每隔十年左右，彼此輪流互相做東，維持社區居民情感，聯絡友誼村落，大家補充動物性蛋白質，無可厚非。但是進入二十一世紀的現在，是否還需要持續殺豬公祭拜，值得深入地討論。

　　就在筆者決定寫殺豬公這篇文章之後，一位世居桃園的博士班學生來訪，我和他討論殺豬公的存廢問題，他面露難色地說：「我們家世代都會養豬，不是專門為了賣豬，而是養三、五頭左右。桃園地區昔稱『豬公窯』，意思是養豬很普遍，桃園有一種豬種叫做『桃園種』，肉質比較緊實，長的比較慢。別的豬養一年，我們要養一年半。」好像是說養豬是地區上世代都做的事情，並非我們的意志抉擇。他繼續說道：「其實養豬沒什麼不對，被批評是因為灌食。現在已經改成在慶典開始的前半年，廟方就派人到飼主家秤重量。所以無法作弊灌食。」我想讓他輕鬆一下，故意開玩笑地問：「那麼，要殺之前豬公知不知道？」他的答案出乎我意料之外，真是讓我如獲至寶：「豬公（死之前）半年前就開始吃素，你餵它吃葷的，它不吃，只吃地瓜葉等。要秤重量時，它會自己走進豬籠裡。我阿嬤說，神豬被殺之後，下一輩子就會投胎成人。這是它最後一輩子當豬。因為拜神的緣故，可以提早

讓它輪迴成人」。

　　還有一些報導指出，殺豬公一定雇請殺豬師傅而不是飼主本人，即使飼主是殺豬人，也一定另外請人殺。因為餵養豬公過程中，把它當作自己的小孩一般來養，實在無法看它被殺。許多飼主都是離開屠殺現場的。Ahern 也說豬公很「貴氣」，要避開污穢的事情（Ahern, 1981: 409）。我們知道「貴氣」是台灣話用來形容小孩子餵養過程的形容詞。

　　筆者不知道這位博士班學生的阿嬤信什麼教，但是顯然這樣的邏輯讓信徒可以實踐祖先遺留下來的習俗。人類學家訪查社會習俗時的信念，便是認為當地人有他們的思考邏輯。無論當地人的行為如何讓人類學家不解，也一定有其當地的理由，或邏輯解釋。人類學的教科書一再要求，不能片面地以人類學家的邏輯來解釋當地人的行為。這是為什麼筆者聽到學生的答案時，有如獲至寶之感。因為若非當地人（insider）是無法說出來的。

　　這讓筆者回想多年前國際保育組織緊迫盯人地注意台灣購買動物性中藥材的事情。當時很多藥房老闆或是病人，防衛地說：「動物要生存，人類不要生存嗎？」，還有的人說：「西方人說我們殘害動物，他們每天殺牛吃牛肉，他們穿貂皮大衣，在我們來看也不可以！」事過多年，西方的貂皮大衣因為動物保護人士極力反對，而減少很多。台灣的動物性藥材禁用方面，也逐漸有藥房拿出替代性藥材，或是小心地盡量不開此一類藥方。

　　也就是說，一項行之已久的習俗，信徒雖然知道不合時宜，（如這位博士班學生面露難色的表情，或是筆者訪問的幾位信徒，回答筆者時也都並非引以為傲的態度，而比較是回憶往事的態度），但是要全面改革畢竟需要時間。

五、動物權與動物法

　　台灣於民國八十七年十一月四日通過的四十條動物保護法，經過幾次修改，民國九十六年七月十一日公布的新版法條中[11]，第三十條規定，「飼主對於所管領之動物應提供適當之食物、飲水及充足之活動空間，注意其生活環境之安全、遮蔽、通風、光照、溫度、清潔及其他妥善之照顧，並應避免其所飼養之動物遭受不必要之騷擾、虐待或傷害。」處罰新台幣一萬元以上五萬元以下。因為過失或惡意導致動物死亡者，處一年以下有期徒刑。

　　主張動物權的人士反對殺豬公，並非反對祭祀儀式，也不是反對殺豬，而是反對「神豬大賽」的養豬人過度撐大豬的體重，豬隻無法運動，只能吃與睡，增重的結果祇是為了打破紀錄，為主人取得勝利，贏得神明青睞。猶有惡者，增重結果不是宗教目的，而是世俗的為主人拼面子，或在賭博上取得勝利。

　　通常比賽神豬的場合，也會比賽神羊，神豬比賽的是重量，神羊比賽的是羊角長度。神羊並未傳出不人道地餵養方式的新聞，神豬則時有所聞。為了增加神豬重量，在廟方人原來稱磅重量之前，強迫灌食，可以增加約五十台斤的重量。有的還灌入鐵沙來增重，當然有的豬隻不耐灌食而撐死（邱顯明等，2006）。

　　其次，還有不人道的是，豬公被餵養過程中，為了增重而不要它長高，或是運動，飼主會在豬圈上方釘上橫木，豬公只能翻身不能走動，來限制豬公行動。而在宰殺過程中，因為豬公體重過重，脂肪肥厚，必須用長達一公尺的屠刀，才能割穿豬體，拉扯放血，過程十分慘忍（張君豪，2007）。

---

[11] 農委會網頁 http://www.coa.gov.tw/show-lawcommand.php?serial=9-cikuo-20040915105337&code=A09&type=A2007-9-14。

　　行政院農業委員會官員表示，要用動物保護法來處罰飼養神豬的人，理由很牽強[12]。但是筆者以為如果替神豬灌食，或是釘木條限制其活動，則應該觸犯動物保護法了。在尚未有動物權觀念或是動物保護法實施之前，日據時代也曾經禁止過豬公比賽，國民政府在 1970 年代也勸阻過，但是成效不彰。反而被信徒拿來作為反對政府的理由，認為政府壓制人民宗教信仰（Ahern, 1981: 424-425）。筆者以為唯有藉諸民間團體，唯有長期抗戰，才不會引起民間或是信徒太大反彈。

　　我們無法得知目前台灣食用雞肉的量大於豬肉或是相反，養雞過程中也是慘不人道的。已經很多書或是電影描寫不人道的養雞方式，筆者無意在此申論。有多少雞是放山雞？幾乎都是雞場關在雞籠裡飼養的飼料雞。雞籠裡的雞也一樣是無法運動。母雞終日下蛋，被餵養過多的抗生素、生長激素等藥物。麥當勞等幾個品牌的國際連鎖餐飲事業，帶來年輕人大量地吃雞肉的風潮，台北滿街的鹽酥雞、烤雞、炸雞排等等零食，甚至只要雞腿而不需要其他部份的雞骨或是雞肉。已經有網路訊息錯誤地傳布著養雞場養出畸形的雞隻群，兩隻大腿被人工改造得過度地大，身體其他部份相對地萎縮。

　　基於宗教信仰自由，以神豬祭祀恐怕很難消除，上述所援引之新幾內亞民族誌，Ahern 在三峽的訪問，筆者的訪問，以及中國古禮《周禮》的記載，可以知道以動物祭祀是有其歷史淵源以及宗教心理需求，很難禁止。甚至有素食業者，素料加工業者指出，素食者既然自己都吃素了，為何還需要素雞、素鴨、素魷魚等素料？原因之一是，素食的信徒認為祭祀時，仍然需要以動物來祭祀才隆重（陳千群 2007）。就可以知道，以動物牲禮祭祀在宗教信仰中的地位。

---

[12] 2003 年 8 月 8 日民生報。

六、結論

　　無論是採取生態平衡的理論或是族群認同的理論，人類學家的立場都是尊重當地人的宗教傳統，未曾提出反對殺豬公的呼籲。人類學家這種保守態度，雖是尊重當地傳統，也是受到十九、二十世紀社會科學方法論的限制，認為研究者應該客觀中立地觀察、記錄其所研究之現象，而不應該介入或是阻止當地人的行為。這樣的方法論的確讓科學研究達到抵制歐洲殖民政府過度破壞土著傳統文化之目的，有其時代背景與學術倫理價值。

　　然而現在許多人類學研究或是社會科學研究，是針對研究者本人所處社會內的現象，並非昔日白人研究者與土著被研究者雙方身處兩個不同的世界。處於自身社會中的研究者有其社會責任，也常被要求公開其研究成果，研究者需要表達立場似乎是越來越不可避免了。Ahern 在 1970 年代，敘述三峽居民以殺豬公拜拜來表達台灣人的認同，以對立於領導階層的國民黨政府的外省人。當年 Ahern 站在弱者的一方，替台灣百姓發聲時，當然不會想到三十年後，弱者的一方變成是被殺的豬公們。今日我們同樣看殺豬公拜拜，卻必須考慮到神豬大賽時的殘虐行為。這是本文英文題目意義所在：「重新反省殺豬公拜拜」。

　　慶典儀式中殺豬公祭祀，在往昔農業社會有多重功能，一來祭祀神明，撫慰開拓先烈，以及械鬥身亡的先民，二來凝聚社區居民情感，三來補充平時少進肉食的農民。但是現在工商社會，不要說豬肉，其他的牛肉、羊肉、雞、鴨、魚肉，或是進口的火雞肉，不虞匱乏，隨時可以購買。祭祀神明或是撫慰先烈，衡諸各地廟宇或是其他儀式活動，可以用豬羊犧牲祭拜，但是無須比賽。若是凝聚社區居民情感，除了宗教祭祀活動可以照常舉辦之外，還有各種社區活動可以輔助，例如，台灣近年流行的社區總體營造活動，觀光季，藝文季，土產季等等。

儀式中的動物供品，麵龜和麵羊都可以被信徒接受，幾乎不見有人提出麵豬，為何龜與羊可以取代，而豬公不可以被取代呢？龜羊的取得比較不容易，也不是一般人的日常食物。豬肉卻是台灣漢人最常食用的肉食，如果祭祀用麵豬，是太造假做作了。當然，改革是需要時間的。在當地人來看，地方上世代以來都做的事情，怎麼錯了呢？如果是少數不肖份子投機，或是為了個人面子與利益做錯事，那麼應該處罰不肖份子，或是改善錯誤的部份。如果是整件事情都不合時宜了，也是讓時間來解決，而不要激烈地阻止。我們看到神豬數目一年一年地減少了。即使不是為了動物權，很多信徒認為養豬太麻煩了，三牲就可以表示敬意。更多年輕人不再拿香拜拜，民間信仰的信徒日漸萎縮。

筆者回想起 1997 年與台灣學術界組成的訪問團體到福建沿海各地，巡察台灣民間信仰的幾個祖廟地點。筆者一行人吃素，一路上都造成接待餐廳少許困擾。在湄州島媽祖的故鄉，當地人多數是漁民，餐廳招待我們的是麵線加上幾顆花生米。中國大陸文革之後，沒什麼人因為宗教信仰或是其他理由吃素，一般人不清楚素食的食材範圍，也不清楚我們吃素到什麼潔淨程度，最關鍵的是不理解我們為什麼吃素？當大家只怕吃不飽或是沒得吃的地方，是不會講究吃的食物。同樣地，我們理解另一個時空的食物傳統的產生背景之後，我們知道不是當地人的錯或是文化的錯。現在時空轉換了，時代變遷了，台灣的飲食習慣也經過很大變遷，已經不需要用拜神來補充豬肉了。

現時的台灣已經不需要漳泉械鬥，或是閩客械鬥，或是抵禦原住民出草，宗教人類學的研究指出，信仰可以變遷，儀式卻是抗拒變遷的。信徒或許在信仰層面上知道不需要再殺豬公，但是儀式層面上卻不敢不行禮如宜，一年一年的遵照傳統執行。最後，站在動物權以及人權（宗教信仰權）雙方平衡的立場上，筆者以為不需要再鼓勵社區信徒全面性的養豬比賽，或社區信徒全面性的殺豬祭祀，更無須再舉行神豬大賽。而代之以由廟方舉辦儀式活動，由廟方準備少牢牲禮即可。

參考書目

李楷瑞

    2001　「來去三峽看豬公」，《自立晚報》2001 年 1 月 21 日第十三版。

李豐楙

    1993　〈苗栗義民廟信仰的形成、衍變與客家社會〉，中央圖書館台灣分館主編，《建館七十八週年紀念論文集》，頁 91-116。

林光華

    1990　〈褒忠義民廟之沿革〉，《客家雜誌》9/10：30-31。

林渭洲

    1992　〈台灣地區清水祖師信仰研究〉。成功大學歷史所碩士論文。

邱顯明等

    2006　「強迫灌食撐死豬」，《自由時報》B5 社會調色盤版。

張君豪

    2007　「三峽 1284 斤冠軍神豬」，《中國時報》2007 年 2 月 8 日 C3 版。

許大維

    1989　〈三峽——尋訪安溪人的守護神清水祖師〉，《漢聲雜誌》20：76-78。

許麗玲

    1995　〈台灣民間廟會中神豬競祭的幾個現象與分析〉，漢學研究中心編，《寺廟與民間文化研討會論文集》，頁 171-188。台北：文建會。

陳千群

    2007　〈當代台灣素食文化實踐軌跡初探〉。清華大學人類所碩士論文。

陳緯華

　　1997　〈基隆中元祭：儀式、文化與記憶〉。政治大學民族學所碩論。

曾振民

　　1977　〈褒忠義民廟的社會功能〉,《中國民族學通訊》15：18-19。

游謙

　　1995　〈頭城搶孤的歷史與演變〉,漢學研究中心編,《寺廟與民間文化研討會論文集》,頁 503-530。台北：文建會。

黃清漢

　　1987　〈新埔義民廟祭祀圈結構之研究〉。文化大學地學研究所碩士論文。

鈴木清一郎（高賢治翻譯）

　　1981　《台灣舊慣習俗信仰》,頁 466-472。台北：眾文。

賴土圳

　　2001　〈新埔枋寮義民爺信仰與地方社會的發展：以楊梅地區為例〉。中央大學歷史所碩論。

蘇健仁

　　2006　〈民間信仰與現代社會之互動——林口竹林山觀音寺為例〉。真理大學宗教所碩士論文。

Ahern, Emily M.

　　1981　"The Thai Ti Kong festival", in E. M. Ahern and H. Gates eds. *The Anthropology of Taiwanese Society*. Pp. 397-425. Stanford: Stanford Univ. Press.

Chang, K.C

　　1973　"Radiocarbon dates from China: some initial interpretations." *Current Anthropology* 14: 525-528.

　　1977　"Chinese paleoanthropology." *Annual Review of Anthropology* 6: 137-159.

Harris, Marvin

 1980 *Culture, People, Nature: An Introduction to General Anthropology.* New York: Harper & Row.

Rappaport. Roy

 1967 "Ritual regulation of environmental relations among a New Guinea people," *Ethnology*, 6: 17-30.

 1968 *Pigs for the Ancestors: Ritual in the Ecology of a New Guinea People.* New Haven: Yale Univ. Press.

Watson, James L

 1975 *Emigration and the Chinese Lineage: The Mans in Hong Kong and London.* Berkeley: Univ. of California Press.

Weller, Robert

 1985 "Bandits, beggers, and ghosts: the failure of state control over religious interpretation in Taiwan." *American Ethnologist* 12: 46-61

 1987 *Unities and Diversities in Chinese Religion.* Seattle: University of Washington Press.

第十二章　同神異貌與地域區隔[*]

張　珣

中央研究院民族學研究所研究員兼所長

本章大意

筆者由於長期有興趣於研究臺灣媽祖信仰，難免趁出國機會觀察海外華人的天后信仰。2015年9月在香港中文大學進行學術交流，順便走訪香港幾個天后古廟，也重新閱讀之前學者有關香港的天后信仰著作，在此一起做一個港台天后信仰的比較初探。討論擬從以下幾個層面進行：一、天后或媽祖？二、從香港水神信仰談國家對神明的管制，三、正義的化身／慈悲的媽祖，四、大澳鄉太平街天后古廟，五、大澳天后遊涌儀式，六、香港的水神信仰，七、從香港天后信仰談神人一體。

一、前言

　　海外華人社區由於其第一代僑民多數是十八世紀或十九世紀從閩粵移民出去，隨身帶去家鄉神明保佑路途平安。落地定居之後，也就奉祀家鄉神

---

[*]　原題為〈同神異貌的宗教人類學考察：港台天后信仰比較初探〉，原刊於《台北城市科技大學通識學報》5 卷（2016）：87-100。

明。天后信仰是普遍共同的信仰，而王爺或是其他神明則視祖籍地不同而有差異。因此，有一說法是天后乃是華人社區的指標。我們見到日本、琉球、港、澳、越南、泰國、新加坡、馬來西亞、印尼、菲律賓、美國的華人社區，均有媽祖廟（張珣，1998）。即使當今台灣新移民也在美國舊金山建立北港媽祖分廟。基本上，媽祖信仰中不可變更的核心部份，應該通見於各地；而媽祖信仰中附屬的部份則可能因地而異。因此，通過對各地媽祖信仰的比較，可以增加我們對媽祖信仰的認識。

二、天后或媽祖？

女神林默娘在臺灣通常被信徒暱稱為「媽祖」，臺灣盛行媽祖信仰是在女神被清康熙二十三年（1684）敕封為天后之後（石萬壽，2000），但是信徒仍以媽祖稱呼之。反之，林默娘在香港被信徒稱呼為「天后」，天后信仰也是在清初（1669）香港遷界，住民又回到香港之後，才大為盛行（廖迪生，2000：103），當時林默娘已經被敕封為天后，因此現存廟額多數寫著「天后古廟」。香港地鐵捷運甚至有一站名是「天后」。同樣是清初林默娘被敕封天后之後，其信仰才大為盛行，為何台灣至今仍暱稱媽祖，而香港則敬稱為天后。或許是臺灣移民多數為閩南人，沿襲福建莆田林氏後人對媽祖的稱呼。香港雖然也有福建移民，但是未足以成為影響信徒稱呼的勢力？還待未來進一步釐清。

有關香港天后信仰著作（廖迪生，2000）中顯示，香港天后信仰並不流行前往福建進香或是謁祖的風氣。香港天后廟宇彼此之間也不流行常見於臺灣媽祖廟之間的排比輩份，區分老廟或是新廟，新廟要前往老廟迎取香火刈火等等習俗。香港天后廟之間也不互相稱呼姊妹或是母子，廟宇之間不流行攀親搭戚。至今也並未出現如臺灣媽祖聯誼會一般的天后聯誼會等等壯大彼

此聲勢的網絡組織。這是因為英國人近兩百年殖民治理之影響嗎？或是原籍福建的信徒人數不夠多的原因？東南亞也不見謁祖進香或是廟宇聯誼，因此，還需探討原因。

臺灣媽祖信仰最大型的儀式是進香繞境，經常可以把沿途村落凝聚起來。香港天后信仰最大型，也經常被學界討論的儀式，是大醮（蔡志祥，2000）。尤其是由各地宗族舉辦的大醮。亦即，香港天后信仰位於宗族勢力之下，宗族祖先祭祀盛大於天后信仰。天后繞境不只是巡視其保佑範圍，最重要是地主確認其領土轄區的方式（Watson, 1985: 311-312）。而臺灣媽祖信仰經常是由村落而非宗族來進行。此一差異牽涉到傳統中國邊疆漢人社會（村落）的凝結力量來源是宗族？或是宗教力量？這是人類學中國研究的古典問題之一，Freedman（1958）與田仲一成（1985）觀察到華南廣東的單姓村多，血緣宗族勢力強大，村落內主要是由血緣宗族來安排神明慶典。莊英章（1973）進行港台泛文化比較之後，發現台灣宗族勢力不大，異姓村多，村落的凝結力量來自於神明祭祀組織，由異姓組成的祭祀組織。臺灣尤其發展出祭祀圈的村落結合方式（許嘉明，1973）。

三、從香港水神信仰談國家對神明的管制

一般以為十里洋場的都會香港不會有傳統民間信仰吧？事實上，隱身於車水馬龍繁華街道之後，仍有很多廟宇。1997 年回歸中國之前，香港華人學界不甚留意傳統華人文化，也比較少進行民間文化的研究或是紀錄。對比起現在香港年輕人關心在地文化遺產，進行社區活化，真是不可同日而語。目前留下來的有關民間文化與信仰的著作，很多是英國殖民時代人類學家的調查。尤其是英美人類學家在 1960-80 年代，無法進入中國內地調查，而紛紛以香港、台灣、新加坡作為替代研究地區。而讓我們吃驚的是，英國殖民政

府在香港保存了相當多的民間信仰廟宇、佛寺、道觀以及地方傳統儀式，此與當時香港總督府的宗教政策有關。

　　1841 年，英國占領香港並強調一切禮儀風俗概准自由沿用。1870 年，港府成立東華醫院（即後來之東華三院）慈善團體，該團體同時接管文武廟與其他十三家廟宇的廟產管理。隨後因城市發展，廟宇的管理逐漸增多紛爭。1928 年，港府又頒布《華人廟宇管理條例》以防止侵奪廟宇管理權與財產（危丁明，2007）。目前「香港華人廟宇管理委員會」其下註冊了 347 間廟宇，包括佛寺、道觀、民間信仰廟宇，新興宗教如德教會、天先道、一貫道廟宇。所謂「註冊」是簽訂廟宇管理合約。意即採取合約制，各廟宇具有一定程度之自由選擇。「香港華人廟宇管理委員會」成員包括民政事務局局長以及政府委任的數十位委員。

　　值得兩岸政府借鏡的是，港府並不從當政者立場先裁決何者為淫祠邪神，何者需要保護或是取締拆除。而是讓所有宗教信仰都納入一個由民間與官員組成的團體來接管。此管委會得到政府允許時，可以視察（儀式）、管理（審計收支）、控制（罰款不超過一定數額）其下註冊之廟宇。其次，主要著眼在廟產管理，並讓廟產公開化、慈善化。其次，管委會守成的管理方式與年年舉辦傳統儀式，保護了宗教民俗文化以及維持了港人對於中華文化價值的認同（陳進國，2013：218-221）。

　　在人類學對香港民間信仰的調查著作中，目前仍然廣受引用的是華琛（James Watson）寫於 1985 年有關國家標準化天后信仰的一篇論文。中國在 1911 年之後，國家沒有禮部或祀典來安排神明位階或是廟宇層級。台灣受日本殖民或是香港受英國殖民也都不再有朝廷禮部或是祀典來管制。現代人無法想像在帝制中國時代，神明必須聽命於世俗皇帝的敕封來決定自己的位階。Watson 該文說明「標準化」，是指香港天后信仰經過清廷推行，用以取代各地淫祠邪神之後，原有在地的沙江媽等等位階低的海邊漁民女神信仰，逐漸被吸納成為清廷肯定的天后媽祖信仰裡面。否則，原有各地小神可能被

清廷視為淫神，或是崇拜明朝遺臣的信仰。沙江媽原廟宇順應時勢改頭換面，改祀媽祖。華琛引申其觀察為「天后信仰的標準化也象徵了中原清王朝對於邊疆地區的政治收編」（Watson, 1985: 311）。

歷史上，華人神祇或是廟宇的改頭換面，並不罕見。不只可以從沙江媽改成天后，也可以從道觀改成佛寺。政治上的改朝換代，經常帶來宗教上的改頭換面。新王朝推崇某一神祇或是某一宗教，廟宇為了自保，順應時勢，也經常更改主神或是廟額。華人廟宇向來即供奉多位神祇，主神之外，還有陪祀神。主殿之外，還有偏殿，後殿可以供奉不同神祇。儒釋道三教神祇一起供奉，最是安全保險，以躲過官府查緝。這對於信徒來說，司空見慣，不以為奇。

位階低的女神被吸納成為國家肯定的媽祖，這種情形在台灣也有。台灣雲林六房媽信仰，其傳記說明了神明降乩扶鸞指示其名字為林美雲，廣東省海豐縣林家村人（徐雨村等，2015）。各地一些不是林默娘的媽祖信仰（凡夫子，2001），應該都可以採取這樣的解釋。亦即，各地原有一些在地的女神信仰，在某一時代隱姓埋名。基於躲避官府查緝或是其他理由，信徒與廟方逐漸向官方肯定的媽祖信仰靠攏。到了某一時代，藉由降乩扶鸞、託夢或是其他方式，告示信徒欲正名救世。

至於什麼樣的時代，小神明容易隱姓埋名？什麼時代又紛紛正名現身呢？人類學家 Robert Weller（張珣，2006：64-65）認為，國家力量強大時，取締力量強大時，小神明傾向於向國家允許的神明靠攏而隱姓埋名。國家力量小的時候，或是國家力量難以達到之邊疆地區，小神明或甚至是鬼崇拜比較盛行。鬼信仰如果夠大，通常國家透過地方官府加以收編並納入地方祠廟。如果是抗拒國家收編，持續以野戰方式或是隱形組織方式傳教，則被國家視為淫祠邪神或是厲鬼。也因此，中國神明的「正／邪」之別，不在其教義，而在是否與國家合作。「正教／異端」之別，也以是否反叛國家來做準。

四、正義的化身／慈悲的媽祖

　　香港離島大嶼山西北角的大澳鄉，面對珠江口，大澳鄉有兩座天后廟。比較大的一座是位於新村八號的天后古廟。

　　人面對廟門時，右邊對聯「民國辛酉年 島國渡慈航幸有神靈扶水陸」，左邊對聯「新村存聖蹟故留廟貌狀山河 吳家豪撰（下十八人名同立）」。跨進廟門，來者馬上撞到第二重門板，亦即，一進入大門，中央橫擋著有兩塊紅門木板，阻擋來人直接看到大殿主神。這樣的第二重門版設計，在港澳常見，但是在台灣幾乎未曾見到。臺灣常見的是進入廟宇大門之後，以巨大香爐來阻擋信徒直接看到大殿主神。

　　這兩塊門板右邊木板對聯「嘉慶上章 何故想拈香聖德流光由此升堂須潔拈香臉面」，左邊木板對聯「甚因思入廟鴻慈默化於斯出戶常存入廟心腸」。側彎入第二重門板之後，往右邊看到右邊供奉有「車公爺」神龕，神龕前有一個四片葉子的風車，上寫「招財進寶」，還有一個紡紗的機器模型。左邊供奉「福德公」神龕。兩個神龕前均有香爐，正燒著直立線香。福德公的神龕旁供奉一艘實體木船，船尾有一尊小媽祖神像，前有一只比神像大的香爐。爐上插有一根還在燃燒的直立線香。供奉大小不等的實體船隻在媽祖廟內，在港澳的媽祖廟常見，但是在台灣比較少見了。同樣地，港澳信徒常會說，媽祖是漁民或是海邊人家信奉的神明，但是台灣信徒則會說媽祖是人人都祭拜，各行各業都會奉祀。

　　人面對鎮殿天后神像，上橫寫「有求必應」，最貼近神像的對聯左右一樣的文字「風調雨順合境平安」、「風調雨順合境平安」。往外一層對聯，右邊直立對聯「厚德配人天四海慈航並濟」，左邊對應對聯「英靈昭大地千秋俎豆常新」。在往外一層對聯右邊「天恩默庇大澳商漁沾聖澤」，左邊對應對聯「后德長扶新村子庶藉神功」。供桌上的橫桌巾寫「天上聖母」。

　　鎮殿天后神像的右邊神龕上寫「財帛星君」，神龕內有「財帛星君」、「楊公侯王」。左邊神龕上寫是「金花娘娘」，神龕內有「惠福夫人」、「惠福太歲」。左右神龕供桌上均有香爐，正燒著直立線香。鎮殿天后神像前方右邊有高腳木凳，供奉了有媽祖的令旗好幾支，裡面暗藏有一把 30 公分長銅劍，是媽祖用來斬殺妖怪的，曾經被偷，廟祝吳先生後來補買。鎮殿天后神像前方左邊高腳木凳上，則供奉媽祖的大印。將媽祖的令旗與大印直接不設防地供奉在神像前方，這也是台灣少見的情形。難怪會被偷或是信徒借用之後，沒歸還。香港的天后需要配備利劍這也是有趣的對比，配備利劍並不見於臺灣媽祖。緣於香港天后是正義的化身，經常需要凶猛地壓制巨浪，或是懲罰惡人。尤其是香港移墾初期海盜，強盜，綁匪橫行，有賴天后靖安（Watson, 1985: 308）。臺灣的媽祖卻是以慈眉善目示人，替林氏族人信徒照顧嬰兒，或是如「北港孝子釘」宣揚孝順。

　　鎮殿天后神像正前方大供桌上，有幾尊天后小神像，有大香爐，其中一尊拿著笏版寫「玉旨」二字。天花板上垂掛了十多個大盤香，均垂掛有信徒名字的紙片。說明信徒以供奉大盤香來還願。大供桌子右邊站立一尊「望海大將」，左邊站立一尊「朝江大將」，兩神像前均供奉了兩顆橘子。廟祝吳先生解釋以前有四位護法，千里眼，順風耳，加上「望海大將」，「朝江大將」，後來不見了千里眼、順風耳。四位護法這也是未聞於臺灣媽祖信仰，也顯示香港的天后信仰仍然強調天后平定江海的功能，以及天后信仰偏重在漁民信徒族群。

　　廟祝吳先生說了一個天后懲罰人的故事。以前一位日本學者[1]偕同其日本助理來訪問吳先生，由於日本學者傲慢，以相機照了鎮殿媽祖神像，吳先生一直勸他不要直接照相，以免冒犯神明。但是他照了，以致於他的相機放在桌上，竟然無端掉到地上，斷成兩截。這位日本學者嚇壞了，趕緊離開天后

---

[1] 筆者在此姑隱日本學者大名。

宮。因此，吳先生教筆者不要對著天后神像照相，也不可對著朝江、望海兩位大將照相。

　　至於廟內有哪五位皇帝相關文物呢？一是，順治元年 1644 建廟，二是有一只銅鐘掛在空中，上鑄有康熙 52 年銅（金與銅合金）鐘，浙江人製作捐獻等字體，送來廟內。三是雍正三年的金爐。四是嘉慶 22 年的牆壁碑記，五是道光 18 年的重修天后古廟題名碑記。另外，還有光緒 21 年重修石碑，最近一次應該是公元 1995 年重修石碑。吳先生還收藏有五位皇帝通寶，並以紅細繩串成一串，他說建築地基時，可以用來壓在柱子底下鎮邪。另有四枚光緒與宣統的龍銀。還拿出可以印刷使用的一百支天后靈籤的銅鑄板，上落款是「梁亞寶，梁賢敬送」。（在我們一路走來途中，有一個村落都是梁姓居民）。信徒捐獻鑄造靈籤銅板，此俗亦見於台灣。

　　廟壁上有幾張老照片，是舊日舉辦法會人山人海的情況。廟左廂堆放好幾張桌子，應該也是準備辦桌吃會時使用。吳先生說現在信徒不常來了，沒有經費舉辦法會慶祝，沒有演廣東大戲。廟祝並帶領筆者看，在車公爺神龕邊，亦即廟門右邊，一扇木門關著，筆者先前沒注意到，竟然可以拉開木門，是媽祖的閨房。迎面是一張很大的傳統中國木床，床上有枕頭棉被，床上方有床架蓋著有蚊帳，床頭上的布簾寫著「聖床」兩個字，床前踏腳低木台上，整齊擺放有五雙小紅繡鞋（非常新穎，還包著塑膠袋沒開封，應該是信徒還願，或是提供信徒祈願使用的）。床前右方有一尊小媽祖神像，沒有香爐，神像旁邊是高腳木架的洗臉台與毛巾，架台前，有幾個紅包袋。床前左方有化妝台，上有指甲油與一個大花瓶，內插有大把塑膠花。吳先生鼓勵筆者祈求紅包，意指放在媽祖床墊下的紅包，內有媽祖加持過可以保平安的物品（可能是錢幣或是絲線，香灰）。接著，廟祝說明廟前含笑梅樹開花，白花可以求生子，紅花可以求生女。

五、大澳鄉太平街天后古廟

　　第二座天后廟位於太平街，是在大街上，關帝廟與天后廟比鄰而建，一堵牆壁兩廟共用[2]。正在裝照相機電池時，一位廟婆竟然替天后廟關門上鎖，一看手錶是下午五時。我急忙過去向她說明可否照相，她說好，又打開鎖與門，讓筆者進廟。快速十分鐘左右照相，結束之後，她問筆者是否在做學校功課？可見這裡應該有大學生來做地方文史調查功課。廟門上左右對聯：右邊「水德配天海國慈航並濟」「母儀稱后桑俞俎豆重光」，中間是道光十八年「天后宮」廟額。進入廟門之後，右邊門神公，左邊土地公。中間不見有遮蔽的兩塊門版，而是直接可以透視到中央鎮殿神龕。鎮殿神龕上面橫幅布簾寫著「天后元君聖母娘娘」（由左到右是現代英文式寫法）。前方左右配祀有千里眼順風耳。西元 1959 年乙亥年匾額「薄海安瀾」。中庭木門上對聯「母儀稱后桑俞俎豆重光」、「水德配天海國慈航並濟」。還有 1959 年的木門對聯：「棟宇萬民財廟貌莊嚴喜見物華天寶」、「神靈千古宅皇恩浩蕩共期海晏河清」[3]。

六、大澳天后遊涌儀式

　　大澳是蛋民（水上人）聚居地，香港主要漁港與駐軍鄉鎮，也是百年來漁鹽重要產地，以蛋民的棚屋為觀光特色，棚屋又稱高腳屋，是桁架於水邊的木屋，棚頭是居民日常生活起居之處，棚尾則是曬魚與海帶之處。大澳鄉

---

[2]　在廖迪生、張兆和（2001：20）紀錄是「關帝廟（附天后廟）」。

[3]　本文未能抄錄完整，有興趣的讀者可參考科大衛、陸鴻基、吳倫霓霞合編《香港碑銘彙編》，1986。

有三個傳統漁業行會：「合心堂」、「扒艇行」、「鮮魚行」百年來每年農曆五月都會舉辦龍舟遊涌（又稱遊神）的活動。2011 年「大澳划龍舟遊涌」被列為中國第三批非物質文化遺產。

遊涌儀式有四個階段，採青，接神，遊涌，送神。農曆五月初四日上午行會成員前往楊侯古廟後面寶珠潭山邊採取青草，放入龍舟的龍口，象徵賦予生命。接著，前往四家廟宇：楊侯古廟，關帝廟，天后廟，洪聖廟，請出小神像放在小艇（稱為神艇）上供奉。初五，龍舟後邊拖著神艇巡遊各個水道，將棚屋與水道區分為一涌，二涌，三涌的路線，龍舟與神艇巡遊，沿途並為幽魂燒化衣紙金寶銀錢，棚屋居民則朝著龍舟祭拜，祈求闔家平安，驅除疫病。歷時大約三個小時，遊涌儀式過後，即為神明表演龍舟競賽以娛神。最後，則是送神回廟內安座，結束一年一度的遊涌儀式活動。巡遊的三艘龍舟按照成立年代順序，禮敬最早的鮮魚行讓鮮魚行的龍舟先行。現今水道淤淺，僅巡遊大涌，歷時大約二小時即可結束。

遊涌儀式中的禁忌是龍舟不可以碰觸到棚屋，否則被視為不吉利，因此在狹小的水道巡遊是考驗著成員的划龍舟技術。但是多數居民表示小時候即在水道間划船，是很好的娛樂與運動，練就一身技術，不怕划龍舟。龍舟還有一項禁忌，就是不准婦女靠近或是上船。因為龍舟上有神龍，不可褻瀆。龍舟巡遊途中要穿過一座橋時，橋上不可站立有人，以免褻瀆神明。居民表示一百年前由於瘟疫，祖輩們以遊涌方式巡遊祭祀，瘟疫果然消退，因此傳承下來此一儀式。

楊侯古廟（又稱侯王廟）建於康熙三十八年（1699），內供奉關聖帝君，北極玄天上帝，洪聖。楊侯是何方神聖呢？相傳是宋代名臣楊亮節，因為忠心保護宋朝末代皇帝宋帝昺[4]，死後被居民膜拜。此廟由香港華人廟宇委員會管理。香港元朗地區有六間楊侯古廟。

4　南宋末年（1279 年）3 月，發生於廣東珠江口的宋元決戰，宋軍大敗，宋臣陸秀夫背負年僅八歲的幼帝趙昺在廣東新會崖山跳海殉國。大批宋遺族在新會定居繁根。

七、香港的水神信仰

香港的水神信仰，除了有天后之外，還有洪聖，觀音，北帝，龍母，譚公。天后在香港大約有六十多間廟宇（廖迪生，2000），算是廟宇數目最多的神明。這些水神信仰的廟宇多少都與地區內的天后廟有些歷史或地理位置上的連帶關係，顯示信徒將此些神明視為同一類水神吧？香港長洲的洪聖廟內也供奉有天后神像。洪聖在香港大約有二十間廟宇，其建造時間大約是由明代或是明代之前移入廣東的居民，亦有清代翻修者。洪聖又是何方神聖呢？相傳其為唐代人士洪熙，官至廣東番禺刺史，亦有稱其原為屠夫得道成仙。原籍廣東的沿海居民都會祭拜洪聖。其聖誕日在農曆二月十三日。（謝永昌、蕭國健，2010）。新界上水的河上鄉有八百年村落歷史，其洪聖廟廟會最吸引人。

海心龍母廟位於香港土瓜灣下鄉道四十九號，比鄰土瓜灣天后廟而建。龍母廟內供奉有龍母、天后、觀音。龍母廟本來坐落於九龍城，因為都市改建被拆除而遷移至土瓜灣。此廟屬於華人廟宇委員會管理。龍母是西江河神，五月初八為其誕辰，八月十五日為其升天日。龍母相傳是秦朝時期人士，姓溫，生時教導人民耕織漁牧，整治水患，造福鄉民。死於廣東悅城而被尊為神。其主要廟宇在廣西梧州，每年有大批來自廣東香港澳門信徒進香。

香港仔譚公廟，1955 被開發商拆除之後，寄居在天后廟內，1984 年居民力爭補回土地，2000 年重建，譚公爺才回到廟內主祀。此譚公廟相傳在二戰時後，保護居民免於砲彈傷害，居民咸認為是譚公爺顯靈所致。譚公，原名譚峭，又稱譚仙，元朝廣東歸善人，幼時在惠東地區做牧童，十二歲領悟得道，在惠州九龍山修行，死後經常顯靈保護漁民，被漁家尊為海神。每年四月初八為其寶誕日，漁業行會張燈結綵為其演出神功戲，大事慶祝。另一個筲箕灣譚公廟居民來自廣東惠州，將其原居地祖神譚公帶來祭拜。

　　從天后與以上幾位水神的本身譚來比較，便可以了解天后可以跨越鄉土神到達中國大江南北，最初從福建莆田地域神提升到全國神祇的地位，需要有皇帝的不斷賜封，以及神祇自身在不同朝代不斷地締造神蹟，尤其是與國家社稷有關的神蹟，則可以常享香火，更可以隨著移民遠渡重洋到達海外，或是隨著軍隊移民到達內地邊塞。洪聖、龍母等水神在惠州、西江成神之後，雖有造福鄉里，但是沒有參與國家層級改朝換代的戰爭，或是保佑國家外交使節的派任等等，缺少了朝廷賜封的機會，缺少了國家祀典的頒布，其香火或是廟宇的分布範圍頂多隨著移民所到之處，而傳布到廣東或是港澳等地。帶有濃重的鄉土神明色彩，隨著廣東移民而遷徙到他鄉落腳。

　　中國民間神明靈力的起伏與國家權力的取締或是認可息息相關。能夠進入國家祀典則為正神，享有春秋祭祀，不能進入國家祀典則為淫祠邪神遭受取締。正神或邪神多數不在於神明本身神學內容或是其宣揚的教義，而是此神明之信徒組織是否公然違抗朝廷或是挑戰國家權威。中華大地內的多數神明既不違抗朝廷，也沒國家功勳，如同龍母或是譚公一般，接受地區內信徒的香火。只有少數神明或是有國家功勳而進入祀典，或是被利用成為反動會道門而遭到取締捉拿。

八、從香港天后信仰談神人一體

　　從人類學角度看中國超自然信仰有三個範疇，神、鬼、祖先。依據西洋邏輯來看，這三個範疇是互相排斥，不可以重疊，不可模稜兩可。亦即，神、鬼、祖先其本質是不同的，否則就不成其為三個範疇。再依據西洋神學來看，神鬼祖先三者與人的本質是不同的，神鬼祖先是超自然的，神更是具超越性的存在。因此，就有人類學家認為義民爺本質上是鬼，只是受過皇帝敕封，有功於社稷的集體的鬼。但是這種解釋在信徒來看，萬難接受。在人類學要

求尊重當地人角度來看，就必須修正了。信徒認為義民爺既然有功於社稷，又受皇帝敕封，就不同於一般的鬼，已經是神了。如果說義民爺是鬼，信徒就抗議人類學家污衊神明。

何以被敕封之鬼就不是鬼？被敕封之鬼有何異於一般之鬼？這就是中國政治（朝廷）位高於宗教信仰之處。普天之下無論是神是人均受天子管轄。就朝廷角度來看，神鬼之差異不在其本質差異，而在是否符合國家管理治安要求[5]。人死為鬼，此人生前效忠於國家，國家敕封之，即為神。岳飛，關雲長，諸葛亮，陳元光均如此。義民爺生前雖為羅漢腳或是一般百姓，然其贊助國家打仗，平靖亂賊，有功於國家，即可受敕封為義民，得享祭祀。

事實上，華人的神明除了自然神（天地山川），物神（門神路神）之外，最大部份都是靈魂神（阮昌銳，1982）。無論是儒釋道民間信仰的神明多數都是人死後成神，因此都有其生日或是忌日。例如從印度傳來的觀音菩薩，被漢化之後的觀音媽有聖誕日，有成道日。再如媽祖的聖誕日，羽化昇天日。這對於西洋人類學家來說，也是無法理解。既然是神，怎麼還要生日忌日，還要慶生做忌？

因為華人神明多數是人死後成神，因此與祖先有重疊之處。例如林默娘死後成神，但是對於福建莆田林氏族人來說，林默娘也是他們的祖姑。依此類推，神明也具有祖先神的性質，而被信徒稱為「上帝公」、「帝爺」、「土地公」、「伯公」、「夫人媽」、「佛祖」等等。而鬼也同樣地被冠上親屬稱謂，如「好兄弟」、「有應公」、「聖媽」等等。亦即，在華人來說，神、鬼、祖先都是人死後的不同等級，端視其被膜拜的人群大小來定。僅在家族裡祭拜的當然是祖先，在地方小眾被祭拜的是鬼，而接受萬民朝拜的是神。神若是不顯靈，可能淪為小神，最終成為無人祭拜的鬼。鬼若是顯靈，可能被朝廷賜封

---

[5] 道教則另有一套成神之道，例如經過修練，或是經過特殊儀式，例如招軍請火儀式讓屬鬼變成神兵（鍾秀雋，2014）。

成為神。某些成名功勳彪炳的祖先可能同時也是神，例如「孔子公」。因此，對華人來說，西洋邏輯的排他性不適用。神、鬼、祖先三者是可以重疊，也可以轉換的性質。

接下來，我們來說明媽祖的信仰與祭祀。近年兩岸交流之後，很多媽祖信徒到福建莆田文峰宮，賢良港媽祖祖祠，與湄州祖廟朝拜。在文峰宮內，我們可以看到，一樓是大殿，二樓是媽祖專用的會客室，三樓是媽祖梳妝樓與寢殿。在賢良港媽祖祖祠，我們可以看到正殿供奉是媽祖神像，後殿是供奉媽祖父母的聖父母殿。賢良港的媽祖故居還有重建的媽祖用的紡織機房、配藥房等等。在湄州祖廟，我們同樣可以看到有梳妝樓，有聖父母殿。彷彿媽祖在生時的生活起居空間配置。梳妝樓內陳設有洗臉盆、毛巾、肥皂、漱口杯、化妝用具、面霜、粉盒、粉餅、口紅、鏡子、梳子，寢殿有床鋪、蚊帳、棉被、枕頭，還有繡花鞋等等，會客室有茶桌、茶水、茶杯組、糕餅、待客食品等等，一如媽祖在生時所用器具。媽祖生日三月二十三日舉行聖誕慶祝，媽祖忌日九月九日在海邊舉行海祭悼念。聖誕慶祝殺豬宰羊，山珍海味各式供品，忌日同樣殺豬宰羊，供品有各色水果、乾果、糕餅，一如人生前食用的豐富食品。亦即，媽祖雖然成神，但是信徒以及大廟廟方仍然以媽祖生前的方式來侍奉祂，差別僅在朝廷祀典允許祭拜天后等級為少牢，亦即殺豬宰羊，一般祭祖則僅能殺豬。祭孔才能用太牢，亦即活全牛。

有趣的是，目前我們在台灣媽祖廟很少看到媽祖的梳妝樓或是寢殿。聖父母殿則是北港朝天宮可見到，1990 年代後，大甲鎮瀾宮也供奉有聖父母殿。但是，我們在香港還可以看到很多媽祖廟的偏殿，配置有天后寢居與梳妝設備。這是什麼原因呢？台灣媽祖廟去除了許多「巫術」性質，諸如視媽祖為人，還需要化妝。去除媽祖的乩童代言，強調宣揚媽祖的忠孝元素。這是有國家或是儒家教化的影響嗎？種種因素還值得我們深入思考。

九、結論

　　各地媽祖信仰受到各地方的歷史，國家管理力量大小，經濟發展，信徒族群等等因素之影響，而有不同面貌。遷界對於香港天后廟的建築年代與歷史影響很大，香港媽祖信仰還比較受限於海邊居民或是漁民的範圍，比較強調天后的逞凶除惡的能力，以及重視天后在平定江海方面的能力。清朝廷標準化天后信仰之後，由各地地主的宗族勢力來支持天后信仰與儀式，並消除了一些地方上的小女神信仰。英國殖民之後，幾乎不干涉天后信仰，因而保留至今，仍可見到散落各地大大小小的天后古廟，以及廟內的古蹟文物。

　　相對比起台灣媽祖信仰一直有明末鄭成功與清代施琅戰爭的歷史影子，爭論正統的故事一直是台灣媽祖廟津津樂道之事。前往湄洲進香謁祖更是台灣媽祖廟的重要年度大事，是為了爭取正統溯源，為了驗明正身？台灣媽祖已經不只是海邊居民或是漁民的信仰，而是各行各業共同的信仰，媽祖的能力也就擴及江海水神之外的能力。台灣媽祖信仰也經過一段時間的標準化，消弭很多小女神。但是近年民主化之後，國家力量相對退居，各地小女神有正名出現之勢。

參考書目

凡夫子
　　2001　《媽祖》。台北：笙易出版社。
田仲一成（錢杭翻譯）
　　1988　《中國的宗族與戲劇》（中譯本）。上海古籍出版社。

石萬壽

　　2000　《臺灣媽祖信仰》。台北：台原出版社。

危丁明

　　2007　〈香港的傳統宗教管理初探——從文武廟條例到華人廟宇條例〉，
　　　　　《田野與文獻：華南研究資料通訊》49 輯，頁 35-44。香港：香
　　　　　港科技大學。

阮昌銳

　　1982　《莊嚴的世界》。台北：文開出版社。

科大衛、陸鴻基、吳倫霓霞合編

　　1986　《香港碑銘彙編》。香港：香港市政府。

徐雨村、唐淑芳、林啟元、黃偉漢

　　2015　《相約五股——參見六房媽》。雲林縣：中華民國六房媽會。

陳進國

　　2013　〈中華信仰版圖的建構與民間信仰型態的發展〉，《中國宗教報告
　　　　　（2013）》，頁 201-243。北京：社會科學文獻出版社。

許嘉明

　　1973　〈彰化平原福老客的地域組織〉，《中央研究院民族學研究所集
　　　　　刊》36：165-190。

莊英章

　　1973　〈臺灣漢人宗族發展的若干問題——寺廟宗祠與竹山的墾殖型
　　　　　態〉，《中央研究院民族學研究所集刊》36：113-140。

張珣

　　1998　〈東南亞媽祖銘刻萃編〉，《東南亞區域研究通訊》5：3-50。台北：
　　　　　中央研究院亞太研究中心。

　　2006　〈變異、變遷與認同：近年台灣民間宗教英文研究趨勢〉，張珣、
　　　　　葉春榮合編《台灣本土宗教研究：結構與變異》，頁 61-86。台北：
　　　　　南天書局。

蔡志祥

2000 《打醮：香港的節日和地域社會》。香港：三聯書店。

廖迪生

2000 《香港天后崇拜》。香港：三聯書店。

廖迪生、張兆和

2001 〈大澳田野考察〉，《香港歷史、文化與社會（三）田野與文獻篇》，頁 2-20。香港：香港科技大學華南研究中心。

謝永昌、蕭國健

2010 《香港民間神靈與廟宇探究》。香港：香港道教聯合會。

鍾秀雋

2013 〈厲鬼變神兵——招軍請火儀式中的神鬼人兵將〉，《世界宗教學刊》22：95-185。嘉義：南華大學宗教所。

Freedman, Maurice

1958 *Lineage Organization in Southeast China*. London: University of London.

Watson, James

1985 "Standardizing the gods: the promotion of Tien Hou along the south China coast," in David Johnson eds., *Popular Culture in Late Imperial China*. Pp. 292-324. Berkeley: University of California Press.

第十三章　香火靈驗與信仰環境[*]

張　珣

中央研究院民族學研究所研究員兼所長

本章大意

台灣民間信仰屬於一種泛靈信仰，相信萬物均有靈性。本文即以媽祖信仰為例來討論華人宗教信仰中，感應式的思考方式，亦即天人感應思考方式，甚至擴大而說，是人與非人之間的感應思考方式。這一種思考方式其前提是人類與其他萬物具有共同本質：氣。以媽祖信仰做為案例，說明媽祖靈力來源是感通天地的正氣，信徒藉由香火來引取並感應媽祖的正氣，香火遂成為媽祖靈力的表現方式與媒介。透過人類學的民族誌調查資料，呈現媽祖信仰中的氣的感應思考方式，尤其是在宗教信仰中，更強調的是身體的感應思考方式。

一、宗教的環境學

2020 年初以來全球受到新冠肺炎的肆虐，不只限制人們的行動自由，導

---

[*] 原題〈媽祖信仰中香火／靈力的感應思考方式〉，於 2021 年政治大學「華人傳統類思維工作坊」發表的論文。

致經濟停滯，政治抗爭，族群衝突，貧富更加不均，更重要的是也讓長久以來蟄伏的環境議題與全球生態危機，更加迫切，成為全球共同需要反省並改善的問題。

環境危機早已被提出，並非新產生的危機。早在 1967 年，美國的一位中世紀基督教史學家 Lynn White 就指出，更多的科學與科技並無法解決我們的生態危機，除非有一個新宗教出現。White 所謂的新宗教，是指重新思考如何擺放人類在大自然中的位置。因為以基督宗教為主的西方思考方式，根據聖經創世紀說，上帝授權給人類主宰大自然，人類開發大自然是天經地義的事情。以人類為中心的自然觀就此形成，一切萬事萬物得以服務人類的需求。

近年人類學界出現的本體論轉向（Ontological turn），主要強調不以人類做為中心的本體論，去除人類中心主義的偏見。企圖打破文化與自然的二元對立思考方式。文化是人為的語言、藝術、科技等等，自然是非人類的動物、植物、礦物、地質等等。事實上，這樣的文化與自然二元分立，是西方才有，而且是近代西方才有的思想。非西方文化，多數仍然相信人與萬物共存共生，甚至有認為人與萬物屬於同一本質的信仰。西方要到蒙田（M. Montaign, 1533-1592）以後，文化與自然才二分，認為人以外的自然萬物只不過依照一個定律演化，並無靈性。人異於其他萬物，只有人能夠運用語言思考，具有邏輯理性，我思故我在。文化與自然的二分是謬誤的，文化並非單獨存在，人類學家 P. Descola 認為，未來人類學這個學科應該擴大其研究對象，不要受限於人類的文化現象，也要觀察非人的生物，以及非生物的萬物，亦即自然（Descola, 2013: xx）。

宗教並非超自然，自然與超自然是近代西方才有的歸類，是哥白尼以來的歸類。土著的泛靈信仰（animism），相信萬物均有靈性。不同於西方的造物者才有靈性，其他萬物是造物者的產品不具靈性。對亞馬遜流域的土著來說，植物是女人的子女，因為是女人種植培養的植物。動物是男人的姻親兄

弟，因為男人去誘捕打獵，並帶回部落養育部落的族人。動物與植物都是透過擬親屬關係而與族人產生連結。男人獵捕動物回來部落，猶如婚姻帶回新生命，男人善待獵捕回來的動物，尊重動物的靈魂以讓它再生育出下一代動物，以繼續族人與動物之間的互賴互生關係（Descola, 2013: xiv）。

在討論人與其它存在物之間的關係時，不同文化有不同觀點。不同文化在思考人與外物的關係時，有不同本體論。此即，人類學對於不同本體論的比較研究。Descola 針對其中的泛靈論的思考方式，圖騰論思考，自然論思考，類比性思考方式，四種本體論進行比較。其中的類比性思考方式，是很多民族的思考方式，如希臘早期哲學思考方式，也是中國哲學本體論，更是中國哲學至今都占很核心位置的思考方式（Descola, 2013: 203-207）。

台灣庶民的民間信仰也屬於一種泛靈信仰，相信萬物均有靈性。例如民間的大樹公，十八王公的義勇犬崇拜，石敢當，門神崇拜，灶神崇拜等等。本文即以媽祖信仰為例來討論華人宗教信仰中，並提出感應式的思考方式，亦即天人感應思考方式，甚至擴大而說，是人與非人之間的感應思考方式。這一種思考方式其前提是人類與其他萬物是具有共同本質：氣。由於人與其他萬物，具有氣的共通性，包括生物與非生物，動物、植物、礦物、山川、星辰、大地，均由氣所生成，因此，人珍惜並關注周圍的氣，無論其來自生物或是非生物。所以風水，流年，洞天福地，煞，等等時間與空間的吉凶信仰都讓華人關注其周圍的萬事萬物的存在與運行。用當代語詞來說，這是一個靈性生態學（spiritual ecology）或說是靈性環境學（spiritual environmentalism）的思考方式。環境在此處，包括社會文化環境、自然環境、超自然環境。能夠成為神祇而被膜拜者，不是只有人類（聖賢先人），其他萬物也可具備靈氣而被膜拜。所謂的膜拜，是信徒表現對於萬物的一種敬畏之心，無形中萬物也被保存而得到各類物種的平衡。

本文以媽祖信仰做為案例，說明在歷代儒釋道學者共作之下，原屬泛靈信仰的媽祖信仰增添了許多類比性思考元素，而把媽祖信仰建構成為一個體

系。媽祖靈力來源是感通天地的正氣，信徒藉由香火來引取並感應媽祖的正氣，香火遂成為媽祖靈力的表現方式與媒介。文章末尾強調感應的思考方式不只是一種類比性思考方式，更是一種實踐方式。

二、媽祖如何取得／為何具有靈力？

我們先討論媽祖信仰的氣的感應思考之一，亦即媽祖靈力的合法性來源，是依據天、地、人的「同氣化生的類比推演」。

根據明代宮廷道士所撰寫的《太上老君說天妃救苦靈驗經》[1]經文所說，太上老君在無極境界看見，四海九江，龍魚妖怪，千變萬化。而海上有很多國內外商船，也有外邦前來納貢的船隻，被海中鬼怪翻覆舟船，損人性命。於是，天尊乃命斗中妙行玉女，降生人間，救人疾苦。經文最後，稱其名為「輔斗真人」、「齊天聖后」

這一段經文說明，媽祖是北斗星群內的一顆輔星，長年修行，奉天尊之命，為了救世，才投胎降生人世間。說明了媽祖靈力來源之一是天上的一顆星辰誕生，這位輔斗真人附屬於華人信仰中熟悉的北斗星。北斗主生，南斗主死。北斗星是具有增強旺盛人類生命的星辰。其次，這顆輔星之所以降生人世，是受到道教至高神天尊的選擇與命令，因此也具有天尊的認可與加持力量。明代吳還初的小說《天妃娘媽傳》稱媽祖是「北天妙極星君之女玄真」下凡，降妖伏魔，更拉近了道教與媽祖的關係。

其次，我們看台灣各地廟宇的沿革或是廟志，都會說明其廟宇靈力來源是地理風水，諸如北港朝天宮位在龍穴上，另一說是清代泉州來台的樹壁和

---

[1]　媽祖，依據《天妃顯聖錄》，姓名為林默，媽祖是莆田林氏家族對林默女神的稱呼，後來擴及民間尤其是福建地區對林默的俗稱。天妃是明代永樂皇帝給的封號。

尚選址在一口井上，是為龍喉穴，在今日正殿神龕下方。另一說是在朝天宮位於雞母穴上，因此而能有如母雞孕育小雞，分廟眾多。或是大甲鎮瀾宮為烘爐穴，地下 30-40 尺挖不到地下水，因此越燒越旺。這個風水靈力雖然主要是指稱廟宇的靈力，但是同樣依據感應邏輯，福地福人居，風水地理靈力可以薰習坐在其位置上的神祇。這還牽涉到，華人相信神祇成神之後，還在繼續修練，所以其靈力還是會受到風水地理的減損或是豐盈。也因此，同樣是媽祖廟但是不同地區的媽祖（廟）其靈力不同，而導致互相競爭。

　　媽祖廟的靈力還有一種決定因素，就是來自歷史的正統性（Sangren, 1987）。台南鹿耳門有兩間媽祖廟，天后宮與聖母廟，一直以來爭論不休，哪一間才是鄭成功登陸後供奉的媽祖？北港朝天宮與新港奉天宮，兩間媽祖廟也一直爭論哪一間才是明代笨港天妃宮的後緒？由於北港溪水患改道，致使古笨港天妃宮廟毀，難以定論。這兩件史實，鄭成功登陸，明代天妃宮，都是台灣移民史上重要歷史事件，成為信徒判斷當今媽祖廟靈力來源的依據。將當今媽祖廟的靈力類比於歷史上的鄭成功與天妃宮。黃俊傑稱這種「以古喻今」的氣的思考方式，有兩個特質：「時間的可逆性」與「古與今互為主體」的歷史思維方式。黃俊傑認為這是儒家具體性思維方式的一種表現。這種思維方式讓過去現在未來互相滲透，回顧性與前瞻性密不可分，價值與事實互相交融（黃俊傑，1993：11）。

　　第三，媽祖靈力的來源，是做為一個人，她本身的修練德行。「修行」是一個重要機制，修行區分常人與聖人，「修行」聯繫（聖）人與天地之氣，這是華人重視的內在超越性。越往個人內在，越可體會天道（黃俊傑，1991：24）。根據《太上老君說天妃救苦靈驗經》，妙行玉女「乃於甲申之歲，三月二十三日辰時，降生世間」。降生之後，「浦沱（普陀）勝境，興化湄州，靈應威德非常，孝感神通廣大。救厄而平波息浪，扶危而起死迴生。」說明妙行玉女降生在興化府湄洲地方，長大之後，孝順父母，因孝而能感應天地，而能神通廣大。說明「孝」是媽祖在生之時最重要的德行。

　　另外，根據明末清初，僧照乘所撰寫的《天妃顯聖錄》，媽祖的父親林願，母親王氏，兩人行善樂施，虔信觀世音菩薩，（AD959）夏六月十五日，齋戒禮拜觀音大士，祈求生一子。當夜，王氏夜夢大士賜藥丸，王氏若有所感，遂懷孕。次年宋太祖建隆元年（AD960），農曆三月二十三日方夕，見一道紅光從西北射入室中，晶輝奪目，異香氳氳不散。不久，王氏胎腹震動，即誕妃於寢室。里鄰咸以為異。父母大失所望，然因其出生奇特，甚愛之。自始生至彌月，不聞啼聲，因命名曰「默」。

　　另有書稱，媽祖乃是感通天地之氣而降生濟世。降生之時，除了有異香與霞光，莆田賢良港當地還出現九色土。至今賢良港天后祖祠，仍有以九色土為禮物致贈賓客。也有書稱，媽祖母親王氏夜夢觀音手拿優曇花。

　　依據《天妃顯聖錄》，媽祖幼而聰穎，喜焚香禮佛。十三歲，有玄通道士授其祕法。十六歲，窺井得符，感通天地變化，驅邪救世，屢顯神異，常駕雲飛渡大海，民眾稱她為「通賢聖女」。越十三載，道成，白日飛昇。時為宋太宗雍熙四年（AD987）九月九日。《天妃顯聖錄》內記載了媽祖生前16個神蹟故事，死後 38 個神蹟顯靈故事。這些神蹟故事可以用來說明媽祖的自我修行，表現在拯救鄉里，海難，醫藥佈施，對國家盡忠，獲得歷代皇帝敕封。對父母盡孝，拯救父兄於海難，終身不嫁侍奉父母。也可以顯示民間信仰認為行善與忠孝，感應天地正氣，是人成神的關鍵德性。

　　媽祖的感通能力不只與天地相應，也相應於海洋江河，海洋江河的水怪也被媽祖降伏。千里眼順風耳，宴公等海神。依據《天后聖母聖跡圖誌》，龍王帶領眾類水族生物朝拜天后。一旦降世修練成神之後，氣與靈力可以馴服千里眼，順風耳，各種魚鱉與海怪。另外，具象化為莆田賢良港的海岸，有三塊巨石面對著天后祖祠，民眾說這是海中水怪每天給媽祖燒三炷香。台灣海峽有中華白海豚，定期洄游於海峽，長期以來民眾認為這是鯨豚來潮（朝拜）。除了海洋，媽祖可以召喚天地雨水，可以乾旱，可以遏止雨災或是風災。因此，宋元明清以來，出洋的海商或是朝廷大使，尤其是鄭和下西

洋，七次都要在福州長樂港朝拜天妃並等候風向，鄭成功在鹿耳門上岸也是得力於媽祖引水上陸，施琅攻打台灣也假托媽祖庇佑得以從澎湖順利到台灣。

　　《天妃顯聖錄》所說「道成」，意義為何呢？民間信仰裡面，每個投胎化身成人救世的星辰[2]，有其在世的一定時間，時間屆臨，必須回去天上述職或是回去天上繼續修行。前述，媽祖是北斗星的輔星：輔斗真人，因為人間太多船難而降世拯救，照理是奉太上老君命令回去北斗星述職。星辰降世化成人形，媽祖以人的形體在世救難修行，或是以星辰的形體修行，是同一件事的延續，同樣可以累積其德性。背後邏輯是天人之間是延續的，屬於同一性質。另一事例說明天人是相通可以感應。當大甲久旱不雨，除了孝婦林春娘在廟前祈雨之外，神農大帝與福德正神等神像也被放在廟前曝曬，信徒披麻帶孝如喪考妣。林春娘乾隆四十四年（1779）出生，夫死，雖未婚，不嫁，孝順公婆名揚鄉里，同治元年（1862）戴萬生亂，斷大甲城水，春娘三次祈雨皆成，解危。士太夫連橫謂「至誠格天」。亦即儒家讀書人也相信，天人感應，人可以感動天！

　　這樣的感應思維，一樣表現於地與人之間的延續。民間信仰中經常有土地公或是城隍神，乃是在世的人有修行，死後轉成土地神或是城隍神，以看守管理地與陰間。例如台灣民間相信清代嘉義縣長曹謹為官清廉公正操守忠貞，死後成為城隍神。

　　民間信仰相信，天子是天地在人間的代理人，天神地祇一樣聽命於人間的天子。所以天子可以敕封神祇也可以取消神祇，可以升職也可以降職神祇。（Wolf, 1974）當土地神未能恪守職責或是雨神未能降雨，天子可以處罰他們。天子代行天命，天子對媽祖不斷地敕封，亦表示媽祖靈力不斷提升，這

---

[2]　星辰之外，有些神祇或是精怪，是蛇龜等動物化生，或是山河大地土石化生，或是大樹靈芝等植物化生。化生成人，應化在世，是這些神祇或精怪的修練階段之一。

也是民間相信媽祖靈力的來源之四，來自天子的肯定與敕封。媽祖在清朝因協助施琅克服台灣鄭氏家族獲取台灣，獲得康熙帝敕封為天后，是民間信仰的女神最高位階，其靈力因此也最強。

　　媽祖靈力來源之五，是來自長期眾多信徒的燒香。越多人燒香，越有靈力。台灣流行黑面媽祖[3]，信徒認為黑面媽祖比較靈驗。許多新雕的媽祖神像，故意雕刻之後漆成黑面。黑面媽祖即使換臉[4]也一樣漆成黑面。黑面媽祖是長期被信徒燒香煙熏成黑色，黑面的靈驗是一個循環解釋（套套邏輯 tautology），越多人燒香越黑，越黑越引來越多人來燒香。台灣民間信仰有一句俗語，「人要妝，佛要扛」，亦即，「人要衣裝，佛要金裝」。沒信徒扛的神無法興旺，也就無法靈驗。有信徒才有靈驗。台灣山邊小廟或是路邊經常堆積許多被廢棄的神像，這些神像都是因為不靈驗，而被丟棄。

　　宋朝媽祖信仰起源於湄洲島，賢良港，擴及莆田縣市，福建全省各地，繼而大江南北，甚至海外南洋。從明清開始，就已經是朝廷敕封的全國性的大神，接受華北華北各地的信徒膜拜，越多人朝拜，累積越多靈力。清代台灣已經成為全國媽祖廟最多的地方（夏琦，1962）。

三、香與火：氣的感應思考

　　媽祖信仰的氣的感應思考之二，表現在香與火的類比感應的思考，藉由香火來建立人神關係。民間信仰的人神關係不同於基督教，在民間信仰的人可以學習效法成為神，神只是德性完成的人。祈求膜拜神祇除了欲求獲得庇佑，還有是要學習神祇的德性。例如學習關聖帝君的忠義，學習媽祖的忠孝。

---

[3]　Sangren, 1988。

[4]　民間廟宇定期為神像換新面，有則數十年一換。

上層人或是有心人，可以學習效法神祇的德行，一般人或是販夫走卒，則是希望藉由燒香獲取神祇的庇佑。

人神關係的建立有許多渠道，打坐，冥想，吃齋，稱念神祇名號，聽經，聽講，行善，其中以燒香最為簡潔快速，也最為一般信徒實踐。藉由每天固定早晚三炷香，人注視神像，向神像訴說心中願望，嗅聞香氣，這一段長短不拘的時間內誠心正意，是民間信仰信徒必做的事情。行有餘力，參加社區廟宇的進香活動，去除日常俗世雜務牽絆，一心跟隨神祇前往外地進香，也是民間信仰信徒的修行渠道之一。日常燒香或是年度進香，香都是必備不可少的媒介物。香在民間信仰的人神關係建立上，有著重要的媒介作用。

如前言，近年人類學界的本體論轉向（the ontological turn）反思，其中之一，是反省非人（non-human）的能動性（agency）。透過香與組成香的物質（material）來反思物（objects），以及物可以帶來不同世界觀（worlds），世界觀不是僅從人類來觀看世界，不是僅有一個世界。香的出現，形制的轉變，素材的新增，都改變了華人對於他世的想像，以及人神溝通渠道的改變。從物出發，我們可以找到不同的世界（而不是世界觀）。另外，我們要認識信徒如何透過物（香）去實踐，而不是單單如何去思考。這是從物出發的本體論，亦即，從信徒的宗教信仰經驗出發，找到香的本體論，讓香透過信徒來說話。

華人在先秦已經使用香，依據宋代洪芻《香譜》下卷〈香之事〉記載：「《說文》曰芳也。篆從黍，從甘。隸省做香。春秋傳曰黍稷馨香。《毛詩》其香始升上帝居歆。」近人黃典權亦主張，先秦的香很大部份是以稻麥黍稷等五穀加以蒸煮或是釀造成酒醴的馨香來供奉神明（黃典權，1991：113）。義大利學者 Silvio Bedini 則考察，先秦華人已有香味的木頭或是蘭蕙植物，或是艾屬植物，混以動物脂肪，加以燒化來吸引神明。

佛教於東漢傳入中土，佛教用香大大轉變華人用香習慣與素材。生產於廣州、交州、崖州及海南諸國的沉、檀、腦、麝，與各國貢香紛紛進入中土，

皆未所有，到唐宋才有。其使用方法有煎、焚、佩帶、充入藥者。尤其關鍵的是，「焚香禮神，漢武故事，昆邪王殺修屠王來降，得其金人之神，置之甘泉宮，金人者皆長丈餘，其祭不用牛羊，為燒香禮拜。」佛教燒香禮佛的習慣改變了先秦華人祭拜習慣：其一、佛教以香不以牛羊供佛，其二、香不來自五穀食物，來自沉、檀、腦、麝。

唐宋燒香的形制有香粉、香塊、香材、香丸、香水、香油、香餅。香具有香盤、香盒、香臺、香球、香籠等等。或於爐內加炭而燒，或於香籠薰香，或混合其他易燃物焚燒，不一而足。到了明代，所燒之香的形式才逐漸定形為線香。線香是以竹心裹香粉，方便取用燃燒的柱香，即為今日普遍見到的香。

華人雖然在燒香的素材與習慣採用了佛教香文化，但是華人也轉化了佛教香的象徵意涵。佛教用香取其淨化環境之用途，轉而象徵修行者清淨之德。華人的香，始終未曾脫離食物的意涵。線香定型之後，香具原有的各種形制也定形為以香爐燒之。香爐採用三腳鼎爐形制，早晚燒香，一神一爐，兩神不共一爐。香有食物的象徵，而香爐有食具的象徵[5]。線香插在香爐內燃燒供神佛，是華人文化獨特之處。迥異於埃及印度的用香。民間認為神明每天要吃香，猶如人要吃飯。人要吃飯才有力氣，神要吃香才有靈氣。與前述，人要妝，佛要扛同樣的道理，神佛要靠人來燒香，才會有靈驗與靈力。媽祖進香儀式中，有關香的民俗詞彙幾乎是唾手可得，諸如進香、香旗、香期、貼香條、香案、插頭香、搶香、換香、接香、香陣、割香、候香、香客、香燈腳（隨香客）等等。臺南縣有名的西港鄉刈香活動中，還有香科、香境等詞彙（黃文博等，2001）；而在中國大陸，廟會也可以稱為香市、香會（陳學文1999）。可見香在民俗信仰中扮演關鍵性的角色。

---

5 苗栗白沙屯媽祖進香，山邊媽祖隨行，大轎內有兩個香爐，信徒說，「不同媽祖各有自己的香爐，好像不同的飯碗一樣。」

香要能夠媒介神的靈氣還加上火陽的成分才能完成。明代周嘉冑在《香乘》卷十二〈南方產香〉中提到：「凡香品皆產自南方，南離位，離主火，火為土母，盛則土得養，故沈水、旃檀、熏陸之類多產自嶺南。海表土氣所鍾也。《內典》云香氣湊脾，火陽也，故氣芬烈。」事實上香料除了來自南洋，還有許多是產於西方，但是在漢人陰陽五行分類觀念中，五方與五性是配合的，五性與五臟也是配合的。因而香氣湊脾、香的性質是火陽、香產自於南方，遂成為一組相互連結的性質與類別。此正充分說明漢人運用陰陽五行分類架構來解釋香產自南洋的原因，以及把香的屬性定位為陰陽五行中的「火」。此亦氣的思考方式之表現。

既然香的屬性是「火陽」，香又必須經過焚燒而能產生香氣，而香點燃時能產生火苗，火苗消失則轉為香光等等視覺上的連結，「香」與「火」遂逐漸並稱，「香」、「火」二者成為可以互相轉化生成的屬性，而在後世的宗教儀式中發展出漢人獨特的「香火」觀念。根據黃典權敘述，文人筆下的香火似乎在東漢已見，而六朝尤盛。香火一詞在詩文之中遠超過「薪火」的出現，香火的「香」字之重要性也大於「火」字。「薪火相傳」遂逐漸被「香火傳承」取代（黃典權，1991：115）。

香與火之間的氣的感應思考，都源自陰陽的思考原則，亦即，香與火都是類比於陽氣。香類比於火，類比於陽。人相對於神，是陰，藉由香火來趨近神，趨近陽。陰陽類比生死，陽是生，陰是死。人總是趨近陽，而遠離陰。

回到本節的問題，人神如何建立關係？信徒如何感應／學習／獲取／成為媽祖／聖賢？上層人或是有心人藉由自身的修行學習成為神祇，一般庶民藉由每日早晚燒香或是年度進香來獲取神祇的靈氣。神的陽氣被物質化（Qi is materialized）成為有形的香火，可以具象化的被信徒薰習獲取。而且可以每天每年地更新（Qi is materialized and can be renewed），每天燒香可以重新獲取陽氣，每年進香可以更新年度陽氣。陽氣更是被道德化（Qi is moralized），賦予道德意義。自然界的陽氣，到了孟子，被賦予道德意義，

而且成為人可以修習的後天之氣。孟子所謂的「吾善養吾浩然正氣」（黃俊傑，1991：21）。媽祖的正氣，亦即，忠孝之氣，是信徒可以模仿接引學習的陽氣。信徒行善燒香，也在累積正氣善氣，其最終目的也是獲得感通天地之氣的能力。

四、進香：香火的取得將個人與國家、宇宙聯繫起來

承繼上一節，從物件（香）的角度出發，透過信徒如何運用香（香枝、香火、香灰、香爐）來實踐其宗教信仰，我們得以看到香的世界，不同於人的角度的世界。本節找出信徒如何圍繞著香的各種形式，燒化的各種過程，來說話及與神溝通，加強個人與社區的靈力，以理解香的能動性與對信徒的主動影響。

臺俗的媽祖進香，舊稱謁祖進香，刈火進香，香客稱為香燈腳。進香與西方朝聖意義不同在於，進香更多是社區公廟神明的事情，社區信徒是義務地陪伴神明前往外地進香。李獻璋說「廟神不來掬火的地方，其居民也多不來刈香」（李獻璋，1967：293）。可見臺灣信徒的刈香與掬火的社區性質很重，講求廟宇社區之間的集體淵源關係，而不是隨意的個人行為。因此，Sangren 謂：（1）神的靈力要靠人；（2）新廟前往老廟去取得靈力，是整個進香儀式的理性所在，藉由進香達到社區認同以及多層級的認同，乃至於全體臺灣人的自我認同；（3）藉由進香連結全臺灣各地廟宇與信徒，成為一個單一的儀式社群。「靈」複製了社會關係與超自然關係，社會關係與超自然神靈在進香儀式當中都被再複製出來、再生產出來（Sangren, 1987; 230）等的觀點，提供了研究漢人進香制度一個嶄新的視野。靈力因為有個人信徒的參與，進而達到社會群體的參與，這是經由眾多個人的燒香來連結群體；而個人的燒香可以增強神的靈力，神靈也是由個人燒香建構出來。

其次，由個人層次上升到社區層次。社區廟宇代表社區住戶，也帶領全體居民前往聖地進香。進香是結合社區內無數的個人小我的生產力，走出社區前往異地，如同主體在進行異化過程一般。社區經由走出本地空間、進入陌生的混沌，一群人在異鄉行走的同時也在摸索、試煉、凝聚社區共識。一旦到達如同外化之理想國度一般的聖地，社區意識的超越性被具象化出來。在聖地集體燒香刈火，帶回此一外化了的社區集體意識，再回到本地，完成社區意識的自我生產與再創造過程。

最後，藉由眾多的小社區前往共同聖地進香的行動，全臺灣媽祖信徒經由走出自己的生活空間、走出日常一成不變的生活形態而進入陌生的旅途，反觀自我、接觸他人，步行中與媽祖同在，並進行自我道德修養（張珣，2003：97-101）。眾多的小社區分別在農曆三月的不同時段前往北港進香，逐漸凝聚、提昇到臺灣全島的集體意識。雖然島內有多個媽祖老廟，但是並不減低其間信仰之共同性。當 2000 年臺灣進香客於莆田市區繞境，透過衛星轉播讓兩岸居民首次在同時異地觀看在湄洲島的刈香儀式時（楊美惠，2003：215-218；Yang, 2004），這批進香客的確是代表了全臺灣的信徒，湄洲進香儀式也被中國方面解讀為臺灣宗教認同的行動。

接著，我們以大甲進香的資料說明，進香時以香做媒介，並透過香灰做為一種被分配的靈力象徵，讓大甲與沿途社區同時交換社會關係，並進行經濟的再生產活動。媽祖每完成一年一度的進香，也表示媽祖靈力被再建構。為何媽祖必須每年進香以取得靈力？此亦類比日月星辰一周年一更替，有些廟宇六十周年做一次建醮，為神祇與社區更替宇宙靈氣。這是在儀式舉行的時間循環上類比星辰的循環。再者，大甲在北港朝天宮的掬火時間，必須在深夜子時，北港和尚說，是十二時辰當中陽氣最旺的時候。掬火的地點是在朝天宮正龕，廟宇最為集氣的中央點。依據傳統華人廟宇建築風水，廟宇中軸線為靈力的分布線。

就個別進香客來說，在進香途中進香客會遇到一些當地信徒，從自家門

口準備迎接大甲媽祖到來的供桌上拿起正在燃燒中的香枝，來換取進香客手上的香枝。筆者問進香客為什麼要這樣做，他們回答：

> 我手上這枝香是進香的，換給他，讓他插在家裡的香爐保平安。他手上那枝香我替他拿到朝天宮插在香爐中，等於他也去進香了。

進香的規矩是每位進香客在鎮瀾宮買一枝新的進香旗（家中已經有的則不需要再買），其上蓋有鎮瀾宮媽祖神印，代表大甲媽祖在此。繼而在大殿燒香，向媽祖稟報要隨香到朝天宮，請媽祖允准並一路保佑。在行過起馬儀式之後，進香客開始徒步行走，沿路要照顧香枝勿使之熄滅，因此在未熄之前就要續燒另一支香，香腳則全部收起來帶回家，就這樣一直到抵達朝天宮為止。香枝通常會插在香旗上端的葫蘆頭上，葫蘆頭上同時也綁著很多沿途廟宇的靈符，進香旗上也蓋滿沿途廟宇的神印以增加進香旗的神力。

到了朝天宮之後香也不可以熄滅，還要連同進香旗在朝天宮的香爐上「過香煙」薰染北港媽祖的靈氣。等大甲媽祖昇座到朝天宮神房內休息，進香客也才可以休息。隔天，香休息一天不燒，所謂「放香」一天，進香客便可藉機參觀各地來的鄉土表演、買賣當地土產，一直到大甲媽祖回鑾的子時起駕之前，進香客又開始燒香，向朝天宮媽祖辭行，尾隨並護送大甲媽祖回家。回程的路上同樣一路續香，回到鎮瀾宮行落馬儀式後便結束進香。多數進香客把進香旗連同全部香腳帶回家中，插在自家的香爐內。進香客手上的香旗與香枝代表大甲媽的靈，去到北港受到北港媽的加被，增加靈力後帶回家中供奉，以保佑全家。等到來年再拿進香旗前往朝天宮充電，換新（renew）靈力。因而，每個信徒家中的香火也與鎮瀾宮與朝天宮的香火融成一氣。

就社區來說，分香或進香是一個社區與另一個社區之間的聯誼與物質交換，包括在宗教、社會各層面之互動聯誼（Schipper, 1990）。兩個社區的信徒正在密集而快速地交換各種有形物質香枝、香火、香灰與無形靈氣。進香

回來，大甲將北港香灰平均地放置到廟內每一個香爐內稱為添香火。再擇日舉行繞境，將更新的香火傳布分散給轄區內四鄉鎮（大甲大安外埔后里）每一戶信徒。此時，可以見到另外一種交換香枝的情形，繞境時，神明香爐內的香枝一直不停地與轄區內信徒的香枝交換。因此，所謂進香建立社區集體意識是有其外在香枝的物質基礎；亦即，透過不斷地交換香枝，而融成一氣。

媽祖信仰的母子廟之間，藉由母廟分香給子廟，建立母子連帶從屬關係，子廟必須定期向母廟進香朝拜，以求得母廟靈力的更新。求取母廟靈力時，舉行掬火割香的儀式。來源於同一個母廟的姊妹廟之間，具有聯盟關係，亦可定期透過交香，或是會香儀式，來加強彼此之間的結盟關係。交香或是會香是指儀式舉行時，兩廟的香爐放置在案桌上，燒香，過一時間，兩股香煙繚繞交接於空中，完成交會的目的。無論是母子廟或是姊妹廟都是由其所在的社區的居民來完成，因此，所謂廟宇結盟，其實意指社區結盟。

信徒咸信「媽祖興外方」，鼓勵移民，保佑外地移民。每個移民家族、族群或是社區攜帶媽祖香灰往外移墾，從閩南到台灣，到南洋各地。媽祖信仰的傳播透過分香，開枝散葉。經由謁祖進香認與祖歸宗來強化直向的母子聯盟，經由同輩會香與跨境結交來強化橫向的姐妹聯盟，進一步地將全國甚至是全球的媽祖廟結合成一張網絡。每個媽祖廟都收藏有一份分香廟宇號碼圖，或是會香廟宇表，都可以回溯確認彼此之關係。部份媽祖神像底座或是神像內部亦會藏有母廟的標誌。

因此，從角頭、村落、鄉鎮、縣市、國家、跨國，層層建立起由小到大的認同與連結網絡，媽祖信仰不只串連起閩南及其移民，也串連起兩岸華人，海外華僑，甚至有非華人，也一起信奉媽祖。

黃俊傑認為聯繫性思維，是類比思維的一種，認為個人與群體，人文界與自然界，大宇宙與小宇宙，人的身與心，之間都有聯繫性，而進行類推。黃俊傑認為聯繫性思維有兩項假設：1. 宇宙與世界的各個範疇，基本上都是

同質的。2. 宇宙與世界的各個範疇，都可以交互影響（黃俊傑，1991：21-23）。

五、結論：感應／感通天地

　　宋代媽祖信仰為一種民間信仰，然而明朝以來，宮廷道教積極推廣媽祖信仰，並賦與道教的宇宙觀與完整的神學基礎，上述《太上老君說天妃救苦靈驗經》即為一例。道教的《道德經》論證的宇宙觀念是「道生一，一生二，二生三，三生萬物」，遵循「道生氣化」觀念，主張萬物有一個共同的本源，即為「道」。「道」是抽象的原則，「氣」則為其作用。民間教派例如一貫道，信徒「修圓」，返回「本圓」，慈惠堂的瑤池金母，返回「母娘」，實則是同一個宇宙觀。

　　在道教或是民間宗教來說，自然（nature 天地萬物）並非一套象徵形態學（symbolic morphology），而是實質地參與、創造、作用到人的生命與日常舉動。但是人並非完全被動地被創造，人也具有主動性，有修養德性的人可以改變外在事物。亦即，人與自然是雙向相互作用。不是簡單地人被自然所造，或是人創造自然外物，單向的作用。

　　人與自然萬物可以互相類比感應，其基礎在於氣化的本體宇宙論（楊儒賓，2016：18）。《易經・乾卦・文言》「同聲相應，同氣相求」，同類事物互相感應，物以類聚。媽祖是輔斗星降生下凡，擁有天上星辰能力。太上老君命令她拯救海難船難，她是海神具有控制海水與海中生物的能力。千來以來，她又有功於朝廷接受歷任皇帝敕封，增添力量。媽祖在廟宇內接受朝拜，感應風水地理的力量。掬火儀式必須在深夜子時舉行以獲取最多陽氣。信徒藉由燒香，火陽的物質，來吸取媽祖的靈氣，保存香灰，以傳承媽祖的靈氣。這些民間想法，都是陰陽觀念的類比使用。陰陽類比神鬼類比天地。

　　最後，本文雖然觸及不同本體論，諸如物（香）的本體論，但是本文重心仍然在以人類學的民族誌調查資料，呈現媽祖信仰中的氣的感應思考方式，尤其是在宗教信仰中，更強調的是身體的感應思考方式。

　　在此提出，民間信仰的感應思考方式，是一個跨越個體，跨越當下時間，跨越當下空間的思考方式。這種思考方式可以貫串過去現在未來，貫串多維度空間，天上人間陰間，水陸之間。感應的思考方式不只是一種類比思考方式，而是一種實踐方式。它講求的是實踐，它不只是大腦思惟，還要求身體感知，要求行動實踐，這是一種身心靈的統一思考方式，是過去現在未來互相滲透的一種思考方式。更重要的是，這是一個民胞物與，萬物有靈，友善環境的思考方式與宗教信仰。

參考書目

佚名（明）
　　1988　《太上老君說天妃救苦靈驗經》，《道藏》第 11 冊。天津：天津古籍出版社。
佚名（清）
　　2001　《天后聖母聖跡圖誌》第 2 卷。揚州：廣陵書社。
吳還初（明）
　　1991　《媽祖傳》。高雄：七賢書局。
周嘉冑（明）
　　1983　〈香乘〉，《景印文淵閣四庫全書》844 冊。臺北：臺灣商務印書館。
洪芻（宋）
　　1983　〈香譜〉，《景印文淵閣四庫全書》844 冊。臺北：臺灣商務印書館。

李獻璋

　1967 〈笨港聚落的成立及其媽祖祠祀的發展與信仰實態（下）〉，《大陸雜誌》35（9）：286-293。

夏琦

　1962 〈媽祖信仰的地理分布〉，《幼獅學誌》1（4）：1-32。

陳敬（宋）

　1983 〈陳氏香譜〉，《景印文淵閣四庫全書》844 冊。臺北：臺灣商務印書館。

陳學文

　1999 〈明清江南的香市〉，《歷史》132：126-128。

張珣

　2003 《文化媽祖》。台北：中央研究院民族學研究所。

僧照乘（明末）

　1960 《天妃顯聖錄》。台灣文獻叢刊第七十七種，台灣銀行經濟研究室印行。

黃文博

　2001 《台灣第一香：西港慶安宮庚辰香科大醮典》。台南：慶安宮。

黃典權

　1991 〈香火承傳考索〉，《成大學報》17：113-27。

黃俊傑

　1993 〈中國古代儒家歷史思維的方法及其運用〉，《中研院中國文哲研究所集刊》3：361-390。

　1991 〈孟子思維方式的特徵〉，《孟學思想史論》，頁 3-27。臺北：東大。

楊美惠

　2003 〈橫跨臺灣海峽的女神媽祖〉，《媽祖信仰的發展與變遷》，林美容等編，頁 205-234。臺北：臺灣宗教學會。

楊儒賓

2016　〈道家之前的莊子〉，楊儒賓著《儒門內的莊子》，頁 4-23。臺北：
　　　聯經。

Bedini, Silvio A.

1994　*The Trail of Time: Time Measurement with Incense in East Asia.*
　　　Cambridge: Cambridge University Press.

Descola, Philippe.

1996　*In the Society of Nature: A Native Ecology in Amazonia.* Cambridge:
　　　Cambridge University Press.

2013　*Beyond Nature and Culture.* Chicago: The University of Chicago
　　　Press.

Holbraad, Martin and Morten Axel Pedersen.

2017　*The Ontological Turn: An Anthropological Exposition.* Cambridge:
　　　Cambridge University Press.

Sangren, P. Steven.

1987　*History and Magical Power in a Chinese Community.* Stanford, CA:
　　　Stanford University Press.

1988　"Matsu's Black Face: Individuals and Collectivities in Chinese
　　　Magic and Religion", Paper presented at the Conference of the
　　　Historical Legacy of Religion in China. April 22-24.

1991　"Dialectics of Alienation: Individuals and Collectivities in Chinese
　　　Religion", *Man (N.S.)*, 26(1): 67-86.

2000　*Chinese Sociologics: An Anthropological Account of the Role of
　　　Alienation in Social Reproduction.* London: The Athlone Press.

Schipper, Kristofer.

    1990   The cult of Pao-sheng-ta-ti and its spreading to Taiwan: a case study of *fen-hsiang*", in Eduard B. Vermeer ed, *Development and Decline of Fukien Province in the 17th and 18th Centuries*, pp. 397-416. Leiden: E. J. Brill.

Wolf, Arthur.

    1974   "Gods, ghosts, and ancestors", in Arthur Wolf ed, *Religion and Ritual in Chinese Society,* pp. 131-182. Stanford, CA: Stanford University Press.

Yang, Mayfair. (楊美惠)

    2004   "Goddess across the Taiwan Straits: matrifocal ritual space, nation-state, and satellite television footprints", *Public Culture* 16 (2): 209-238.

國家圖書館出版品預行編目(CIP)資料

宗教環境學與臺灣大眾信仰變遷新視野 / 張珣,江
燦騰主編. -- 初版. -- 臺北市：元華文創股份有
限公司, 2022.08

冊; 公分

ISBN 978-957-711-264-4 (第1卷:平裝)

1.CST: 宗教人類學 2.CST: 民間信仰 3.CST: 文
集 4.CST: 臺灣

210.1307   111008226

宗教環境學與臺灣大眾信仰變遷新視野(第一卷)

張珣 江燦騰 主編

發 行 人：賴洋助
出 版 者：元華文創股份有限公司
聯絡地址：100 臺北市中正區重慶南路二段 51 號 5 樓
公司地址：新竹縣竹北市台元一街 8 號 5 樓之 7
電　　話：(02) 2351-1607　傳　真：(02) 2351-1549
網　　址：www.eculture.com.tw
E - m a i l：service@eculture.com.tw
主　　編：李欣芳
責任編輯：立欣
行銷業務：林宜葶
出版年月：2022 年 08 月 初版
定　　價：新臺幣 600 元

ISBN：978-957-711-264-4 (平裝)

總經銷：聯合發行股份有限公司
地　址：231 新北市新店區寶橋路 235 巷 6 弄 6 號 4F
電　話：(02)2917-8022　　　傳　真：(02)2915-6275